7·9급 공무원 시험대비

**박문각
공무원**

예상문제

 5 NEW
전면개정 5판

 브랜드 만족 1위
신을근거
후면표기

합격 까지 함께

최신 출제경향 완벽 대비 실전 예상문제집

반복 기출·변형 문제 폭넓게 수록

단원별 실전문제+최종 모의고사 구성

신은미 편저

신은미 회계학
예상문제집

동영상 강의 www.pmg.co.kr

"시간은 쏘아 놓은 화살 같다"고도 합니다.
빠르게 흘러가는 시간을 활시위를 떠난 화살에 비유한 표현으로, 특히 매일 반복적으로 공부하는 수험생들에게는 더 공감이 가는 표현이 아닐까 생각합니다.

어느덧 예상문제집을 다루어야 할 시기가 되었습니다.
예상문제집은 실제 시험을 치르기에 앞서 스스로를 담금질하는 과정입니다.
그리고 이론서와 기출문제집을 통해 학습했던 부분들이 실제 시험장에서 실현될 수 있도록 반복하는 과정이기도 합니다.

그러기 위해서는 너무 많은 문제들을 수록하는 것보다 공무원 시험에 자주 출제되는 파트와 그 외의 시험에서 자주 출제되는 파트들을 모아서 단권화할 필요가 있습니다.
수험생활을 하다 보면 너무 많은 문제와 교재의 양 때문에 어려움을 겪는 경우를 종종 보게 됩니다.

그래서 이번 예상문제집은 중요한 문제는 여러 개, 중요성은 낮지만 대비해야 되는 문제들은 조금씩 편재함으로써 양을 균형적으로 맞추고자 노력하였습니다.
또한 공무원 회계학에서 빈출되지는 않지만 문제를 다뤄 볼 필요가 있는 파트에서도 문제를 출제하여 고득점을 받을 수 있도록 노력하였습니다.

예상문제집에서 다루고 있는 문제들이 충분히 풀릴 수 있도록 여러 번 회독수를 늘린다면 실제 시험에서도 좋은 결과로 이어질 것이라 생각합니다.
그 시간까지 최선의 노력을 다하시길 기원합니다.

마지막으로 해당 교재를 편집하는 데 도움을 주신 모든 분들과 제 교재를 선택하여 공무원 시험을 준비하는 모든 수험생분들께 감사의 말씀을 전합니다.

신은미 세무사

교재의 접근 방법 및 공무원 회계학 공부 방법

공무원 회계학은 짧은 시간 동안 재무회계, 원가관리회계, 정부회계를 모두 다루어야 하기 때문에 각 파트에서 가장 중요하고 핵심적이라고 생각하는 부분들에서 문제가 출제되고 있습니다.
그리고 계산기를 소지할 수 없는 시험의 특성상 난이도를 상향하는 데 한계가 있습니다.
그러므로 질문을 자주 회독하고 묻고자 하는 요지를 파악하는 연습을 꾸준히 수행하는 것이 가장 중요합니다.

또한 공무원 회계학은 유사한 기출문제가 반복되지만 적어도 5문제 남짓은 새로운 유형의 문제를 출제하고 있습니다. 공무원 회계학을 준비하는 수험생에게는 기출문제도 중요하지만 새로운 유형의 문제를 많이 다뤄보아 실전 시험에서 당황하지 않는 연습도 요구됩니다.
기출문제는 기출문제집의 학습을 통해 목표를 달성할 수 있지만 예상문제집에서 새로운 유형의 문제를 다뤄보지 않으면 공무원 회계학에서 고득점을 얻을 수 없으므로 단편적인 접근보다는 다양한 방법으로 문제를 해결해 봄으로써 실제 시험에서의 적응력을 높여야 합니다.

최근의 공무원 회계학은 단순 계산에서 벗어나 회계처리를 직접 해보고 그에 따른 재무제표의 영향을 물어보는 형태들이 늘어나고 있으므로 단순한 암기식의 접근이 아니라 회계의 기초를 확실히 알아야 하며 이에 따라 다시 한번 기초의 중요성이 대두되고 있습니다.
비록 단기간에 고득점을 받기 어려운 과목이 회계학이지만 기초를 탄탄히 쌓는 경우 점수의 편차가 거의 없으며, 이러한 기초는 실무 등에서도 사용할 수 있는 원리가 되므로 기본과정 없이 문제만 많이 풀이하는 것은 좋은 학습방법이 아닙니다.
그러므로 다소 돌아가는 느낌을 받으시더라도 기본서 회독 등을 통해 기초, 기본의 학습에 더 많은 시간을 할애해 보시기를 바랍니다.

마지막으로 여러분이 선택한 이 길이 지금은 힘들고 외로운 것처럼 보일 수 있지만 회계학 학습을 통해 쌓은 지식은 다른 어떤 지식보다 좋은 밑거름이 될 것입니다. 혼자는 어렵지만 미래의 초석을 쌓는다는 마음으로 지금의 어려움을 나눈다면 결국 합격이라는 궁극적인 결과로 이어질 것입니다. 그 시간까지 함께하겠습니다.

끝으로 제 교재와 수업을 선택해 주신 수험생분들이 모두 합격이라는 결실을 얻을 수 있기를 기원합니다.

출제경향 분석

01 | 공무원 회계학의 출제범위

공무원 회계학은 재무회계, 원가관리회계, 정부회계로 구성되어 있습니다. 9급인 국가직, 지방직(서울시 포함), 7급인 국가직 모두 재무회계, 원가관리회계 및 정부회계(2문제)를 필수로 포함하고 있습니다. 다만, 관세직렬은 회계원리로 출제범위가 정해져 있기 때문에 재무회계에서만 문제가 출제되며, 7급 시험의 경우 원가관리회계 문제를 포함하지 않다가 최근 2~3년에 걸쳐 꾸준히 4~5문항 이상을 출제하고 있으므로 회계학에서의 고득점을 위해서는 일부 파트만 편중하지 않고 전범위를 고르게 학습할 필요가 있습니다.

구 분		재무회계	원가관리회계	정부회계
7급	국가직	★	★	★
9급	국가직	★	★	★
	지방직(서울시 포함)	★	★	★
	관세직	★	×	×

02 | 공무원 회계학의 특징

❶ 공무원 회계학은 편중 없이 전 영역에 걸쳐 출제됩니다.
공무원 회계학은 20문제(7급의 경우 25문제)가 회계학의 전 분야에서 출제되기 때문에 단원별로 고른 학습이 필요합니다.

❷ 중요한 것은 결국 기출문제!
공무원 회계학은 20문제(7급의 경우 25문제)에 회계학을 압축하여 출제하기 때문에 가장 중요한 개념을 질문할 수밖에 없습니다. 그러므로 그동안의 기출문제는 회계학에서 중요하게 생각하는 개념을 보여주는 좋은 예시자료입니다. 기출문제의 반복학습은 회계학을 가장 빠르게 이해할 수 있는 길입니다.

❸ 말문제는 정확하게! 계산문제는 빠르게 풀 수 있어야 합니다.
공무원 회계학은 말문제의 비중이 30% 내외, 계산문제는 60~70% 내외 출제됩니다. 말문제는 즉시 답을 구할 수 있도록 정확하게 암기하고, 계산문제는 논리를 압축한 도식을 통하여 빠르게 답에 접근할 수 있도록 노력해야 합니다.

03 | 최근 기출문제 출제경향

❶ 재무회계

구분	7급			9급					
	2024 국가직	2023 국가직	2022 국가직	2025 지방직	2025 국가직	2024 지방직	2024 국가직	2023 지방직	2023 국가직
회계의 기초				★	★			★	
회계의 결산	★★	★★	★★	★★	★★★	★★	★	★	★
상기업의 결산									★
개념체계, 재무제표 표시	★★★	★★★		★★	★	★	★★★★	★	★★
재고자산	★	★★	★★	★★	★	★	★★★	★	★
유형자산	★★	★★	★★★	★★	★	★★	★	★★	★★
무형자산, 투자부동산	★★	★	★		★	★★	★		★
금융자산		★	★★	★	★	★	★	★★★	
금융부채	★			★	★	★	★	★	★
충당부채					★				★
자본	★★	★	★	★		★			★
고객과의 계약에서 생기는 수익	★★	★		★	★★	★	★		
건설계약			★						
회계변경과 오류수정			★					★	★
현금흐름표	★	★			★		★		★★
주당이익		★						★	
법인세회계		★	★						
재무비율	★	★		★				★	
기타주제 (종업원급여, 리스 등)		★★	★★★★★						

❷ 원가관리회계

구분	7급			9급					
	2024 국가직	2023 국가직	2022 국가직	2025 지방직	2025 국가직	2024 지방직	2024 국가직	2023 지방직	2023 국가직
제조업 원가흐름				★★	★	★	★		★
개별(정상)원가계산			★		★	★		★	★
보조부문 원가배부		★		★					
활동기준원가계산					★				
종합원가계산	★	★		★	★	★	★	★	★
결합원가계산	★								
원가추정									
변동원가계산	★		★				★	★	
CVP 분석	★					★	★	★	★
표준원가계산	★	★					★	★	
관리회계, 기타			★						

❸ 정부회계

정부회계는 국가회계기준에 관한 규칙, 지방자치단체 회계기준에 관한 규칙에서 출제되었습니다. 특히 자산과 부채의 평가, 수익의 인식, 재정운영순원가, 국가와 지방자치단체기준에 관한 규칙의 비교 형태가 출제되었습니다.

CONTENTS

이 책의
차례

빠른 정답 보기

| 재무회계

CHAPTER 01 회계의 결산

01	③	02	④	03	④	04	③	05	④	06	③	07	④	08	③	09	③	10	④
11	③	12	③	13	④	14	②	15	④	16	①	17	①	18	③	19	②	20	③
21	④	22	②	23	②	24	②	25	①	26	②	27	④						

CHAPTER 02 회계의 결산

01	②	02	②	03	①	04	③	05	②	06	①	07	②	08	③	09	②	10	③
11	①	12	②	13	④	14	①	15	③	16	④	17	①	18	②	19	②	20	①
21	③	22	④	23	②	24	②	25	③	26	④	27	③	28	④	29	③	30	①
31	①	32	④	33	②	34	①	35	①	36	②	37	①	38	④	39	①	40	②
41	①	42	①	43	③	44	③	45	④								

CHAPTER 03 개념체계

01	④	02	①	03	④	04	③	05	④	06	②	07	③	08	④	09	②	10	④
11	④	12	①	13	③	14	①	15	④	16	④	17	④	18	①	19	②	20	②
21	④	22	④	23	③	24	①	25	④	26	①	27	①	28	③	29	④	30	③
31	①	32	②	33	③	34	①	35	③	36	①	37	②	38	①				

CHAPTER 04 재무제표 표시

01	④	02	①	03	③	04	④	05	④	06	②	07	①	08	③	09	③	10	④
11	④	12	②	13	②	14	②	15	②	16	④	17	②	18	④	19	④	20	④
21	②	22	③	23	③	24	④												

CHAPTER 05 재고자산

01	①	02	③	03	③	04	④	05	④	06	③	07	③	08	④	09	①	10	④
11	④	12	④	13	④	14	②	15	④	16	④	17	④	18	①	19	③	20	③
21	④	22	③	23	④	24	④	25	②	26	②	27	①	28	③	29	①	30	④
31	③	32	③	33	④	34	④	35	②	36	①	37	④	38	②	39	④	40	③
41	④	42	③	43	②	44	②	45	①	46	②	47	④	48	②	49	②	50	④
51	④	52	④	53	④	54	②	55	③	56	③	57	④	58	③	59	④	60	②
61	①	62	②	63	④	64	③	65	①	66	④	67	③	68	④	69	①	70	④
71	④	72	④	73	①	74	④	75	④	76	③	77	④	78	④	79	③	80	③
81	②	82	①	83	④	84	④	85	④								

CHAPTER 06 유형자산

01	③	02	②	03	①	04	②	05	②	06	④	07	④	08	④	09	④	10	①
11	③	12	②	13	③	14	②	15	③	16	②	17	④	18	③	19	③	20	②
21	①	22	②	23	②	24	④	25	④	26	③	27	②	28	④	29	②	30	③
31	③	32	③	33	①	34	①	35	①	36	③	37	④	38	④	39	①	40	③
41	②	42	②	43	④	44	④	45	④	46	③	47	③	48	①	49	①	50	②
51	②	52	④	53	③	54	③	55	①	56	③	57	④	58	④	59	②	60	②
61	④	62	④	63	②	64	③	65	①	66	④	67	③	68	①	69	①	70	③
71	③	72	④	73	④	74	②	75	④	76	②	77	④	78	④	79	②	80	③
81	③	82	②	83	①	84	③	85	④	86	④	87	③	88	④	89	④	90	③
91	①																		

CHAPTER 07 무형자산

01	④	02	①	03	①	04	②	05	①	06	④	07	④	08	①	09	④	10	③
11	③	12	②	13	④	14	①	15	①	16	④	17	③	18	①	19	②	20	①
21	④	22	③																

CHAPTER 08 투자부동산

01	④	02	②	03	④	04	②	05	④	06	①	07	④	08	②	09	①	10	①
11	①	12	③	13	④	14	④	15	④	16	②	17	②						

CHAPTER 09 금융자산

01	①	02	①	03	②	04	③	05	②	06	②	07	①	08	④	09	④	10	③
11	③	12	③	13	①	14	③	15	④	16	②	17	③	18	③	19	②	20	④
21	①	22	③	23	①	24	③	25	①	26	④	27	②	28	②	29	②	30	②
31	④	32	④	33	④	34	②	35	②	36	①	37	④	38	④	39	④	40	④
41	④	42	③	43	④	44	②	45	①	46	④	47	③	48	①	49	②	50	③
51	④	52	③	53	④	54	④	55	④	56	②	57	②	58	③	59	③		

CHAPTER 10 금융부채

01	③	02	④	03	②	04	④	05	③	06	④	07	②	08	③	09	③	10	④
11	②	12	④	13	④	14	①	15	④	16	④	17	②	18	③	19	②	20	④
21	④	22	②	23	③	24	①	25	②	26	③	27	④						

CHAPTER 11 충당부채와 우발부채

01	①	02	③	03	③	04	②	05	②	06	④	07	②	08	①	09	①	10	④
11	④	12	④	13	①	14	④	15	②	16	②	17	①	18	③	19	④		

CHAPTER 12 자본

01	②	02	④	03	①	04	②	05	④	06	③	07	④	08	④	09	①	10	④
11	①	12	③	13	④	14	④	15	④	16	②	17	④	18	④	19	②	20	③
21	③	22	④	23	②	24	④	25	②	26	③	27	②	28	①	29	④	30	④
31	③	32	④	33	①	34	④												

CHAPTER 13 고객과의 계약에서 생기는 수익

01	①	02	①	03	③	04	④	05	③	06	①	07	②	08	②	09	④	10	④
11	①	12	①	13	①	14	④	15	④	16	④	17	①	18	③	19	②	20	④
21	④	22	②	23	③	24	④	25	④	26	④	27	③	28	①	29	②	30	①
31	①	32	②	33	③	34	②	35	②	36	①	37	④	38	①	39	②		

CHAPTER 14 건설계약

01	②	02	④	03	①	04	①	05	④	06	④	07	②	08	②	09	②	10	①
11	①	12	④	13	①	14	②	15	②										

CHAPTER 15 현금흐름표

01	④	02	①	03	④	04	④	05	①	06	①	07	③	08	③	09	②	10	③
11	④	12	④	13	③	14	②	15	②	16	①	17	②	18	②	19	①	20	④
21	③	22	③	23	④	24	①	25	①	26	③	27	③	28	②	29	②	30	④
31	④	32	③	33	③														

CHAPTER 16 법인세회계

01	②	02	④	03	①	04	③	05	①	06	①	07	③	08	①	09	②	10	①

CHAPTER 17 회계변경과 오류수정

01	②	02	④	03	③	04	③	05	④	06	③	07	②	08	①	09	②	10	①
11	②	12	④	13	④	14	④	15	①	16	②								

CHAPTER 18 주당이익

01	③	02	③	03	③	04	②	05	③	06	③	07	②	08	④	09	④	10	④
11	④	12	③	13	③	14	①												

CHAPTER 19 관계기업투자주식

01	②	02	③	03	④	04	④	05	②	06	③								

CHAPTER 20 재무제표 분석

01	③	02	②	03	④	04	④	05	③	06	③	07	①	08	①	09	③	10	④
11	②	12	③	13	④	14	④	15	③	16	③	17	①	18	②	19	④	20	②

CHAPTER 21 기타회계

01	④	02	③	03	①	04	②	05	④	06	④	07	③	08	④	09	③	10	①
11	③	12	②	13	②	14	③	15	③	16	④	17	②	18	①	19	④	20	④
21	①	22	④	23	①	24	④	25	①	26	④	27	③	28	①	29	④		

| 원가관리회계

CHAPTER 01 제조기업의 원가흐름

01	④	02	②	03	④	04	④	05	①	06	①	07	①	08	①	09	④	10	④
11	③	12	③	13	③	14	④												

CHAPTER 02 개별원가계산

01	④	02	④	03	④	04	②	05	④	06	①	07	④	08	④	09	④	10	③
11	②	12	①	13	①	14	②	15	①	16	③	17	③						

CHAPTER 03 보조부문 원가의 배부

01	③	02	④	03	④	04	④	05	④	06	③	07	④	08	③	09	④	10	①
11	③	12	①	13	④														

CHAPTER 04 결합원가계산

01	①	02	①	03	④	04	③	05	②	06	④	07	④	08	④	09	②	10	④

CHAPTER 05 활동기준원가계산

01	④	02	①	03	③	04	④	05	④	06	③	07	②	08	①

CHAPTER 06 종합원가계산

01	③	02	④	03	④	04	②	05	④	06	②	07	②	08	①	09	③	10	④
11	①	12	②	13	②	14	④	15	③	16	④	17	①	18	③	19	④	20	②
21	①																		

CHAPTER 07 전부원가, 변동원가

01	①	02	④	03	④	04	④	05	④	06	④	07	④	08	②	09	①	10	③
11	②	12	①	13	③	14	②	15	④										

CHAPTER 08 원가의 추정

01	③	02	④	03	②	04	①	05	②	06	④	07	④	08	④	09	④	10	②

CHAPTER 09 CVP 분석

01	②	02	④	03	④	04	②	05	③	06	④	07	③	08	①	09	④	10	③
11	③	12	②	13	④	14	②	15	④	16	①	17	①	18	④	19	①	20	④
21	②	22	④	23	③	24	③	25	③										

CHAPTER 10 표준원가계산

01	②	02	③	03	④	04	③	05	③	06	④	07	①	08	③	09	②	10	②
11	③	12	②	13	②	14	④	15	④	16	④	17	①						

CHAPTER 11 관련원가와 의사결정

01	②	02	①	03	①	04	②	05	③	06	④	07	④	08	③	09	③	10	④
11	②	12	②	13	③	14	③												

CHAPTER 12 기타 관리회계

01	②	02	③	03	④	04	③	05	③	06	①	07	②	08	②	09	②	10	④

▎정부회계

CHAPTER 01 정부회계

01	③	02	①	03	④	04	③	05	②	06	①	07	③	08	②	09	③	10	④
11	②	12	④	13	①	14	④	15	③	16	②	17	④	18	④	19	②	20	①
21	③	22	④	23	①	24	①	25	③	26	③	27	③	28	②	29	②	30	①
31	③	32	③	33	②	34	②	35	③	36	②	37	④	38	④				

▎모의고사

CHAPTER 01 제1회 모의고사

01	③	02	④	03	④	04	②	05	④	06	②	07	②	08	①	09	①	10	④
11	①	12	①	13	①	14	④	15	③	16	③	17	④	18	①	19	④	20	④

CHAPTER 02 제2회 모의고사

01	①	02	③	03	①	04	④	05	③	06	①	07	①	08	④	09	①	10	②
11	②	12	④	13	③	14	①	15	④	16	②	17	②	18	④	19	②	20	③

CHAPTER 03 제3회 모의고사

01	①	02	④	03	④	04	④	05	①	06	①	07	①	08	②	09	③	10	③
11	④	12	④	13	③	14	③	15	③	16	②	17	②	18	④	19	①	20	③

신은미 회계학 **예상문제집** ✧

PART

01

재무회계

정답 및 해설 p. 370

01 다음 중 회계정보의 기능 및 역할, 적용환경에 관한 설명으로 옳지 않은 것은?

① 회계정보를 이용하는 정보이용자는 기업의 외부이용자뿐만 아니라 기업의 내부이용자도 포함된다.
② 회계정보는 한정된 경제적 자원이 효율적으로 배분되도록 도와주는 기능을 담당한다.
③ 한국채택국제회계기준은 모든 기업이 적용하여야 한다.
④ 회계감사는 재무제표가 일반적으로 인정된 회계기준에 따라 적정하게 작성되었는지를 검토하여 회계정보의 신뢰성을 제고하는 역할을 담당한다.

02 다음 중 회계정보의 기능에 대한 설명으로 타당하지 않은 것은?

① 회계정보는 자본시장에서 정보비대칭으로 인해 존재하는 역선택의 문제를 완화하여 자본이 투자자로부터 기업에게로 원활히 공급될 수 있도록 하는 데 도움을 준다.
② 회계정보는 자본시장에서 발생할 수 있는 대리인의 기회주의적인 행위인 도덕적 해이라는 문제를 해결하는 데 도움을 준다.
③ 회계정보는 정부가 효율적이고 적절한 자원배분을 위한 정책을 수립하는 데 도움을 준다.
④ 회계정보는 경제실체간 자원의 이동에 관한 의사결정에는 직접적인 경제적 영향을 미치지는 못하지만 경제실체 내에서의 자원의 이동에 관한 의사결정에는 도움을 준다.

03 다음 중 국제회계기준의 특징으로 볼 수 없는 것은?

① 국제회계기준은 원칙중심의 회계기준이다.
② 국제회계기준의 가장 큰 특징은 역사적 원가에 기초한 측정에서 공정가치 측정으로 대폭 그 방향을 전환하였다는 점이다.
③ 국제회계기준은 각국의 협업을 통해 기준을 제정한다.
④ 국제회계기준은 연결재무제표가 아닌 개별재무제표 중심이다.

04 다음 중 한국채택국제회계기준에 대한 설명으로 타당하지 않은 것은?

① 국제적으로 통용되는 회계기준을 채택함으로써 회계정보의 신뢰성을 향상시키고, 다른 나라로부터의 자금조달이 용이해지며 차입원가를 절감할 수도 있다.

② 한국채택국제회계기준은 회계처리에 대하여 구체적인 회계처리방법을 제시하기보다는 전문가적인 판단을 중시하는 접근법을 따르고 있다.

③ 한국채택국제회계기준의 연결범위에는 「주식회사의 외부감사에 관한 법률」에 의한 외부 감사대상이 아닌 소규모회사는 포함되지 않는다.

④ 한국채택국제회계기준은 국제회계기준위원회에서 공표한 국제회계기준을 기초로 한국 회계기준위원회에서 제정하고 금융위원회에 보고 후 공표된 것이다.

05 전체 재무제표에 포함되지 않는 것은?

① 기말 재무상태표
② 기간 포괄손익계산서
③ 기간 자본변동표
④ 기간 제조원가명세서

06 재무제표에 관한 설명으로 옳은 것은?

① 재무상태표는 일정기간의 재무성과에 관한 정보를 제공해 준다.

② 포괄손익계산서는 일정시점에 기업의 재무상태에 관한 정보를 제공해 준다.

③ 자본변동표는 일정기간 동안의 자본구성요소의 변동에 관한 정보를 제공해 준다.

④ 현금흐름표는 특정 시점에서의 현금의 변화를 보여주는 보고서이다.

07 다음 중 재무제표에 대한 설명으로 올바르지 않은 것은?

① 재무상태표는 일정 시점 기업의 경제적 자원(자산)과 보고기업에 대한 청구권(부채 및 자본)에 관한 정보를 제공하는 재무제표이다.

② 포괄손익계산서는 일정 기간 동안의 지분참여자에 의한 출연과 관련된 것은 제외한 순자산의 증감에 의하여 발생하는 재무성과에 관한 정보를 제공하는 재무제표이다.

③ 자본변동표는 일정 시점 자본의 잔액과 일정 기간 동안 자본의 변동에 관한 정보를 제공하는 재무제표이다.

④ 주석은 재무상태표, 포괄손익계산서, 자본변동표 및 현금흐름표에 표시하는 정보에 추가하여 제공된 정보를 말하며, 재무제표에는 포함되지 아니한다.

08 재무제표 요소의 정의에 관한 설명으로 옳은 것은?

① 자산은 현재사건의 결과로 기업이 통제하는 미래의 경제적 자원이다.
② 부채는 과거사건의 결과로 기업이 경제적 자원을 이전해야 하는 과거의무이다.
③ 자본은 기업의 자산에서 모든 부채를 차감한 후의 잔여지분이다.
④ 수익은 자산의 감소 또는 부채의 증가로서 자본의 증가를 가져온다.

09 재무제표 요소에 관한 설명으로 옳지 않은 것은?

① 자산은 과거사건의 결과로 기업이 통제하는 현재의 경제적 자원이다.
② 자본은 기업의 자산에서 모든 부채를 차감한 후의 잔여지분이다.
③ 수익과 비용은 자본청구권 보유자에 대한 출자 및 분배와 관련된 것을 포함한다.
④ 부채는 과거사건의 결과로 기업이 경제적 자원을 이전해야 하는 현재의무이다.

10 회계상 거래가 아닌 것은?

① 거래처의 부도로 인하여 매출채권 회수가 불가능하게 되었다.
② 임대수익이 발생하였으나 현금으로 수취하지는 못하였다.
③ 재고자산 실사결과 기말재고 수량이 장부상 수량보다 부족한 것을 확인하였다.
④ 기존 차입금에 대하여 금융기관의 요구로 부동산을 담보로 제공하였다.

11 다음 중 회계상의 거래에 해당하지 않는 것으로만 묶인 것은 무엇인가? (단, 해당 사건으로 인해 발생한 영향에 대한 화폐액은 측정이 가능하다.)

> ㄱ. 창고에 보관 중이던 상품을 도난당하였다.
> ㄴ. 건물에 대하여 임차계약을 체결하고 계약금을 지급하였다.
> ㄷ. 거래처에 상품에 대한 주문계약을 체결하였다.
> ㄹ. 발행된 주식을 액면분할하였다.
> ㅁ. 건물이 화재로 소실되었다.

① ㄱ, ㄴ   ② ㄴ, ㄷ
③ ㄷ, ㄹ   ④ ㄴ, ㅁ

12 회계상 거래에 해당하지 않는 것은?

① 재고자산을 ₩300에 판매하였으나 그 대금을 아직 받지 않았다.
② 종업원의 급여 ₩500 중 ₩200을 지급하였으나, 나머지는 아직 지급하지 않았다.
③ 거래처와 원재료를 1kg당 ₩100에 장기간 공급받기로 계약하였다.
④ 비업무용 토지 ₩1,200을 타회사의 기계장치 ₩900과 교환하였다.

13 다음 중 발생시점에 기록해야 하는 회계상 거래에 해당하지 않는 것은?

① 매출채권 ₩100,000의 손상이 확정되었다.
② 건물 임차계약을 체결하고 1년분 임차료 ₩120,000을 현금으로 지급하였다.
③ 이자비용 ₩100,000이 발생하였으나 현금으로 지급하지 아니하였다.
④ 직원과 월급 ₩100,000에 고용계약을 체결하였다.

14 자산을 증가시키는 거래에 해당되지 않는 것은?

① 비품을 외상으로 구입하다.
② 차입금 상환을 면제받다.
③ 주주로부터 현금을 출자받다.
④ 은행으로부터 현금을 차입하다.

15 자산을 증가시키면서 동시에 수익을 발생시키는 회계거래는?

① 상품판매계약을 체결하고 계약금을 수령하였다.
② 은행으로부터 설비투자자금을 차입하였다.
③ 건물에 대한 화재보험계약을 체결하고 1년분 보험료를 선급하였다.
④ 경영컨설팅 용역을 제공하고 그 대금은 외상으로 하였다.

16 수익 또는 비용에 영향을 주지 않는 것은?

① 용역제공계약을 체결하고 현금을 수취하였으나 회사는 기말 현재 거래상대방에게 아직까지 용역을 제공하지 않았다.
② 외상으로 제품을 판매하였다.
③ 홍수로 인해 재고자산이 침수되어 멸실되었다.
④ 회사가 사용 중인 건물의 감가상각비를 인식하였으나 현금이 유출되지는 않았다.

17 자산과 비용에 모두 영향을 미치는 거래는?

① 당기 종업원급여를 현금으로 지급하였다.
② 비품을 외상으로 구입하였다.
③ 현금을 출자하여 회사를 설립하였다.
④ 매입채무를 당좌예금으로 지급하였다.

18 (주)한국의 회계상 거래 중 비용이 발생하고 부채가 증가하는 거래는?

① 전기에 토지를 처분하고 받지 못한 대금을 현금수취하였다.
② 화재로 인하여 자사 컴퓨터가 소실되었다.
③ 당해 연도 발생한 임차료를 지급하지 않았다.
④ 전기에 지급하지 못한 종업원 급여에 대하여 당좌수표를 발행하여 지급하였다.

19 (주)한국은 ₩4,000,000의 기계장치를 구입한 대가로 ₩1,000,000의 현금을 지급하고, 나머지 잔액은 90일 만기의 약속어음으로 지급하였다. 이러한 거래가 거래일 현재 자산, 부채 및 자본에 미치는 영향으로 옳은 것은?

① 자산은 ₩3,000,000 증가하고, 부채는 변동이 없으며, 자본은 ₩3,000,000 증가한다.
② 자산은 ₩3,000,000 증가하고, 부채는 ₩3,000,000 증가하며, 자본은 변동이 없다.
③ 자산은 변동이 없고, 부채는 ₩3,000,000 증가하며, 자본은 ₩3,000,000 감소한다.
④ 자산은 ₩4,000,000 증가하고, 부채는 ₩3,000,000 증가하며, 자본은 ₩1,000,000 증가한다.

20 다음 자료를 이용하여 계산한 당기의 비용총액은?

기초자산	₩22,000	기말자산	₩80,000
기초부채	₩3,000	기말부채	₩50,000
현금배당			₩1,000
유상증자			₩7,000
수익총액			₩35,000

① ₩10,000
② ₩20,000
③ ₩30,000
④ ₩40,000

21 다음 자료를 이용하여 산출된 기말부채총액은? (단, 기타포괄손익은 없다.)

• 기말 자산총액	₩400,000
• 기초 자본총액	₩120,000
• 당기 총수익	₩400,000
• 당기 총비용	₩320,000
• 기중 배당금의 지급	₩30,000

① ₩50,000 ② ₩90,000
③ ₩200,000 ④ ₩230,000

22 (주)한국의 재무제표 자료가 다음과 같을 때, 기말부채는?

기초자산	₩12,000	총수익	₩30,000
기초부채	₩7,000	총비용	₩26,500
기말자산	₩22,000	유상증자	₩1,000
기말부채	?	현금배당	₩500

① ₩12,500 ② ₩13,000
③ ₩13,500 ④ ₩14,500

23 (주)한국의 20×1년 기초 자산총액은 ₩110,000이고, 기말 자산총액과 기말 부채총액은 각각 ₩150,000과 ₩60,000이다. 20×1년 중 현금배당 ₩10,000을 결의하고 지급하였으며, ₩25,000을 유상증자하였다. 20×1년도 당기순이익이 ₩30,000일 때, 기초 부채총액은?

① ₩60,000 ② ₩65,000
③ ₩70,000 ④ ₩75,000

24 (주)한국의 20×1년 기초 부채총액은 ₩80,000이고, 기말 자산총액과 기말 부채총액은 각각 ₩650,000과 ₩100,000이다. 20×1년 중 현금배당 ₩80,000을 결의하고 지급하였으며, ₩55,000을 유상증자하였다. 20×1년도 당기순이익이 ₩120,000일 때, 기초 자산총액은?

① ₩520,000 ② ₩535,000
③ ₩550,000 ④ ₩575,000

25 (주)한국의 재무상태표상 각 계정별 20×2년 말 잔액은 다음과 같다. 그리고 20×2년 말 부채총계는 20×2년 초 부채총계보다 ₩200,000만큼 더 작고, 20×2년 말 자본총계는 20×2년 초 자본총계보다 ₩300,000만큼 더 크다. 이를 토대로 (주)한국의 20×2년 초 자산총계를 구하면 얼마인가?

• 상품	₩500,000	• 선수수익	₩250,000
• 미지급금	₩100,000	• 매출채권	₩800,000
• 대여금	₩400,000	• 현금	₩150,000
• 미수금	₩200,000	• 선급비용	₩100,000

① ₩2,050,000 ② ₩2,100,000
③ ₩2,150,000 ④ ₩2,250,000

26 다음은 (주)한국의 20×1년 말 재무상태표 계정의 잔액이다. (주)한국의 20×1년 말 자본총계는?

• 재고자산	₩200,000	• 매출채권	₩150,000
• 매입채무	₩120,000	• 단기차입금	₩300,000
• 현금	₩250,000	• 선급금	₩100,000
• 대여금	₩80,000	• 미지급금	₩50,000

① ₩300,000 ② ₩310,000
③ ₩320,000 ④ ₩330,000

27 (주)한국은 당기에 처음으로 영업을 개시하였다. (주)한국의 당기 말 다음과 같은 재무정보를 보고하였다고 할 때, 재무제표의 설명으로 옳은 것은?

• 현금	₩100,000	• 비품	₩150,000
• 매입채무	₩250,000	• 재고자산	₩200,000
• 차량운반구	₩180,000	• 선수금	₩50,000
• 매출	₩500,000	• 매출원가	₩240,000
• 급여	₩120,000	• 자본금	₩190,000

① 재무상태표에 보고된 총자산은 ₩600,000이다.
② 재무상태표에 보고된 총부채는 ₩250,000이다.
③ 손익계산서에 보고된 당기순이익은 ₩150,000이다.
④ 재무상태표에 보고된 총자본은 ₩330,000이다.

정답 및 해설 p. 373

01 시산표에 관한 설명으로 옳은 것은?

① 시산표는 재무상태표와 포괄손익계산서를 작성하기 위한 필수적인 장부이다.

② 시산표는 각 계정과목의 잔액을 사용하여 작성할 수 있다.

③ 수정전시산표에는 선급비용과 선수수익의 계정과목이 나타나지 않는다.

④ 발생된 거래를 분개하지 않은 경우 시산표의 차변합계와 대변합계는 일치하지 않는다.

02 시산표에서 발견할 수 있는 오류는?

① 비품을 현금으로 구입한 거래를 두 번 반복하여 기록하였다.

② 사채 계정의 잔액을 기타포괄손익 – 공정가치 측정 금융자산 계정의 차변에 기입하였다.

③ 건물 계정의 잔액을 투자부동산 계정의 차변에 기입하였다.

④ 개발비 계정의 잔액을 연구비 계정의 차변에 기입하였다.

03 다음 오류 중에서 시산표의 작성을 통하여 발견할 수 없는 것은?

① ₩100,000의 상품을 현금매입하고 거래에 대한 회계처리를 누락하였다.

② ₩300,000의 매출채권 회수 시 현금계정 차변과 매출채권계정 차변에 각각 ₩300,000을 기입하였다.

③ ₩1,000,000의 매출채권 회수에 대한 분개를 하고 매출채권계정에는 전기하였으나 현금 계정에 대한 전기는 누락하였다.

④ ₩550,000의 매입채무 지급 시 현금계정 대변에 ₩550,000을 기입하고 매입채무계정 차변에 ₩505,000을 기입하였다.

04 다음 중 시산표에 의해 추적이 불가능한 오류는?

① ₩50,000의 매출채권을 현금으로 회수 시, 현금 ₩50,000은 차변기입하였으나 매출채권은 ₩45,000으로 대변기입하는 분개를 하였다.

② ₩200,000의 매출채권을 현금으로 회수 시, 현금 ₩200,000을 차변기입하였고 매출채권 ₩200,000 역시 차변기입하는 분개를 하였다.

③ ₩100,000의 매출채권을 현금으로 회수하면서, 분개는 적정하게 하였지만 원장으로 전기할 때 차변에 현금계정 대신 토지계정으로 전기하였다.

④ ₩1,000,000의 매입채무를 상환하면서, 매입채무 ₩100,000을 차변기입하였고 현금 ₩1,000,000을 대변기입하는 분개를 하였다.

05 시산표의 차변금액이 대변금액보다 크게 나타나는 오류에 해당하는 것은?

① 건물 취득에 대한 회계처리가 누락되었다.

② 차입금 상환에 대해 분개를 한 후, 차입금계정에는 전기를 하였으나 현금계정에는 전기를 누락하였다.

③ 현금을 대여하고 차변에는 현금으로, 대변에는 대여금으로 동일한 금액을 기록하였다.

④ 미수금 회수에 대해 분개를 한 후, 미수금계정에는 전기를 하였으나 현금계정에는 전기를 누락하였다.

06 12월 말 결산법인인 (주)한국은 보험료를 현금으로 지급하는 경우 선급보험료로 회계처리한다. 20×2년도 선급보험료의 기초잔액은 ₩130,000이며, 기말잔액은 ₩60,000이다. 당기 포괄손익계산서상 보험료가 ₩350,000이라고 할 때, 20×2년도에 현금으로 지급한 보험료는 얼마인가?

① ₩280,000   ② ₩300,000

③ ₩350,000   ④ ₩410,000

07 (주)한국은 20×1년 선급보험료계정의 기초잔액이 ₩400이었으며 이는 전부 20×1년 중에 기간이 경과되었다. 또한 20×1년 7월 1일 2년분 보험료 ₩1,800을 지급하였다. 회사는 보험료를 지급할 때 선급보험료로 기록하고 회계기말에 수정분개를 실시하고 있다. (주)한국의 20×1년 포괄손익계산서에 계상될 보험료는 얼마인가?

① ₩0
② ₩850
③ ₩1,350
④ ₩2,200

08 (주)한국은 20×1년 12월 31일 다음과 같은 기말수정분개를 하였다. (주)한국은 20×1년 기초와 기말에 각각 ₩50,000과 ₩100,000의 소모품을 보유하고 있었다. 20×1년 중 소모품 순구입액은 얼마인가?

| (차) 소모품비 | 130,000 | (대) 소모품 | 130,000 |

① ₩100,000
② ₩140,000
③ ₩180,000
④ ₩220,000

09 (주)한국의 20×1년 말 결산수정사항 반영 전 당기순이익은 ₩1,000,000이다. 다음과 같은 결산수정사항을 반영한 후의 당기순이익은 얼마인가? (단, 이자와 보험료는 월할 계산한다.)

- 20×1년 11월 1일 (주)민국에 현금 ₩300,000을 대여하면서 1년 후에 원금과 이자(연 5%)를 회수하기로 약정하였다.
- 20×1년 5월 1일 향후 2년치 보험료 ₩240,000을 현금으로 지급하면서 선급보험료로 회계처리하였다.

① ₩920,000
② ₩922,500
③ ₩1,080,000
④ ₩1,082,500

10 다음 자료를 이용한 수정분개가 당기순이익에 미치는 영향은?

계정과목	수정전시산표 잔액	수정후시산표 잔액
선급비용	₩3,000	₩2,000
선수수익	₩2,500	₩3,500
미지급비용	₩2,000	₩3,000
미수수익	₩1,000	₩2,000

① ₩1,000 감소 ② ₩2,000 감소
③ ₩3,000 감소 ④ ₩4,000 감소

11 다음의 수정분개를 수행한 경우, 20×1년 말 당기순이익에 미치는 영향은?

• 매출채권의 현금회수	₩50,000
• 당기 발생한 미지급급여	₩80,000
• 당기 인식한 수익 중 선수수익 해당액	₩20,000
• 당기 인식한 비용 중 선급비용 해당액	₩40,000
• 매입채무의 현금지급	₩30,000
• 자기주식처분이익	₩10,000

① ₩60,000 감소 ② ₩40,000 감소
③ ₩30,000 감소 ④ ₩20,000 증가

12 다음 거래를 수정분개 하지 않았을 경우, 20×1년 말 당기순이익에 미치는 영향은?

• 당기 발생한 미수이자	₩400
• 당기 발생한 미지급급여	₩200
• 선수수익 중 당기 수익 해당액	₩300
• 매출채권의 현금회수	₩500
• 토지의 최초 재평가증가액	₩100
• 당기 인식한 비용 중 선급비용 해당액	₩200

① ₩500 과소 ② ₩700 과소
③ ₩1,000 과소 ④ ₩1,200 과소

13 (주)한국의 다음 거래를 수정분개 할 경우, 당기순이익에 미치는 영향은? (단, 기간은 월할 계산한다.)

- 7월 1일 건물 임대계약으로 2년치 임대료 ₩120,000을 수령하고 전부 선수임대료로 회계처리하였다.
- 9월 1일 건물에 대한 1년 만기 보험계약으로 ₩48,000을 지급하고 선급보험료로 회계처리하였다.
- 10월 1일 정기예금(1년 만기, 이자율 연 10%)에 ₩1,000,000을 예금하였다.
- 11월 1일에 은행으로부터 ₩1,500,000(이자율 연 6%)을 차입하였다.
- 12월 31일 선급임차료 계정잔액이 ₩240,000이며, 기간미경과분은 ₩160,000이다.
- 12월 31일 소모품 계정잔액은 ₩100,000이나 실제 소모품 재고액은 ₩60,000이다.

① ₩36,000 감소　　　　　　　　② ₩58,000 감소
③ ₩80,000 감소　　　　　　　　④ ₩96,000 감소

14 (주)한국의 다음 거래를 수정분개 할 경우, 당기순이익에 미치는 영향은? (단, 기간은 월할 계산한다.)

- 4월 1일 건물 임차계약으로 1년치 임차료 ₩120,000을 현금으로 지급하고 전부 선급임차료로 회계처리하였다.
- 8월 1일 건물에 대한 1년 만기 보험계약으로 ₩48,000을 지급하고 보험료로 회계처리하였다.
- 10월 1일 은행으로부터 현금 ₩1,000,000(이자율 연 6%)을 단기차입하였다.
- 11월 1일 정기예금(1년 만기, 이자율 연 5%)에 ₩600,000을 예금하였다.
- 12월 31일 당기에 발생한 급여에 대한 미지급금액이 ₩50,000 있다.
- 12월 31일 소모품비로 비용처리한 소모품 중 ₩30,000이 미사용되었다.

① ₩92,000 감소　　　　　　　　② ₩102,000 감소
③ ₩122,000 감소　　　　　　　　④ ₩138,000 감소

15 20×1년 초 설립된 (주)한국의 20×1년 수정전시산표를 근거로 계산한 당기순이익은 ₩2,000,000이다. 다음 20×1년 중 발생한 거래의 분개에 대하여 결산수정사항을 반영하여 계산한 수정 후 당기순이익은? (단, 결산수정분개는 월 단위로 계산한다.)

일자	기중분개		결산수정사항
4월 1일	차변) 기계장치 대변) 현금	₩3,000,000 ₩3,000,000	기계장치는 원가모형을 적용하며, 잔존가치는 없이 내용연수 5년, 연수합계법을 적용함
8월 1일	차변) 선급보험료 대변) 현금	₩240,000 ₩240,000	1년분 화재보험료를 미리 지급함
10월 1일	차변) 현금 대변) 선수임대료	₩600,000 ₩600,000	6개월분 임대료를 미리 받음
12월 1일	차변) 현금 대변) 단기차입금	₩1,000,000 ₩1,000,000	차입 시 이자율 연 12%, 이자와 원금은 12개월 후 일괄 상환조건

① ₩840,000
② ₩1,240,000
③ ₩1,440,000
④ ₩1,560,000

16 결산과정에서 아래의 수정사항을 반영하기 전 법인세비용차감전순이익이 ₩100,000인 경우, 수정사항을 반영한 후의 법인세비용차감전순이익은? (단, 수정전시산표상 재평가잉여금과 기타포괄손익 – 공정가치 측정 금융자산 평가손익의 잔액은 없다.)

- 선급보험료 ₩60,000 중 1/3의 기간이 경과하였다.
- 자기주식처분이익 ₩20,000이 누락되었다.
- 기타포괄손익 – 공정가치 측정 금융자산 평가이익 ₩10,000이 누락되었다.
- 차입금에 대한 이자발생액은 ₩10,000이다.
- 미지급급여 ₩10,000이 누락되었다.
- 선수임대료 ₩30,000 중 ₩20,000은 기간이 경과하였다.

① ₩110,000
② ₩100,000
③ ₩90,000
④ ₩80,000

17 (주)한국은 당기에 다음과 같은 오류를 발견하고, 장부 마감 전에 이를 수정하였다. 오류수정 전 당기순이익이 ₩300,000이라고 할 때, 오류수정 후 당기순손익은?

- 당기 4월 1일 수령한 선수임대료 ₩120,000을 전액 임대료수익으로 계상하였다. (임대기간은 당기 4월 1일부터 차기 3월 31일까지이다.)
- 당기 9월 1일 지급한 선급보험료 ₩60,000을 전액 보험료비용으로 계상하였다. (보험기간은 당기 9월 1일부터 차기 8월 31일까지이다.)
- 당기 발생 미지급급여 ₩50,000을 누락하고 인식하지 않았다.
- 당기 발생 미수이자 ₩20,000을 누락하고 인식하지 않았다.
- FOB 도착지 인도조건으로 당기 12월 29일 선적하여 차기 1월 5일 인도예정인 상품에 대해 당기 12월 29일에 매출 ₩200,000과 매출원가 ₩150,000을 인식하였다.

① 당기순이익 ₩230,000
② 당기순이익 ₩250,000
③ 당기순이익 ₩270,000
④ 당기순이익 ₩300,000

18 (주)한국은 장부 마감 전 다음과 같은 항목이 누락되었음을 확인하였다. 해당 항목을 반영하기 전 당기순이익이 ₩100,000이라고 할 때, 수정 후 당기순이익은?

- 당기 10월 1일 수령한 임대료 ₩120,000을 전액 임대료수익으로 계상하였다. (임대기간은 당기 10월 1일부터 차기 9월 30일까지이다.)
- 당기 발생 미지급급여 ₩50,000을 누락하고 인식하지 않았다.
- 당기 발생 미수이자 ₩100,000을 누락하고 인식하지 않았다.
- 선적지 인도조건으로 당기 12월 29일 선적하여 차기 1월 5일 도착예정인 상품에 대해 당기 12월 29일에 매출 ₩200,000과 매출원가 ₩150,000을 인식하였다.

① ₩10,000
② ₩60,000
③ ₩100,000
④ ₩190,000

19 (주)한국의 20×2년도 수정전시산표는 다음과 같다.

• 현금	₩90,000	• 매입채무	₩120,000
• 매출채권	₩500,000	• 손실충당금	₩50,000
• 건물	₩1,200,000	• 감가상각누계액	₩480,000
• 급여	₩150,000	• 자본금	₩300,000
• 광고선전비	₩60,000	• 매출	₩1,050,000
• 합계	₩2,000,000	• 합계	₩2,000,000

결산수정분개를 위한 자료가 다음과 같을 때, 당기순이익은 얼마인가? (단, 기타포괄손익은 발생하지 않았다.)

- 건물은 20×1년 초 ₩1,200,000에 취득하였고, 내용연수 4년, 잔존가치 ₩0의 연수합계법으로 감가상각한다.
- 매출채권 기말잔액의 5%를 기대신용손실액으로 추정한다.
- 해당 회계연도의 급여 ₩100,000이 발생하였으나 현금을 지급하지 않아 회계처리를 누락하였다.

① ₩355,000
② ₩405,000
③ ₩455,000
④ ₩840,000

20 (주)한국의 결산수정사항이 다음과 같을 경우, 기말수정분개가 미치는 영향으로 옳지 않은 것은? (단, 법인세비용에 미치는 영향은 없다고 가정한다.)

- 9월 1일 1년간의 보험료 ₩60,000을 지급하고 전액 선급보험료계정에 차기하였다.
- 해당 회계연도의 소모품 사용액이 ₩20,000이다. (주)한국은 소모품 구입 시 전부 자산으로 계상하며, 사용한 만큼 비용으로 계상하고 있다.

① 수정후잔액시산표의 대변합계는 ₩40,000만큼 증가한다.
② 당기순이익이 ₩40,000만큼 감소한다.
③ 자산총액이 ₩40,000만큼 감소한다.
④ 부채총액은 변동이 없다.

21 다음은 (주)한국과 관련된 거래이다. 기말수정분개가 재무제표에 미치는 영향으로 옳지 않은 것은? (단, 기간은 월할 계산한다.)

> • 5월 1일 보험료 2년분 ₩4,800을 현금지급하고 전액 선급보험료로 회계처리하였다.
> • 8월 1일 건물을 1년간 임대하기로 하고, 현금 ₩6,000을 수취하면서 전액 임대수익으로 기록하였다.
> • 11월 1일 소모품 ₩8,000을 현금으로 구입하고 전액 소모품비로 회계처리하였다. 기말시점에 미사용된 소모품은 ₩2,500이다.

① 자산은 ₩900 증가한다.
② 부채는 ₩3,500 증가한다.
③ 비용은 ₩900 증가한다.
④ 당기순이익은 ₩2,600 감소한다.

22 기말수정사항이 다음과 같을 때, 기말수정분개가 미치는 영향으로 옳지 않은 것은?

> • 9월 1일 1년치 보험료 ₩360,000을 현금으로 납부하면서 전부 선급보험료로 인식하였다.
> • 12월 1일 6개월치 임대료 ₩120,000을 현금으로 수취하면서 전부 임대료수익으로 인식하였다.
> • 당기에 발생한 급여 ₩100,000에 대한 회계처리가 이루어지지 않았다.

① 당기순이익이 ₩320,000 감소한다.
② 자산총액이 ₩120,000 감소한다.
③ 부채총액이 ₩200,000 증가한다.
④ 수정후잔액시산표의 차변합계가 ₩120,000 증가한다.

23 다음은 20×1년 초 설립한 (주)한국의 결산수정이 필요한 사항을 나열한 것이다. 다음 거래로 인한 수정후시산표의 영향으로 옳지 않은 것은 무엇인가?

> * 20×1년 중 선급임차료로 회계처리한 ₩1,200,000에서 ₩900,000은 20×1년 분 임차료이다.
> * 12월분 공과금 ₩200,000이 누락된 것을 발견하였다. 공과금 납부일은 익월 15일이다.
> * 20×1년 중 선수수익으로 회계처리한 ₩500,000에서 40%는 20×1년 수익으로 인식한다.

① 자산 ₩900,000 감소
② 부채 ₩200,000 증가
③ 비용 ₩1,100,000 증가
④ 수익 ₩200,000 증가

24 기말수정사항이 다음과 같을 때, 기말수정분개가 미치는 영향으로 옳지 않은 것은?

> * 당기에 발생한 급여 ₩200,000에 대한 회계처리가 이루어지지 않았다.
> * 20×1년 7월 1일에 1년치 보험료 ₩60,000을 지급하면서 선급보험료로 회계처리하였다.
> * 기중에 구입한 소모품 ₩300,000을 소모품비로 처리하였으나, 기말 현재 남아 있는 소모품은 ₩100,000이다. (단, 기초 소모품 재고액은 없다.)

① 수정후잔액시산표의 대변합계가 ₩200,000 증가한다.
② 자산총액이 ₩100,000 증가한다.
③ 당기순이익이 ₩130,000 감소한다.
④ 부채총액이 ₩200,000 증가한다.

25 다음 수정분개를 반영하지 못할 경우 재무상태와 손익에 미치는 영향으로 옳은 것은?

> | | |
> |---|---:|
> | * 종업원급여 미지급액 | ₩10,000 |
> | * 선급보험료(자산) 중 기간이 경과하여 실현된 금액 | ₩10,000 |
> | * 외상매출금 중 현금으로 회수된 금액 | ₩10,000 |
> | * 선수임대료(부채) 중 기간이 경과하여 실현된 금액 | ₩10,000 |
> | * 차입금 이자 미지급액 | ₩10,000 |

① 법인세차감전순이익은 ₩20,000 과소계상된다.
② 비용은 ₩30,000 과대계상된다.
③ 부채는 ₩10,000 과소계상된다.
④ 자산은 ₩30,000 과소계상된다.

26 (주)한국의 20×2년 12월 31일 수정전잔액시산표의 차변합계와 대변합계는 각각 ₩1,000,000 이었다. 다음의 사항을 반영한 (주)한국의 수정후잔액시산표의 차변합계는?

• 건물감가상각비(감가상각누계액 설정법)	₩250,000
• 자산으로 계상한 소모품 사용액	₩100,000
• 선급임차료의 소멸	₩150,000
• 미지급급여	₩50,000
• 당기손익 – 공정가치 측정 금융자산 평가이익	₩50,000

① ₩950,000   ② ₩1,000,000

③ ₩1,250,000   ④ ₩1,350,000

27 (주)한국의 20×1년 초 재무상태표상 자산총액 ₩1,000,000, 부채총액 ₩400,000이다. 다음 거래 내역과 관련된 결산조정 사항을 반영한 20×1년 말 재무상태표상 자산총액과 부채총액을 바르게 연결한 것은? (단, 기간은 월할 계산한다.)

일자	거래 내역
5월 1일	1년치 건물임대료 ₩120,000을 현금으로 수취하고 전액 수익으로 인식
8월 1일	1년치 화재보험료 ₩240,000을 현금 지급하고 전액 비용으로 인식

	자산총액	부채총액
①	₩880,000	₩360,000
②	₩960,000	₩400,000
③	₩1,020,000	₩440,000
④	₩1,140,000	₩480,000

28 (주)한국의 회계담당자는 기중에 인식한 선수임대료 중에서 기간이 경과되어 실현된 금액에 대한 기말수정분개를 누락하였다. 해당 오류가 (주)한국의 당기재무제표에 미치는 영향으로 옳은 것은?

① 기타포괄이익이 과대표시된다.

② 당기순이익이 과대표시된다.

③ 자산이 과대표시된다.

④ 부채가 과대표시된다.

29 (주)한국은 이자수취일이 다음 회계연도에 도래하는 대여금에 대한 이자수익을 당기에 계상하는 기말수정분개를 누락하였다. 이러한 누락이 당기 재무제표에 미치는 영향으로 적절한 설명은?

① 당기에 현금으로 수취해야 할 이자수익이 수익으로 계상되지 않았으므로 기말 현금이 과소계상된다.

② 당기에 이자수익이 과소계상되며 이로 인해 당기 재무상태표상 순자산이 과대계상된다.

③ 당기 포괄손익계산서상 당기순이익과 당기 재무상태표상 자본 및 자산은 과소계상된다.

④ 당기 재무상태표상 자산, 부채, 자본에 영향을 주지 않으며 다음 회계연도의 재무상태표상 자산이 과대계상된다.

30 (주)한국은 20×1년 4월 1일 향후 1년간(20×1년 4월 1일 ~ 20×2년 3월 31일) (주)대한에게 창고를 임대하고 그 대가로 ₩1,200(1개월 ₩100)을 현금으로 받아 수익으로 회계처리하였다. 이 거래와 관련하여 (주)한국이 20×1년 말에 수정분개를 하지 않았을 경우, 기말 재무제표에 미치는 영향으로 옳지 않은 것은?

① 부채가 ₩300 과대계상된다.

② 자산에 미치는 영향은 없다.

③ 자본이 ₩300 과대계상된다.

④ 수익이 ₩300 과대계상된다.

31 (주)한국은 20×1년 8월 1일 화재보험에 가입하고, 향후 1년간 보험료 ₩12,000을 전액 현금 지급하면서 선급보험료로 회계처리하였다. 동 거래와 관련하여 (주)한국이 20×1년 말에 수정분개를 하지 않았을 경우, 20×1년 말 재무상태표에 미치는 영향은? (단, 보험료는 월할 계산한다.)

	자산	부채	자본
①	₩5,000(과대)	영향 없음	₩5,000(과대)
②	₩5,000(과대)	₩5,000(과대)	영향 없음
③	₩7,000(과대)	영향 없음	₩7,000(과대)
④	₩7,000(과대)	₩7,000(과대)	영향 없음

32 (주)한국은 20×1년 10월 1일부터 1년간 상가를 임대하면서 동 일자에 향후 1년분 임대료 ₩6,000을 현금 수령하고 전액 수익으로 회계처리하였다. 수정분개를 하지 않았을 경우, (주)한국의 20×1년 재무제표에 미치는 영향은? (단, 임대료는 월할 계산한다.)

① 기말부채 ₩1,500 과대계상
② 기말부채 ₩4,500 과대계상
③ 당기순이익 ₩1,500 과대계상
④ 당기순이익 ₩4,500 과대계상

33 (주)한국은 20×1년 1월 초 소모품을 ₩600,000에 구입하였고 이를 전액 소모품비로 비용 처리하였다. (주)한국은 기초 소모품을 보유하고 있지 않다. (주)한국이 20×1년 12월에 보유하고 있는 소모품은 ₩200,000이다. 만약 (주)한국이 소모품에 관한 결산수정분개를 누락하였다면 이에 대한 영향으로 옳은 것은?

① 부채총계 ₩400,000 과소계상
② 자본총계 ₩200,000 과소계상
③ 당기순이익 ₩400,000 과대계상
④ 자산총계 ₩200,000 과대계상

34 (주)한국의 회계담당자는 20×1년 회계연도 말 결산조정분개 시 다음의 사항을 누락하여 재무제표를 작성하였다. 이들 누락이 재무제표에 미치는 영향으로 옳은 것은?

> • 20×1년 3월 1일 2년분 보험료 ₩1,200,000을 지급하면서 선급보험료로 처리하였다.
> • 20×1년 12월 31일 현재 다음달에 지급해야 할 12월분 급여 ₩2,000,000에 대한 회계처리가 이루어지지 않았다.
> • 기중에 구입한 소모품 ₩1,000,000을 소모품비로 처리하였으나 기말 현재 남아 있는 소모품은 ₩300,000이다.
> • 20×1년 당기에 발생한 이자수익 ₩500,000에 대한 회계처리가 이루어지지 않았다.

① 수익 ₩500,000 과소계상, 부채 ₩2,000,000 과소계상
② 비용 ₩2,000,000 과소계상, 자산 ₩300,000 과소계상
③ 당기순이익 ₩1,700,000 과소계상, 부채 ₩2,000,000 과대계상
④ 자본 ₩300,000 과소계상, 비용 ₩2,200,000 과소계상

35 다음 중 수정분개를 하였을 때 잔액시산표의 합계금액을 변동시키지 않는 항목은?

① 보험료 중 기간 미경과분을 선급보험료로 인식

② 유형자산의 감가상각비 인식

③ 대여금에 대한 미수이자 인식

④ 차입금에 대한 미지급이자의 인식

36 다음은 (주)한국의 20×1년 수정전시산표의 일부이다. (주)한국이 다음의 결산수정사항을 반영하였다면 수정후시산표에 관한 물음으로 옳지 않은 것은?

차변 잔액	수정전시산표	대변 잔액
₩20,000	상품	
₩230,000	매입	
₩60,000	선급보험료	
	이자수익	₩40,000
₩100,000	급여	

<결산수정사항>

• 기말 재고자산 실사결과 상품은 ₩50,000이었다.

• 선급보험료는 1년치 보험료를 납입한 것이며, 기간이 미경과된 보험료는 ₩40,000이다.

• 이자수익은 20×1년 11월 1일 5개월치 이자를 선수령한 금액이다.

• 급여는 발생하였으나 아직 미지급한 급여가 ₩30,000 있다.

① 수정후시산표의 차변합계는 수정전시산표에 비하여 ₩30,000 증가한다.

② 수정 후 수익은 ₩24,000 증가한다.

③ 수정 후 부채는 ₩54,000 증가한다.

④ 수정후시산표의 대변합계는 ₩30,000 증가한다.

37 (주)한국은 20×1년 장부마감 이전에 다음과 같은 사항을 확인하였으나, 20×1년 10월 1일에 보험료 ₩1,200을 지급(1개월 ₩100, 20×1년 10월 1일부터 20×2년 9월 30일까지 보장)하고 전액 자산으로 인식한 거래에 대하여 기말수정분개가 누락된 것을 발견하였다. (주)한국이 이에 대한 기말수정분개를 반영하여 장부를 마감하였을 때, 20×1년 기말부채는?

• 기초자산	₩10,000	• 기초부채	₩7,000	• 기말자산	₩15,000
• 총수익	₩12,000	• 총비용	₩9,000	• 유상증자	₩1,000
• 현금배당	₩100				

① ₩8,100

② ₩8,400

③ ₩8,600

④ ₩8,700

38 (주)한국의 수익계정과 비용계정을 마감한 후 집합손익계정의 차변합계는 ₩71,800이며 대변합계는 ₩96,500이다. 이익잉여금의 기초잔액이 ₩52,000이고 자본금의 기초잔액이 ₩120,000일 경우 (주)한국의 기말자본은?

① ₩185,200

② ₩186,200

③ ₩195,700

④ ₩196,700

39 다음 (주)한국의 재무자료를 이용한 이익잉여금은?

• 현금	₩2,000	• 매출채권	₩2,500
• 선수수익	₩800	• 대손충당금(매출채권)	₩300
• 재고자산	₩3,000	• 기계장치	₩14,000
• 매입채무	₩1,500	• 감가상각누계액(기계장치)	₩5,000
• 자본금	₩4,000	• 이익잉여금	?

① ₩9,900

② ₩10,700

③ ₩11,000

④ ₩16,000

40 (주)한국의 수정후시산표상 자산, 부채, 수익, 비용, 자본금 금액이 다음과 같을 때, 기초이익잉여금은?

계정과목	금액	계정과목	금액
선급비용	₩50,000	매입채무	₩130,000
매출채권	₩250,000	미지급금	₩60,000
미지급비용	₩80,000	재고자산	₩370,000
현금	₩120,000	미수수익	₩20,000
매출	₩350,000	매출원가	₩100,000
급여	₩50,000	임차료	₩30,000
자본금	₩50,000	기초 이익잉여금	?

① ₩270,000

② ₩320,000

③ ₩380,000

④ ₩490,000

41 제조업을 영위하는 (주)한국의 20×1년 말 재무상태표에는 매출채권에 대한 손실충당금(대손충당금) 기초잔액은 ₩100,000이며, 이익잉여금 기초잔액은 ₩150,000이었다. 20×1년 중 발생한 다음 사항을 반영하기 전의 당기순이익은 ₩250,000이다.

- 당기 중 거래처에 대한 매출채권 ₩130,000이 회수불능으로 확정되었다.
- 전기 손상확정되었던 매출채권 중 ₩50,000을 현금으로 회수하였다.
- 20×1년 말 매출채권 총액에 대한 기대신용손실액은 ₩200,000이다.
- 7월 1일 임대목적으로 ₩200,000의 건물을 취득하였다. 내용연수는 20년이고 잔존가치는 없다. (주)한국은 투자부동산에 대해서 공정가치모형을 적용한다. 결산일인 20×1년 말 건물의 공정가치는 ₩250,000이다.

(주)한국의 20×1년 당기순이익과 20×1년 말 이익잉여금은?

	당기순이익	이익잉여금
①	₩120,000	₩270,000
②	₩70,000	₩250,000
③	₩180,000	₩270,000
④	₩120,000	₩400,000

42 다음 자료를 이용한 (주)한국의 당기순이익은?

• 선급비용	₩20,000	• 선급금	₩10,000
• 미지급급여	₩5,000	• 매출액	₩180,000
• 매출원가	₩75,000	• 임차료	₩20,000
• 급여	₩10,000	• 선수수익	₩5,000
• 감가상각비	₩6,000	• 임대료수익	₩12,000
• 유형자산처분이익	₩25,000	• 자기주식처분이익	₩5,000
• 미지급배당금	₩3,000	• 광고선전비	₩2,000
• 기타포괄손익 – 공정가치 측정 금융자산 평가이익			₩5,000

① ₩104,000   ② ₩106,000

③ ₩108,000   ④ ₩113,000

43 수익과 비용 계정을 마감한 후 집합손익 계정의 잔액은 ₩50,000이다. 비용이 수익보다 큰 경우, 집합손익 계정의 마감분개로 옳은 것은?

① (차) 비용   ₩50,000   (대) 집합손익   ₩50,000

② (차) 수익   ₩50,000   (대) 집합손익   ₩50,000

③ (차) 이익잉여금   ₩50,000   (대) 집합손익   ₩50,000

④ (차) 집합손익   ₩50,000   (대) 이익잉여금   ₩50,000

44 (주)한국의 회계담당자가 20×1년도 장부를 마감한 결과 집합손익계정의 대변합계는 ₩85,000, 차변합계는 ₩42,000으로 나타났다. 이익잉여금 기초잔액은 ₩52,000이며, (주)한국의 20×1년 기초 자본금이 ₩100,000일 때, 장부 마감 후 20×1년도 기말 재무상태표에 표시될 자본총계는? (단, (주)한국의 자본은 자본금과 이익잉여금만으로 구성되어 있으며, 20×1년 중 별도의 자본거래는 없다고 가정한다.)

① ₩143,000   ② ₩185,000

③ ₩195,000   ④ ₩215,000

45 수정후시산표의 각 계정잔액이 존재한다고 가정할 경우, 장부마감 후 다음 회계연도 차변으로 이월되는 계정과목은?

① 이자수익   ② 매입채무

③ 매출원가   ④ 투자부동산

CHAPTER 03 : 개념체계

정답 및 해설 p. 379

01 재무제표의 작성과 표시를 위한 개념체계에 관한 설명으로 옳지 않은 것은?

① 개념체계는 한국회계기준위원회가 일관된 개념에 기반하여 한국채택국제회계기준을 제·개정하는 데 도움을 준다.

② 개념체계는 재무제표 작성자가 일관된 회계정책을 개발하는 데 도움을 준다.

③ 개념체계는 모든 이해관계자가 회계기준을 이해하고 해석하는 데 도움을 준다.

④ 개념체계는 특정한 측정과 공시에 관한 기준을 정하지 아니하나, 특정 한국채택국제회계기준에 우선한다.

02 일반목적재무보고의 목적에 관한 설명으로 옳지 않은 것은?

① 현재 및 잠재적 투자자, 대여자 및 기타 채권자가 필요로 하는 모든 정보를 제공하여야 한다.

② 보고기업의 재무상태에 관한 정보, 즉 기업의 경제적 자원과 보고기업에 대한 청구권에 관한 정보를 제공한다.

③ 경영진의 책임 이행에 대한 정보는 경영진의 행동에 대해 의결권을 가지거나 다른 방법으로 영향력을 행사하는 현재 투자자, 대여자 및 기타 채권자의 의사결정에 유용하다.

④ 경영진은 그들이 필요로 하는 재무정보를 내부에서 구할 수 있기 때문에 일반목적재무보고서에 의존할 필요가 없다.

03 다음은 재무보고를 위한 개념체계 중 일반목적재무보고의 목적에 관한 설명이다. 다음 중 옳지 않은 것은?

① 현재 및 잠재적 투자자, 대여자 및 기타 채권자는 일반목적재무보고서가 대상으로 하는 주요 이용자이다.

② 일반목적재무보고서는 주요 이용자가 필요로 하는 모든 정보를 제공하지는 않으며 제공할 수도 없다.

③ 회계기준위원회는 재무보고기준을 제정할 때 주요 이용자 최대 다수의 수요를 충족하는 정보를 제공하기 위해 노력할 것이다.

④ 보고기업의 경영진도 해당 기업에 대한 재무정보에 관심이 있기 때문에 일반목적재무보고서에 의존할 필요가 있다.

04 일반목적재무보고서가 제공하는 정보에 관한 설명으로 옳지 않은 것은?

① 보고기업의 경제적 자원 및 청구권의 성격 및 금액에 대한 정보는 이용자들이 기업의 경제적 자원에 대한 경영진의 수탁책임을 평가하는 데 도움이 될 수 있다.

② 보고기업의 재무성과에 대한 정보는 그 기업의 경제적 자원에서 해당 기업이 창출한 수익을 이용자들이 이해하는 데 도움을 준다.

③ 보고기업의 경제적 자원 및 청구권은 그 기업의 재무성과 그리고 채무상품이나 지분상품의 발행과 같은 그 밖의 사건이나 거래에서 발생한다.

④ 보고기업의 과거 재무성과와 그 경영진이 수탁책임을 어떻게 이행했는지에 대한 정보는 기업의 경제적 자원에서 발생하는 미래 수익을 예측하는 데 일반적으로 도움이 된다.

05 재무제표의 작성과 표시를 위한 개념체계에 관한 내용으로 옳지 않은 것은?

① 한국채택국제회계기준과 개념체계가 상충되는 경우 한국채택국제회계기준이 개념체계보다 우선한다.

② 재무제표를 통해 제공되는 정보가 이용자에게 유용하기 위해 갖추어야 할 속성을 질적 특성이라 하는데 개념체계에서 제시하는 근본적 질적 특성은 목적적합성과 표현충실성이다.

③ 수익은 기업의 정상영업활동의 일환으로 발생하는 반면, 차익은 기업의 정상영업활동의 일환이나 그 이외의 활동에서 발생할 수 있다. 그러나 개념체계에서는 차익을 수익과 별개의 요소로 보지 않는다.

④ 자산의 취득은 지출의 발생과 밀접한 관련이 있으므로 취득 시 지출이 발생하지 않은 증여받은 재화는 자산의 정의를 충족하지 않는다.

06 유용한 재무정보의 질적 특성에 관한 설명으로 옳은 것은?

① 목적적합성과 표현충실성은 보강적 질적 특성이다.

② 동일한 경제적 현상에 대해 대체적인 회계처리방법을 허용하면 비교가능성이 감소한다.

③ 재무정보의 제공자와는 달리 이용자의 경우에는 제공된 정보를 분석하고 해석하는 데 원가가 발생하지 않는다.

④ 재무정보가 과거 평가를 확인하거나 변경시킨다면 예측가치를 갖는다.

07 유용한 재무정보의 질적 특성에 관한 설명으로 옳지 않은 것은?

① 명확하고 간결하게 분류되고 특징지어져 표시된 정보는 이해가능성이 높다.

② 어떤 재무정보가 예측가치나 확인가치 또는 이 둘 모두를 갖는다면 그 재무정보는 이용자의 의사결정에 차이가 나게 할 수 있다.

③ 검증가능성은 정보가 나타내고자 하는 경제적 현상을 충실히 표현하는지를 정보이용자가 확인하는 데 도움을 주는 근본적 질적 특성이다.

④ 어떤 정보의 누락이나 오기로 인해 정보이용자의 의사결정이 바뀔 수 있다면 그 정보는 중요한 정보이다.

08 재무정보의 질적 특성에 관한 설명으로 옳지 않은 것은?

① 검증가능성은 합리적인 판단력이 있고 독립적인 서로 다른 관찰자가 어떤 서술이 표현충실성이라는 데 대체로 합의에 도달할 수 있음을 의미한다.

② 재무정보에 예측가치, 확인가치 또는 이 둘 모두가 있다면 의사결정에 차이가 나도록 할 수 있다.

③ 완벽하게 표현충실성을 위해서 서술은 완전하고, 중립적이며, 오류가 없어야 할 것이다.

④ 이해가능성은 정보이용자가 항목 간의 유사점과 차이점을 식별하고 이해할 수 있게 하는 질적 특성이다.

09 유용한 재무정보의 질적 특성 중 근본적 질적 특성에 대한 다음의 설명 중 옳지 않은 것은?

① 재무정보가 예측가치를 갖기 위해서 그 자체가 예측치 또는 예상치일 필요는 없다.

② 재무정보가 목적적합하기 위해서는 예측가치와 확인가치 모두를 가져야 한다.

③ 중립적 서술이란 재무정보의 선택이나 표시에 편의가 없는 것을 의미한다.

④ 오류가 없는 서술이란 현상의 기술에 오류나 누락이 없고, 보고 정보를 생산하는 데 사용되는 절차의 선택과 적용 시 절차상 오류가 없음을 의미하는 것이지, 서술의 모든 면이 완벽하게 정확하다는 것을 의미하지는 않는다.

10 재무정보의 질적 특성에 관한 설명으로 옳지 않은 것은?

① 중요성은 개별 기업 재무보고서 관점에서 해당 정보와 관련된 항목의 성격이나 규모 또는 이 둘 모두에 근거하여 해당 기업에 특유한 측면의 목적적합성을 의미한다.

② 충실한 표현을 하기 위해서는 서술이 완전하고, 중립적이며, 오류가 없어야 한다.

③ 보강적 질적 특성은 만일 어떤 두 가지 방법이 현상을 동일하게 목적적합하고 충실하게 표현하는 것이라면 이 두 가지 방법 가운데 어느 방법을 현상의 서술에 사용해야 할지를 결정하는 데에도 도움을 줄 수 있다.

④ 일관성은 한 보고기업 내에서 기간 간 또는 같은 기간 동안에 기업 간, 동일한 항목에 대해 동일한 방법을 적용하는 것을 의미하므로 비교가능성과 동일한 의미로 사용된다.

11 재무보고를 위한 개념체계의 유용한 재무정보의 질적 특성에 관한 설명으로 옳지 않은 것은?

① 보강적 질적 특성은 정보가 목적적합하지 않거나 충실하게 표현되지 않으면 개별적으로든 집단적으로든 그 정보를 유용하게 할 수 없다.

② 재무정보가 예측가치를 갖기 위해서 그 자체가 예측치 또는 예상치일 필요는 없다.

③ 보강적 질적 특성을 적용하는 것은 어떤 규정된 순서를 따르지 않는 반복적인 과정으로 때로는 하나의 보강적 질적 특성이 다른 질적 특성의 극대화를 위해 감소되어야 할 수도 있다.

④ 보강적 질적 특성에는 비교가능성, 검증가능성, 적시성 및 표현충실성이 있다.

12 재무보고를 위한 개념체계상 유용한 정보의 질적 특성에 관한 설명으로 옳지 않은 것은?

① 재무정보의 비교가능성은 정보이용자가 항목 간의 차이점을 식별하고 이해할 수 있게 하는 질적 특성으로 비슷한 것을 달리 보이게 함으로써 보강된다.

② 충실한 표현은 모든 면에서 정확한 것을 의미하지는 않는다.

③ 중요성은 개별 기입 재무보고서 관점에서 해당 정보와 관련된 항목의 성격이나 규모 또는 이 둘 모두에 근거하여 해당 기업에 특유한 측면의 목적적합성을 의미한다.

④ 중립적 정보는 목적이 없거나 행동에 대한 영향력이 없는 정보를 의미하지 않는다.

13 유용한 재무정보의 질적 특성에 관한 설명으로 옳지 않은 것은?

① 재무정보가 유용하기 위해서는 목적적합해야 하고 나타내고자 하는 바를 충실하게 표현해야 한다.

② 보강적 질적 특성을 적용하는 것은 어떤 규정된 순서를 따르지 않는 반복적인 과정이므로 때로는 하나의 보강적 질적 특성이 다른 질적 특성의 극대화를 위해 감소되어야 할 수도 있다.

③ 회계기준위원회는 중요성에 대한 획일적인 계량 임계치를 정하거나 특정한 상황에서 무엇이 중요한 것인지를 미리 결정할 수 있다.

④ 중요성은 개별 기업 재무보고서 관점에서 해당 정보와 관련된 항목의 성격이나 규모 또는 이 둘 모두에 근거하여 해당 기업에 특유한 측면의 목적적합성을 의미한다.

14 유용한 재무정보의 질적 특성에 관한 설명으로 옳지 않은 것은?

① 목적적합성과 표현충실성이 없는 재무정보가 더 비교가능하거나, 검증가능하거나, 적시성이 있거나, 이해가능하다면 유용한 정보이다.

② 보고기업에 대한 정보는 다른 기업에 대한 유사한 정보 및 해당 기업에 대한 다른 기간이나 다른 일자의 유사한 정보와 비교할 수 있다면 더욱 유용하다.

③ 재무정보가 예측가치를 갖기 위해서 그 자체가 예측치 또는 예상치일 필요는 없으며, 예측가치를 갖는 재무정보는 정보이용자가 예측하는 데 사용된다.

④ 정보가 누락되거나 잘못 기재된 경우 특정 보고기업의 재무정보에 근거한 정보이용자의 의사결정에 영향을 줄 수 있다면 그 정보는 중요한 것이다.

15 유용한 재무정보의 질적 특성에 대한 설명으로 옳지 않은 것은?

① 보강적 질적 특성은 만일 어떤 두 가지 방법이 현상을 동일하게 목적적합하고 충실하게 표현하는 것이라면 이 두 가지 방법 가운데 어느 방법을 현상의 서술에 사용해야 할지를 결정하는 데에도 도움을 줄 수 있다.

② 유용한 재무정보의 근본적 질적 특성은 목적적합성과 표현충실성이다. 유용한 재무정보의 질적 특성은 재무제표에서 제공되는 재무정보에도 적용되며, 그 밖의 방법으로 제공되는 재무정보에도 적용된다.

③ 일부 정보이용자는 추세를 식별하고 평가할 필요가 있을 수 있기 때문에 일부 정보는 보고기간 말 후에도 오랫동안 적시성이 있을 수 있다.

④ 계량화된 정보가 검증가능하기 위해서는 단일 점추정치이어야 한다. 검증은 가능한 금액의 범위 및 관련된 확률도 가능하다.

16 개념체계에 제시되어 있는 보고기업에 대한 설명으로 옳지 않은 것은?

① 보고기업은 재무제표를 작성해야 하거나 작성하기로 선택한 기업이다.

② 보고기업이 지배기업과 종속기업으로 구성된다면 그 보고기업의 재무제표는 '연결재무제표'이다.

③ 보고기업이 지배−종속관계로 모두 연결되어 있지는 않은 둘 이상 실체들로 구성된다면 그 보고기업의 재무제표는 결합재무제표이다.

④ 보고기업은 단일의 실체이거나 어떤 실체의 일부일 수 있으며 둘 이상의 실체로 구성될 수도 있으나, 반드시 법적 실체를 갖추고 있어야 한다.

17 재무보고를 위한 개념체계에서 재무제표 요소에 관한 설명으로 옳지 않은 것은?

① 자산이 갖는 미래경제적효익은 대체적인 제조과정의 도입으로 생산원가가 절감되는 경우와 같이 현금유출을 감소시키는 능력일 수도 있다.

② 자산의 존재를 판단하기 위해서 물리적 형태가 필수적인 것은 아니다.

③ 경제적 효익에 대한 통제력은 법률적 권리의 결과이므로 법률적 통제가 있어야 자산의 정의를 충족시킬 수 있다.

④ 보증기간이 명백히 경과한 후에 발생하는 제품하자에 대해서도 수리해 주기로 방침을 정한 경우에 이미 판매된 제품과 관련하여 지출될 것으로 예상되는 금액은 부채이다.

18 재무제표 요소에 대한 다음의 설명 중 옳은 것을 모두 열거한 것은?

> (가) 소유권은 자산의 존재를 판단함에 있어 필수적이다.
> (나) 자산은 과거의 거래나 그 밖의 사건에서 창출된다.
> (다) 자산과 부채에 대한 재평가 또는 재작성은 자본의 증가나 감소를 초래하나, 수익과 비용의 정의에는 부합하지 않는다.
> (라) 경제적 효익이 여러 회계기간에 걸쳐 발생할 것으로 기대되고 수익과의 관련성이 단지 포괄적으로 또는 간접적으로만 결정될 수 있는 경우, 비용은 체계적이고 합리적인 배분절차를 기준으로 포괄손익계산서에 인식된다.

① (나), (다) ② (나), (라)

③ (가), (나), (라) ④ (가), (다), (라)

19 재무제표 요소에 대한 다음의 설명 중 옳은 것을 모두 고른 것은?

> ㄱ. 자산은 과거의 거래나 그 밖의 사건에서 창출된다. 미래에 발생할 것으로 예상되는 거래나 사건 자체만으로는 자산이 창출되지 않는다.
> ㄴ. 소유권은 자산의 존재를 판단함에 있어 필수적인 요소이다.
> ㄷ. 자산의 취득은 지출과 밀접한 관련이 있으므로 증여받은 재화는 자산의 정의를 충족하지 않는다.
> ㄹ. 법적인 권리가 없이도 자산이 될 수 있다.

① ㄱ, ㄴ　　　　　　　　② ㄱ, ㄹ
③ ㄴ, ㄷ　　　　　　　　④ ㄴ, ㄹ

20 재무제표 요소에 관한 설명으로 옳지 않은 것은?

① 자산은 과거사건의 결과로 기업이 통제하는 현재의 경제적 자원이다.
② 수익과 비용은 자본청구권 보유자에 대한 출자 및 분배와 관련된 것을 포함한다.
③ 부채는 과거사건의 결과로 기업이 경제적 자원을 이전해야 하는 현재의무이다.
④ 경제적 효익을 창출할 가능성이 낮더라도 권리가 경제적 자원의 정의를 충족할 수 있다면 자산이 될 수 있다.

21 개념체계의 부채 정의에 대한 다음의 설명 중 옳지 않은 것은?

① 의무에는 기업이 경제적 자원을 다른 당사자에게 이전하도록 요구받게 될 잠재력이 있어야 하는데, 그러한 잠재력이 존재하기 위해서 기업이 경제적 자원의 이전을 요구받을 것이 확실하거나 그 가능성이 높아야 하는 것은 아니다.
② 새로운 법률이 제정되는 경우, 법률 제정 그 자체만으로는 기업에 현재의무를 부여하기에 충분하지 않다.
③ 경제적 자원을 이전하는 기업의 책무나 책임은 기업 스스로 취할 수 있는 미래의 특정 행동을 조건으로 발생하기도 한다.
④ 기업의 실무관행, 공개된 경영방침 등과 상충되는 방식으로 행동할 실제 능력이 있는 경우 기업의 실무관행 등에서 의무가 발생할 수 있다.

22 재무제표의 요소에 대한 설명으로 옳지 않은 것은?

① 자본은 기업의 자산에서 부채를 차감한 후의 잔여지분이다.

② 특정 항목이 자산, 부채 또는 자본의 정의를 충족하는지를 판단할 때에 단순한 법률적 형식이 아닌 거래의 실질과 경제적 현실을 고려하여야 한다.

③ 부채의 본질적 특성은 기업이 현재의무를 갖고 있다는 것이다. 의무는 구속력 있는 계약이나 법규에 따라 법률적 강제력이 있을 수 있으며, 정상적인 거래실무·관행 또는 원활한 거래관계를 유지하거나 공평한 거래를 하려는 의도에서 발생할 수도 있다.

④ 수익은 자산의 유입 또는 부채의 감소에 따라 자본의 증가를 초래하는 특정 회계기간 동안에 발생한 경제적 효익의 증가로서, 지분참여자에 의한 출연과 관련된 것을 포함한다.

23 재무보고를 위한 개념체계의 관련 문단에서 발췌되거나 파생된 용어의 정의로 옳지 않은 것은?

① 근본적 질적 특성 : 일반목적재무보고서의 주요 이용자들에게 유용하기 위하여 재무정보가 지녀야 하는 질적 특성

② 미이행계약 : 계약당사자 모두가 자신의 의무를 전혀 수행하지 않았거나 계약당사자 모두가 동일한 정도로 자신의 의무를 부분적으로 수행한 계약이나 계약의 일부

③ 부채 : 현재사건의 결과로 실체의 경제적 자원을 이전해야하는 미래의무

④ 인식 : 자산, 부채, 자본, 수익 또는 비용과 같은 재무제표의 구성요소 중 하나의 정의를 충족하는 항목을 재무상태표나 재무성과표에 포함하기 위하여 포착하는 과정

24 재무제표 요소에 관한 설명으로 옳지 않은 것은?

① 기업이 발행한 후 재매입하여 보유하고 있는 채무상품이나 지분상품도 기업의 경제적 자원에 해당한다.

② 부채는 과거사건의 결과로 기업이 경제적 자원을 이전해야 하는 현재의무이다.

③ 경제적 효익을 창출할 가능성이 낮더라도 권리가 경제적 자원의 정의를 충족한다면 자산이 될 수 있다.

④ 수익과 비용은 자본청구권 보유자에 대한 출자 및 분배와 관련된 것을 제외한다.

25 자산의 인식과 측정에 관한 설명으로 옳지 않은 것은?

① 자산의 정의를 충족하는 항목만이 재무상태표에 자산으로 인식된다.
② 합리적인 추정의 사용은 재무정보 작성의 필수적인 부분이며 추정치를 명확하고 정확하게 기술하고 설명한다면 정보의 유용성을 훼손하지 않는다.
③ 사용가치는 기업이 자산의 사용과 궁극적인 처분으로 얻을 것으로 기대하는 현금흐름 또는 그 밖의 경제적 효익의 현재가치이다.
④ 경제적 효익의 유입가능성이 낮으면 자산으로 인식해서는 안 된다.

26 측정기준에 관한 설명으로 옳지 않은 것은?

① 현행가치는 자산의 손상이나 손실부담에 따른 부채와 관련되는 변동을 제외하고는 가치의 변동을 반영하지 않는다.
② 부채의 현행원가는 측정일 현재 동등한 부채에 대해 수취할 수 있는 대가에서 그 날에 발생할 거래원가를 차감한다.
③ 사용가치와 이행가치는 미래현금흐름에 기초하기 때문에 자산을 취득하거나 부채를 인수할 때 발생하는 거래원가는 포함하지 않는다.
④ 자산의 현행원가는 측정일 현재 동등한 자산의 원가로서 측정일에 지급할 대가와 그 날에 발생할 거래원가를 포함하여 측정한다.

27 개념체계에서 측정에 대한 설명으로 옳지 않은 것은?

① 개념체계는 측정기준을 크게 역사적원가와 현행가치로 구분하고, 현행가치에 공정가치, 사용가치와 이행가치, 현재가치가 포함되는 것으로 설명한다.
② 자산을 취득하거나 창출할 때의 역사적 원가는 자산의 취득 또는 창출에 발생한 원가의 가치로서, 자산의 취득 또는 창출을 위하여 지급한 대가와 거래원가를 포함한다.
③ 자산이나 부채의 현행가치는 자산이나 부채를 발생시킨 거래나 그 밖의 사건의 가격으로부터 부분적으로라도 도출되지 않는다.
④ 공정가치는 자산의 궁극적인 처분이나 부채의 이전 또는 결제에서 발생할 거래원가를 반영하지 않는다.

28 역사적 원가의 측정기준에 대한 다음의 설명 중 옳지 않은 것은?

① 자산의 손상이나 부채의 손실부담이 아니더라도 자산과 부채의 역사적 원가는 필요하다면 시간의 경과에 따라 갱신되어야 한다.

② 금융자산과 금융부채의 상각후원가는 이자의 발생, 금융자산의 손상 및 수취 또는 지급과 같은 후속 변동을 반영하기 위해 시간의 경과에 따라 갱신되며, 이와 같은 특성때문에 상각후원가를 역사적 원가로 분류한다.

③ 부채가 발생하거나 인수할 때의 역사적원가는 발생시키거나 인수하면서 수취한 대가에 거래원가를 포함한다.

④ 시장 조건에 따른 거래가 아닌 사건의 경과로 자산을 취득할 경우 역사적 원가로 측정하는 것이 자산과 부채 및 수익이나 비용을 충실하게 표현하지 못할 수 있는데, 이러한 경우에는 자산의 현행가치를 최초 인식 시점의 간주원가로 사용한다.

29 측정기준에 관한 설명으로 옳지 않은 것은?

① 자산을 취득하거나 창출할 때의 역사적 원가는 자산의 취득 또는 창출에 발생한 원가의 가치로서, 자산을 취득 또는 창출하기 위하여 지급한 대가와 거래원가를 포함한다.

② 부채가 발생하거나 인수할 때의 역사적 원가는 발생시키거나 인수하면서 수취한 대가에서 거래원가를 차감한 가치이다.

③ 공정가치는 측정일에 시장참여자 사이의 정상거래에서 자산을 매도할 때 받거나 부채를 이전할 때 지급하게 될 가격이다.

④ 사용가치와 이행가치는 자산을 취득하거나 부채를 인수할 때 발생하는 거래원가를 포함한다.

30 재무제표 요소의 측정기준에 관한 설명으로 옳은 것은?

① 공정가치는 측정일 현재 동등한 자산의 원가로서 측정일에 지급할 대가와 그 날에 발생할 거래원가를 포함한다.

② 현행원가는 자산을 취득 또는 창출할 때 발생한 원가의 가치로서 자산을 취득 또는 창출하기 위하여 지급한 대가와 거래원가를 포함한다.

③ 사용가치는 기업이 자산의 사용과 궁극적인 처분으로 얻을 것으로 기대하는 현금흐름 또는 그 밖의 경제적 효익의 현재가치이다.

④ 이행가치는 측정일에 시장참여자 사이의 정상거래에서 부채를 이전할 때 지급하게 될 가격이다.

31 재무보고를 위한 개념체계에 관한 설명으로 옳지 않은 것은?

① 사용가치와 이행가치는 미래현금흐름에 기초하기 때문에 자산을 취득하거나 부채를 인수할 때 발생하는 거래원가를 포함한다.

② 경제적 효익의 유입가능성이나 유출가능성이 낮더라도 자산이나 부채가 존재할 수 있다.

③ 일부 정보이용자는 추세를 식별하고 평가할 필요가 있을 수 있기 때문에 일부 정보는 보고기간 말 후에도 오랫동안 적시성이 있을 수 있다.

④ 실물자본유지개념을 사용하기 위해서는 현행원가기준에 따라 측정해야 하며, 재무자본유지개념은 특정한 측정기준의 적용을 요구하지 아니한다.

32 유입가치를 반영하는 측정기준을 모두 고른 것은?

㉠ 역사적원가	㉡ 공정가치
㉢ 사용가치	㉣ 이행가치
㉤ 현행원가	

① ㉠, ㉢   ② ㉠, ㉤

③ ㉡, ㉢   ④ ㉡, ㉣, ㉤

33 보강적 질적 특성 중 비교가능성은 측정기준의 선택에 영향을 미친다. 다음 중 기업 간 비교가능성을 높이거나 향상시킬 수 있는 측정기준을 모두 고른 것은?

㉠ 역사적원가	㉡ 공정가치
㉢ 사용가치	㉣ 이행가치
㉤ 현행원가	

① ㉠, ㉡   ② ㉡, ㉢

③ ㉡, ㉤   ④ ㉢, ㉣

34 자본유지개념과 이익의 결정에 관한 설명으로 옳지 않은 것은?

① 재무자본유지개념을 사용하기 위해서는 현행원가기준에 따라 측정해야 한다.

② 자본유지개념은 이익이 측정되는 준거기준을 제공함으로써 자본개념과 이익개념 사이의 연결고리를 제공한다.

③ 자본유지개념 중 재무자본유지는 명목화폐단위 또는 불변구매력단위를 이용하여 측정할 수 있다.

④ 재무자본유지개념과 실물자본유지개념의 주된 차이는 기업의 자산과 부채에 대한 가격변동 영향의 처리방법에 있다.

35 다음 자료를 이용하여 실물자본유지관점에서 (주)한국의 당기순손익을 계산하면 얼마인가?

- (주)한국은 기초에 현금 ₩1,000으로 영업을 시작하였다.
- 기초에 상품 A를 단위당 ₩200에 5개를 현금구입하고, 기중에 5개를 단위당 ₩400에 현금판매하였다.
- 당기 일반물가인상율은 10%이다.
- 기말 상품 A의 구입가격은 ₩300으로 인상되었다.
- 기말 현금 보유액은 ₩2,000이다.

① ₩1,000 손실   ② ₩500 손실
③ ₩500 이익   ④ ₩1,000 이익

36 (주)한국의 20×1년 자료가 다음과 같을 때, 실물자본유지개념 하에서 측정한 당기순이익은? (단, 주어진 자료 외 다른 거래는 없다.)

- 20×1년 초 현금 ₩100,000으로 영업을 개시하였다.
- 20×1년 초 재고자산 15개를 단위당 ₩5,000에 현금 구입하였다.
- 20×1년 기중에 재고자산 15개를 단위당 ₩8,000에 현금 판매하였다.
- 20×1년 초 물가지수가 100이라고 할 때, 20×1년 말 물가지수는 125이다.
- 20×1년 말 재고자산의 단위당 구입가격은 ₩6,500으로 인상되었다.
- 20×1년 말 현금 보유액은 ₩145,000이다.

① ₩15,000   ② ₩20,000
③ ₩30,000   ④ ₩45,000

37 (주)한국은 20×1년 초 현금 ₩1,000,000을 출자하여 설립하였으며, 이는 재고자산 200개를 구입할 수 있는 금액이다. 기중에 물가가 3% 상승하였으며, 기말 순자산은 ₩1,500,000이다. 20×1년 말 동 재고자산을 구입할 수 있는 가격이 개당 ₩6,000이라면, 실물자본유지개념에 의한 당기이익은? (단, 기중 자본거래는 없다.)

① ₩270,000   ② ₩300,000

③ ₩320,000   ④ ₩420,000

38 20×1년 초 도소매업으로 영업을 개시한 (주)한국은 현금 ₩1,800을 투자하여 상품 2개를 단위당 ₩600에 구입하고, 구입한 상품을 단위당 ₩800에 판매하여 20×1년 말 현금은 ₩2,200이 되었다. 20×1년 중 물가상승률은 10%이며, 20×1년 기말 상품의 단위당 구입가격은 ₩700이다. 실물자본유지개념을 적용하여 산출한 20×1년 말에 인식할 이익과 자본유지조정 금액은?

① 이익 ₩100, 자본유지조정 ₩300

② 이익 ₩180, 자본유지조정 ₩220

③ 이익 ₩220, 자본유지조정 ₩180

④ 이익 ₩300, 자본유지조정 ₩100

CHAPTER 04 재무제표 표시

정답 및 해설 p. 382

01 재무제표 작성원칙에 관한 설명으로 옳지 않은 것은?

① 기업은 현금흐름 정보를 제외하고는 발생기준 회계를 사용하여 재무제표를 작성한다.
② 한국채택국제회계기준의 요구에 따라 공시되는 정보가 중요하지 않다면 그 공시를 제공할 필요는 없다.
③ 재무제표가 한국채택국제회계기준의 요구사항을 모두 충족한 경우가 아니라면 한국채택국제회계기준을 준수하여 작성되었다고 기재하여서는 아니 된다.
④ 일반적으로 재무제표는 일관성 있게 1년 단위로 작성해야 하므로, 실무적인 이유로 특정기업이 보고기간을 52주로 하는 보고관행은 금지된다.

02 다음 중 재무제표의 표시에 관한 설명으로 옳지 않은 것은?

① 부적절한 회계정책은 이에 대하여 공시나 주석 또는 보충자료를 통해 충분히 설명한다면 정당화될 수 있다.
② 경영진은 재무제표를 작성할 때 계속기업으로서의 존속가능성을 평가해야 한다.
③ 당기손익과 기타포괄손익은 단일의 포괄손익계산서에 두 부분으로 나누어 표시할 수 있다.
④ 한국채택국제회계기준에서 허용하거나 요구하지 않는 한 자산과 부채, 수익과 비용은 상계하지 않는다.

03 재무제표 표시에 관한 설명으로 옳지 않은 것은?

① 당기 재무제표를 이해하는 데 목적적합하다면 서술형 정보의 경우에도 비교정보를 포함한다.
② 재무제표의 목적은 정보이용자의 경제적 의사결정에 유용한 정보를 제공하는 것이다.
③ 수익과 비용의 항목 중 더욱 목적적합하고 금액을 신뢰성 있게 측정할 수 있다면 당기손익과 기타포괄손익을 표시하는 보고서에 특별손익으로 표시할 수 있다.
④ 포괄손익계산서는 단일 포괄손익계산서로 작성되거나 두 개의 보고서로 작성될 수 있다.

04 재무제표의 작성과 표시의 일반원칙에 대한 다음의 설명 중 옳지 않은 것은?

① 재무제표 이용자에게 오해를 줄 염려가 없다고 인정되는 경우 재무제표의 금액 단위를 천원 또는 백만원 등으로 표시할 수 있다.

② 당기 재무제표를 이해하는 데 목적적합하다면 서술형 정보의 경우에도 비교정보를 포함한다.

③ 중요하지 않은 정보일 경우 한국채택국제회계기준에서 요구하는 특정 공시를 제공할 필요는 없다.

④ 외환손익 또는 단기매매금융상품에서 발생하는 손익과 같이 유사한 거래의 집합에서 발생하는 차익과 차손은 그 금액이 중요한 경우에도 순액으로 표시한다.

05 다음은 재무제표 표시 기준서에 대한 설명이다. 옳지 않은 것은?

① 한국채택국제회계기준에 따라 작성된 재무제표는 공정하게 표시된 재무제표로 본다.

② 부적절한 회계정책은 이에 대하여 공시나 주석 또는 보충자료를 통해 설명하더라도 정당화될 수 없다.

③ 재무제표에는 중요하지 않아 구분하여 표시하지 않은 항목이더라도 주석에서는 구분 표시해야 할 만큼 충분히 중요할 수 있다.

④ 외환손익 또는 단기매매금융상품에서 발생하는 손익과 같이 유사한 거래의 집합에서 발생하는 차익과 차손은 그 금액이 중요한 경우에도 순액으로 표시한다.

06 다음은 재무제표 표시에 관한 기준서의 설명이다. 옳지 않은 것은?

① 당기 재무제표를 이해하는 데 목적적합하다면 서술형 정보의 경우에도 비교정보를 포함한다.

② 재무제표 항목의 표시나 분류를 변경하는 경우 실무적으로 적용할 수 없는 것이 아니라면 비교금액도 재분류해야 한다.

③ 기업이 재무상태표에 유동자산과 비유동자산, 그리고 유동부채와 비유동부채로 구분하여 표시하는 경우, 이연법인세자산(부채)은 비유동자산(부채)으로 분류하지 아니한다.

④ 유동성 순서에 따른 표시방법이 신뢰성 있고 더욱 목적적합한 정보를 제공하는 경우를 제외하고는 유동자산과 비유동자산, 유동부채와 비유동부채로 재무상태표에 구분하여 표시한다.

54 PART 01 재무회계

07 재무제표 표시에 관한 설명으로 옳지 않은 것은?

① 재고자산에 대한 재고자산평가충당금과 매출채권에 대한 손실충당금과 같은 평가충당금을 차감하여 관련 자산을 순액으로 측정하는 것은 상계표시에 해당한다.

② 중요하지 않은 정보일 경우 한국채택국제회계기준에서 요구하는 특정 공시를 제공할 필요는 없다.

③ 상이한 성격이나 기능을 가진 항목을 구분하여 표시하되, 중요하지 않은 항목은 성격이나 기능이 유사한 항목과 통합하여 표시할 수 있다.

④ 투자자산 및 영업용자산을 포함한 비유동자산의 처분손익은 처분대금에서 그 자산의 장부금액과 관련처분비용을 차감하여 표시한다.

08 재무제표 표시에 관한 설명으로 옳지 않은 것은?

① 재무제표가 한국채택국제회계기준의 요구사항을 모두 충족한 경우가 아니라면 한국채택국제회계기준을 준수하여 작성되었다고 기재하여서는 아니 된다.

② 한국채택국제회계기준에서 요구하거나 허용하지 않는 한 자산과 부채 그리고 수익과 비용은 상계하지 아니한다.

③ 부적절한 회계정책은 이에 대해 공시나 주석 또는 보충자료를 통해 설명한다면 정당화될 수 있다.

④ 유사한 항목은 중요성 분류에 따라 재무제표에 구분하여 표시한다.

09 재무제표 표시에 대한 설명으로 옳지 않은 것은?

① 상이한 성격이나 기능을 가진 항목을 구분하여 표시하되, 중요하지 않은 항목은 성격이나 기능이 유사한 항목과 통합하여 표시할 수 있다.

② 유동자산에는 보고기간 후 12개월 이내에 실현될 것으로 예상되지 않는 경우에도 재고자산 및 매출채권과 같이 정상영업주기의 일부로서 판매, 소비 또는 실현되는 자산이 포함된다.

③ 기타포괄손익의 항목은 이와 관련된 법인세효과 반영 전 금액으로 표시하여야 하며, 각 항목들에 관련된 법인세효과를 단일금액으로 합산하여 표시할 수 없다.

④ 재무제표는 동일한 문서에 포함되어 함께 공표되는 그 밖의 정보와 명확하게 구분되고 식별되어야 한다.

10 (주)한국의 다음 자료를 바탕으로 유동자산으로 분류할 수 있는 금액의 합계액은?

• 정상영업주기 내 판매하거나 소비될 것으로 예상되는 재고자산	₩250,000
• 주로 단기매매목적으로 보유하고 있는 다른 회사 발행 주식	₩1,000,000
• 기업의 정상영업주기 내 회수될 것으로 예상하는 매출채권	₩700,000
• 보고기간 후 12개월 이내에 회수될 것으로 예상되는 대여금	₩370,000
• 보고기간 후 12개월 이내에 만기가 도래하는 부채의 상환에 쓰도록 용도가 제한된 현금	₩440,000

① ₩1,000,000
② ₩1,370,000
③ ₩2,320,000
④ ₩2,760,000

11 재무제표 표시에 관한 설명으로 옳지 않은 것은?

① 계속기업의 가정이 적절한지의 여부를 평가할 때 경영진은 적어도 보고기간 말로부터 향후 12개월 기간에 대하여 이용가능한 모든 정보를 고려한다.

② 재무제표의 목적은 광범위한 정보이용자의 경제적 의사결정에 유용한 기업의 재무상태, 재무성과와 재무상태변동에 관한 정보를 제공하는 것이다.

③ 매입채무 그리고 종업원 및 그 밖의 영업원가에 대한 미지급비용과 같은 유동부채는 기업의 정상영업주기 내에 사용되는 운전자본의 일부이므로, 이러한 항목은 보고기간 후 12개월 후에 결제일이 도래한다 하더라도 유동부채로 분류한다.

④ 일부 한국채택국제회계기준에서는 재무제표(주석 포함)에 포함하도록 요구하는 정보를 명시하고 있으므로, 한국채택국제회계기준의 요구에 따라 공시되는 정보가 중요하지 않더라도 그 공시를 제공해야 한다.

12 포괄손익계산서의 작성에 관한 설명으로 옳지 않은 것은?

① 비용의 성격별 또는 기능별 분류방법 중에서 경영자는 신뢰성 있고 보다 목적적합한 표시방법을 선택하도록 하고 있다.

② 비경상적이고 비반복적인 수익과 비용항목은 포괄손익계산서상 특별손익 항목으로 표시한다.

③ 한국채택국제회계기준에서는 영업이익을 구분하여 표시하도록 요구하고 있다.

④ 기능별 분류방법에서는 적어도 매출원가를 다른 비용과 분리하여 공시한다.

13 포괄손익계산서의 구조와 내용에 대한 설명 중 옳지 않은 것은?

① 포괄손익계산서에 영업손익이 표시되지 않은 경우 영업손익을 주석으로 공시한다.

② 수익과 비용의 어느 항목도 포괄손익계산서에 특별손익으로 구분하여 표시할 수 없으나, 주석으로는 표시할 수 있다.

③ 비용의 성격별 또는 기능별 분류방법 중에서 신뢰성 있고 더욱 목적적합한 정보를 제공할 수 있는 방법을 적용하여 당기손익으로 인식한 비용의 분석내용을 표시한다.

④ 기타포괄손익의 구성요소와 관련한 법인세비용 금액은 포괄손익계산서나 주석에 공시한다.

14 재무제표 표시에 관한 설명으로 옳은 것은?

① 기업은 재무제표, 연차보고서, 감독기구 제출서류 또는 다른 문서에 표시되는 그 밖의 정보 등 외부에 공시되는 모든 재무적 및 비재무적 정보에 한국채택국제회계기준을 적용하여야 한다.

② 투자자산 및 영업용자산을 포함한 비유동자산의 처분손익은 처분대가에서 그 자산의 장부금액과 관련처분비용을 차감하여 상계표시한다.

③ 경영진이 기업을 청산하거나 경영활동을 중단할 의도를 가지고 있거나 청산 또는 경영활동의 중단의도가 있을 경우에도 계속기업을 전제로 재무제표를 작성한다.

④ 한국채택국제회계기준의 요구사항을 모두 충족하지 않더라도 일부만 준수하여 재무제표를 작성한 기업은 그러한 준수 사실을 주석에 명시적이고 제한 없이 기재한다.

15 재무제표 표시에 관한 설명으로 옳지 않은 것을 모두 고른 것은?

ㄱ. 모든 재무제표는 발생기준 회계를 적용하여 작성한다.

ㄴ. 한국채택국제회계기준이 달리 허용하거나 요구하는 경우를 제외하고는 당기 재무제표에 보고되는 모든 금액에 대해 전기 비교정보를 표시한다.

ㄷ. 부적절한 회계정책은 이에 대하여 공시나 주석 또는 보충자료를 통해 설명함으로써 정당화될 수 있다.

ㄹ. 상이한 성격이나 기능을 가진 항목은 구분하여 표시한다. 다만, 중요하지 않은 항목은 성격이나 기능이 유사한 항목과 통합하여 표시할 수 있다.

ㅁ. 수익과 비용의 어느 항목도 당기손익과 기타포괄손익을 표시하는 보고서에 특별손익 항목으로 표시할 수 없다.

① ㄱ, ㄴ   ② ㄱ, ㄷ

③ ㄴ, ㅁ   ④ ㄷ, ㄹ

16 포괄손익계산서에 관한 설명으로 옳지 않은 것은?

① 기타포괄손익의 항목과 관련한 법인세비용 금액은 포괄손익계산서나 주석에 공시한다.

② 수익과 비용의 어느 항목도 당기손익과 기타포괄손익을 표시하는 보고서 또는 주석에 특별손익 항목으로 표시할 수 없다.

③ 재분류조정은 해외사업장을 매각할 때와 위험회피예상거래가 당기손익에 영향을 미칠 때 발생한다.

④ 기타포괄손익으로 인식한 재평가잉여금의 변동은 후속 기간에 재분류하지 않으며, 자산이 제거될 때 이익잉여금으로 대체될 수 없다.

17 포괄손익계산서에 표시되는 당기손익으로 옳지 않은 것은?

① 최초 인식된 토지재평가손실

② 기타포괄손익 - 공정가치 측정 금융자산으로 분류된 지분상품의 평가손익

③ 원가모형을 적용하는 유형자산의 손상차손환입

④ 사업결합 시 발생한 염가매수차익

18 당기순손익과 총포괄손익 간의 차이를 발생시키는 항목으로 옳은 것을 모두 고른 것은?

> ㄱ. 감자차익
> ㄴ. 주식선택권
> ㄷ. 확정급여제도의 재측정요소
> ㄹ. 이익준비금
> ㅁ. 해외사업장의 재무제표 환산으로 인한 손익

① ㄱ, ㄴ   ② ㄱ, ㅁ

③ ㄴ, ㄹ   ④ ㄷ, ㅁ

19 다음 기타포괄손익 항목 중 후속적으로 재분류조정이 가능한 것을 모두 고른 것은?

> ㄱ. 확정급여제도의 재측정요소
> ㄴ. 자산재평가잉여금
> ㄷ. 해외사업장환산외환차이
> ㄹ. 기타포괄손익 – 공정가치 측정 금융자산(채무상품) 평가손익

① ㄱ, ㄷ   ② ㄴ, ㄷ
③ ㄴ, ㄹ   ④ ㄷ, ㄹ

20 영업이익 공시에 관한 설명으로 옳지 않은 것은?

① 한국채택국제회계기준은 포괄손익계산서의 본문에 영업이익을 구분하여 표시하도록 요구하고 있다.

② 비용을 기능별로 분류하는 기업은 수익에서 매출원가 및 판매비와 관리비(물류원가 등을 포함)를 차감하여 영업이익을 측정한다.

③ 금융회사와 같이 영업의 특수성으로 인해 매출원가를 구분하기 어려운 경우 영업수익에서 영업비용을 차감하는 방식으로 영업이익을 측정할 수 있다.

④ 영업이익에는 포함되지 않았지만, 기업의 영업성과를 반영하는 그 밖의 수익 또는 비용 항목이 있다면 영업이익에 이러한 항목을 가감한 금액을 조정영업이익 등의 명칭으로 포괄손익계산서 본문에 보고한다.

21 (주)한국의 20×3년 말 회계자료는 다음과 같다.

• 매출액	₩300,000	• 매출원가	₩128,000
• 대손상각비(매출채권)	₩4,000	• 급여	₩30,000
• 사채이자비용	₩2,000	• 감가상각비	₩3,000
• 임차료	₩20,000	• 유형자산처분이익	₩2,800
• 상각후원가측정금융자산 처분이익	₩5,000		

(주)한국이 20×3년도 기능별 포괄손익계산서에 보고할 영업이익은 얼마인가?

① ₩113,000   ② ₩115,000
③ ₩117,800   ④ ₩120,000

22 제조기업인 (주)한국의 20×1년도 자료를 이용하여 영업이익을 계산하면 얼마인가?

• 매출액	₩300,000	• 매출원가	₩160,000
• 이자비용	₩20,000	• 감가상각비	₩20,000
• 이자수익	₩10,000	• 종업원급여	₩30,000
• 기계장치처분이익	₩20,000	• 광고선전비	₩10,000

① ₩60,000　　　　　　　　　　② ₩70,000
③ ₩80,000　　　　　　　　　　④ ₩90,000

23 중간재무보고에 관한 내용으로 옳은 것은?

① 한국채택국제회계기준에 따라 중간재무보고서를 작성한 경우, 그 사실을 공시할 필요는 없다.
② 중간재무보고서상의 재무상태표는 당해 중간보고기간 말과 직전연도 동일 기간 말을 비교하는 형식으로 작성한다.
③ 중간재무보고서상의 포괄손익계산서는 당해 중간기간과 당해 회계연도 누적기간을 직전 회계연도의 동일기간과 비교하는 형식으로 작성한다.
④ 중간재무보고서상의 재무제표는 연차재무제표보다 더 많은 정보를 제공하므로 신뢰성은 높고, 적시성은 낮다.

24 다음은 중간재무보고에 대한 설명이다.

A	중간재무제표에 포함되는 포괄손익계산서, 자본변동표 및 현금흐름표는 당해 회계연도 누적기간만을 직전 회계연도의 동일기간과 비교하는 형식으로 작성한다.
B	계절적, 주기적 또는 일시적으로 발생하는 수익은 연차보고기간 말에 미리 예측하여 인식하거나 이연하는 것이 적절하지 않은 경우 중간보고기간 말에도 미리 예측하여 인식하거나 이연해서는 안 된다.
C	특정 중간기간에 보고된 추정금액이 최종 중간기간에 중요하게 변동하였지만 최종 중간기간에 대하여 별도의 재무보고를 하지 않는 경우, 추정의 변동 성격과 금액을 해당 회계연도의 연차재무제표에 주석으로 공시해야 한다.

위의 기술 중 옳은 것을 모두 고르면?

① B　　　　　　　　　　② C
③ A, B　　　　　　　　　　④ B, C

정답 및 해설 p. 383

01 (주)한국의 20×1년도 상품 매입과 관련된 자료이다. 20×1년도 상품 매입원가는? (단, (주)한국은 부가가치세 과세사업자이며, 부가가치세는 환급대상에 속하는 매입세액이다.)

항목	금액	비고
당기매입	₩110,000	부가가치세 ₩10,000 포함
매입운임	₩10,000	
하역료	₩5,000	
매입할인	₩5,000	
리베이트	₩2,000	
보관료	₩3,000	후속 생산단계에 투입하기 전에 보관이 필요한 경우가 아님
관세납부금	₩500	

① ₩108,500

② ₩110,300

③ ₩110,500

④ ₩113,500

02 재고자산의 취득원가에 포함하는 것은?

① 재료원가, 노무원가 및 기타 제조원가 중 비정상적으로 낭비된 부분

② 후속 생산단계에 투입하기 전에 보관이 필요한 경우 이외의 보관원가

③ 적격자산에 해당하는 재고자산의 제조에 직접 관련된 차입원가

④ 취득과정에 직접 관련되어 있으며 과세당국으로부터 추후 환급받을 수 있는 제세금

03 다음의 자료를 이용하여 계산된 매출총이익은?

(1) 기초상품재고액은 ₩120,000이고, 기말상품재고액은 ₩150,000이다.

(2) 당기의 상품 총매입액은 ₩1,300,000이고, 당기의 상품 총매출액은 ₩1,700,000이다.

(3) 당기의 매출에누리와 환입은 ₩180,000이고, 매입에누리와 환출은 ₩100,000이다.

(4) 당기의 판매운임은 ₩30,000이고 매입운임은 ₩40,000이다.

① ₩210,000

② ₩280,000

③ ₩310,000

④ ₩350,000

04 (주)한국은 20×1년 12월 1일 ₩1,000,000의 상품을 신용조건(5/10, n/60)으로 매입하였다. (주)한국이 20×1년 12월 9일에 매입대금을 전액 현금 결제한 경우의 회계처리는? (단, 상품매입 시 총액법을 적용하며 실지재고조사법으로 기록한다.)

	차변		대변	
①	매입채무	950,000	현 금	950,000
②	매입채무	1,000,000	현 금	1,000,000
③	매입채무	1,000,000	현 금	900,000
			매입(할인)	100,000
④	매입채무	1,000,000	현 금	950,000
			매입(할인)	50,000

05 다음 자료를 이용하여 계산한 매출총이익은?

• 총매출액	₩100,000	• 총매입액	₩80,000
• 매출환입	₩2,000	• 매입운임	₩1,500
• 매출에누리	₩1,000	• 매입환출	₩2,000
• 매출할인	₩1,500	• 매출운임	₩8,000
• 기초재고	₩10,000	• 기말재고	₩30,000

① ₩20,000
② ₩28,000
③ ₩34,000
④ ₩36,000

06 다음 자료를 이용하여 계산한 (주)한국의 기말매출채권 잔액은?

- 기초매출채권은 ₩10,000이고, 당기 매출채권 현금회수액은 ₩40,000이며, 당기 현금매출액은 ₩7,000이다.
- 기초와 기말의 상품재고액은 각각 ₩16,000과 ₩22,000이며, 당기상품매입액은 ₩32,000이다.
- 당기 매출총이익은 ₩13,000이다.

① ₩0
② ₩1,000
③ ₩2,000
④ ₩8,000

07 (주)한국은 모든 상품을 전액 외상으로 매입하여, 외상으로 판매한 다음 차후에 현금으로 결제한다. 다음 자료를 이용할 때 (주)한국의 매출총이익은?

항목	기초잔액	기말잔액	현금회수/지급액
매출채권	₩120,000	₩80,000	₩890,000(회수)
매입채무	₩60,000	₩130,000	₩570,000(지급)
상품(재고액)	₩70,000	₩90,000	

① ₩210,000 　　　　② ₩220,000
③ ₩230,000 　　　　④ ₩250,000

PART 01

08 다음 자료를 이용하여 상품매입과 관련된 당기 현금지급액을 계산하면?

• 매출액	₩500	• 매출총이익	₩100
• 기초상품재고액	₩120	• 기말상품재고액	₩110
• 기초매입채무	₩80	• 기말매입채무	₩120

① ₩320 　　　　② ₩330
③ ₩340 　　　　④ ₩350

09 다음의 자료를 사용하여 계산된 기말매출채권은? (단, 기초 및 기말 손실충당금은 없다.)

• 기초재고자산	₩66,000	• 기말재고자산	₩72,000
• 매입액	₩120,000	• 기초매출채권	₩48,000
• 매출채권 회수액	₩156,000	• 손실확정액	₩2,000
• 현금매출액	₩36,000	• 매출총이익	₩50,000

① ₩18,000 　　　　② ₩20,000
③ ₩114,000 　　　　④ ₩128,000

10 다음은 (주)한국의 20×1년도 회계자료의 일부이다. (주)한국의 20×1년도 매입과 매출은 모두 외상으로 거래되었다.

• 기초매출채권	₩500,000	• 기말매출채권	₩900,000
• 기초매입채무	₩350,000	• 기말매입채무	₩480,000
• 매출채권 현금회수액	₩1,300,000	• 매입채무 현금지급액	₩1,100,000
• 기초재고자산	₩180,000	• 기말재고자산	₩250,000

(주)한국의 20×1년도 포괄손익계산서에 보고될 매출총이익은?

① ₩544,000　　　　　　　　② ₩543,000
③ ₩538,000　　　　　　　　④ ₩540,000

11 다음 자료를 이용하여 계산한 기말매입채무 잔액은? (단, 매입은 모두 외상으로 한다.)

• 기초매입채무	₩8,000	• 매입채무상환	₩35,000
• 기초상품재고	₩12,000	• 기말상품재고	₩11,000
• 당기매출	₩50,000	• 매출총이익	₩10,000

① ₩11,000　　　　　　　　② ₩12,000
③ ₩13,000　　　　　　　　④ ₩14,000

12 (주)한국은 20×1년도 말에 재고자산이 ₩20,000 증가하였고, 매입채무는 ₩15,000 감소되었으며, 매출채권은 ₩22,000 증가되었다. 20×1년도 매출채권 현금회수액이 ₩139,500이고, 매입채무현금지급액이 ₩118,000일 때 20×1년도 매출총이익은? (단, 현금매입 및 현금매출은 없다고 가정한다.)

① ₩38,500　　　　　　　　② ₩48,500
③ ₩58,500　　　　　　　　④ ₩78,500

13 다음은 (주)한국의 20×1년도 재무상태표와 포괄손익계산서의 일부 자료이다. (주)한국이 당기에 상품 매입대금으로 지급한 현금액은?

• 기초상품재고액	₩30,000	• 기말상품재고액	₩45,000
• 매입채무 기초잔액	₩18,000	• 매입채무 기말잔액	₩15,000
• 매출액	₩250,000	• 매출총이익률	40%

① ₩150,000   ② ₩162,000

③ ₩165,000   ④ ₩168,000

14 다음 자료를 이용하여 계산한 총매출액은?

• 기초상품재고	₩6,000	• 매출에누리	₩1,500
• 총매입액	₩14,000	• 매출할인	₩2,500
• 매입환출	₩1,000	• 매출운임	₩3,000
• 매입할인	₩2,000	• 매출총이익률	20%
• 기말상품재고	₩9,000		

① ₩12,500   ② ₩14,000

③ ₩15,250   ④ ₩17,000

15 (주)한국의 20×1년 회계 자료는 다음과 같다. (주)한국의 20×1년도 총매입액은?

• 기초재고자산	₩40,000	• 총매출액	₩498,000
• 기말재고자산	₩30,000	• 매출할인	₩10,000
• 총매입액	?	• 매출운임	₩5,000
• 매입환출	₩15,000	• 매출에누리	₩8,000
• 매입할인	₩5,000	• 매출총이익	₩70,000

① ₩380,000   ② ₩400,000

③ ₩415,000   ④ ₩420,000

16 (주)한국의 20×1년 상품 A의 거래내역은 다음과 같다. 상품 A에 대하여 계속기록법에 의한 선입선출법을 사용할 경우 20×1년 매출원가는?

날짜	내용	수량	매입단가
1.1	기초재고	200개	₩1,000
3.8	매입	300개	₩1,200
5.27	판매	400개	
6.16	매입	700개	₩1,300
9.21	판매	300개	

① ₩440,000 ② ₩650,000

③ ₩700,000 ④ ₩820,000

17 (주)한국의 20×1년 재고자산 매입과 매출에 관한 자료는 다음과 같다.

일자	적요	수량(개)	단위당 원가
1월 1일	기초재고	20	₩100
3월 1일	매입	50	₩110
6월 1일	매출	40	
9월 1일	매입	80	₩120
12월 1일	매출	30	

(주)한국이 계속기록법을 적용하면서 선입선출의 단위원가결정방법을 사용할 때, 20×1년 기말재고자산은? (단, 장부상 재고수량과 실지재고수량은 일치하며, 재고자산평가손실은 없다.)

① ₩8,700 ② ₩9,120

③ ₩9,320 ④ ₩9,600

18 다음은 20×1년 1월 1일에 영업을 시작한 (주)한국의 20×1년 상품매입과 매출 관련 자료이다. (주)한국은 매출원가를 산정하기 위해 수량파악은 계속기록법, 원가흐름은 선입선출법을 적용한다. (주)한국의 20×1년 12월 31일 현재 재고상품의 실사결과 재고수량은 700개이다. (주)한국의 20×1년 매출총이익은 얼마인가? (단, 재고자산 평가손실은 없다.)

구분	매입수량(개)	매입단가(₩)	매출수량(개)	판매단가(₩)
1월 2일	1,000	35		
3월 15일			800	50
6월 21일	500	40		
9월 7일			200	55
10일 8일	600	50		
12월 3일			400	60

① ₩24,000
② ₩34,000
③ ₩41,000
④ ₩51,000

19 다음은 (주)한국의 상품 관련 자료이다. 선입선출법과 가중평균법에 의한 기말재고자산금액은? (단, 실지재고조사법을 적용하며, 기초재고는 없다.)

구분	수량(개)	단위당 원가
매입(1월 2일)	150	₩100
매출(5월 1일)	100	
매입(7월 1일)	350	₩200
매출(12월 1일)	200	
기말 실제재고(12월 31일)	200	

	신입신출법	가중평균법		선입선출법	가중평균법
①	₩34,000	₩34,000	②	₩34,000	₩40,000
③	₩40,000	₩34,000	④	₩40,000	₩36,000

20 다음은 (주)대한의 재고자산 자료이다. 이동평균법을 적용할 경우 기말재고액은?

구분	수량(단위)	단위당 원가	단위당 매가
기초재고	200	₩30	
매출(3월 1일)	100		₩40
매입(6월 1일)	100	₩36	
매출(9월 1일)	120		₩40
기말재고	80	?	

① ₩2,400
② ₩2,560
③ ₩2,640
④ ₩2,880

21 다음은 (주)한국의 재고자산 자료이다. 총평균법을 적용하여 계산된 매출원가가 ₩24,000일 경우 7월 15일 매입분에 대한 단위당 매입원가는? (단, 재고자산감모손실과 재고자산평가손실은 없다.)

구분	수량	단위당 매입원가	단위당 판매가격
기초재고	100개	₩100	
7월 15일 매입	200개	?	
10월 1일 매출	200개		₩150
기말재고	100개		

① ₩100
② ₩110
③ ₩120
④ ₩130

22 (주)한국은 볼펜을 매입하여 판매하는 기업으로 한 가지 모델만을 취급하고 있다. (주)한국은 계속기록법으로 재고자산을 회계처리하고 있으며 단가는 가중평균법으로 계산하고 있다. 3월 초 보유중인 볼펜은 10개이고 단가는 ₩50이며, 3월 한 달간 볼펜의 매입과 매출에 관한 기록은 다음과 같다. 3월 말 재고자산은 얼마인가?

- 3월 5일 : 볼펜 20개를 개당 ₩80에 매입하다.
- 3월 12일 : 볼펜 10개를 개당 ₩120에 판매하다.
- 3월 18일 : 볼펜 10개를 개당 ₩100에 매입하다.
- 3월 25일 : 볼펜 15개를 개당 ₩140에 판매하다.

① ₩1,050
② ₩1,163
③ ₩1,200
④ ₩1,500

23 다음은 (주)한국의 20×1년도 재고자산의 매입과 매출 관련 거래내역이다. 실지재고조사법에 의한 가중평균법을 적용할 경우 매출원가는? (단, 재고자산감모손실과 평가손실은 없다.)

일자	적요	수량(단위)	단위당 원가
1월 1일	기초재고	60	₩10
3월 1일	매입	40	₩15
6월 1일	매출	80	
9월 1일	매입	60	₩20
12월 1일	매출	50	

① ₩1,800

② ₩1,860

③ ₩1,900

④ ₩1,950

24 (주)한국의 20×2년 중 상품매매 내역은 다음과 같고, 상품의 회계처리는 실지재고조사법에 따르고 있다. (주)한국의 20×2년 선입선출법과 평균법의 매출원가 차이는 얼마인가?

일자	거래	수량	개당 매입단가	금액
기초	−	50개	₩100	₩5,000
3월 1일	매입	100개	₩110	₩11,000
5월 1일	매출	60개	−	−
9월 1일	매입	50개	₩120	₩6,000
10월 1일	매출	90개	−	−

① ₩250

② ₩300

③ ₩400

④ ₩500

25 (주)한국은 선입선출법을 적용하여 재고자산을 평가하고 있다. 20×1년 기초재고는 ₩30,000이며 기말재고는 ₩45,000이다. 만일 평균법을 적용하였다면 기초재고는 ₩25,000 기말재고는 ₩38,000이다. 선입선출법 적용 시 (주)한국의 20×1년 매출총이익이 ₩55,000이라면 평균법 적용 시 (주)한국의 20×1년 매출총이익은?

① ₩43,000

② ₩53,000

③ ₩55,000

④ ₩57,000

26 (주)한국은 상품을 매매하는 도매업자이다. (주)한국은 기초재고자산에 비하여 기말재고자산을 일정 규모로 증가시켜 유지하는 재고자산 관리정책을 갖고 있다. 다음 중 (주)한국이 채택하고자 하는 재고자산 단위원가 결정방법에 따라 기대되는 효과를 옳게 기술하고 있는 것은? (단, 재고자산의 매입단가는 지속적으로 상승하고 있으며, (주)한국이 채택하고자 하는 모든 재고자산의 원가흐름에 대하여 세법이 유효하게 적용된다.)

① 판매가능재고 : 선입선출법 < 가중평균법
② 순현금흐름 : 가중평균법 > 선입선출법
③ 당기순이익 : 선입선출법 < 가중평균법
④ 매출원가 : 선입선출법 > 가중평균법

27 다음은 화장품 제조판매업을 영위하고 있는 (주)한국의 20×1년 말 자료이다. (주)한국의 20×1년 기말재고자산은? (단, 제시된 금액은 모두 원가 금액이다.)

• 판매를 위하여 창고에 보관 중인 (주)한국의 화장품	₩700,000
• 전시관 내 홍보목적으로 제공하고 있는 (주)한국의 화장품	₩10,000
• 화장품 생산에 사용하는 (주)한국의 원재료	₩120,000
• 선적지인도조건으로 판매한 (주)한국의 화장품 중 현재 선적 후 운송 중인 화장품	₩90,000
• 위탁판매계약을 하고 수탁자에게 보낸 (주)한국의 화장품 중 기말 현재 판매되지 않은 화장품	₩50,000
• 시용판매를 위해 고객에게 보낸 (주)한국의 화장품 중 매입의사표시를 받지 못한 시송품	₩30,000

① ₩900,000
② ₩910,000
③ ₩990,000
④ ₩1,010,000

28 다음은 (주)한국의 20×1년 상품(원가) 관련 자료이다. (주)한국의 20×1년 기말재고자산은?

• 20×1년 말 창고에 보관 중인 (주)한국의 상품(실사금액)	₩500,000
• (주)한국이 수탁자에게 적송한 상품 중 20×1년 말 판매되지 않은 적송품	₩20,000
• (주)한국이 시용판매를 위해 고객에게 발송한 상품 ₩130,000 중 20×1년 말 매입의사 표시가 없는 시송품	₩50,000
• 20×1년 말 선적지인도조건으로 (주)한국이 판매하여 운송 중인 상품	₩100,000
• 20×1년 말 선적지인도조건으로 (주)한국이 매입하여 운송 중인 상품	₩120,000

① ₩570,000
② ₩620,000
③ ₩690,000
④ ₩720,000

29 다음 자료를 이용하여 계산된 (주)한국의 20×1년 기말재고자산은?

> • 20×1년 말 (주)한국의 창고에 보관 중인 기말재고자산 실사액은 ₩10,000이다.
> • 20×1년 12월 1일 위탁한 적송품 중 기말까지 판매되지 않은 상품의 판매가는 ₩1,000 (매출총이익은 판매가의 20%)이다.
> • 20×1년 12월 11일 발송한 시송품(원가 ₩2,000) 중 기말 현재 80%에 대하여 고객의 매입 의사표시가 있었다.
> • 20×1년 말 현재 (주)한국이 FOB 도착지 인도조건으로 매입하여 운송 중인 상품의 원가는 ₩3,000이다.
> • 20×1년 말 현재 (주)한국이 FOB 선적지 인도조건으로 매출하여 운송 중인 상품의 원가는 ₩4,000이다.

① ₩11,200   ② ₩11,400
③ ₩14,200   ④ ₩15,200

30 (주)한국의 20×1년 말 창고에 보관 중인 재고자산 실사액은 ₩10,000이다. 다음 자료를 반영할 경우 20×1년 말 재고자산은?

> • 은행에서 자금을 차입하면서 담보로 원가 ₩1,000의 상품을 제공하였으며 동 금액은 상기 재고실사 금액에 포함되어 있지 않다.
> • 수탁자에게 인도한 위탁상품의 원가는 ₩2,000이며 이 중 70%만 최종소비자에게 판매되었다.
> • (주)미국에게 도착지 인도조건으로 판매하여 기말 현재 운송 중인 상품은 원가가 ₩3,000이며 20×2년 1월 2일 도착 예정이다.

① ₩10,600   ② ₩11,600
③ ₩13,600   ④ ₩14,600

31 (주)대한이 재고자산을 실사한 결과 20×1년 12월 31일 현재 창고에 보관 중인 상품의 실사금액은 ₩2,000,000인 것으로 확인되었다. 추가자료 내용은 다음과 같다.

> (1) (주)대한이 20×1년 12월 21일 (주)서울로부터 선적지인도조건(F.O.B. shipping point)으로 매입한 원가 ₩250,000의 상품이 20×1년 12월 31일 현재 운송 중에 있다. 이 상품은 20×2년 1월 5일 도착예정이며, 매입 시 발생한 운임은 없다.
>
> (2) (주)대한은 20×1년 10월 1일에 (주)부산으로부터 원가 ₩150,000의 상품에 대해 판매를 수탁받았으며 이 중 원가 ₩40,000의 상품을 20×1년 11월 15일에 판매하였다. 나머지 상품은 20×1년 12월 31일 현재 (주)대한의 창고에 보관 중이며 기말 상품의 실사금액에 포함되었다. 수탁 시 발생한 운임은 없다.
>
> (3) (주)대한은 20×1년 12월 19일에 (주)대전에게 원가 ₩80,000의 상품을 ₩120,000에 판매 즉시 인도하고 2개월 후 ₩130,000에 재구매하기로 약정을 체결하였다.
>
> (4) 20×1년 11월 10일에 (주)대한은 (주)강릉과 위탁판매계약을 체결하고 원가 ₩500,000의 상품을 적송하였으며, (주)강릉은 20×1년 12월 31일 현재까지 이 중 80%의 상품을 판매하였다. 적송 시 발생한 운임은 없다.
>
> (5) (주)대한은 단위당 원가 ₩50,000의 신상품 10개를 20×1년 10월 15일에 (주)광주에게 전달하고 20×2년 2월 15일까지 단위당 ₩80,000에 매입할 의사를 통보해 줄 것을 요청하였다. 20×1년 12월 31일 현 (주)대한은 (주)광주로부터 6개의 상품을 매입하겠다는 의사를 전달받았다.

위의 추가자료 내용을 반영한 이후 (주)대한의 20×1년 12월 31일 재무상태표에 표시될 기말상품재고액은 얼마인가? (단, 재고자산감모손실 및 재고자산평가손실은 없다고 가정한다.)

① ₩2,330,000

② ₩2,430,000

③ ₩2,520,000

④ ₩2,530,000

32 20×1년 말 현재 (주)한국의 외부감사 전 재무상태표 상 재고자산은 ₩1,000,000이다. (주)한국은 실지재고조사법을 사용하여 창고에 있는 상품만을 기말재고로 보고하였다. 회계감사 중 공인회계사는 (주)한국의 기말재고자산과 관련하여 다음 사항을 알게 되었다.

> • 20×1년 12월 27일 FOB 선적지 조건으로 (주)민국에게 판매한 상품(원가 ₩300,000)이 20×1년 말 현재 운송 중에 있다.
> • 수탁자에게 20×1년 중에 적송한 상품(원가 ₩100,000) 중 40%가 20×1년 말 현재 판매완료되었다.
> • 고객에게 20×1년 중에 인도한 시송품의 원가는 ₩200,000이며, 이 중 20×1년 말까지 매입의사표시를 해 온 금액이 ₩130,000이다.
> • 20×1년 12월 29일 FOB 도착지 조건으로 (주)영국으로부터 매입한 상품(원가 ₩200,000)이 20×1년 말 현재 운송 중에 있다.

위의 내용을 반영하여 작성된 20×1년 말 재무상태표 상 재고자산은?

① ₩1,010,000
② ₩1,110,000
③ ₩1,130,000
④ ₩1,330,000

33 (주)대한은 20×3년 12월 31일 실사를 통하여 창고에 보관 중인 상품이 ₩200,000(원가)인 것으로 확인하였다. 다음의 자료를 고려한 (주)대한의 기말상품재고액은 얼마인가? (단, 재고자산감모손실 및 재고자산평가손실은 없다.)

> • (주)대한이 고객에게 인도한 시송품의 원가는 ₩90,000이며, 이 중 3분의 1에 대해서는 기말 현재 고객으로부터 매입의사를 통보받지 못하였다.
> • (주)대한이 (주)한국으로부터 도착지 인도조건으로 매입하여 기말 현재 운송 중인 상품의 원가는 ₩80,000이며, 20×4년 1월 10일 도착 예정이다.
> • (주)대한과 위탁판매계약을 체결한 (주)세무에서 기말 현재 판매되지 않고 보관 중인 상품의 원가는 ₩60,000이다.
> • (주)대한이 (주)세종으로부터 선적지 인도조건으로 매입하여 기말 현재 운송 중인 상품의 원가는 ₩30,000이며 20×4년 1월 20일 도착 예정이다.

① ₩200,000
② ₩260,000
③ ₩290,000
④ ₩320,000

34 실지재고조사법을 사용하는 기업이 당기 중 상품 외상매입에 대한 회계처리를 누락하였다. 기말현재 동 매입채무는 아직 상환되지 않았다. 기말실지재고조사에서는 이 상품이 포함되었다. 외상매입에 대한 회계처리 누락의 영향으로 옳은 것은?

	자산	부채	자본	당기순이익
①	과소	과소	영향없음	영향없음
②	과소	과소	과대	과대
③	과소	과소	영향없음	과소
④	영향없음	과소	과대	과대

35 다음은 20×1년 설립된 (주)한국의 재고자산(상품) 관련 자료이다.

- 당기매입액 : ₩2,000,000
- 취득원가로 파악한 장부상 기말재고액 : ₩250,000

기말상품	실지재고	단위당 원가	단위당 순실현가능가치
A	800개	₩100	₩120
B	250개	₩180	₩150
C	400개	₩250	₩200

(주)한국의 20×1년 재고자산감모손실은? (단, 재고자산평가손실과 재고자산감모손실은 매출원가에 포함한다.)

① ₩9,000
② ₩25,000
③ ₩27,500
④ ₩52,500

36 다음은 (주)한국의 20×1년의 매입과 매출에 관한 자료이다. (주)한국은 재고자산의 평가방법으로 가중평균법을 적용하고 있다. (주)한국은 계속기록법을 적용하고 20×1년 기초재고의 단위당 원가와 순실현가능가치는 동일하다고 가정하자. 20×1년 말 현재 상품재고자산의 단위당 순실현가능가치가 ₩9.00이고, 실사를 통해 확인한 재고가 1,800개라면 (주)한국의 20×1년 재고자산감모손실과 재고자산평가손실은 각각 얼마인가?

일자	적요	수량	단가
1월 1일	기초재고	1,000개	₩10.00
2월 10일	매입	2,000개	₩11.50
7월 12일	매출	2,000개	₩20.00
8월 7일	매입	1,000개	₩12.00
12월 31일	기말재고	?	

	재고자산감모손실	재고자산평가손실
①	₩2,300	₩4,500
②	₩2,300	₩6,800
③	₩4,500	₩2,300
④	₩4,500	₩6,800

37 (주)한국의 20×1년 손익 관련 자료는 다음과 같다.

- 매출액   ₩4,400,000
- 기초재고자산   ₩1,000,000
- 매입액   ₩3,000,000
- 20×1년 말 장부상 재고자산은 ₩2,500,000(2,500개, ₩1,000)이었으나, 실사 결과 재고자산은 ₩1,800,000(2,000개, ₩900)이다.

20×1년도 (주)한국의 당기순이익은?

① ₩1,000,000   ② ₩1,800,000
③ ₩2,000,000   ④ ₩2,200,000

38 (주)한국의 기초재고자산은 ₩80,000이고, 당기순매입액은 ₩120,000이다. 기말재고 관련 자료가 다음과 같을 때, 매출원가는? (단, 정상감모손실은 매출원가로, 비정상감모손실은 기타비용으로 처리한다.)

• 장부상재고 수량	300개	• 실제재고 수량	250개
• 기말재고 단위당 원가	₩200		
※ 재고자산 감모의 20%는 정상적인 감모로 간주한다.			

① ₩148,000   ② ₩142,000
③ ₩140,000   ④ ₩138,000

39 (주)대한의 20×1년도 재고자산(상품 A)와 관련된 자료가 다음과 같을 때, 20×1년도 매출원가, 감모손실, 평가손실로 인식할 비용의 합계액은?

(1) 기초재고 : ₩700,000(재고자산평가충당금 ₩0)
(2) 매입액 : ₩6,000,000
(3) 매출액 : ₩8,000,000
(4) 기말재고 : 장부수량 3,000개, 개당 취득원가 ₩200
　　　　　　　실사수량 2,500개, 개당 순실현가능가치 ₩240
　　　　　　　재고자산감모분 중 50%는 정상적인 것으로 판단되었다.

① ₩6,000,000   ② ₩6,100,000
③ ₩6,150,000   ④ ₩6,200,000

40 다음은 (주)한국의 20×1년도 기말재고자산과 관련된 자료이다.

• 기초상품재고액	₩60,000	• 실제 기말재고 수량	1,050개
• 당기매입액	₩300,000	• 단위당 취득원가	₩100
• 장부상 기말재고 수량	1,200개	• 단위당 순실현가능가액	₩80

(주)한국은 정상감모손실과 평가손실은 매출원가로 처리하고, 비정상감모손실은 기타비용으로 처리하는 회계정책을 채택하고 있다. 재고감모분 중 20%는 정상적으로 발생한 감모분이며, 나머지는 비정상적으로 발생한 감모분이다. (주)한국의 20×1년도 매출원가는 얼마인가?

① ₩252,000   ② ₩255,000
③ ₩264,000   ④ ₩276,000

41 (주)한국은 재고자산감모손실 중 40%는 비정상감모손실(기타비용)로 처리하며, 정상감모손실과 평가손실은 매출원가에 포함한다. (주)한국의 20×1년 재고자산 관련 자료가 다음과 같을 때, 매출원가는?

• 기초재고자산	₩10,000(재고자산평가충당금 ₩0)
• 당기매입액	₩80,000
• 기말장부수량	20개(단위당 원가 ₩1,000)
• 기말실제수량	10개(단위당 순실현가능가치 ₩1,100)

① ₩74,000 ② ₩74,400

③ ₩76,000 ④ ₩76,600

42 (주)한국은 상품에 관한 단위원가 결정방법으로 선입선출법을 이용하고 있으며 20×1년도 상품 관련 자료는 다음과 같다. 20×1년 말 재고실사 결과 3개였으며 감모는 모두 정상적이다. 기말 현재 상품의 단위당 순실현가능가치가 ₩100일 때 (주)한국의 20×1년도 매출총이익은? (단, 정상적인 재고자산감모손실과 재고자산평가손실은 모두 매출원가에 포함한다.)

항목	수량	단위당 취득원가	단위당 판매가격	금액
기초재고(1월 1일)	20개	₩120	−	₩2,400
매입(4월 8일)	30개	₩180	−	₩5,400
매출(5월 3일)	46개	−	₩300	₩13,800

① ₩6,300 ② ₩6,780

③ ₩7,020 ④ ₩7,500

43 (주)한국은 단일상품을 판매하는 기업으로, 20×1년 재고자산의 감모손실과 평가손실을 반영한 매출원가는 ₩950,000이다. 재고와 관련된 자료가 다음과 같을 때, 20×1년 기초재고자산은? (단, (주)한국은 모든 감모손실과 평가손실을 매출원가로 처리한다.)

(1) 당기매입 관련 자료
- 당기상품매입액 : ₩800,000
- 매입운임 : ₩60,000
- 관세환급금 : ₩10,000

(2) 기말재고 실사자료
- 기말재고 장부상 수량 : 500개
- 기말재고 실제 수량 : 480개(10개는 정상적인 수량 부족)
- 단위당 취득원가 : ₩900
- 단위당 순실현가능가치 : ₩800

① ₩474,000 ② ₩484,000
③ ₩488,000 ④ ₩492,000

44 20×1년 초 설립한 (주)한국의 기말상품재고와 관련된 자료는 다음과 같다.

항목	취득원가	순실현가능가치
A	₩1,000	₩1,200
B	₩2,000	₩1,900

당기상품매입액이 ₩10,000일 때, 20×1년 말 재고자산 장부금액과 20×1년도 매출원가는? (단, 재고자산의 항목은 서로 유사하지 않으며, 재고자산평가손익은 매출원가에 가감한다.)

	장부금액	매출원가		장부금액	매출원가
①	₩2,900	₩7,000	②	₩2,900	₩7,100
③	₩3,000	₩7,000	④	₩3,000	₩7,100

45 (주)한국은 재고자산을 항목별 저가기준으로 평가하고 있다. 아래의 기말자료를 이용하여 재고자산평가손실을 구하면 얼마인가?

항목	재고수량	단위당 취득원가	단위당 추정판매가격	단위당 추정판매비용
A	120개	₩4,000	₩5,500	₩600
B	150개	₩3,400	₩3,400	₩500
C	130개	₩2,300	₩2,500	₩300
D	100개	₩3,500	₩4,600	₩600

① ₩88,000 ② ₩89,000
③ ₩98,000 ④ ₩99,000

46 20×1년 초에 설립된 (주)한국의 재고자산은 상품으로만 구성되어 있다. 20×1년 말 상품 관련 자료는 다음과 같고 항목별 저가기준으로 평가하고 있다. 20×1년 매출원가가 ₩250,000일 경우 당기 상품매입액은? (단, 재고자산평가손실은 매출원가에 포함되며 재고자산감모손실은 없다.)

구분	재고수량	단위당 원가	단위당 추정판매가격	단위당 추정판매비용
상품 A	20개	₩100	₩120	₩15
상품 B	40개	₩150	₩170	₩30
상품 C	30개	₩120	₩120	₩20

① ₩251,000 ② ₩260,600
③ ₩260,700 ④ ₩261,200

47 다음은 (주)한국의 20×1년 말 재고자산(상품)관련 자료이다. (주)한국의 재고자산평가손실은? (단, 기초재고는 없으며, 단위원가 계산은 총평균법을 따른다.)

장부상 자료		실사 자료	
수량	총 장부금액	수량	순실현가능가치 총액
80개	₩2,400	75개	₩1,850

① ₩30 ② ₩150
③ ₩400 ④ ₩550

48 다음은 20×1년 초에 설립하여 단일 품목의 상품을 판매하는 (주)한국의 20×1년 말 상품재고에 관한 자료이다.

장부상재고	실지재고	단위당 취득원가	단위당 확정판매계약가격	단위당 예상판매가격
100단위	100단위	₩700	₩690	₩750

위 상품 중 40단위는 취소불능의 확정판매계약을 이행하기 위하여 보유 중인 재고자산이다. 확정판매계약을 맺은 상품의 경우에는 판매비용이 발생하지 않으나, 나머지 상품의 경우에는 단위당 ₩80의 판매비용이 발생할 것으로 예상된다. (주)한국이 동 상품과 관련하여 20×1년도에 인식할 재고자산평가손실은?

① ₩1,800

② ₩2,200

③ ₩2,800

④ ₩3,600

49 영업 첫 해인 20×1년 말 현재 (주)대한이 보유하고 있는 재고자산에 관한 자료는 다음과 같다.

구분	수량	단위당 원가	단위당 현행대체원가 혹은 순실현가능가치
원재료	1,000단위	₩500	₩350
제품	2,000단위	₩2,700	₩3,000
상품	1,500단위	₩2,500	₩2,350

(주)대한은 원재료를 사용하여 제품을 직접 생산·판매하며, 상품의 경우 다른 제조업자로부터 취득하여 적절한 이윤을 덧붙여 판매하고 있다. 20×1년도 (주)대한이 인식해야 할 재고자산평가손실은?

① ₩0

② ₩225,000

③ ₩275,000

④ ₩325,000

50 (주)한국의 기말재고자산 현황은 다음과 같다. 품목별 저가법을 적용할 경우 기말재고자산 금액은 얼마인가? (단, 원재료 A를 투입하여 제품 A가 생산되고, 원재료 B를 투입하여 제품 B가 생산된다.)

품목	취득원가	순실현가능가치
원재료 A	₩100,000	₩80,000
제품 A	₩130,000	₩120,000
원재료 B	₩80,000	₩70,000
제품 B	₩110,000	₩120,000

① ₩375,000
② ₩380,000
③ ₩385,000
④ ₩390,000

51 다음은 (주)한국의 20×1년 기말상품과 관련된 자료이다. (주)한국은 재고자산감모손실과 재고자산평가손실(환입)을 매출원가에서 조정한다. 재고자산평가충당금 기초잔액이 ₩100 존재할 때, 20×1년 재고자산감모손실과 재고자산평가손실(환입)이 매출원가에 미치는 순영향은?

장부재고	실지재고	단위당 원가	단위당 순실현가능가치
200개	180개	₩10	₩9

① ₩80 증가
② ₩100 증가
③ ₩180 증가
④ ₩280 증가

52 다음은 (주)대한의 당기재고자산 관련 자료이다. 가중평균소매재고법에 따른 당기매출원가는?

구분	원가	판매가
기초재고	₩1,800	₩2,000
매입	₩6,400	₩8,000
매출	?	₩6,000
기말재고	?	₩4,000

① ₩4,800
② ₩4,920
③ ₩5,100
④ ₩5,400

53 다음은 (주)한국의 20×1년도 재고자산에 관한 자료이다. (주)한국은 재고자산의 원가측정방법으로 소매재고법(매출가격환원법)을 선택했으며, 원가흐름에 대한 가정은 선입선출법(FIFO)을 이용한다. 20×1년도의 매출원가는 얼마인가? (단, 재고자산평가손실은 고려하지 않는다.)

• 기초재고 원가	₩50(판매가 ₩200)
• 당기매입 원가	₩500(판매가 ₩900)
• 판매가 순인상액	₩150
• 판매가 순인하액	₩50
• 순매출액	₩900

① ₩200
② ₩250
③ ₩300
④ ₩400

54 (주)한국은 소매재고법을 적용하여 재고자산 회계처리를 하고 있다. 다음은 20×1년도 재고자산과 관련된 자료이다. 평균원가(원가기준 가중평균) 소매재고법을 적용한다고 가정할 경우 (주)한국의 20×1년도 매출원가는 얼마인가?

	원가	판매가
• 기초재고자산	₩300	₩500
• 당기매입액	₩18,900	₩31,000
• 매출액		₩25,000
• 순인상액		₩700
• 순인하액		₩200

① ₩14,300
② ₩15,000
③ ₩15,700
④ ₩16,400

55 (주)한국은 재고자산 평가방법으로 소매재고법을 적용하고 있다. 20×1년도 재고자산 관련 자료가 다음과 같고 평균원가법에 의한 원가율이 60%일 때, 순인상액은?

구분	원가	판매가
기초재고액	₩150,000	₩200,000
당기매입액	₩510,000	₩860,000
순인상액	–	?
순인하액	–	₩20,000
당기매출액	–	₩800,000

① ₩20,000
③ ₩60,000
② ₩40,000
④ ₩80,000

56 (주)한국의 재고자산 관련자료는 다음과 같다.

구분	원가	판매가
기초재고액	₩1,400,000	₩2,100,000
당기매입액	₩6,000,000	₩9,800,000
매입운임	₩200,000	
매입할인	₩400,000	
당기매출액		₩10,000,000
종업원할인		₩500,000
순인상액		₩200,000
순인하액		₩100,000

(주)한국이 선입선출법에 의한 저가기준 소매재고법을 이용하여 재고자산을 평가하고 있을 때 매출원가는?

① ₩6,300,000
③ ₩6,330,000
② ₩6,307,500
④ ₩6,337,500

57 (주)한국은 재고자산 평가방법으로 저가기준 선입선출소매재고법을 사용하고 있다. 재고자산과 관련된 자료가 다음과 같을 때, 기말재고자산원가와 매출원가는?

구분	원가	판매가
기초재고액	₩7,000	₩10,000
당기매입액	₩20,000	₩40,000
순인상액		₩200
순인하액		₩300
당기매출액		₩30,000
정상파손		₩100
비정상파손	₩100	₩400

	기말재고자산원가	매출원가
①	₩8,560	₩18,440
②	₩9,500	₩16,800
③	₩9,500	₩16,900
④	₩9,700	₩17,200

58 다음 자료를 이용하여 계산된 추정 기말상품재고액은?

• 기초상품재고액	₩550,000	• 당기상품매입액	₩2,250,000
• 당기상품매출액	₩3,000,000	• 매출총이익률	30%

① ₩600,000　　　　　　　　② ₩650,000
③ ₩700,000　　　　　　　　④ ₩750,000

59 (주)한국의 창고에 화재가 발생하여 재고자산의 일부가 소실되었다. 남아있는 재고자산의 순실현가능가치는 ₩20,000이다. (주)한국의 기초재고자산은 ₩400,000이고 화재 발생 직전까지 재고자산 매입액은 ₩1,600,000이며 매출액은 ₩2,000,000이었다. (주)한국의 과거 3년 평균 매출총이익률이 25%일 경우 재고자산 화재손실 추정액은?

① ₩380,000　　　　　　　　② ₩400,000
③ ₩440,000　　　　　　　　④ ₩480,000

60 (주)한국은 재고자산을 실지재고조사법으로 기록하고 있으며, 잦은 도난사고가 발생하고 있다. 다음의 20×1년 1분기 자료를 이용하여 계산한 도난손실 추정액은?

• 기초재고 금액	₩100	• 기말재고 실사금액	₩90
• 매출액	₩220	• 매입액	₩200
• 매출총이익률	20%		

① ₩20   ② ₩34

③ ₩40   ④ ₩44

61 (주)한국은 20×1년 12월 말 화재로 인하여 재고자산 중 ₩110,000을 제외한 나머지가 소실되었다. 기초재고는 ₩100,000이고, 12월 말까지의 매입액과 매출액은 각각 ₩600,000, ₩400,000이다. 과거 3년 동안의 평균 매출총이익률이 20%일 경우, 화재로 인하여 소실된 재고자산의 추정금액은?

① ₩270,000   ② ₩320,000

③ ₩380,000   ④ ₩600,000

62 20×1년 말 화재로 인해 창고에 보관 중인 상품이 모두 소실되었다. 상품과 관련된 자료는 다음과 같다. 화재로 인해 소실된 상품의 추정금액은?

• 기초상품	₩1,260	• 총매입액	₩2,200
• 매입환출	₩100	• 총매출액	₩3,700
• 매출에누리	₩200	• 과거 평균매출총이익률	20%

① ₩520   ② ₩560

③ ₩640   ④ ₩660

63 (주)한국은 실지재고조사법을 적용하고 있다. 20×1년 8월 2일 폭우로 창고가 침수되어 보관 중인 상품이 모두 소실되었다. 다음은 (주)한국의 총계정원장과 전년도 포괄손익계산서에서 얻은 자료이다. 전년도의 매출총이익률이 20×1년에도 유지된다고 가정할 때, 20×1년도 재해로 인해 소실된 추정 상품재고액은?

20×1년 8월 2일 현재 총계정원장 자료		전년도 포괄손익계산서 자료	
• 상품계정 차변잔액	₩30,000	• 매출액	₩900,000
• 매입계정 차변잔액	₩400,000	• 매출원가	₩630,000
• 매입환출계정 대변잔액	₩20,000		
• 매출계정 대변잔액	₩500,000		
• 매출환입계정 차변잔액	₩30,000		

① ₩51,000

② ₩60,000

③ ₩80,000

④ ₩81,000

64 다음의 자료를 이용하여 매출총이익법으로 추정한 기말재고액은?

• 기초재고액	₩2,200	• 당기매입액	₩4,300
• 당기매출액	₩6,000	• 원가에 대한 이익률	20%

① ₩500

② ₩1,200

③ ₩1,500

④ ₩1,700

65 (주)한국의 20×1년도 총매출액은 ₩900,000, 매출환입 및 에누리는 ₩100,000, 기초재고원가는 ₩300,000, 총매입액은 ₩500,000, 매입환출 및 에누리는 ₩50,000이다. 원가 대비 매출총이익률은 25%이다. (주)한국의 20×1년 기말재고원가는 얼마인가?

① ₩110,000

② ₩150,000

③ ₩190,000

④ ₩230,000

66 20×1년 말 화재로 인하여 (주)한국의 재고자산이 모두 소실되었다. 다음 자료를 이용하여 기말재고자산의 장부금액을 추정하면 얼마인가? (단, 화재 이외의 원인으로 인한 재고자산 평가손실과 감모손실은 없고, 총자산회전율은 기초총자산을 기준으로 계산된 것이다.)

• 기초재고자산	₩400,000	• 기초총자산	₩2,000,000
• 매출총이익률	20%	• 당기매입액	₩3,700,000
• 총자산회전율	2회		

① ₩600,000

② ₩700,000

③ ₩800,000

④ ₩900,000

67 재고자산에 관한 설명으로 옳지 않은 것은?

① 재고자산이란 정상적인 영업활동과정에서 판매를 목적으로 소유하고 있거나 판매할 자산을 제조하는 과정에 있거나 제조과정에 사용될 자산을 말한다.

② 재고자산의 취득원가는 매입원가, 전환원가 및 재고자산을 현재의 장소에 현재의 상태로 이르게 하는 데 발생한 기타 원가 모두를 포함한다.

③ 재고자산의 매입원가는 매입가격에 수입관세와 매입운임, 하역료, 매입할인, 리베이트 등을 가산한 금액이다.

④ 표준원가법이나 소매재고법 등의 원가측정방법은 그러한 방법으로 평가한 결과가 실제 원가와 유사한 경우에 사용할 수 있다.

68 재고자산에 관한 설명으로 옳은 것은? (단, 재고자산감모손실 및 재고자산평가손실은 없다.)

① 선입선출법 적용 시 물가가 지속적으로 상승한다면, 계속기록법에 의한 기말재고자산 금액이 실지재고조사법에 의한 기말재고자산 금액보다 작다.

② 선입선출법 적용 시 물가가 지속적으로 상승한다면, 계속기록법에 의한 기말재고자산 금액이 실지재고조사법에 의한 기말재고자산 금액보다 크다.

③ 재고자산 매입 시 부담한 매입운임은 운반비로 구분하여 비용처리한다.

④ 부동산매매기업이 정상적인 영업과정에서 판매를 목적으로 보유하는 건물은 재고자산으로 구분한다.

69 재고자산의 회계처리에 관한 설명으로 옳은 것은?

① 완성될 제품이 원가 이상으로 판매될 것으로 예상하는 경우에는 그 생산에 투입하기 위해 보유하는 원재료 및 기타 소모품을 감액하지 아니한다.

② 선입선출법은 기말재고자산의 평가관점에서 현행원가를 적절히 반영하지 못한다.

③ 선입선출법은 먼저 매입 또는 생산된 재고자산이 기말에 재고로 남아 있고 가장 최근에 매입 또는 생산된 재고자산이 판매되는 것을 가정한다.

④ 통상적으로 상호 교환될 수 없는 재고자산항목의 원가와 특정 프로젝트별로 생산되고 분리되는 재화 또는 용역의 원가는 총평균법을 사용하여 결정한다.

70 재고자산에 관한 설명으로 옳지 않은 것은?

① 재료원가, 노무원가 및 기타 제조원가 중 비정상적으로 낭비된 부분은 재고자산의 취득원가에 포함시키지 않고 발생기간의 비용으로 인식한다.

② 제작기간이 단기간인 재고자산은 차입원가를 자본화할 수 있는 적격자산에 해당되지 아니한다.

③ 매입거래처로부터 매입수량이나 매입금액의 일정률만큼 리베이트를 수령할 경우 이를 수익으로 인식하지 않고 재고자산 매입원가에서 차감한다.

④ 가격변동이익이나 중개이익을 목적으로 옥수수, 구리, 석유 등의 상품을 취득하여 단기간 내에 매도하는 기업은 순공정가치의 변동을 기타포괄손익으로 인식한다.

71 재고자산에 관한 설명으로 옳지 않은 것은?

① 재고자산은 취득원가와 순실현가능가치 중 낮은 금액으로 측정한다.

② 재고자산의 취득원가는 매입원가, 전환원가 및 재고자산을 현재의 장소에 현재의 상태로 이르게 하는 데 발생한 기타 원가 모두를 포함한다.

③ 재료원가, 노무원가 및 기타 제조원가 중 비정상적으로 낭비된 부분은 재고자산의 취득원가에 포함할 수 없으며 발생기간의 비용으로 인식하여야 한다.

④ 표준원가법에 의한 원가측정방법은 그러한 방법으로 평가한 결과가 실제 원가와 유사한 경우에도 사용할 수 없다.

72 재고자산의 회계처리에 관한 설명으로 옳지 않은 것은?

① 재고자산은 취득원가와 순실현가능가치 중 낮은 금액으로 측정한다.

② 통상적으로 상호 교환될 수 없는 재고자산항목의 원가와 특정 프로젝트별로 생산되고 분리되는 재화의 원가는 개별법을 사용하여 결정한다.

③ 완성될 제품이 원가 이상으로 판매될 것으로 예상하는 경우에는 그 생산에 투입하기 위해 보유하는 원재료 및 기타 소모품을 감액하지 아니한다.

④ 재고자산의 매입원가는 매입가격에 매입할인, 리베이트 및 기타 유사한 항목을 가산한 금액이다.

73 다음은 (주)한국의 20×1년도 재무 관련 자료이다. (주)한국의 20×1년 매출총이익은 얼마인가?

• 매출채권회전율	5회	• 재고자산회전율	3회
• 기초매출채권	₩200	• 기초재고자산	₩650
• 기말매출채권	₩800	• 기말재고자산	₩550

① ₩700   ② ₩1,800

③ ₩2,350   ④ ₩2,500

74 상품매매기업인 (주)한국의 정상영업주기는 상품 매입시점부터 판매대금 회수시점까지 기간으로 정의된다. 20×1년 정상영업주기는 42일이며, 매출이 ₩1,000,000, 평균매출채권이 ₩50,000, 평균재고자산이 ₩40,000이라면 (주)한국의 20×1년 매출원가는? (단, 매출은 전액 외상매출이고, 1년은 360일로 가정한다.)

① ₩520,000   ② ₩540,000

③ ₩580,000   ④ ₩600,000

75 (주)한국의 영업주기(상품의 매입시점부터 판매 후 대금회수시점까지의 기간)는 180일이다. 다음 20×1년 자료를 이용하여 계산한 매출액은? (단, 매입과 매출은 전액 외상거래이고, 1년은 360일로 가정한다.)

• 매출액	?	• 매출원가	₩8,000
• 평균매출채권	₩2,500	• 평균매입채무	₩1,600
• 평균재고자산	₩2,000		

① ₩8,500

② ₩8,800

③ ₩9,000

④ ₩10,000

76 다음 자료를 이용하여 계산된 매출원가는? (단, 계산의 편의상 1년은 360일, 평균재고자산은 기초와 기말의 평균이다.)

• 기초재고자산	₩90,000
• 기말재고자산	₩210,000
• 재고자산보유(회전)기간	120일

① ₩350,000

② ₩400,000

③ ₩450,000

④ ₩500,000

77 (주)한국의 20×1년 초 상품재고는 ₩30,000이며, 당기매출액과 당기상품매입액은 각각 ₩100,000과 ₩84,000이다. (주)한국의 원가에 대한 이익률이 25%인 경우, 20×1년 재고자산회전율은? (단, 재고자산회전율 계산 시 평균상품재고와 매출원가를 사용한다.)

① 1회

② 1.5회

③ 2.0회

④ 2.5회

78 다음은 (주)한국의 부분재무상태표이며, 제시된 금액은 장부금액을 의미한다.

구분	20×0년 12월 31일	20×1년 12월 31일
매출채권	₩120,000	₩130,000
재고자산	₩140,000	₩160,000

20×1년도 (주)한국의 매출채권회전율이 6회, 재고자산회전율이 4회일 때, (주)한국의 20×1년도 매출총이익은 얼마인가? (단, 매출채권회전율과 재고자산회전율 계산 시 재무상태표 계정은 기초와 기말의 평균값을 이용한다.)

① ₩50,000 ② ₩100,000
③ ₩125,000 ④ ₩150,000

79 (주)한국이 창고에 보관하던 상품이 20×1년 중에 발생한 화재로 인하여 전부 소실되었다. 20×0년과 20×1년의 상품 거래와 관련한 자료가 다음과 같을 때, 20×1년에 화재로 인해 소실된 것으로 추정되는 상품의 원가는? (단, (주)한국의 상품매출은 모두 신용매출이며, 상품 외의 재고자산은 없다.)

- (주)한국의 20×0년 신용매출액과 평균매출채권을 이용하여 계산한 매출채권회전율은 5회이며, 매출원가와 평균재고자산을 이용하여 계산한 재고자산회전율은 4회였다.
- (주)한국의 20×0년 매출총이익률은 20%이다.
- (주)한국의 20×0년 초 매출채권과 상품의 잔액은 각각 ₩500과 ₩200이었으며, 20×0년 말 매출채권 잔액은 ₩700이다.
- 20×1년 초부터 화재발생 시점까지 (주)한국의 상품 매입액과 매출액은 각각 ₩3,000과 ₩3,500이었으며, 매출총이익률은 20×0년과 동일하다.

① ₩600 ② ₩1,000
③ ₩1,200 ④ ₩1,800

80 (주)서울농장은 20×1년 1월 1일에 1년된 돼지 10마리를 보유하고 있다. (주)서울농장은 20×1년 7월 1일에 1.5년된 돼지 5마리를 한 마리당 ₩100,000에 매입하였고, 20×1년 7월 1일에 돼지 6마리가 태어났다. 돼지의 일자별 한 마리당 순공정가치가 다음과 같을 때 (주)서울농장이 동 생물자산과 관련하여 20×1년도 포괄손익계산서의 당기손익에 반영할 평가이익은? (단, 20×1년 중 매각되거나 폐사된 돼지는 없다고 가정한다.)

일자	내용	한 마리당 순공정가치
20×1.1.1	1년된 돼지	₩80,000
20×1.7.1	1.5년된 돼지	₩100,000
20×1.7.1	새로 태어난 돼지	₩50,000
20×1.12.31	0.5년된 돼지	₩70,000
20×1.12.31	2년된 돼지	₩130,000

① ₩300,000
② ₩650,000
③ ₩1,070,000
④ ₩1,430,000

81 (주)한국축산은 20×1년 1월 초에 수익용으로 젖소를 ₩1,500,000에 매입하였는데, 그 젖소는 농림어업자산의 인식요건을 충족한다. 20×1년 12월 31일 젖소의 공정가치는 ₩2,250,000이며 사육에 소요된 비용은 ₩450,000이다. 20×1년 12월 말에 젖소로부터 원유를 생산하기 시작하였으며, 생산된 원유를 공정가치 ₩300,000에 판매하였다. 판매를 위해 ₩50,000의 비용이 발생되었다면, 20×1년도 (주)한국축산의 당기순이익은?

① ₩300,000
② ₩550,000
③ ₩600,000
④ ₩1,000,000

82 20×1년 초 (주)한국낙농은 우유 생산을 위해 젖소 5마리(1마리당 순공정가치 ₩50,000)를 1마리당 ₩52,000에 취득하고 목장운영을 시작하였다. 20×1년 12월 25일에 처음으로 우유를 생산하였으며, 생산된 우유는 전부 100리터다. 생산시점 우유의 1리터당 순공정가치는 ₩1,000이다. 20×1년 말 목장의 실제 젖소는 5마리이고, 20×1년 말 젖소 1마리당 순공정가치는 ₩51,000이다. 위 거래가 (주)한국낙농의 20×1년도 포괄손익계산서상 당기순이익에 미치는 영향은?

① ₩95,000 증가
② ₩100,000 증가
③ ₩105,000 증가
④ ₩120,000 증가

83 농림어업에 관한 회계처리로 옳지 않은 것은?

① 생물자산은 최초 인식시점과 매 보고기간 말에 공정가치에서 추정 매각부대원가를 차감한 금액 (순공정가치)으로 측정하여야 한다. 다만, 공정가치를 신뢰성 있게 측정할 수 없는 경우는 제외한다.
② 생물자산에서 수확된 수확물은 수확시점에 순공정가치로 측정하여야 한다.
③ 생물자산을 최초 인식시점에 순공정가치로 인식하여 발생하는 평가손익과 생물자산의 순공정가치 변동으로 발생하는 평가손익은 발생한 기간의 당기손익에 반영한다.
④ 수확물을 최초 인식시점에 순공정가치로 인식하여 발생하는 평가손익은 발생한 기간의 기타포괄손익에 반영한다.

84 생물자산, 수확물 및 가공품 등 농림어업에 관한 설명으로 옳지 않은 것은?

① 생물자산, 수확물 및 수확 후 가공품의 예시로 포도나무 – 포도 – 포도주를 들 수 있다.
② 순공정가치로 측정하는 생물자산과 관련된 정부보조금에 다른 조건이 없는 경우에는 이를 수취할 수 있게 되는 시점에만 당기손익으로 인식한다.
③ 생물자산을 최초로 인식하는 시점에 시장공시가격을 구할 수 없고, 대체적인 공정가치 측정치가 명백히 신뢰성 없게 결정되는 경우, 생물자산은 원가에서 감가상각누계액과 손상차손누계액을 차감한 금액으로 측정한다.
④ 수확물을 최초 인식시점에 순공정가치로 인식하여 발생하는 평가손익은 발생한 기간의 기타포괄손익에 반영한다.

85 생물자산에 관한 설명으로 옳지 않은 것은?

① 생물자산의 순공정가치를 산정할 때에 추정 매각부대원가를 차감하기 때문에 생물자산의 최초 인식시점에 손실이 발생할 수 있다.
② 수확시점의 수확물은 어떠한 경우에도 순공정가치로 측정한다.
③ 최초 인식후 생물자산의 순공정가치 변동으로 발생하는 평가손익은 발생한 기간의 당기손익에 반영한다.
④ 순공정가치로 측정하는 생물자산과 관련된 정부보조금에 다른 조건이 없는 경우에는 이를 수취할 수 있게 되는 시점에 기타포괄손익으로 인식한다.

CHAPTER 06 ≡ 유형자산

정답 및 해설 p. 393

01 유형자산의 취득과 관련하여 경영진이 의도하는 방식으로 자산을 가동하는 데 필요한 장소와 상태에 이르게 하는 데 직접 관련되는 원가가 아닌 것은?

① 유형자산의 건설과 직접적으로 관련되어 발생한 종업원 급여
② 설치장소 준비원가
③ 관리 및 기타 일반간접원가
④ 최초의 취급 관련 원가

02 유형자산의 취득원가에 포함되는 것은?

① 유형자산이 경영진이 의도하는 방식으로 가동될 수 있으나, 아직 실제로 사용되지는 않고 있는 경우에 발생하는 원가
② 유형자산 취득 시 정상적으로 작동되는지 여부를 시험하는 과정에서 발생하는 원가
③ 유형자산과 관련된 산출물에 대한 수요가 형성되는 과정에서 발생하는 가동손실과 같은 초기 가동손실
④ 기업의 영업 전부 또는 일부를 재배치하거나 재편성하는 과정에서 발생하는 원가

03 유형자산의 취득원가에 포함되지 않는 것은?

① 유형자산과 관련된 산출물에 대한 수요가 형성되는 과정에서 발생하는 가동손실과 같은 초기 가동손실
② 설치장소 준비원가
③ 유형자산이 정상적으로 작동되는지 여부를 시험하는 과정에서 발생하는 원가
④ 설치원가 및 조립원가

04 유형자산의 취득원가에 관한 설명으로 옳은 것은?

① 새로운 상품과 서비스를 소개하는 데 소요되는 원가는 취득원가에 포함한다.
② 기업의 영업 전부 또는 일부를 재배치하거나 재편성하는 과정에서 발생하는 원가는 유형자산의 장부금액에 포함하지 않는다.
③ 유형자산 취득 과정에서 전문가에게 지급한 수수료는 취득원가에 포함하지 않는다.
④ 유형자산이 정상적으로 작동되는지 여부를 시험하는 과정에서 발생하는 원가는 전액 비용처리한다.

05 유형자산의 장부금액에 가산하지 않는 항목을 모두 고른 것은?

> ㄱ. 시험과정에서 생산된 재화의 순매각금액
> ㄴ. 유형자산의 매입 또는 건설과 직접적으로 관련되어 발생한 종업원급여
> ㄷ. 기업의 영업 전부 또는 일부를 재배치하거나 재편성하는 과정에서 발생하는 원가
> ㄹ. 설치장소 준비 원가
> ㅁ. 정기적인 종합검사과정에서 발생하는 원가가 인식기준을 충족하는 경우

① ㄱ   ② ㄱ, ㄷ
③ ㄴ, ㄹ   ④ ㄴ, ㄷ, ㅁ

06 유형자산의 취득원가에 포함되는 것을 모두 고른 것은?

> ㄱ. 영업활동의 전부 또는 일부를 재배치하는 과정에서 발생하는 원가
> ㄴ. 유형자산의 매입 또는 건설과 직접 관련되어 발생한 종업원 급여
> ㄷ. 관세 및 환급불가능한 취득 관련 세금
> ㄹ. 새로운 상품이나 용역을 소개하는 데 소요되는 원가
> ㅁ. 설치장소를 준비하는 원가

① ㄱ, ㄴ, ㄷ   ② ㄱ, ㄴ, ㄹ
③ ㄴ, ㄷ, ㄹ   ④ ㄴ, ㄷ, ㅁ

07 유형자산에 관한 설명으로 옳지 않은 것은?

① 새로운 시설을 개설하는 데 소요되는 원가는 유형자산의 취득원가에 포함되지 않는다.
② 기업의 영업 전부를 재배치하는 과정에서 발생하는 원가는 유형자산의 장부금액에 포함하지 않는다.
③ 유형자산의 감가상각액은 다른 자산의 장부금액에 포함될 수 있다.
④ 사용 중인 유형자산의 정기적인 종합검사에서 발생하는 원가는 모두 당기비용으로 처리한다.

08 (주)대한의 토지취득과 관련된 다음의 자료를 이용하여 토지의 취득원가를 계산하면?

> (1) 공장을 신축하기 위해 건물 한 동이 세워져 있는 토지를 취득하였다. 건물의 공정가치 ₩200,000 및 토지의 공정가치 ₩800,000에 대한 대가 ₩1,000,000을 지급하였다. 건물은 취득 즉시 철거할 예정이다.
> (2) 기존 건물을 철거하기 위해 ₩50,000의 비용이 지출되었다.
> (3) 철거된 건물에서 발생한 폐자재를 ₩20,000에 처분하였다.

① ₩800,000　　　　　　　　② ₩830,000
③ ₩850,000　　　　　　　　④ ₩1,030,000

09 (주)한국은 공장건물을 신축하기 위하여 토지를 구입하고 토지 위에 있는 낡은 건물을 철거하였다. 토지의 취득원가는?

• 토지구입대금	₩500
• 토지구입에 따른 취득세	₩30
• 낡은 건물 철거비	₩50
• 낡은 건물 철거에 따른 고철 매각대금	₩20
• 토지 정지비	₩100
• 신축 공장건물 설계비	₩50

① ₩500　　　　　　　　② ₩530
③ ₩600　　　　　　　　④ ₩660

10 (주)서울은 사옥을 건설하기 위하여 토지를 구입한 후 토지 위에 있던 건물을 철거하면서 철거비용 ₩150,000을 지불하였으며, 철거할 때 나온 철근을 ₩19,000에 매각하였다. (주)서울은 공유도로로부터 사옥까지 도로공사비 ₩80,000, 신축건물의 설계비 ₩100,000, 신축건물 건설을 위한 측량비 ₩45,000, 신축건물 건설공사비 ₩450,000, 신축건물 완성 후 조경공사비 ₩270,000을 지불하였다. 이 경우 건물의 취득원가는?

① ₩595,000　　　　　　　　② ₩726,000
③ ₩745,000　　　　　　　　④ ₩825,000

11 (주)서울은 설비투자를 위하여 정부로부터 보조금 ₩500,000을 현금으로 지원받아 ₩3,000,000의 기계장치를 구입하면서 ₩200,000의 설치비와 ₩100,000의 시운전 검사비를 지출하였다. 취득시점에서의 기계장치 장부금액은 얼마인가? (단, (주)서울은 정부보조금을 자산에서 차감하는 방법을 채택하고 있다.)

① ₩2,500,000 ② ₩2,700,000
③ ₩2,800,000 ④ ₩3,200,000

12 (주)한국은 본사 사옥을 신축하기 위하여 토지를 취득하였는데 이 토지에는 철거예정인 창고가 있었다. 다음 자료를 고려할 때, 토지의 취득원가는?

• 토지 구입대금	₩1,000,000
• 사옥 신축 개시 이전까지 토지 임대를 통한 수익	₩25,000
• 토지 취득세 및 등기수수료	₩70,000
• 창고 철거비	₩10,000
• 창고 철거 시 발생한 폐자재 처분 수입	₩5,000
• 본사 사옥 설계비	₩30,000
• 본사 사옥 공사대금	₩800,000

① ₩1,050,000 ② ₩1,075,000
③ ₩1,080,000 ④ ₩1,100,000

13 (주)한국은 본사 신축을 위해 기존 건물이 있는 토지를 ₩500,000에 구입하였으며, 기타 발생한 원가는 다음과 같다. (주)한국의 토지와 건물의 취득원가는?

- 구건물이 있는 토지를 취득하면서 중개수수료 ₩4,000을 지급하였다.
- 구건물 철거비용으로 ₩5,000을 지급하였으며, 철거 시 발생한 폐자재를 ₩1,000에 처분하였다.
- 토지 측량비와 정지비용으로 ₩2,000과 ₩3,000이 각각 발생하였다.
- 신축건물 설계비로 ₩50,000을 지급하였다.
- 신축건물 공사비로 ₩1,000,000을 지급하였다.
- 야외 주차장(내용연수 10년) 공사비로 ₩100,000을 지출하였다.

	토지	건물		토지	건물
①	₩509,000	₩1,000,000	②	₩509,000	₩1,050,000
③	₩513,000	₩1,050,000	④	₩513,000	₩1,150,000

14 (주)한국은 본사 사옥을 신축하기 위해 창고가 세워져있는 토지를 ₩2,500,000에 구입하여, 즉시 창고를 철거하고 본사 사옥을 건설하였다. 토지 구입부터 본사 사옥 완성까지 다음과 같은 거래가 있었다. 토지와 건물(본사 사옥)의 취득원가는 각각 얼마인가?

• 토지 등기수수료	₩30,000
• 토지 취득세	₩50,000
• 창고 철거비	₩4,000
• 창고 철거 시 발생한 폐자재 처분수입	₩1,000
• 본사 사옥 설계비	₩23,000
• 본사 사옥 공사대금	₩1,700,000

	토지	건물		토지	건물
①	₩2,580,000	₩1,700,000	②	₩2,583,000	₩1,723,000
③	₩2,583,000	₩1,780,000	④	₩2,584,000	₩1,723,000

15 20×1년 초 (주)한국은 토지와 건물을 ₩1,200,000에 일괄구입하였다. 취득일 현재 토지와 건물을 처분한 회사의 장부금액은 다음과 같으며, 토지와 건물의 공정가치는 각각 ₩1,200,000과 ₩300,000이다. (주)한국이 인식할 토지와 건물의 취득원가는 각각 얼마인가?

구분	장부금액
토지	₩1,000,000
건물	₩500,000

	토지	건물		토지	건물
①	₩780,000	₩120,000	②	₩800,000	₩400,000
③	₩960,000	₩240,000	④	₩1,000,000	₩500,000

16 토지의 취득원가에 포함해야 할 항목을 모두 고른 것은?

> ㄱ. 토지 중개수수료 및 취득세
> ㄴ. 직전 소유자의 체납재산세를 대납한 경우, 체납재산세
> ㄷ. 회사가 유지·관리하는 상하수도 공사비
> ㄹ. 내용연수가 영구적이지 않은 배수공사비용 및 조경공사비용
> ㅁ. 토지의 개발이익에 대한 개발부담금

① ㄱ, ㄴ, ㄷ　　　　　　　　② ㄱ, ㄴ, ㅁ
③ ㄱ, ㄷ, ㄹ　　　　　　　　④ ㄴ, ㄹ, ㅁ

17 (주)한국은 소유하고 있던 유형자산을 (주)대한이 소유하고 있는 유형자산과 교환하였다. 두 회사가 소유하고 있는 유형자산의 장부금액과 공정가치는 다음과 같다.

구분	(주)한국의 유형자산	(주)대한의 유형자산
취득원가	₩1,000,000	₩2,000,000
감가상각누계액	₩300,000	₩1,600,000
공정가치	₩800,000	알 수 없음

해당 교환과 관련하여 (주)한국이 현금 ₩100,000을 추가로 지급하였을 때 이 교환거래로 인해 (주)한국이 인식할 유형자산은 얼마인가? (단, 유형자산의 교환거래는 상업적 실질이 있으며 (주)한국의 유형자산 공정가치는 신뢰성이 있다.)

① ₩500,000　　　　　　　　② ₩600,000
③ ₩800,000　　　　　　　　④ ₩900,000

18 (주)한국은 20×1년 1월 1일 토지(장부금액 ₩1,000, 공정가치 ₩1,100)를 (주)갑의 토지(장부금액 ₩1,200, 공정가치 ₩1,400)와 교환하면서 현금 ₩200을 추가 지급하였다. (주)한국이 교환을 통해 취득한 토지의 취득원가는? (단, (주)갑 토지의 공정가치가 (주)한국 토지의 공정가치에 비해 명백하다고 할 수 없으며, 이 교환거래는 상업적 실질이 없다고 가정한다.)

① ₩1,000　　　　　　　　② ₩1,100
③ ₩1,200　　　　　　　　④ ₩1,300

19 (주)대한은 기계장치 A를 (주)서울의 기계장치 B와 교환하였으며 이러한 교환은 상업적 실질이 있다. 교환시점의 두 자산에 관한 자료가 다음과 같을 때, (주)대한이 인식할 기계장치 B의 취득원가는? (단, 기계장치 A의 공정가치가 기계장치 B의 공정가치보다 더 명백하다.)

구분	(주)대한의 기계장치 A	(주)서울의 기계장치 B
취득원가	₩10,000	₩9,000
감가상각누계액	₩3,000	₩5,000
공정가치	₩8,000	₩7,000

① ₩6,000   ② ₩7,000
③ ₩8,000   ④ ₩9,000

20 (주)서울은 (주)한국과 협의하여 사용하던 기계장치(취득원가 ₩8,000,000, 감가상각누계액 ₩3,000,000, 공정가치 ₩4,500,000)를 제공하는 조건으로 차량운반구를 취득하였다. 차량운반구의 판매가격은 ₩8,000,000이며, (주)한국은 이 기계장치의 가치를 ₩5,000,000으로 인정하기로 하였으며, (주)서울은 차액 ₩3,000,000을 현금으로 지급하였다. 이 교환거래는 상업적 실질이 있고, 공정가치는 합리적으로 측정한 금액이다. 차량운반구의 취득원가는?

① ₩7,000,000   ② ₩7,500,000
③ ₩8,000,000   ④ ₩8,500,000

21 (주)한국은 토지(장부금액 ₩10,000, 공정가치 ₩13,000)를 (주)대한의 건물(장부금액 ₩10,000, 공정가치 ₩13,000)과 교환하였다. (주)한국이 동 교환거래에서 인식할 처분이익은? (단, 동 교환거래는 상업적 실질이 있다고 판단되며, 토지의 공정가치가 건물의 공정가치보다 더 명백하다.)

① ₩3,000   ② ₩2,600
③ ₩2,400   ④ ₩2,000

22 (주)한국은 20×1년에 표시가격 ₩50,000, 현금가격 ₩45,000인 기계장치 A를 취득하였다. 기계장치 A의 취득대가로 현금 ₩8,400과 사용 중인 기계장치 B(취득원가 ₩75,000, 감가상각누계액 ₩38,000)를 제공하였다. 두 기계장치가 서로 다른 제품을 생산하는 기계장치로서 이 교환거래가 상업적 실질이 있다면 (주)한국이 교환거래와 관련하여 인식해야 할 손익은 얼마인가?

① 손실 ₩300   ② 이익 ₩300
③ 손실 ₩400   ④ 이익 ₩400

23 (주)한국은 보유 중인 유형자산을 (주)대한의 유형자산과 교환하면서 공정가치 차액에 해당하는 현금 ₩300,000을 지급하였다. 교환일 현재 보유 중인 유형자산의 취득원가는 ₩2,100,000, 감가상각누계액은 ₩500,000, 공정가치는 ₩1,700,000이다. (주)한국이 교환과정에서 인식할 유형자산의 취득원가와 유형자산처분손익은? (단, 동 교환거래는 상업적 실질이 있다고 가정한다.)

	취득원가	유형자산처분손익
①	₩2,000,000	₩0
②	₩2,000,000	이익 ₩100,000
③	₩1,900,000	손실 ₩100,000
④	₩1,900,000	이익 ₩100,000

24 (주)민국과 (주)한국은 사용 중인 유형자산을 상호 교환하여 취득하였다. 두 회사가 보유하고 있는 유형자산에 대한 자료는 다음과 같으며, 교환 시 (주)민국이 (주)한국에 추가로 현금 ₩200,000을 지급하였다. 이들 자산간 교환취득을 상업적 실질이 있다고 가정할 경우, (주)민국이 인식할 유형자산 취득원가(A)와 (주)한국이 인식할 유형자산처분이익(B)은? (단, 두 자산의 공정가치는 신뢰성 있게 측정할 수 있으며, 각 회사의 입장에서 취득한 자신의 공정가치가 더 명백하다는 증거는 없다.)

구분	(주)민국	(주)한국
취득원가	₩2,250,000	₩1,500,000
감가상각누계액	₩1,250,000	₩600,000
공정가치	₩950,000	₩1,150,000

① A : ₩950,000   B : ₩250,000   ② A : ₩950,000   B : ₩450,000
③ A : ₩1,050,000   B : ₩450,000   ④ A : ₩1,150,000   B : ₩250,000

25 (주)한국은 20×1년 초에 해양구조물을 ₩4,000,000(내용연수 5년, 잔존가치 없음, 정액법 상각)에 취득하여 사용하고 있다. 동 해양구조물은 사용기간 종료시점에 원상복구해야 할 의무가 있으며, 종료시점의 원상복구예상금액은 ₩500,000으로 추정되었다. 원가모형을 적용할 경우 (주)한국이 동 해양구조물의 회계처리와 관련하여 20×1년도 포괄손익계산서에 비용으로 처리할 총금액은? (단, 유효이자율은 연 10%이며 단일금액 ₩1의 현가계수(5년, 10%)는 0.62209이다.)

① ₩800,000
② ₩831,046
③ ₩862,092
④ ₩893,135

26 (주)한국은 20×1년 초 내용연수 종료시점에 복구조건이 있는 구축물을 취득(취득원가 ₩1,000,000, 잔존가치 ₩0, 내용연수 5년, 정액법 상각)하였다. 내용연수 종료시점의 복구비용은 ₩200,000으로 추정되었으나, 실제 복구비용은 ₩230,000이 지출되었다. 복구비용에 적용되는 할인율은 연 8%(5기간 단일금액 ₩1의 미래가치 1.4693, 현재가치 0.6806)이며, 이 할인율은 변동되지 않는다. 동 구축물의 복구비용은 충당부채 인식요건을 충족하고 원가모형을 적용하였을 경우, 다음 중 옳은 것은?

① 20×1년 초 복구충당부채는 ₩156,538이다.
② 20×1년 초 취득원가는 ₩863,880이다.
③ 20×1년 말 감가상각비는 ₩227,224이다.
④ 20×1년 말 복구충당부채에 대한 차입원가(이자비용)는 ₩23,509이다.

27 해운업을 영위하는 (주)한국은 20×1년 초 내용연수 4년, 잔존가치 ₩200,000의 해양구조물을 ₩1,400,000에 취득하였다. (주)한국은 해양구조물의 사용이 종료된 후 해체 및 원상복구를 해야 하는 의무를 부담하는데, 4년 후 복구비용으로 지출할 금액은 ₩200,000으로 추정된다. 미래 지출액의 현재가치 계산 시 사용할 할인율은 연 5%이다. 감가상각방법으로 정액법을 사용할 경우 20×2년도의 감가상각비 금액은? (단, 할인율 연 5%, 4기간 단일금액 ₩1의 현재가치는 0.8227이다.)

① ₩300,000
② ₩341,135
③ ₩349,362
④ ₩391,135

28 (주)한국은 20×1년 초 토지를 구입하고 다음과 같이 대금을 지급하기로 하였다.

구분	20×1년 초	20×1년 말	20×2년 말
현금	₩1,000	₩2,000	₩2,000

20×1년 말 재무상태표상 토지(원가모형 적용)와 미지급금(상각후원가로 측정, 유효이자율 10% 적용)의 장부금액은? (단, 정상연금의 10% 2기간 현재가치계수는 1.7355이며, 단수차이가 발생할 경우 가장 근사치를 선택한다.)

	토지	미지급금
①	₩3,000	₩1,653
②	₩3,000	₩1,818
③	₩4,471	₩1,653
④	₩4,471	₩1,818

29 (주)한국은 20×1년 초 토지를 ₩4,000,000에 취득하면서 현금 ₩1,000,000을 즉시 지급하고 나머지 ₩3,000,000은 20×1년 말부터 매년 말에 각각 ₩1,000,000씩 3회 분할지급하기로 하였다. 이러한 대금지급은 일반적인 신용기간을 초과하는 것이다. 취득일 현재 토지의 현금가격상당액은 총지급액을 연 10% 이자율로 할인한 현재가치와 동일하다. 20×2년에 인식할 이자비용은? (단, 단수차이가 발생할 경우 가장 근사치를 선택한다.)

기간	연 이자율 10%	
	단일금액 ₩1의 현재가치	정상연금 ₩1의 현재가치
3	0.7513	2.4869

① ₩100,000   ② ₩173,559
③ ₩248,690   ④ ₩348,690

30 12월 말 결산법인인 한 회사는 20×6년 초에 만기 2년의 무이자부 어음(액면가액 ₩2,000,000)을 발행하여 지방자치단체가 소유하고 있는 부지 상의 건물을 취득하였다. 동 어음은 20×6년 말부터 매년 말 ₩1,000,000씩 2회에 걸쳐 상환하는 조건으로 발행되었다. 또한 한 회사는 동 건물의 등록을 위해 5년 후 상환조건인 현재가치 ₩80,000의 무이자부 공채를 액면가액 ₩100,000에 현금 취득하였는데, 한 회사는 동 공채를 기타포괄손익－공정가치 측정 금융자산으로 분류하기로 하였다. 한 회사의 어음 발행 시 적용되는 시장이자율은 10%이고, 단일금액 ₩1의 현가계수(기간 1년, 연 이자율 10%)는 0.9091이며, 단일금액 ₩1의 현가계수(기간 2년, 연 이자율 10%)는 0.8264이다. 한 회사가 20×6년 초에 구입한 건물의 취득원가는 얼마인가?

① ₩1,255,500   ② ₩1,735,500

③ ₩1,755,500   ④ ₩2,020,000

31 (주)한국은 20×1년 초 본사 건물을 ₩5,000,000에 취득(내용연수 20년, 잔존가치 ₩50,000, 정액법, 월할 상각)하면서 다음 조건의 국채를 액면가액으로 의무매입하여 만기까지 보유할 목적이다. (주)한국이 20×1년에 인식할 감가상각비는?

- 액면가액 : ₩1,000,000(만기 5년, 만기 일시상환)
- 표시이자율 : 연 4%(매년 말 지급)
- 시장이자율 : 연 10%
- 10%, 5년, ₩1의 현가계수 0.6, 10%, 5년, ₩1의 연금현가계수 3.8

① ₩248,000   ② ₩252,000

③ ₩259,900   ④ ₩265,000

32 (주)남부는 20×1년 1월 1일 설비자산을 ₩2,000,000에 취득하면서 구입자금의 일부인 ₩600,000을 정부로부터 보조받았다. 설비자산의 내용연수는 5년, 잔존가치는 없으며, 감가상각방법은 정액법으로 한다. 정부보조금에 부수되는 조건은 이미 충족되었고 상환의무는 없다. (주)남부가 정부보조금을 이연수익으로 처리하는 경우 20×3년 12월 31일 재무상태표에 보고할 정부보조금과 관련된 이연수익은?

① ₩120,000   ② ₩220,000

③ ₩240,000   ④ ₩360,000

33 (주)한국은 20×1년 1월 1일에 생산에 필요한 기계장치를 ₩1,000,000에 취득하면서 정부로부터 ₩100,000의 보조금을 받았다. 정부보조금은 기계장치를 1년 이상 사용한다면 정부에 상환할 의무가 없다. 취득한 기계장치의 추정내용연수는 5년이며, 잔존가치는 없고, 정액법으로 감가상각한다. (주)한국의 20×3년 12월 31일 재무상태표에 표시될 기계장치의 장부금액은? (단, (주)한국은 기계장치의 장부금액을 계산할 때, 정부보조금을 차감하여 표시한다.)

① ₩360,000
② ₩400,000
③ ₩540,000
④ ₩1,000,000

34 20×1년 초 (주)한국은 상환의무 없는 정부보조금 ₩2,500을 수령하여 ₩10,000의 영업용 차량(내용연수 5년, 잔존가치 ₩0, 정액법으로 감가상각)을 구입하였다. 정부보조금은 자산의 장부금액에서 차감하는 방법으로 회계처리할 때, 20×1년 포괄손익계산서에 인식할 감가상각비는?

① ₩1,500
② ₩1,750
③ ₩2,000
④ ₩2,250

35 (주)한국은 20×1년 10월 1일 자산취득 관련 정부보조금 ₩100,000을 수령하여 취득원가 ₩800,000의 기계장치(내용연수 4년, 잔존가치 ₩0, 정액법 상각, 원가모형 적용)를 취득하였다. 정부보조금에 부수되는 조건은 이미 충족되어 상환의무는 없으며, 정부보조금은 자산의 장부금액에서 차감하는 방법으로 회계처리한다. 20×1년 포괄손익계산서에 인식할 감가상각비는? (단, 감가상각비는 월할 계산하며, 자본화는 고려하지 않는다.)

① ₩43,750
② ₩45,000
③ ₩46,250
④ ₩47,500

36 (주)한국은 20×1년 초 정부보조금 ₩3,000,000을 지원받아 기계장치(내용연수 3년, 잔존가치 ₩1,000,000)를 ₩10,000,000에 취득하였다. (주)한국은 기계장치에 대해 원가모형을 적용하며, 연수합계법으로 감가상각한다. (주)한국이 정부보조금을 기계장치의 차감항목으로 회계처리하였다면, 20×2년 말 기계장치의 장부금액은?

① ₩1,000,000
② ₩1,500,000
③ ₩2,000,000
④ ₩2,500,000

37 '유형자산의 감가상각방법'에 관한 설명으로 옳지 않은 것은?

① 감가상각방법은 자산의 미래경제적효익이 소비되는 형태를 반영한다.

② 감가상각방법은 변경될 수 있으며, 이러한 변경은 회계추정의 변경으로 회계처리한다.

③ 감가상각방법에는 정액법, 체감잔액법 및 생산량비례법이 있다.

④ 경제적 효익이 소비되는 형태를 신뢰성 있게 결정할 수 없는 경우에는 정액법을 사용해야 한다.

38 유형자산의 감가상각에 관한 설명으로 옳지 않은 것은?

① 유형자산을 구성하는 일부의 원가가 해당 유형자산의 전체원가에 비교하여 유의적이라면, 해당 유형자산을 감가상각할 때 그 부분은 별도로 구분하여 감가상각한다.

② 유형자산의 전체원가에 비교하여 해당 원가가 유의적이지 않은 부분도 별도로 분리하여 감가상각할 수 있다.

③ 각 기간의 감가상각액은 다른 자산의 장부금액에 포함되는 경우가 아니라면 당기손익으로 인식한다.

④ 감가상각방법은 해당 자산의 공정가치 감소형태에 따라 선택한다.

39 유형자산의 감가상각에 관한 설명으로 옳지 않은 것은?

① 건물이 위치한 토지의 가치가 증가할 경우 건물의 감가상각대상금액이 증가한다.

② 유형자산을 수선하고 유지하는 활동을 하더라도 감가상각의 필요성이 부인되는 것은 아니다.

③ 유형자산의 사용정도에 따라 감가상각을 하는 경우에는 생산활동이 이루어지지 않을 때 감가상각액을 인식하지 않을 수 있다.

④ 유형자산의 잔존가치는 해당 자산의 장부금액과 같거나 큰 금액으로 증가할 수도 있다.

40 유형자산의 감가상각에 관한 설명으로 옳지 않은 것은?

① 잔존가치와 내용연수는 적어도 매 회계기간 말에 재검토한다.

② 채석장이나 매립지 등을 제외하고 토지의 내용연수는 무한하므로 감가상각을 하지 아니한다.

③ 유형자산이 운휴 중이거나 적극적인 사용상태가 아닐 경우 감가상각을 중단해야 한다.

④ 감가상각방법은 적어도 매 회계연도 말에 재검토한다.

41 (주)한국은 20×1년 초에 총 100톤의 철근을 생산할 수 있는 기계장치(내용연수 4년, 잔존가치 ₩200,000)를 ₩2,000,000에 취득하였다. 정률은 0.44이고, 1차 연도부터 4차 연도까지 기계장치의 철근생산량은 10톤, 20톤, 30톤, 40톤인 경우 1차 연도에 인식할 감가상각비가 가장 크게 계상되는 방법은?

① 정액법   ② 정률법
③ 연수합계법   ④ 생산량비례법

42 다음은 (주)대한의 20×2년 말 수정전시산표의 일부이다.

구분	차변	대변
비품	₩100,000	
감가상각누계액(비품)		₩40,000

비품은 20×1년 초에 구입한 것이며, 정률법을 이용하여 감가상각하고 있다. 기말수정분개 후 20×2년 말 비품의 장부금액은?

① ₩24,000   ② ₩36,000
③ ₩60,000   ④ ₩64,000

43 (주)한국은 20×1년 4월 1일 제품제조에 필요한 기계장치를 ₩750,000에 취득(잔존가치 ₩30,000, 내용연수 5년)하여 연수합계법으로 감가상각한다. 동 기계장치와 관련하여 20×2년 12월 31일 재무상태표에 보고할 감가상각누계액은? (단, 감가상각은 월할 계산한다.)

① ₩192,000   ② ₩204,000
③ ₩212,500   ④ ₩384,000

44 (주)한국은 20×1년 초에 업무용 차량운반구를 ₩10,000(내용연수 5년, 잔존가치 ₩0)에 취득하여 정액법으로 감가상각하여 오다가 20×2년부터 감가상각방법을 연수합계법으로 변경하였다. 이와 관련하여 20×2년도 말 재무상태표에 표시되는 동 차량운반구의 장부금액은? (단, 원가모형을 적용한다.)

① ₩2,000   ② ₩3,200
③ ₩4,000   ④ ₩4,800

신은미 회계학

45 (주)한국은 20×1년 1월 1일 건물을 ₩1,000,000(내용연수 8년, 잔존가치 ₩200,000)에 취득하여 정액법으로 감가상각하고 있다. 20×4년 1월 1일 (주)한국은 감가상각방법을 연수합계법으로 변경하였으며, 잔존가치를 ₩40,000으로 재추정하였다. 20×4년의 감가상각비는?

① ₩44,000　　　　　　　　　② ₩78,000
③ ₩100,000　　　　　　　　 ④ ₩220,000

46 (주)한국은 20×1년 7월 1일 차량운반구(내용연수 5년, 잔존가치 ₩1,000)를 ₩10,000에 취득하였다. 이 차량운반구에 대해 감가상각방법으로 이중체감법을 적용할 경우, 20×2년도 감가상각비는? (단, 감가상각은 월할 상각한다.)

① ₩2,000　　　　　　　　　② ₩2,880
③ ₩3,200　　　　　　　　　④ ₩3,600

47 (주)한국은 20×1년 초에 차량운반구를 ₩10,000,000에 취득하였다. 취득 시에 차량운반구의 내용연수는 5년, 잔존가치는 ₩1,000,000, 감가상각방법은 연수합계법이다. 20×4년 초에 (주)한국은 차량운반구의 내용연수를 당초 5년에서 7년으로, 잔존가치는 ₩500,000으로 변경하였다. (주)한국이 20×4년에 인식할 차량운반구에 대한 감가상각비는?

① ₩575,000　　　　　　　　② ₩700,000
③ ₩920,000　　　　　　　　④ ₩990,000

48 (주)한국은 20×1년 4월 1일 건물신축을 위해 토지, 건물과 함께 기계장치를 일괄하여 ₩20,000,000(토지, 건물, 기계장치의 공정가치 비율은 5 : 3 : 2)에 취득하여 사용하고 있다. 기계장치의 잔여내용연수는 4년이고, 잔존가치는 없는 것으로 추정하였으며 연수합계법을 적용하여 감가상각한다. 기계장치와 관련하여 (주)한국이 20×1년에 인식할 감가상각비는? (단, 감가상각은 월할 계산한다.)

① ₩1,200,000　　　　　　　② ₩1,500,000
③ ₩1,600,000　　　　　　　④ ₩1,800,000

49 (주)한국은 20×1년 1월 1일에 업무용 차량(취득원가 ₩500,000, 내용연수 5년, 잔존가치 ₩50,000)을 취득하여 연수합계법으로 감가상각하였다. (주)한국은 20×2년 초 동 차량의 잔존내용연수를 3년, 잔존가치를 ₩20,000으로 추정하여 변경하였으며, 동시에 감가상각방법을 정액법으로 변경하였다. 이러한 변경이 정당한 회계변경에 해당할 경우, (주)한국이 20×2년도에 인식할 동 차량의 감가상각비는? (단, 원가모형을 적용한다.)

① ₩110,000
② ₩125,000
③ ₩130,000
④ ₩145,000

50 (주)한국은 20×1년 초 기계장치(취득원가 ₩200,000, 내용연수 5년, 잔존가치 ₩20,000, 정액법 적용)를 취득하였다. 20×3년 초 (주)한국은 20×3년을 포함한 잔존내용연수를 4년으로 변경하고, 잔존가치는 ₩30,000으로 변경하였다. 이러한 내용연수 및 잔존가치의 변경은 정당한 회계변경으로 인정된다. (주)한국의 20×3년 동 기계장치에 대한 감가상각비는? (단, 원가모형을 적용하며, 감가상각비는 월할 계산한다.)

① ₩23,000
② ₩24,500
③ ₩30,000
④ ₩32,000

51 (주)한국은 20×1년 초 업무용 건물을 ₩2,000,000에 취득하였다. 구입당시에 동 건물의 내용연수는 5년이고 잔존가치는 ₩200,000으로 추정되었다. (주)한국은 감가상각방법으로서 연수합계법을 사용하여 왔으나 20×3년 초에 정액법으로 변경하고, 동일 시점에 잔존가치를 ₩20,000으로 변경하였다. 20×3년도 포괄손익계산서상 감가상각비는?

① ₩144,000
② ₩300,000
③ ₩360,000
④ ₩396,000

52 (주)한국은 20×1년 1월 1일 내용연수 5년인 업무용 차량 A를 ₩1,000,000에 취득하여 잔존가치 없이 정액법으로 감가상각을 하였다. 20×4년 1월 1일 차량 A의 핵심부품을 교환하기 위해 추가로 지출하였다. 이로 인해 차량 A의 내용연수가 20×8년 12월 31일까지 연장되었으며, 감가상각방법은 연수합계법으로 변경되었다. 차량 A의 20×4년도 감가상각비가 ₩250,000이라면, 차량 A의 핵심부품을 교환하기 위해 지출한 금액은 얼마인가? (단, 차량 A에 대하여 원가모형을 적용하고 있으며, 손상은 발생하지 않았다.)

① ₩200,000
② ₩250,000
③ ₩300,000
④ ₩350,000

53 유형자산의 재평가에 관한 설명으로 옳은 것은?

① 재평가가 단기간에 수행되며 계속적으로 갱신된다면, 동일한 분류에 속하는 자산이라 하더라도 순차적으로 재평가할 수 없다.

② 감가상각대상 유형자산을 재평가할 때, 그 자산의 최초원가를 재평가금액으로 조정하여야 한다.

③ 특정 유형자산을 재평가할 때, 해당 자산이 포함되는 유형자산 분류 전체를 재평가한다.

④ 자산의 장부금액이 재평가로 인하여 감소된 경우에 그 자산에 대한 재평가잉여금의 잔액이 있더라도 재평가감소액 전부를 당기손익으로 인식한다.

54 (주)대한은 20×1년 초에 토지(유형자산)를 ₩1,000,000에 취득한 후 매년 재평가모형을 적용하여 평가하고 있다. 20×1년 말과 20×2년 말 토지의 공정가치가 각각 ₩800,000과 ₩1,200,000이었다면, (주)대한이 20×2년도 포괄손익계산서에 인식할 당기손익은?

① ₩400,000 손실   ② ₩200,000 손실

③ ₩200,000 이익   ④ ₩400,000 이익

55 (주)한국은 20×0년 초에 사옥건설을 위해 토지를 ₩3,000,000에 구입하였다. 20×0년 말과 20×1년 말 동 토지의 공정가치는 각각 ₩3,500,000과 ₩2,800,000으로 평가되었다. (주)한국이 토지 최초 인식 후 재평가모형을 선택한다면, 위 토지의 재평가로 인해 (주)한국의 20×1년도 당기순이익에 미치는 영향은 얼마인가?

① 감소 ₩200,000   ② 감소 ₩700,000

③ 증가 ₩200,000   ④ 증가 ₩700,000

56 (주)한국은 20×1년 초에 토지를 ₩150,000에 취득하였으며, 매년 말 재평가모형에 따라 회계처리하고 있다. 토지의 공정가치는 20×1년 말 ₩180,000, 20×2년 말 ₩160,000, 20×3년 말 ₩120,000이다. 토지의 재평가가 20×2년과 20×3년의 당기순이익에 미치는 영향은?

	20×2년	20×3년		20×2년	20×3년
①	₩20,000 감소	불변	②	₩20,000 감소	₩40,000 감소
③	불변	₩30,000 감소	④	₩10,000 증가	₩40,000 감소

57 20×1년 초에 설립된 (주)한국은 사옥 건설을 위하여 현금 ₩95,000을 지급하고 건물(공정 가치 ₩10,000)이 있는 토지(공정가치 ₩90,000)를 구입하였다. 건물을 철거하면서 철거비 용 ₩16,000을 지불하였다. 20×1년 말과 20×2년 말 토지의 공정가치는 각각 ₩120,000 과 ₩85,000이고, 재평가모형을 적용하고 있다. 20×2년 포괄손익계산서에 당기비용으로 인식할 토지재평가손실은?

① ₩2,500

② ₩18,000

③ ₩21,000

④ ₩26,000

58 (주)대한은 20×1년 1월 2일에 토지를 ₩500,000에 취득하여 재평가모형을 적용하고 있다. 토지의 공정가치가 20×1년 말과 20×2년 말에 각각 ₩460,000과 ₩550,000일 때, 20×2년 말 토지 재평가 결과가 20×2년도 포괄손익계산서에 미치는 영향은?

	당기순이익	기타포괄이익
①	증가 ₩50,000	증가 ₩40,000
②	₩0	증가 ₩90,000
③	감소 ₩40,000	증가 ₩50,000
④	증가 ₩40,000	증가 ₩50,000

59 (주)한국은 20×3년 초 토지를 ₩1,500,000에 취득하고 매년 말 공정가치로 평가하는 재평 가모형을 적용한다. 또한 재평가잉여금을 자산의 처분시점에 이익잉여금으로 직접 대체하기 로 하였다. 동 토지의 매년 말 공정가치는 다음과 같다.

20×3년 말	20×4년 말
₩1,200,000	₩1,600,000

(주)한국이 20×5년 말에 동 토지를 ₩1,100,000에 처분했을 때 토지의 보유 및 처분과 관 련하여 다음의 설명 중 옳지 않은 것은?

① 20×3년 초부터 20×5년 말까지 이익잉여금이 총 ₩400,000 감소한다.

② 20×4년 당기순이익이 ₩200,000 증가한다.

③ 20×4년 기타포괄이익이 ₩100,000 증가한다.

④ 20×5년 유형자산처분손실이 ₩500,000 인식된다.

60 (주)한국은 20×1년 초 기계장치(내용연수 5년, 잔존가치 ₩0, 정액법 상각, 매년 말 재평가모형 적용)를 ₩50,000에 취득하여 사용하기 시작하였다. 20×1년 말 기계장치의 공정가치는 ₩45,000일 때, (주)한국이 20×1년 말 인식할 재평가잉여금은?

① ₩0   ② ₩5,000
③ ₩10,000   ④ ₩15,000

61 (주)한국은 20×1년 초에 본사건물을 ₩2,000,000에 취득(정액법 상각, 내용연수 5년, 잔존가치 없음)하여 사용하고 있으며, 매년 말 공정가치로 재평가한다. 한편 본사건물의 20×1년 말 공정가치는 ₩1,800,000이며, 20×2년 말 공정가치는 ₩1,050,000이다. 동 본사건물과 관련된 회계처리가 (주)한국의 20×2년도 당기순이익에 미치는 영향은? (단, 재평가잉여금 이익잉여금으로 대체하지 않는다.)

① ₩200,000 감소   ② ₩350,000 감소
③ ₩400,000 감소   ④ ₩550,000 감소

62 (주)서울은 20×1년 말 영업활동에 사용 중인 건물을 재평가하여 ₩40,000의 재평가이익이 발생하였다. 건물재평가가 20×1년 재무제표에 미치는 영향으로 옳은 것은? (단, 20×1년 초 자산재평가잉여금의 잔액은 없다.)

① 당기순이익이 ₩40,000 증가한다.
② 이익잉여금이 ₩40,000 증가한다.
③ 자본에는 영향을 미치지 않으며 총포괄손익이 ₩40,000 증가한다.
④ 기타포괄손익누계액이 ₩40,000 증가한다.

63 (주)한국은 20×1년 초 ₩100,000인 건물(내용연수 10년, 잔존가치 ₩0, 정액법 상각)을 취득하였다. (주)한국은 동 건물에 대하여 재평가모형을 적용하며, 20×1년 말과 20×2년 말 현재 건물의 공정가치는 각각 ₩99,000과 ₩75,000이다. 동 건물 관련 회계처리가 (주)한국의 20×2년도 당기순이익에 미치는 영향은? (단, 건물을 사용함에 따라 재평가잉여금의 일부를 이익잉여금으로 대체하지 않는다.)

① ₩11,000 감소   ② ₩15,000 감소
③ ₩20,000 감소   ④ ₩24,000 감소

64 (주)한국은 20×1년 1월 1일 본사사옥으로 사용할 목적으로 건물(취득원가 ₩1,000,000, 잔존가치 ₩200,000, 내용연수 5년, 정액법 상각)을 취득하였다. (주)한국은 건물에 대해 재평가모형을 적용하고 있으며, 자산의 총장부금액에서 감가상각누계액을 제거하는 방법으로 재평가 회계처리를 한다. 동 건물의 각 연도 말 공정가치는 다음과 같다.

20×1.12.31	20×2.12.31
₩700,000	₩800,000

동 건물과 관련된 회계처리가 (주)한국의 20×2년도 당기순이익에 미치는 영향은? (단, 재평가잉여금은 이익잉여금으로 대체하지 않는다.)

① ₩25,000 감소   ② ₩20,000 감소
③ ₩15,000 증가   ④ ₩35,000 증가

65 (주)한국은 20×1년 1월 1일 건물을 취득하고 재평가모형을 적용하고 있다. 건물과 관련된 자료는 다음과 같다.

- 취득원가 : ₩1,000,000
- 잔존가치 : ₩100,000
- 내용연수 : 5년
- 감가상각방법 : 정액법
- 연도 말 공정가치

20×1년 말	20×2년 말
₩900,000	₩600,000

(주)한국은 매 보고기간 말 재평가를 수행하며, 재평가잉여금은 이익잉여금으로 대체하는 방법은 선택하지 않고 있다고 할 때, 20×2년 당기손익으로 인식할 재평가손실은? (단, 감가상각은 월할 계산한다.)

① ₩20,000   ② ₩80,000
③ ₩100,000   ④ ₩220,000

66 (주)한국은 20×1년 1월 1일 소유하고 있는 장부금액 ₩1,000,000(공정가치 ₩900,000)인 기계장치를 (주)민국이 소유하고 있는 기계장치와 교환하면서 (주)민국의 기계장치와의 공정가치 차이 ₩100,000을 현금으로 수취하였다. 동 자산의 교환은 상업적 실질이 있다. (주)한국은 (주)민국과의 교환으로 취득하여 사용하고 있는 기계장치에 대해 내용연수 4년과 잔존가치 ₩0을 적용하여 정액법으로 상각하고 재평가모형(매년 말 평가)을 적용하고 있다. 재평가모형을 적용하여 장부금액을 조정할 때 기존의 감가상각누계액을 전부 제거하는 방법을 사용하며, 재평가잉여금을 이익잉여금으로 대체하지 않는다. 20×1년 말 공정가치가 ₩570,000이라고 할 때, 위 거래가 (주)한국의 20×1년 포괄손익계산서상 당기순이익에 미치는 영향은? (단, 감가상각은 월할 계산하며 감가상각비 중 자본화한 금액은 없다.)

① ₩100,000 감소   ② ₩200,000 감소

③ ₩230,000 감소   ④ ₩330,000 감소

67 (주)한국은 20×1년 1월 1일 미국에 있는 건물(취득원가 $5,000, 내용연수 5년, 잔존가치 $0, 정액법 상각)을 취득하였다. (주)한국은 건물에 대하여 재평가모형을 적용하고 있으며, 20×1년 12월 31일 현재 동 건물의 공정가치는 $6,000로 장부금액과의 차이는 중요하다. (주)한국의 기능통화는 원화이며, 20×1년 1월 1일과 20×1년 12월 31일의 환율은 각각 ₩1,800/$과 ₩1,500/$이고, 20×1년의 평균환율은 ₩1,650/$이다. (주)한국이 20×1년 말 재무상태표에 인식해야 할 건물에 대한 재평가잉여금은?

① ₩1,500,000   ② ₩1,650,000

③ ₩1,800,000   ④ ₩3,000,000

68 (주)한국은 수술용기계(취득원가가 ₩1,200,000이고 감가상각누계액은 ₩300,000)가 진부화되어 손상차손을 인식하려고 한다. 이 기계의 순공정가치는 ₩400,000이고 사용가치는 ₩500,000이다. (주)한국이 인식할 수술용기계의 손상차손은?

① ₩400,000   ② ₩500,000

③ ₩600,000   ④ ₩800,000

69 20×6년 1월 1일 (주)한국은 건물과 토지를 ₩2,000,000에 일괄구입하였다. 구입 당시 건물과 토지의 공정가치는 각각 ₩960,000과 ₩1,440,000이었다. 건물의 내용연수는 7년, 잔존가치는 ₩100,000으로 추정하였으며 정액법으로 감가상각한다. 20×6년 12월 31일 건물과 토지에 관한 순공정가치와 사용가치는 다음과 같으며 회수가능액과 장부금액의 차이는 중요하고 손상징후가 있다고 판단된다.

구분	순공정가치	사용가치
건물	₩600,000	₩670,000
토지	₩1,150,000	₩1,000,000

(주)한국이 20×6년도에 인식해야 할 손상차손은?

① ₩80,000   ② ₩130,000

③ ₩230,000   ④ ₩300,000

70 (주)한국은 20×1년 초에 기계장치(내용연수 5년, 잔존가치 ₩0)를 ₩200,000에 취득하여 정액법으로 감가상각하고 있다. 20×1년 말에 동 기계장치에 손상이 발생하였다. 20×1년 말 기계장치의 순공정가치와 사용가치가 다음과 같을 때 기계장치의 손상차손은? (단, 동 기계장치에 대해 원가모형을 적용하고 있다.)

순공정가치	사용가치
₩110,000	₩90,000

① ₩35,000   ② ₩40,000

③ ₩50,000   ④ ₩70,000

71 (주)한국은 자가사용할 목적으로 20×1년 초 건물을 취득했으며, 취득인식 후 측정은 원가모형을 적용하고 감가상각방법은 정액법을 사용한다. 아래 자료에 의하면, (주)한국이 20×2년도에 인식할 손상차손 또는 손상차손환입액은 얼마인가? (단, 내용연수와 잔존가치에 대한 추정은 변동 없다.)

- 취득원가 ₩500, 내용연수 5년, 잔존가치 ₩0
- 20×1년 말 해당 건물의 회수가능액 ₩200
- 20×2년 말 해당 건물의 회수가능액 ₩400

① 손상차손 ₩200   ② 손상차손 ₩300

③ 손상차손환입 ₩150   ④ 손상차손환입 ₩200

72 (주)한국은 20×1년 초 기계장치(취득원가 ₩50,000, 내용연수 4년, 잔존가치 ₩0)를 취득하여 연수합계법으로 감가상각하고 있다. (주)한국은 20×1년 말 동 자산에 손상징후가 존재하여 회수가능액을 추정하였다. 그 결과 기계장치의 처분공정가치는 ₩25,000, 처분부대원가는 ₩3,000, 그리고 사용가치는 ₩23,000으로 확인되었다. (주)한국이 원가모형을 채택할 때, 동 기계장치와 관련하여 20×1년도에 인식할 손상차손은?

① ₩4,000 ② ₩5,000

③ ₩6,000 ④ ₩7,000

73 (주)한국은 20×1년 초 영업에 사용할 목적으로 기계장치(내용연수 5년, 잔존가치 ₩0, 정액법 상각, 원가모형 적용)를 ₩30,000에 취득하여 사용하다가, 20×2년 중 동 기계장치에 심각한 손상이 발생하였다. 기계장치의 회수가능액은 20×2년 말 ₩15,000으로 추정되었다. (주)한국의 20×2년 말 기계장치와 관련된 회계처리가 당기순이익에 미치는 영향은?

① ₩3,000 감소 ② ₩5,000 감소

③ ₩6,000 감소 ④ ₩9,000 감소

74 (주)한국은 20×1년 1월 1일에 기계장치를 ₩1,000,000에 취득하였다. (잔존가치 ₩0, 내용연수 5년, 정액법 감가상각, 원가모형 적용) 20×3년 12월 31일에 동 기계장치의 순공정가치는 ₩300,000으로 하락하였으며, 사용가치는 ₩250,000으로 추정되어 손상을 인식하였다. 20×4년 12월 31일에 동 기계장치의 회수가능액이 ₩230,000으로 회복되고 손상차손환입 요건을 충족하는 경우 (주)한국이 계상할 손상차손환입액은?

① ₩30,000 ② ₩50,000

③ ₩75,000 ④ ₩80,000

75 (주)한국은 보유 중인 유형자산에 대해 원가모형을 적용하고 있다. 20×1년 초 ₩100,000 에 취득한 건물에 대해서 정액법(내용연수 10년, 잔존가치 ₩0)으로 감가상각하고 있다. 이 건물의 사용가치, 공정가치, 처분부대원가에 관한 자료가 다음과 같을 때, 건물에 대한 20×2년 감가상각비와 20×2년 말 장부금액은 각각 얼마인가?

구분	사용가치	공정가치	처분부대원가
20×1년 말	₩81,000	₩85,000	₩10,000
20×2년 말	₩64,000	₩75,000	₩3,000

	감가상각비	장부금액
①	₩10,000	₩72,000
②	₩10,000	₩80,000
③	₩9,000	₩64,000
④	₩9,000	₩72,000

76 (주)한국은 20×1년 1월 1일 사용목적으로 건물(취득원가 ₩2,000,000, 내용연수 10년, 잔존가치 ₩400,000, 정액법 감가상각)을 취득하고 원가모형을 적용하고 있다. 20×2년 말과 20×4년 말 동 건물의 순공정가치와 사용가치가 다음과 같을 때, 20×4년도 손상차손환입액은?

구분	20×2년 말	20×4년 말
순공정가치	₩1,200,000	₩1,500,000
사용가치	₩1,400,000	₩1,300,000

① ₩200,000 ② ₩210,000
③ ₩300,000 ④ ₩350,000

77 (주)한국은 20×1년 초 기계장치를 ₩100,000에 취득하고 재평가모형을 적용하기로 하였다. 기계장치의 내용연수는 5년, 잔존가치는 ₩0이며 정액법으로 감가상각한다. 다음은 연도별 기계장치의 공정가치와 회수가능액이다.

구분	20×1년 말	20×2년 말
공정가치	₩88,000	₩60,000
회수가능액	₩90,000	₩48,000

(주)한국은 20×2년 말에 기계장치에 대해서 손상이 발생하였다고 판단하였다. 기계장치와 관련하여 20×2년도 포괄손익계산서상 당기순이익과 기타포괄이익에 미치는 영향은 각각 얼마인가? (단, 기계장치를 사용함에 따라 재평가잉여금의 일부를 이익잉여금으로 대체하지 않는다.)

	당기순이익에 미치는 영향	기타포괄이익에 미치는 영향
①	₩10,000 감소	₩2,000 증가
②	₩10,000 감소	₩8,000 감소
③	₩32,000 감소	₩2,000 감소
④	₩32,000 감소	₩8,000 감소

78 (주)한국은 20×1년 1월 1일 기계장치를 ₩2,000,000에 구입하여 원가모형을 적용하기로 하였다. 이 기계장치의 내용연수는 5년이고 잔존 가치는 ₩200,000으로 추정되며 월할기준을 적용하여 정액법으로 감가상각한다. (주)한국이 20×3년 6월 30일에 동 자산을 ₩800,000에 매각할 경우 유형자산처분손익은?

① 유형자산처분이익 ₩100,000
② 유형자산처분손실 ₩100,000
③ 유형자산처분손실 ₩200,000
④ 유형자산처분손실 ₩300,000

79 (주)한국은 20×1년 1월 1일에 업무용 차량을 구입하였다(취득원가 ₩21,000, 잔존가치 ₩1,000, 내용연수 5년, 정액법 상각). (주)한국은 동 차량을 20×2년 12월 31일 ₩11,000에 처분하였다. 처분 시 유형자산처분손익은? (단, 원가모형을 적용한다.)

① 처분손실 ₩1,000 　　　　　② 처분손실 ₩2,000
③ 처분이익 ₩1,000 　　　　　④ 처분이익 ₩2,000

80 (주)대한은 20×1년 1월 1일 유형자산(취득원가 ₩10,000, 내용연수 4년, 잔존가치 ₩0)을 취득하고 이를 연수합계법으로 상각해 왔다. 그 후 20×2년 12월 31일 동 자산을 ₩4,000에 처분하였다. 동 유형자산의 감가상각비와 처분손익이 20×2년 당기순이익에 미치는 영향의 합계는?

① ₩4,000 감소 　　　　　② ₩3,000 감소
③ ₩2,000 감소 　　　　　④ ₩1,000 감소

81 (주)한국은 20×1년 초 건물을 ₩480,000에 취득(정액법 상각, 내용연수 4년, 잔존가치 없음)하여 사용하던 중 20×4년 9월 말 ₩130,000에 처분하였다. (주)한국은 20×3년 초에 동 건물의 내용연수에 대한 추정을 변경하여 내용연수를 당초보다 1년 연장하였으나, 감가상각방법과 잔존가치에 대한 변경은 없었다. (주)한국이 20×4년 9월 말 상기 건물의 처분시점에 인식할 유형자산처분이익은? (단, 감가상각비는 월할 계산한다.)

① ₩18,000 　　　　　② ₩24,000
③ ₩30,000 　　　　　④ ₩50,000

82 (주)한국은 20×1년 7월 1일 기계장치(내용연수 5년, 잔존가치 ₩200,000)를 ₩2,000,000에 취득하여 연수합계법으로 상각하였다. (주)한국은 20×3년 1월 1일 감가상각방법을 정액법으로 변경하였으며, 잔존가치는 ₩0, 잔여내용연수는 4년으로 추정하였다. 이러한 변경은 모두 정당한 회계변경이다. 20×4년 1월 1일 (주)한국이 기계장치를 ₩1,000,000에 처분할 경우 인식할 손익은?

① 처분이익 ₩100,000 　　　　　② 처분이익 ₩130,000
③ 처분이익 ₩200,000 　　　　　④ 처분손실 ₩120,000

83 (주)한국은 20×1년 7월 1일 공장 내 기계장치를 ₩2,000,000에 취득하였다. 동 기계장치의 감가상각 및 처분과 관련한 내용은 다음과 같다. 유형자산처분손익은? (단, 기계장치는 원가모형을 적용하고, 감가상각비는 월할 계산한다.)

- 감가상각 : 내용연수 4년, 잔존가치 ₩200,000, 연수합계법 적용
- 처 분 일 : 20×2년 12월 31일
- 처분금액 : ₩1,000,000

① ₩10,000 손실　　　　　　　　② ₩80,000 손실
③ ₩100,000 이익　　　　　　　　④ ₩190,000 이익

84 (주)한국은 20×1년 초 기계장치(취득원가 ₩1,000,000, 내용연수 5년, 잔존가치 ₩0, 정액법 상각)를 취득하여 원가모형을 적용하고 있다. 20×2년 초 (주)한국은 동 기계장치에 대해 자산인식기준을 충족하는 후속원가 ₩325,000을 지출하였다. 이로 인해 내용연수가 2년 연장(20×2년 초 기준 잔존내용연수 6년)되고 잔존가치는 ₩75,000 증가할 것으로 추정하였으며, 감가상각방법은 이중체감법(상각률은 정액법 상각률의 2배)으로 변경하였다. (주)한국은 동 기계장치를 20×3년 초 현금을 받고 처분하였으며, 처분이익은 ₩10,000이다. 기계장치 처분 시 수취한 현금은?

① ₩610,000　　　　　　　　② ₩628,750
③ ₩760,000　　　　　　　　④ ₩785,000

85 (주)한국은 20×1년 1월 1일에 기계장치(취득원가 ₩1,000,000, 잔존가치 ₩0, 내용연수 4년, 정액법으로 감가상각)를 취득하여 원가모형을 적용하고 있다. 20×3년 1월 1일에 (주)한국은 동 기계장치에 대하여 자산인식기준을 충족하는 후속원가 ₩500,000을 지출하였다. 이로 인해 내용연수가 2년 연장되고 잔존가치는 ₩100,000 증가할 것으로 추정하였으며, 감가상각방법은 연수합계법으로 변경하였다. (주)한국은 동 기계장치를 20×4년 1월 1일에 현금을 수령하고 처분하였으며, 처분손실은 ₩60,000이다. 기계장치 처분 시 수령한 현금은 얼마인가?

① ₩190,000　　　　　　　　② ₩480,000
③ ₩540,000　　　　　　　　④ ₩580,000

86 차입원가의 회계처리와 관련하여 적격자산에 관한 설명으로 옳지 않은 것은?

① 적격자산의 취득, 건설 또는 생산과 직접 관련된 차입원가는 당해 적격자산과 관련된 지출이 발생하지 아니하였다면 부담하지 않았을 차입원가이다.

② 금융자산과 단기간 내에 제조되거나 다른 방법으로 생산되는 재고자산은 적격자산에 해당하지 아니한다.

③ 적격자산을 의도된 용도로 사용(또는 판매) 가능하게 하는 데 필요한 활동은 당해 자산의 물리적인 제작뿐만 아니라 그 이전단계에서 이루어진 기술 및 관리상의 활동도 포함한다.

④ 적격자산을 취득하기 위한 목적으로 특정하여 차입한 자금에 한하여, 회계기간 동안 그 차입금으로부터 실제 발생한 차입원가에서 당해 차입금의 일시적 운용에서 생긴 투자수익을 가산한 금액을 자본화가능차입원가로 결정한다.

87 20×1년 초 (주)여행은 여객용으로 사용하기 위하여 중고화물용 항공기를 ₩700에 구입하고, 그중 일부는 현금으로 지급하였다. 여객용으로의 교체는 20×1년 말 완료되었고, 20×2년 초부터 운항에 사용되었다. 다음 자료를 이용하여 아래 물음에 답하시오.

• 취득 및 등록세	₩50
• 여객용으로의 교체 원가	₩100
• 해당 항공기 관련 평균지출액	₩400(20×1년 초 지출한 특정차입금 ₩100 포함)
• 총차입금	₩800(특정차입금 ₩100 포함)
• 특정차입금 이자율	연 20%
• 차입원가 계산을 위한 일반차입금의 자본화이자율	연 10%

모든 차입금의 차입일은 자본화 개시시점인 20×1년 초이며, 만기는 1년 이상(이자는 연말 지급조건)이나. 20×1년 말 항공기의 장부금액은 얼마인가? (단, 특정차입금은 석격자산인 해당 항공기를 취득하기 위한 목적으로 특정하여 차입한 자금을 의미하며, 차입금의 운용으로 인한 수익은 없다고 가정한다.)

① ₩700   ② ₩800

③ ₩900   ④ ₩940

88 (주)강남은 사옥을 건설하기 위하여 20×2년 1월 1일에 (주)대한과 건설계약을 체결하였다. (주)강남의 사옥은 20×3년 6월 30일에 준공될 예정이고, (주)강남은 사옥건설을 위해 다음과 같이 지출하였다.

일자	20×2.1.1	20×2.7.1	20×2.10.1	20×3.1.1
금액	₩50,000	₩50,000	₩60,000	₩70,000

(주)강남의 차입금은 다음과 같다.

차입금	차입일	차입금액	상환일	이자율	이자지급조건
K은행	20×2.1.1	₩50,000	20×3.6.30	12%	단리/매년말지급
A은행	20×1.1.1	₩30,000	20×3.6.30	10%	단리/매년말지급
B은행	20×1.1.1	₩50,000	20×4.12.31	12%	단리/매년말지급

이들 차입금 중 K은행에서의 차입금은 (주)강남의 사옥건설을 위한 특정차입금이며, A은행 차입금과 B은행 차입금은 일반차입금이다. (주)강남의 건설 중인 사옥은 차입원가 자본화의 적격자산에 해당된다. 이에 대하여 (주)강남이 20×2년 자본화할 차입원가의 금액은?

① ₩4,500
② ₩6,000
③ ₩9,000
④ ₩10,500

89 20×1년 1월 1일에 (주)서울은 (주)한국과 총 공사도급금액 ₩200,000의 건물 신축 계약을 체결하고 20×1년 1월 1일에 ₩100,000, 9월 1일에 ₩30,000, 그리고 20×2년 7월 1일에 ₩70,000을 지출하였다. 동 건물은 20×2년 9월 30일에 완공되었으며, 차입원가 자본화의 적격자산에 해당한다. (주)서울의 차입금 내역은 다음과 같다. 이 중 A차입금만 동 건물의 건설을 위한 특정차입금이며, 나머지는 일반목적으로 차입된 것이다. 이자는 매년 말 혹은 상환일에 지급한다면 20×1년도에 자본화해야 할 차입원가는 얼마인가? (단, 차입원가 자본화는 월할 계산에 의한다.)

차입금	A(특정차입금)	B(일반차입금)	C(일반차입금)
	₩30,000	₩50,000	₩100,000
차입일	20×1년 1월 1일	20×0년 12월 31일	20×1년 7월 1일
상환일	20×2년 9월 30일	20×2년 12월 31일	20×3년 6월 30일
이자율	연 9%	연 10%	연 6%

① ₩5,800
② ₩6,400
③ ₩8,800
④ ₩9,100

90 (주)한국은 20×1년 초 공장건물을 신축하기 시작하여 20×1년 말에 완공하였다. 다음은 공장건물의 신축을 위한 (주)한국의 지출액과 특정차입금 및 일반차입금에 대한 자료이다.

구분	연평균금액	이자비용
공장건물에 대한 지출액	₩320,000	
특정차입금	₩160,000	₩18,400
일반차입금	₩100,000	₩12,000

20×1년 공장건물과 관련하여 자본화할 차입원가는? (단, 이자비용은 20×1년 중에 발생한 금액이며, 공장건물은 차입원가를 자본화하는 적격자산에 해당된다.)

① ₩12,000 ② ₩18,400
③ ₩30,400 ④ ₩31,200

91 (주)한국은 20×1년 1월 1일 공장 신축을 위하여 (주)민국건설과 건설계약을 체결하였으며, 건설기간은 20×1년 1월 1일부터 20×3년 6월 30일까지이다. (주)한국은 동 공장 신축과 관련하여 20×1년 1월 1일에 ₩6,000,000을 지출하였다. (주)한국이 일반적인 목적으로 자금을 차입하여 동 공장 신축에 사용하는 일반차입금과 관련된 내역은 다음과 같다.

차입금액	차입일	상환일	연 이자율 및 이자지급조건
₩5,000,000	20×0년 1월 1일	20×2년 12월 31일	10%, 매년 말 지급

한편 (주)한국은 20×1년 1월 1일 금융기관으로부터 동 공장 신축을 위한 목적으로 특정하여 3년 만기 조건(연 이자율 10%, 매년 말 지급)의 자금을 차입(특정차입금)하고 동 일자에 동 공장 신축에 전액 지출하였다. (주)한국이 20×1년도에 일반차입금과 관련하여 자본화한 차입원가가 ₩400,000이라면, (주)한국이 20×1년 1월 1일에 금융기관으로부터 차입한 특정차입금은?

① ₩2,000,000 ② ₩1,800,000
③ ₩1,600,000 ④ ₩1,200,000

CHAPTER 07 ≡ 무형자산

정답 및 해설 p. 402

01 무형자산의 설명으로 옳은 것은?

① 내부적으로 창출된 영업권은 자산으로 인식할 수 있다.

② 무형자산은 해당 자산의 법률적 취득시점부터 합리적 기간 동안 상각한다.

③ 물리적 형체가 없다는 점에서 유형자산과 다르며 손상차손의 대상은 아니다.

④ 최초에 비용으로 인식한 무형항목에 대한 지출은 그 이후에 무형자산의 원가로 인식할
   수 없다.

02 무형자산에 관한 설명으로 옳지 않은 것은?

① 무형자산을 최초로 인식할 때에는 공정가치로 측정한다.

② 최초에 비용으로 인식한 무형자산에 대한 지출은 그 이후에 무형자산의 원가로 인식할
   수 없다.

③ 자산에서 발생하는 미래경제적효익이 기업에 유입될 가능성이 높고 자산의 원가를 신뢰
   성 있게 측정할 수 있을 때에만 무형자산을 인식한다.

④ 자산을 사용가능한 상태로 만드는 데 직접적으로 발생하는 종업원 급여와 같은 직접 관련
   되는 원가는 무형자산의 원가에 포함한다.

03 무형자산의 인식 및 측정에 관한 설명으로 옳은 것은?

① 개별 취득하는 무형자산은 자산에서 발생하는 미래경제적효익이 기업에 유입될 가능성
   이 높다는 발생가능성 인식기준을 항상 충족하는 것으로 본다.

② 새로운 지역에서 또는 새로운 계층의 고객을 대상으로 사업을 수행하는 데서 발생하는
   원가는 무형자산 원가에 포함한다.

③ 내부적으로 창출한 브랜드, 제호, 출판표제, 고객목록은 개발하는 데 발생한 원가를 전
   체 사업과 구별할 수 없더라도 무형자산으로 인식한다.

④ 무형자산에 대한 대금지급기간이 일반적인 신용기간보다 긴 경우 무형자산의 원가는 실
   제 총지급액이 된다.

04 무형자산과 관련된 다음의 설명 중 옳지 않은 것은?

① 무형자산을 최초로 인식할 때에는 원가로 측정한다.

② 최초에 비용으로 인식한 무형자산에 대한 지출은 그 이후에 무형자산의 인식요건을 만족하게 된 경우에 한하여 무형자산의 원가로 다시 인식할 수 있다.

③ 무형자산을 창출하기 위한 내부 프로젝트를 연구단계와 개발단계로 구분할 수 없는 경우에는 그 프로젝트에서 발생한 지출은 모두 연구단계에서 발생한 것으로 본다.

④ 내부적으로 창출한 브랜드, 제호, 출판표제, 고객목록과 이와 실질이 유사한 항목은 무형자산으로 인식하지 않는다.

05 다음 중 개발활동과 관련된 지출에 해당하는 것은?

① 생산이나 사용 전의 시제품과 모형을 설계, 제작 및 시험하는 활동과 관련된 지출

② 새롭거나 개선된 재료, 장치, 제품, 공정, 시스템, 용역 등에 대한 여러 가지 대체안을 제안, 설계, 평가하는 활동과 관련된 지출

③ 새로운 지식을 얻고자 하는 활동과 관련된 지출

④ 재료, 장치, 제품, 공정, 시스템, 용역 등에 대한 여러 가지 대체안을 탐색하는 활동과 관련된 지출

06 무형자산에 관한 설명으로 옳지 않은 것은?

① 내용연수가 비한정인 무형자산은 상각하지 아니한다.

② 내용연수가 유한한 무형자산의 상각대상금액은 내용연수 동안 체계적인 방법으로 배분하여야 한다.

③ 개별 취득하는 무형자산과 사업결합으로 취득하는 무형자산은 인식조건 중 미래경제적 효익의 유입가능성은 항상 충족되는 것으로 본다.

④ 최초에 비용으로 인식한 무형항목에 대한 지출은 그 이후에 기업의 회계정책변경의 경우에 한하여 무형자산의 원가로 인식할 수 있다.

07 (주)대한의 당기 신기술 개발프로젝트와 관련하여 발생한 지출은 다음과 같다.

구분	연구단계	개발단계	기타
원재료사용액	₩100	₩200	
연구원급여	₩200	₩400	
자문료			₩300

연구단계와 개발단계로 구분이 곤란한 항목은 기타로 구분하였으며, 개발단계에서 발생한 지출은 무형자산의 인식조건을 충족한다. 동 지출과 관련하여 당기에 비용으로 인식할 금액과 무형자산으로 인식할 금액은? (단, 무형자산의 상각은 고려하지 않는다.)

	비용	무형자산		비용	무형자산
①	₩300	₩600	②	₩400	₩800
③	₩450	₩750	④	₩600	₩600

08 다음은 (주)한국의 20×1년 연구 및 개발활동의 지출에 관한 자료이다. (주)한국이 20×1년에 연구활동으로 분류해야 하는 금액은?

- 새로운 지식을 얻고자 하는 활동 : ₩100,000
- 연구결과나 기타 지식을 최종 선택하는 활동 : ₩200,000
- 생산이나 사용 전의 시제품과 모형을 제작하는 활동 : ₩350,000
- 상업적 생산 목적으로 실현가능한 경제적 규모가 아닌 시험공장을 건설하는 활동 : ₩400,000

① ₩300,000 ② ₩450,000
③ ₩500,000 ④ ₩550,000

09 무형자산에 관한 설명으로 옳지 않은 것은?
① 내용연수가 비한정인 무형자산은 상각하지 아니한다.
② 무형자산은 미래에 경제적 효익이 기업에 유입될 가능성이 높고 원가를 신뢰성 있게 측정가능할 때 인식한다.
③ 무형자산의 손상차손은 장부금액이 회수가능액을 초과하는 경우 인식하며, 회수가능액은 순공정가치와 사용가치 중 큰 금액으로 한다.
④ 무형자산의 내용연수는 경제적 내용연수와 법적 내용연수 중 긴 기간으로 한다.

10 무형자산의 회계처리에 관한 설명으로 옳지 않은 것은?

① 사업결합 과정에서 피취득자가 진행하고 있는 연구·개발 프로젝트가 무형자산의 정의를 충족한다면 사업결합 전에 그 자산을 피취득자가 인식하였는지 여부에 관계없이, 취득자는 취득일에 피취득자의 무형자산을 영업권과 분리하여 인식한다.

② 무형자산의 인식기준을 충족하지 못하여 비용으로 인식한 지출은 그 이후에 무형자산의 원가로 인식할 수 없다.

③ 내용연수가 비한정인 무형자산을 유한 내용연수로 재평가하는 것은 그 자산의 손상을 시사하는 징후에 해당하지 않으므로 손상차손을 인식하지 않는다.

④ 상각하지 않는 무형자산에 대하여 사건과 상황이 그 자산의 내용연수가 비한정이라는 평가를 계속하여 정당화하는지를 매 회계기간에 검토하며, 사건과 상황이 그러한 평가를 정당화하지 않는 경우에 비한정 내용연수를 유한 내용연수로 변경하는 것은 회계추정의 변경으로 회계처리한다.

11 무형자산의 회계처리로 옳은 것은?

① 무형자산에 대한 손상차손은 인식하지 않는다.
② 내용연수가 한정인 무형자산은 상각하지 않는다.
③ 무형자산의 잔존가치는 영(0)이 아닌 경우가 있다.
④ 무형자산은 유형자산과 달리 재평가모형을 선택할 수 없으며 원가모형을 적용한다.

12 무형자산의 상각 및 손상회계에 관한 설명으로 옳지 않은 것은?

① 내용연수가 비한정인 무형자산의 내용연수를 유한으로 변경하는 것은 회계추정의 변경으로 회계처리한다.

② 내용연수가 비한정인 무형자산은 상각하지 아니하며, 자산손상을 시사하는 징후가 있을 때에 한하여 손상검사를 수행한다.

③ 내용연수가 유한한 무형자산의 상각은 자산이 사용가능한 때부터 시작하며, 상각기간과 상각방법은 적어도 매 회계연도 말에 검토한다.

④ 무형자산의 잔존가치는 해당 자산의 장부금액과 같거나 큰 금액으로 증가할 수도 있다.

13 무형자산의 회계처리에 관한 설명으로 옳은 것을 모두 고른 것은?

ㄱ. 내용연수가 비한정적인 무형자산은 상각하지 않고, 무형자산의 손상을 시사하는 징후가 있을 경우에 한하여 손상검사를 수행해야 한다.

ㄴ. 무형자산을 창출하기 위한 내부 프로젝트를 연구단계와 개발단계로 구분할 수 없는 경우에는 그 프로젝트에서 발생한 지출은 모두 연구단계에서 발생한 것으로 본다.

ㄷ. 브랜드, 제호, 출판표제, 고객목록 및 이와 실질이 유사한 항목은 그것을 외부에서 창출하였는지 또는 내부적으로 창출하였는지에 관계없이 취득이나 완성 후의 지출은 발생시점에 무형자산의 원가로 인식한다.

ㄹ. 내용연수가 유한한 무형자산의 잔존가치는 적어도 매 회계연도 말에는 검토하고, 잔존가치의 변동은 회계추정의 변경으로 처리한다.

ㅁ. 무형자산은 처분하는 때 또는 사용이나 처분으로부터 미래경제적효익이 기대되지 않을 때 재무상태표에서 제거한다.

① ㄱ, ㄴ, ㄷ   ② ㄱ, ㄷ, ㄹ
③ ㄴ, ㄷ, ㅁ   ④ ㄴ, ㄹ, ㅁ

14 자산에 대한 다음 설명 중 옳은 것을 모두 고른 것은?

ㄱ. 특정 유형자산을 재평가할 때, 해당 자산이 포함되는 유형자산 분류 전체를 재평가한다.

ㄴ. 자가사용부동산을 공정가치로 평가하는 투자부동산으로 대체하는 시점까지 그 부동산을 감가상각하고, 발생한 손상차손을 인식한다.

ㄷ. 무형자산으로 인식되기 위해서는 식별가능성, 자원에 대한 통제 및 미래경제적효익의 존재 중 최소 하나 이상의 조건을 충족하여야 한다.

ㄹ. 무형자산을 창출하기 위한 내부 프로젝트를 연구단계와 개발단계로 구분할 수 없는 경우에는 그 프로젝트에서 발생한 지출은 모두 개발단계에서 발생한 것으로 본다.

① ㄱ, ㄴ   ② ㄱ, ㄷ
③ ㄴ, ㄹ   ④ ㄷ, ㄹ

15 (주)한국은 현금 ₩100,000을 이전대가로 지급하고 (주)대한을 합병하였다. 합병일 현재 (주)대한의 식별가능한 자산과 부채의 공정가치가 다음과 같을 때, (주)한국이 인식할 영업권은?

• 매출채권	₩50,000	• 차량운반구	₩40,000
• 토지	₩100,000	• 비유동부채	₩90,000
• 매입채무	₩30,000		

① ₩30,000
③ ₩70,000

② ₩50,000
④ ₩90,000

16 (주)한국은 (주)민국을 인수하면서 (주)민국의 발행주식 중 50%를 ₩3,000에 매입하였다. (주)민국에 관한 재무정보와 실사결과가 다음과 같다면 (주)한국이 인식할 영업권은 얼마인가?

- 자산의 장부금액 ₩7,000(공정가치 ₩6,000)
- 부채의 장부금액 ₩3,000(공정가치 ₩4,000)
- 자본금 ₩1,000
- 자본잉여금 ₩1,000
- 이익잉여금 ₩2,000

① (−)₩1,000
③ ₩1,500

② ₩1,000
④ ₩2,000

17 (주)한국은 (주)대한을 합병하고 합병대가로 ₩30,000,000의 현금을 지급하였다. 합병 시점 (주)한국의 재무상태표상 자산총액은 ₩20,000,000이고 부채총액은 ₩11,000,000이다. (주)한국의 재무상태표상 장부금액은 토지를 제외하고는 공정가치와 같다. 토지는 장부상 ₩10,000,000으로 기록되어 있으나, 합병 시점에 공정가치는 ₩18,000,000인 것으로 평가되었다. 이 합병으로 (주)한국이 인식할 영업권은?

① ₩9,000,000
③ ₩13,000,000

② ₩10,000,000
④ ₩21,000,000

18 20×1년 초 (주)한국은 (주)대한의 주주들에게 현금 ₩700,000을 지급하고 (주)대한을 흡수 합병하였다. 합병 당시 (주)대한의 자산과 부채의 장부금액과 공정가치는 다음과 같다.

구분	장부금액	공정가치
자산	₩3,000,000	₩3,200,000
부채	₩2,700,000	₩2,800,000

한편, 합병일 현재 (주)한국은 (주)대한이 자산으로 인식하지 않았으나, 자산의 정의를 충족 하고 식별가능한 진행 중인 연구개발프로젝트를 확인하였다. 또한, 해당 프로젝트의 공정가 치를 ₩50,000으로 신뢰성 있게 측정하였다. 20×1년 초 (주)한국이 합병 시 인식할 영업권은?

① ₩250,000
② ₩300,000
③ ₩350,000
④ ₩400,000

19 (주)한국은 20×1년 7월 1일 특허권을 ₩960,000(내용연수 4년, 잔존가치 ₩0)에 취득하여 사용하고 있다. 특허권의 경제적 효익이 소비될 것으로 예상되는 형태를 신뢰성 있게 결정할 수 없을 경우, 20×1년도에 특허권에 대한 상각비로 인식할 금액은? (단, 특허권은 월할 상 각한다.)

① ₩0
② ₩120,000
③ ₩125,000
④ ₩240,000

20 (주)한국은 신약개발을 위해 20×1년 중에 연구활동관련 ₩500,000, 개발활동관련 ₩800,000 을 지출하였다. 개발활동에 소요된 ₩800,000 중 ₩300,000은 20×1년 3월 1일부터 동년 9월 30일까지 지출되었으며 나머지 금액은 10월 1일 이후에 지출되었다. (주)한국의 개발활 동이 무형자산 인식기준을 충족한 것은 20×1년 10월 1일부터이며, (주)한국은 20×2년 초 부터 20×2년 말까지 ₩400,000을 추가 지출하고 신약개발을 완료하였다. 무형자산으로 인식한 개발비는 20×3년 1월 1일부터 사용이 가능하며, 내용연수 4년, 잔존가치 ₩0, 정액 법으로 상각하고, 원가모형을 적용한다. (주)한국의 20×3년 개발비 상각액은?

① ₩225,000
② ₩250,000
③ ₩300,000
④ ₩325,000

21 (주)한국은 20×1년 중 연구개발비를 다음과 같이 지출하였다.

지출시기	구분	금액	비고
1월 초 ~ 6월 말	연구단계	₩50,000	
7월 초 ~ 9월 말	개발단계	₩100,000	자산인식 요건 미충족함
10월 초 ~ 12월 말	개발단계	₩50,000	자산인식 요건 충족함

(주)한국은 20×2년 말까지 ₩100,000을 추가 지출하고 개발을 완료하였다. 무형자산으로 인식한 개발비(내용연수 10년, 잔존가치 ₩0, 정액법 상각)는 20×3년 1월 1일부터 사용이 가능하며, 원가모형을 적용한다. 20×3년 말 현재 개발비가 손상징후를 보였으며 회수가능액은 ₩80,000이다. 20×3년 인식할 개발비 손상차손은?

① ₩50,000 ② ₩50,500
③ ₩53,750 ④ ₩55,000

22 (주)한국은 20×1년 1월 1일에 무형자산인 산업재산권(내용연수 5년, 잔존가치 ₩0, 정액법 상각)을 ₩100,000에 취득하고 사용을 시작하였다. (주)한국은 산업재산권에 대하여 매 회계연도 말 공정가치로 재평가한다. 20×1년도 말과 20×2년도 말 산업재산권의 공정가치는 각각 ₩88,000과 ₩52,800이다. 산업재산권과 관련하여 20×2년도 당기손익에 반영할 재평가손실은?

① ₩2,600 ② ₩3,400
③ ₩5,200 ④ ₩7,200

정답 및 해설 p. 404

01 투자부동산에 관한 설명으로 옳지 않은 것은?

① 투자부동산은 임대수익이나 시세차익을 얻기 위하여 보유하는 부동산을 말한다.
② 본사 사옥으로 사용하고 있는 건물은 투자부동산이 아니다.
③ 최초 인식 후 예외적인 경우를 제외하고 원가모형과 공정가치모형 중 하나를 선택하여 모든 투자부동산에 적용한다.
④ 투자부동산에 대해 공정가치모형을 적용할 경우 공정가치 변동으로 발생하는 손익은 발생한 기간의 기타포괄손익에 반영한다.

02 투자부동산에 해당되는 항목을 모두 고른 것은?

> ㄱ. 장래 사용목적을 결정하지 못한 채로 보유하고 있는 토지
> ㄴ. 직접 소유(또는 금융리스를 통해 보유)하고 운용리스로 제공하고 있는 건물
> ㄷ. 제3자를 위하여 건설 또는 개발 중인 부동산
> ㄹ. 자가사용부동산
> ㅁ. 처분예정인 자가사용부동산
> ㅂ. 금융리스로 제공한 부동산
> ㅅ. 운용리스로 제공하기 위하여 보유하고 있는 미사용 건물
> ㅇ. 미래에 투자부동산으로 사용하기 위하여 건설 또는 개발 중인 부동산

① ㄱ, ㄴ, ㄹ
② ㄱ, ㄴ, ㅅ, ㅇ
③ ㄱ, ㄷ, ㅁ, ㅂ
④ ㄴ, ㄷ, ㅂ, ㅇ

03 다음 중 투자부동산에 해당되지 않는 것은?

① 운용리스로 제공하기 위하여 보유하고 있는 미사용 건물
② 장기 시세차익을 얻기 위하여 보유하고 있는 토지
③ 직접 소유하고 운용리스로 제공하고 있는 건물
④ 처분예정인 자가사용부동산

04 투자부동산에 해당하는 것을 모두 고른 것은?

> ㄱ. 통상적인 영업과정에서 판매목적이 아닌, 장기 시세차익을 얻기 위하여 보유하고 있는 토지
> ㄴ. 미래에 자가사용하기 위한 토지
> ㄷ. 장래 용도를 결정하지 못한 채로 보유하고 있는 토지
> ㄹ. 금융리스로 제공한 토지

① ㄱ, ㄴ   ② ㄱ, ㄷ
③ ㄴ, ㄷ, ㄹ   ④ ㄱ, ㄷ, ㄹ

05 투자부동산에 관한 설명으로 옳지 않은 것은?

① 미래에 투자부동산으로 사용하기 위하여 건설 또는 개발 중인 부동산은 투자부동산에 해당한다.
② 소유 투자부동산은 최초 인식시점에 원가로 측정하며, 거래원가는 최초 측정치에 포함한다.
③ 통상적인 영업과정에서 판매하기 위한 부동산이나 이를 위하여 건설 또는 개발 중인 부동산은 투자부동산에 해당하지 않는다.
④ 투자부동산을 개발하지 않고 처분하기로 결정하는 경우에는 재고자산으로 재분류한다.

06 투자부동산의 회계처리에 관한 설명으로 옳지 않은 것은?

① 부동산 중 일부는 시세차익을 얻기 위하여 보유하고, 일부분은 재화의 생산에 사용하기 위하여 보유하고 있으나, 이를 부분별로 나누어 매각할 수 없다면, 재화의 생산에 사용하기 위하여 보유하는 부분이 중요하다고 하더라도 전체 부동산을 투자부동산으로 분류한다.
② 금융리스를 통해 보유하게 된 건물을 운용리스로 제공하고 있다면 해당 건물은 투자부동산으로 분류한다.
③ 사무실 건물의 소유자가 그 건물을 사용하는 리스이용자에게 경미한 보안과 관리용역을 제공하는 경우 해당 부동산은 투자부동산으로 분류한다.
④ 지배기업이 보유하고 있는 건물을 종속기업에게 리스하여 종속기업의 본사 건물로 사용하는 경우 그 건물은 지배기업의 연결재무제표상에서 투자부동산으로 분류할 수 없다.

07 투자부동산의 분류에 관한 설명으로 옳은 것은?

① 통상적인 영업과정에서 가까운 장래에 개발하여 판매하기 위해 취득한 부동산은 투자부동산으로 분류한다.

② 토지를 자가사용할지 통상적인 영업과정에서 단기간에 판매할지를 결정하지 못한 경우 자가사용부동산으로 분류한다.

③ 호텔을 소유하고 직접 경영하는 경우 투숙객에게 제공하는 용역이 전체 계약에서 유의적인 비중을 차지하므로 투자부동산으로 분류한다.

④ 지배기업 또는 다른 종속기업에게 부동산을 리스하는 경우 당해 부동산을 연결재무제표에 투자부동산으로 분류할 수 없고 자가사용부동산으로 분류한다.

08 기업회계기준서 제1040호 '투자부동산'에 대한 다음 설명 중 옳지 않은 것은?

① 소유 투자부동산은 최초 인식시점에 원가로 측정하며, 거래원가는 최초 측정치에 포함한다.

② 계획된 사용수준에 도달하기 전에 발생하는 부동산의 운영 손실은 투자부동산의 원가에 포함한다.

③ 투자부동산을 후불조건으로 취득하는 경우의 원가는 취득시점의 현금가격상당액으로 하고, 현금가격상당액과 실제 총지급액의 차액은 신용기간 동안의 이자비용으로 인식한다.

④ 투자부동산을 공정가치로 측정해 온 경우라면 비교할만한 시장의 거래가 줄어들거나 시장가격 정보를 쉽게 얻을 수 없게 되더라도, 당해 부동산을 처분할 때까지 또는 자가사용부동산으로 대체하거나 통상적인 영업과정에서 판매하기 위하여 개발을 시작하기 전까지는 계속하여 공정가치로 측정한다.

09 (주)한국은 20×1년 초 건물을 취득(취득원가 ₩1,050,000, 잔존가치 ₩50,000, 내용연수 10년, 정액법 상각)하고, 이를 투자부동산으로 분류하였다. 동 건물의 공정가치를 신뢰성 있게 측정가능하여 공정가치모형을 적용하였으며, 20×1년 말 공정가치는 ₩1,080,000이다. 20×1년에 인식할 감가상각비와 공정가치 변동에 따른 당기이익은? (단, 동 건물은 투자부동산 분류요건을 만족하고, 손상차손은 없다.)

① 감가상각비 ₩0 당기이익 ₩30,000

② 감가상각비 ₩0 당기이익 ₩130,000

③ 감가상각비 ₩100,000 당기이익 ₩0

④ 감가상각비 ₩100,000 당기이익 ₩30,000

10 (주)한국은 20×1년 초 투자 목적으로 건물을 ₩2,000,000에 취득하여 공정가치모형을 적용하였다. 건물의 공정가치 변동이 다음과 같을 때, (주)한국의 20×2년도 당기순이익에 미치는 영향은? (단, 필요할 경우 건물에 대해 내용연수 8년, 잔존가치 ₩0, 정액법으로 감가상각한다.)

구분	20×1년 말	20×2년 말
공정가치	₩1,900,000	₩1,800,000

① ₩100,000 감소
② ₩200,000 감소
③ ₩350,000 감소
④ ₩450,000 감소

11 (주)한국은 20×1년 초 시세차익을 목적으로 건물(취득원가 ₩80,000, 내용연수 4년, 잔존가치 없음)을 취득하고 투자부동산으로 분류하였다. (주)한국은 건물에 대하여 공정가치모형을 적용하고 있으며, 20×1년 말과 20×2년 말 동 건물의 공정가치는 각각 ₩60,000과 ₩80,000으로 평가되었다. 동 건물에 대한 회계처리가 20×2년도 당기순이익에 미치는 영향은? (단, (주)한국은 통상적으로 건물을 정액법으로 감가상각한다.)

① ₩20,000 증가
② ₩20,000 감소
③ ₩40,000 증가
④ ₩40,000 감소

12 (주)한국은 20×1년 초 건물(내용연수 10년, 잔존가치 ₩0, 정액법으로 감가상각)을 ₩200,000에 구입하여 투자부동산으로 분류(공정가치모형 선택)하였다. 20×3년 초 이 건물을 외부에 ₩195,000에 처분하였을 때 인식할 손익은?

구분	20×1년 말	20×2년 말
건물의 공정가치	₩210,000	₩170,000

① 손실 ₩15,000
② 손실 ₩5,000
③ 이익 ₩25,000
④ 이익 ₩35,000

13 (주)한국은 20×1년 초 건물을 ₩300,000에 취득하고 투자부동산(공정가치모형 선택)으로 분류하였다. 동 건물의 20×1년 말 공정가치는 ₩320,000이며, (주)한국이 20×2년 초에 동 건물을 ₩325,000에 처분하였다면, 20×1년 당기순이익에 미치는 영향은? (단, (주)한국은 유형자산으로 분류하는 건물을 내용연수 10년, 잔존가치 ₩0, 정액법 상각한다.)

① ₩30,000 감소   ② ₩10,000 감소

③ ₩5,000 증가   ④ ₩20,000 증가

14 투자부동산의 계정대체에 관한 설명으로 옳은 것은?

① 공정가치로 평가하게 될 자가건설 투자부동산의 건설이나 개발이 완료되면 해당일의 공정가치와 기존 장부금액의 차액은 기타포괄손익으로 인식한다.

② 투자부동산을 원가모형으로 평가하는 경우에는 투자부동산, 자가사용부동산, 재고자산 사이에 대체가 발생할 때에 대체 전 자산의 공정가치를 승계한다.

③ 자가사용부동산을 공정가치로 평가하는 투자부동산으로 대체하는 시점까지 그 부동산을 감가상각하고, 발생한 손상차손은 인식하지 않는다.

④ 재고자산을 공정가치모형 적용 투자부동산으로 계정대체 시, 재고자산의 장부금액과 대체시점의 공정가치 차액을 당기손익으로 인식한다.

15 투자부동산에 관한 설명으로 옳지 않은 것은?

① 재고자산을 공정가치로 평가하는 투자부동산으로 대체하는 경우, 재고자산의 장부금액과 대체시점의 공정가치의 차액은 당기손익으로 인식한다.

② 투자부동산을 후불조건으로 취득하는 경우의 원가는 취득시점의 현금가격상당액으로 한다.

③ 투자부동산의 평가방법으로 공정가치모형을 선택한 경우, 감가상각을 수행하지 아니한다.

④ 공정가치로 평가하게 될 자가건설 투자부동산의 건설이나 개발이 완료되면 해당일의 공정가치와 기존 장부금액의 차액은 기타포괄손익으로 인식한다.

16 (주)한국은 20×1년 1월 1일에 투자목적으로 건물(취득원가 ₩2,000,000, 잔존가치 ₩0, 내용연수 4년, 공정가치모형 적용)을 구입하였다. 20×2년 7월 1일부터 (주)한국은 동 건물을 업무용으로 전환하여 사용하고 있다. (주)한국은 동 건물을 잔여내용연수 동안 정액법으로 감가상각(잔존가치 ₩0)하며, 재평가모형을 적용한다. 공정가치의 변동내역이 다음과 같을 때, 동 거래가 20×2년 (주)한국의 당기순이익에 미치는 영향은? (단, 감가상각은 월할 상각한다.)

구분	20×1년 말	20×2년 7월 1일	20×2년 말
공정가치	₩2,200,000	₩2,400,000	₩2,500,000

① ₩480,000 감소　　　　　　　　② ₩280,000 감소
③ ₩200,000 증가　　　　　　　　④ ₩300,000 증가

17 제조업을 영위하는 (주)한국은 20×1년 4월 1일 시세차익을 위하여 건물을 ₩2,000,000에 취득하였다. 그러나 (주)한국은 20×2년 4월 1일 동 건물을 자가사용으로 용도를 전환하고 동 일자에 영업지점으로 사용하기 시작하였다. 20×2년 4월 1일 현재 동 건물의 잔존내용연수는 5년, 잔존가치는 ₩200,000이며, 정액법으로 감가상각(월할 상각)한다. 동 건물의 일자별 공정가치는 다음과 같다.

20×1.12.31	20×2.4.1	20×2.12.31
₩2,400,000	₩2,600,000	₩2,200,000

동 건물관련 회계처리가 (주)한국의 20×2년도 당기순이익에 미치는 영향은? (단, (주)한국은 투자부동산에 대해서는 공정가치모형을 적용하고 있으며, 유형자산에 대해서는 원가모형을 적용하고 있다.)

① ₩70,000 감소　　　　　　　　② ₩160,000 감소
③ ₩200,000 증가　　　　　　　　④ ₩40,000 증가

정답 및 해설 p. 405

01 금융자산(1)

01 다음 자료를 이용할 경우 재무상태표에 계상할 현금 및 현금성자산은?

• 지폐	₩30,000	• 우표	₩10,000
• 우편환증서	₩1,000	• 임차보증금	₩50,000
• 타인발행당좌수표	₩2,000		

① ₩33,000
② ₩42,000
③ ₩83,000
④ ₩92,000

02 다음은 (주)한국의 20×1년 말 자산에 관한 일부 자료이다.

• 통화	₩50,000
• 당좌차월	₩20,000
• 수입인지	₩10,000
• 양도성예금증서(취득 시 만기 90일)	₩20,000
• 만기 2개월 남은 정기예금(1년 만기)	₩5,000
• 당좌개설보증금	₩1,000

(주)한국의 20×1년 말 현금 및 현금성자산은?

① ₩70,000
② ₩75,000
③ ₩81,000
④ ₩85,000

03 다음 자료를 이용할 경우 재무상태표에 표시될 현금 및 현금성자산은?

당좌예금	₩1,000	당좌개설보증금	₩350
배당금지급통지표	₩455	수입인지	₩25
임차보증금	₩405	우편환증서	₩315
차용증서	₩950	타인발행수표	₩200

① ₩1,655
② ₩1,970
③ ₩2,375
④ ₩2,400

04 (주)한국이 20×1년 말 다음과 같은 항목들을 보유하고 있을 때 재무상태표에 현금 및 현금성 자산계정으로 보고할 금액은? (단, 20×1년 말 환율은 €1 = ₩1,300, $1 = ₩1,200이다.)

> • 국내통화 ₩1,200 • 외국환 통화 €1 • 외국환 통화 $1
> • 보통예금 ₩1,800 • 수입인지 ₩100 • 우편환 ₩200
> • 선일자수표 ₩200 • 급여가불증 ₩250
>
> • 20×1년 10월 초 가입한 1년 만기 정기예금 ₩150
> • 20×1년 12월 초 취득한 2개월 만기 환매채 ₩400
> • 20×1년 12월 초 취득한 2개월 만기 양도성예금증서 ₩300 (단, 사용이 제한됨)

① ₩3,850   ② ₩4,000
③ ₩6,100   ④ ₩6,400

05 다음 (주)한국의 20×1년 말 항목 중 재무상태표상 현금 및 현금성자산의 합계액은? (단, 외국환 통화에 적용될 환율은 $1 = ₩1,100이다.)

> • 자기앞수표   ₩10,000 • 차용증서   ₩6,000
> • 약속어음   ₩15,000 • 만기가 도래한 공사채이자표 ₩2,000
> • 우편환증서   ₩40,000 • 외국환 통화 $10
> • 양도성예금증서(취득 : 20×1년 10월 1일, 만기 : 20×2년 1월 31일) ₩1,000

① ₩53,000   ② ₩63,000
③ ₩64,000   ④ ₩70,000

06 (주)한국의 20×1년 말 재무자료에서 발췌한 자료이다. 20×1년 말 재무상태표의 현금 및 현금성자산으로 보고될 금액은? (단, (주)한국의 표시통화는 원화(₩)이다.)

> • 당좌차월   ₩300
> • 타인발행수표   ₩100
> • 지급기일이 도래한 배당금 지급통지표   ₩450
> • 우편환증서   ₩260
> • 양도성예금증서(취득일 20×1년 12월 1일, 만기일 20×2년 3월 20일)   ₩530
> • 당좌개설보증금   ₩340
> • 자기앞수표   ₩250
> • 외국환 통화(외국환 통화에 적용될 환율은 $1 = ₩110이다.) $2

① ₩980   ② ₩1,280
③ ₩1,620   ④ ₩1,810

07 다음 자료를 이용하여 (주)대한의 20×1년 말 재무상태표에 표시될 현금 및 현금성자산은?

> (1) 20×1년 말 현재 통화는 ₩50,000이고, 우표는 ₩3,000이고, 만기가 2개월 남은 정기예금(3년 만기)은 ₩30,000이며, 거래처에서 받은 약속어음은 ₩25,000이다.
>
> (2) 20×1년 말 현재 은행에서 발급한 당좌예금잔액증명서의 잔액은 ₩130,000이다.
>
> (3) (주)대한이 20×1년 12월 31일에 입금한 ₩20,000이 은행에서는 20×2년 1월 4일자로 입금처리되었다.
>
> (4) (주)대한이 발행한 수표 중에서 20×1년 말 현재 은행에서 인출되지 않은 수표는 1장(no.121, ₩30,000)이다.
>
> (5) (주)대한이 20×1년 중 발행한 수표(no.109)는 ₩10,000이었으나, 회사는 이를 ₩15,000으로 기록하였다.

① ₩170,000   ② ₩173,000

③ ₩195,000   ④ ₩198,000

08 (주)한국은 20×1년 말 은행계정조정을 위하여 거래은행인 S은행에 당좌예금잔액을 조회한 결과 회사측 잔액과 다른 ₩250,000이라는 회신을 받았다. (주)한국은 조사결과 다음과 같은 사실들을 발견하였다.

> 가. 회사가 20×1년 12월 31일에 입금한 ₩20,000을 은행은 20×2년 1월 4일에 입금처리하였다.
>
> 나. 회사가 20×1년에 발행한 수표 중 12월 말 현재 은행에서 아직 인출되지 않은 금액은 ₩40,000이다.
>
> 다. 회사가 20×1년 12월 중 은행에 입금한 수표 ₩50,000이 부도 처리되었으나 12월 말 현재 회사에는 통보되지 않았다.

은행계정조정 전 20×1년 말 (주)한국의 당좌예금 장부금액은?

① ₩200,000   ② ₩240,000

③ ₩260,000   ④ ₩280,000

09 (주)한국의 20×1년 6월 말 장부상 당좌예금은 ₩62,000이며 은행에서 발행한 당좌예금잔액증명서의 금액은 ₩66,000이다. 이 둘 차이의 원인을 확인한 결과 다음과 같은 사항을 발견하였다. (주)한국의 20×1년 6월 말 올바른 당좌예금은?

> • (주)한국이 발행하여 지급한 당좌수표 중 은행에서 인출되지 않은 금액 ₩4,800
> • 거래처에서 은행으로 직접 입금한 금액 중 (주)한국이 기록하지 않은 금액 ₩3,200
> • 영업시간 이후 (주)한국이 입금한 금액 중 은행이 기록하지 않은 금액 ₩2,200
> • (주)한국이 당좌수표 ₩6,400을 발행하면서 장부에 ₩4,600으로 기록

① ₩61,600　　　　　　② ₩62,400
③ ₩63,000　　　　　　④ ₩63,400

10 (주)한국은 20×1년 12월 말 결산 시 당좌예금잔액을 조회한 결과 은행으로부터 ₩13,500이라는 통보를 받았다. 은행과 회사 측 장부금액과의 차이는 다음과 같다.

> • 은행측 미기입예금　　　　　　　　₩2,560
> • 미결제수표　　　　　　　　　　　₩4,050
> • 미통지출금(차입금이자)　　　　　₩570
> • 발행한 수표 ₩1,560을 회사장부에 ₩1,650으로 잘못 기록함

20×1년 12월 말 은행계정조정 전 (주)한국의 당좌예금계정의 장부금액은?

① ₩8,700　　　　　　② ₩11,260
③ ₩12,490　　　　　　④ ₩14,160

11 (주)한국의 20×1년 말 현재 당좌예금잔액은 ₩1,000이고, 은행측 잔액증명서상 잔액은 ₩1,550이다. 기말 현재 그 차이 원인이 다음과 같을 때, 올바른 당좌예금잔액은?

> (주)한국이 발행한 수표 ₩100이 미인출 상태이다.
> (2) (주)한국이 거래처 A로부터 받아 은행에 입금한 수표 ₩200이 부도처리 되었으나, 은행으로부터 통지받지 못하였다.
> (3) 거래처 B로부터 입금된 ₩300을 (주)한국은 ₩30으로 잘못 기록하였다.
> (4) 거래처 C에 대한 외상판매대금 ₩400을 은행이 추심하였고, 추심수수료 ₩20이 인출되었다. 그러나 (주)한국은 추심 및 추심수수료를 인식하지 못하였다.

① ₩1,070　　　　　　② ₩1,350
③ ₩1,450　　　　　　④ ₩1,570

12 (주)한국의 20×1년 말 현재 은행계정조정표와 관련된 다음 자료를 이용하여 기발행 미인출 수표 금액을 계산하면 얼마인가?

> - 은행의 예금잔액증명서상 금액 : ₩10,000
> - (주)한국의 장부상 금액 : ₩15,000
> - 은행의 예금잔액증명서에는 반영되어 있으나 (주)한국의 장부에 반영되지 않은 금액
>   - 예금이자 : ₩700
>   - 부도수표 : ₩8,600
> - 은행은 (주)미래의 발행수표 ₩3,000을 (주)한국의 발행수표로 착각하여 (주)한국의 당좌 예금계좌에서 인출하여 지급하였다.

① ₩1,300 ② ₩2,900
③ ₩5,900 ④ ₩6,300

13 20×1년 12월 31일 (주)대한의 자금담당직원이 잠적하였다. 20×1년 12월 31일 현재 (주) 대한의 총계정원장상 당좌예금잔액은 ₩1,480,000이고, 거래은행에서 수령한 예금잔액증명 서상 당좌예금잔액은 ₩1,700,000이다. 발견된 차이 원인은 다음과 같다. 자금담당직원이 횡령한 것으로 추정되는 금액은?

> - (주)대한이 입금한 ₩30,000이 예금잔액증명서에 반영되지 않았다.
> - (주)대한이 발행한 수표 ₩100,000이 인출되지 않았다.
> - 거래처가 은행에 직접 입금한 ₩50,000이 회사에 통지되지 않았다.

① ₩100,000 ② ₩120,000
③ ₩150,000 ④ ₩200,000

14 (주)광화문은 20×3년 12월 24일 자금담당 직원이 은행에서 회사자금을 인출하여 횡령하고 잠적한 사건이 발생하였다. 12월 24일 현재 회사장부상 당좌예금계정 잔액을 검토한 결과 ₩76,000으로 확인되었다. 그리고 동 일자의 은행예금잔액증명서상 금액은 ₩40,000으로 확인되었다. 회사측 잔액과 은행측 잔액이 차이가 나는 이유를 조사한 결과는 다음과 같았다. 아래의 자료 이외에는 차이가 날 이유가 없다면 자금담당 직원이 횡령한 것으로 의심되는 금액은 얼마인가?

• (주)광화문이 ₩50,000을 입금하였으나 예금잔액증명서에는 반영되지 않았다.
• 은행에서 수수료 ₩10,000을 인출하였으나 (주)광화문에서는 이를 반영하지 못하고 있었다.
• (주)광화문에서 당좌수표 ₩40,000을 발행하였으나 아직 은행에 제시되지 않았다.
• 매출거래처는 통보하지 않고 (주)광화문의 당좌예금계좌에 외상대금 ₩16,000을 송금하였다.
• 은행은 (주)을지로의 발행수표 ₩12,000을 실수로 (주)광화문의 당좌예금 계좌에서 인출하여 지급하였다.

① ₩4,000   ② ₩8,000
③ ₩20,000   ④ ₩36,000

15 (주)한국은 20×1년 12월 31일 직원이 회사자금을 횡령한 사실을 확인하였다. 12월 31일 현재 회사 장부상 당좌예금잔액은 ₩65,000이었으며, 거래은행으로부터 확인한 당좌예금 잔액은 ₩56,000이다. 회사측 잔액과 은행측 잔액이 차이가 나는 이유가 다음과 같을 때, 직원이 회사에서 횡령한 것으로 추정되는 금액은?

• 은행 미기입 예금   ₩4,500
• 기발행 미인출 수표   ₩5,200
• 회사에 미통지된 입금액   ₩2,200
• 은행으로부터 통보받지 못한 은행수수료   ₩1,500
• 발행한 수표 ₩2,000을 회사장부에 ₩2,500으로 기록하였음을 확인함

① ₩9,000   ② ₩9,700
③ ₩10,400   ④ ₩10,900

16 (주)한국의 기말 장부상 당좌예금계정 잔액은 ₩130,000이며, 은행으로부터 통지받은 잔액은 ₩10,000으로 불일치하였다. 불일치 원인이 다음과 같을 때, (주)한국이 장부에 잘못 기록한 매출채권 회수액(A)은?

> - 매출처로부터 수취하여 은행에 예입한 수표 ₩60,000이 부도 처리되었으나, 기말 현재 은행으로부터 통보받지 못하였다.
> - 은행 업무시간 이후에 ₩70,000을 입금하였으나, 기말 현재 은행 측이 미기입하였다.
> - 매입채무를 지급하기 위하여 ₩30,000의 수표를 발행하였으나, 기말 현재 아직 은행에서 결제되지 않았다.
> - 은행수수료가 ₩500 발생하였으나, 기말 현재 회사측 장부에 반영되지 않았다.
> - 매출처로부터 매출채권 회수액으로 받은 ₩50,000의 수표를 예입하면서, 회사직원이 A금액으로 잘못 기록하였다.

① ₩30,500   ② ₩69,500
③ ₩70,500   ④ ₩88,500

17 (주)한국의 전기 말 외상매출금과 손실충당금은 각각 ₩35,000과 ₩2,500이다. 당기 매출액은 ₩82,000(전액 외상)이며 외상매출금 회수액은 ₩89,000이다. (주)한국이 외상매출금 기말잔액의 10%를 손실충당금으로 설정할 경우, 당기의 손상차손은?

① ₩100   ② ₩200
③ ₩300   ④ ₩2,500

18 (주)대한은 매출채권의 손상차손 인식과 관련하여 손상차손과 손실충당금 계정을 사용한다. 20×1년 초 매출채권과 손실충당금은 각각 ₩2,000,000과 ₩100,000이었다. 다음은 20×1년에 발생한 거래와 20×1년 말 손상차손 추정과 관련한 자료이다. 20×1년의 손상차손은?

> - 20×1년 2월 거래처 파산 등의 사유로 손상 확정된 금액이 ₩200,000이다.
> - 2월에 제거된 상기 매출채권 중 ₩80,000을 8월에 현금으로 회수하였다.
> - 20×1년 말 매출채권 잔액 ₩3,300,000의 3%를 손실충당금으로 설정한다.

① ₩99,000   ② ₩105,000
③ ₩119,000   ④ ₩199,000

19 20×1년에 설립된 (주)한국의 매출채권과 대손에 관한 자료가 다음과 같을 때, (주)한국의 20×2년도 포괄손익계산서에 표시될 대손상각비(손상차손)는?

- 20×1년 12월 31일의 매출채권 잔액은 ₩1,000,000이고 이 금액 중 ₩100,000이 회수불가능하다고 추정되었다.
- 20×2년 6월 29일에 전기에 매출한 ₩250,000의 매출채권이 회수불가능하다고 판명되었다.
- 20×2년 8월 16일에는 6월 29일에 대손확정된 ₩250,000 중 ₩70,000이 현금으로 회수되었다.
- 20×2년 12월 31일의 매출채권잔액은 ₩700,000이며, 이 금액 중 ₩85,000이 회수불가능하다고 추정되었다.

① ₩150,000   ② ₩165,000
③ ₩235,000   ④ ₩265,000

20 12월 31일 결산법인인 (주)한국의 외상매출금과 대손에 관한 자료는 다음과 같다. 20×1년 포괄손익계산서에 계상될 손상차손은 얼마인가?

(1) 20×1년 1월 1일 : 손실충당금 기초잔액은 ₩1,000이다.
(2) 20×1년 5월 8일 : 당기에 매출한 ₩1,500의 외상매출금이 회수불가능하다고 판명되었다.
(3) 20×1년 10월 20일 : 전기에 손실충당금으로 손상처리한 외상매출금 ₩200이 회수되었다.
(4) 20×1년 12월 31일 : 기말수정분개 전 외상매출금 잔액은 ₩40,000이며, 이 중 ₩1,000의 외상매출금은 회수가 불가능하다고 판명되었다. 그리고 나머지 ₩39,000의 외상매출금에 대해서 미래 현금흐름을 추정한 결과 ₩32,800으로 추정되었다.

① ₩1,300   ② ₩6,200
③ ₩6,700   ④ ₩7,500

21 당기 포괄손익계산서상 손상차손이 ₩70일 때, 기중 실제 대손으로 확정된 금액은? (단, 대손확정은 손상발생의 객관적인 증거가 파악되었으며, 기중 현금으로 회수된 회수불능 매출채권은 없다.)

구분	기초	기말
매출채권	₩15,000	₩10,000
손실충당금	₩150	₩100

① ₩120 ② ₩150
③ ₩220 ④ ₩250

22 (주)한국의 20×1년 말 손상평가 전 매출채권의 총장부금액은 ₩220,000이고, 손실충당금 잔액은 ₩5,000이다. (주)한국이 20×1년 말에 인식해야 할 손상차손(환입)은? (단, 기대신용손실을 산정하기 위해 다음의 충당금 설정률표를 이용한다.)

연체기간	총장부금액	기대신용손실률
연체되지 않음	₩100,000	0.3%
1일 ~ 30일	₩65,000	1%
31일 ~ 60일	₩30,000	5%
61일 ~ 90일	₩20,000	7%
91일 이상	₩5,000	10%
합계	₩220,000	

① 손상차손 ₩650 ② 손상차손 ₩4,350
③ 손상차손환입 ₩650 ④ 손상차손환입 ₩950

23 (주)한국의 20×1년 말 매출채권 잔액은 ₩150,000이며, 매출채권에 대한 기대신용손실을 계산하기 위한 연령별 기대신용손실률은 다음과 같다.

연체기간	금액	기대신용손실률
연체되지 않음	₩120,000	0.4%
1일 ~ 60일	₩25,000	2.0%
61일 이상	₩5,000	8.0%
합계	₩150,000	

(주)한국의 20×1년 초 매출채권에 대한 손실충당금 잔액이 ₩2,500이고, 20×1년 중 매출채권 ₩1,000이 회수불능으로 확정되어 제거되었다. 20×1년 포괄손익계산서에 보고할 매출채권 손상차손(또는 손상차손환입)은?

① 손상차손환입 ₩120 ② 손상차손환입 ₩380
③ 손상차손 ₩1,120 ④ 손상차손 ₩1,380

24 (주)한국의 20×1년 초 매출채권은 ₩800,000이며, 매출채권에 대한 손실충당금은 ₩15,000 이다. 20×1년도 매출채권 관련 자료가 다음과 같을 때, (주)한국이 매출채권과 관련하여 20×1년도 포괄손익계산서에 인식할 손상차손은? (단, 매출채권에는 유의적 금융요소를 포함하고 있지 않다고 가정한다.)

- 20×1년도 매출액은 ₩1,000,000이며, 이 중 외상매출액은 ₩700,000이다.
- 20×1년도에 감소된 매출채권은 총 ₩1,020,000으로, 이는 현금으로 회수된 ₩1,000,000과 회수불능이 확정되어 제거된 ₩20,000이다.
- 20×1년 말 매출채권에 대한 기대신용손실은 매출채권 잔액의 2%이다.

① ₩9,600 ② ₩10,600
③ ₩14,600 ④ ₩20,600

25 (주)대한은 20×1년 10월 1일에 다음과 같은 어음을 은행에 연 10%로 할인하였다. 이 거래가 금융자산 제거조건을 충족할 때, 매출채권처분손익은?

- 액면금액 : ₩500,000 • 표시이자율 : 8%
- 어음발행일 : 20×1년 7월 1일 • 어음만기일 : 20×1년 12월 31일

① 손실 ₩3,000 ② 손실 ₩1,000
③ 이익 ₩1,000 ④ 이익 ₩3,000

26 (주)한국은 20×1년 4월 1일에 거래처에 상품을 판매하고 그 대가로 이자부 약속어음(3개월 만기, 표시이자율 연 5%, 액면금액 ₩300,000)을 수취하였다. 동 어음을 1개월 보유하다가 주거래은행에서 연 8% 이자율로 할인할 경우, 어음할인액과 금융자산처분손실은? (단, 어음 할인은 금융자산 제거요건을 충족한다.)

	할인액	처분손실		할인액	처분손실
①	₩4,000	₩1,550	②	₩4,000	₩2,500
③	₩4,000	₩4,000	④	₩4,050	₩1,550

27 (주)한국은 고객에게 상품을 판매하고 약속어음(액면금액 ₩5,000,000, 만기 6개월, 표시이 자율 연 6%)을 받았다. (주)한국은 동 어음을 3개월간 보유한 후 은행에 할인하면서 은행으로부터 ₩4,995,500을 받았다. 동 어음에 대한 은행의 연간 할인율은? (단, 이자는 월할 계산한다.)

① 10%   ② 12%

③ 14%   ④ 16%

02 금융자산(2)

28 (주)대한은 (주)세종의 주식을 다음과 같이 취득 및 처분하였다. 20×1년 3월 1일 이전에 보유하고 있는 (주)세종의 주식은 없으며, (주)대한은 (주)세종의 주식을 당기손익 – 공정가치 측정 금융자산으로 구분하였다. 일자별 자료는 다음과 같다.

- 20×1.3.1 : 주식 20주를 주당 ₩1,000에 취득, 수수료 ₩1,000을 지불
- 20×1.5.1 : 주식 30주를 주당 ₩1,200에 취득, 수수료 ₩1,500을 지불
- 20×1.10.1 : 주식 10주를 주당 ₩1,500에 처분, 수수료 ₩1,500을 지불
- 20×1.12.31 기말 종가는 주당 ₩1,400이다.

(주)대한은 주식의 단가산정과 관련하여 이동평균법을 이용한다. (주)대한이 20×1년 포괄손익계산서에 인식할 당기손익 – 공정가치 측정 금융자산 평가손익은?

① 평가이익 ₩5,200   ② 평가이익 ₩11,200

③ 평가손실 ₩10,200   ④ 평가손실 ₩12,200

29 (주)한국은 20×1년 7월 초 (주)대한의 주식 1,000주(액면가액 ₩7,000)를 주당 ₩7,500에 매입하여 공정가치 변동을 당기손익으로 인식하는 금융자산으로 분류하였다. (주)한국은 20×1년 9월 초 (주)대한의 주식 400주를 주당 ₩8,500에 처분하였고, 20×1년 말 (주)대한 주식의 주당 공정가치는 ₩8,000이다. 동 주식과 관련하여 (주)한국이 20×1년 포괄손익계산서에 인식할 당기이익은?

① ₩500,000 ② ₩700,000
③ ₩1,000,000 ④ ₩1,200,000

30 (주)서울은 20×1년 중에 ₩10,100을 지급하고 지분상품을 취득하였는데, 지급액 중 ₩100은 매매수수료이다. 20×1년 말 현재 지분상품의 공정가치는 ₩11,000이며, (주)서울은 20×2년 초에 지분상품 전체를 ₩11,200에 처분하였다. (주)서울이 이 지분상품을 당기손익−공정가치 측정 금융자산으로 인식할 경우, 이에 대한 회계처리가 20×1년과 20×2년 당기순이익에 미치는 영향은?

① 20×1년 ₩100 감소, 20×2년 ₩1,200 증가
② 20×1년 ₩900 증가, 20×2년 ₩200 증가
③ 20×1년 ₩900 증가, 20×2년 ₩900 증가
④ 20×1년 ₩1,000 증가, 20×2년 ₩200 증가

31 (주)대전은 20×1년 중에 단기적인 자금운용을 목적으로 유가증권거래소에서 A주식 10주, 20주, 30주를 각각 주당 ₩500, ₩300, ₩100에 순차적으로 취득하였다. 20×1년 말 A주식의 공정가치는 주당 ₩200이었다. 한편, 20×2년 중 (주)대전은 보유하고 있던 A주식 20주를 주당 ₩350에 매각하였다. 동 매각거래로 인하여 20×2년도 포괄손익계산서에 인식되는 처분손익은 얼마인가? (단, 거래비용은 없다.)

① ₩2,500 손실 ② ₩1,500 손실
③ ₩1,500 이익 ④ ₩3,000 이익

32 (주)한국은 20×1년 10월 31일 상장회사인 (주)대한의 주식을 단기간 내에 매각할 목적으로 ₩6,000에 취득하면서 거래수수료 ₩100을 추가로 지출하였다. (주)한국은 20×1년 12월 20일 보유 중인 (주)대한의 주식 중 50%를 ₩3,200에 처분하였으며, 20×1년 말 현재 (주)한국이 보유 중인 (주)대한의 주식의 공정가치는 ₩3,600이다. 동 주식과 관련된 거래가 (주)한국의 20×1년도 포괄손익계산서의 당기순이익에 미치는 효과는?

① ₩100 감소   ② ₩200 증가
③ ₩600 증가   ④ ₩700 증가

33 (주)한국은 20×1년 7월 1일 (주)대한의 주식 200주를 취득일의 공정가치인 주당 ₩1,000에 취득하였다. 취득 시 추가로 ₩5,000의 거래원가가 발생하였으며, (주)한국은 해당 주식을 당기손익-공정가치 측정 금융자산으로 분류하였다. 20×1년 9월 1일 (주)한국은 취득한 주식의 50%를 처분일의 공정가치인 주당 ₩800에 처분하였다. 20×1년 말 (주)대한 주식의 주당 공정가치가 ₩1,300일 때, 동 주식과 관련하여 (주)한국의 20×1년 포괄손익계산서의 당기순이익 증가액은?

① ₩2,000   ② ₩3,000
③ ₩4,000   ④ ₩5,000

34 (주)한국은 20×1년 11월 1일 (주)대한의 보통주 100주를 ₩600,000에 취득하고 수수료 ₩10,000을 현금으로 지급하였다. (주)한국은 취득한 보통주를 당기손익-공정가치 측정 금융자산으로 분류하였으며, 20×1년 말 (주)대한의 보통주 공정가치는 주당 ₩5,000이었다. (주)한국이 20×2년 5월 10일 (주)대한의 주식 전부를 주당 ₩5,600에 처분한 경우 20×2년도 당기순이익에 미치는 영향은?

① ₩40,000 감소   ② ₩60,000 증가
③ ₩80,000 증가   ④ ₩100,000 감소

35 다음의 거래가 전부 동일한 회계기간 중에 발생한 것이라면, 이로 인하여 포괄손익계산서에 미치는 영향은 얼마인가?

> (1) 보유 중인 장부금액 ₩6,600,000의 A주식(1,000주 @₩5,000)에 대하여 10%의 배당을 현금으로 수취하였다. A주식은 FVPL 금융자산으로 분류하였다.
>
> (2) 상기의 A주식에 대하여 주식배당을 수취하였다. 수취한 주식수는 보유 중인 A주식의 10%이며, 동 주식에 부여되는 모든 권리는 기존주식에 대한 것과 같다. 또한 주식배당 수취일의 A주식 시장가치는 주당 ₩6,800이었다.
>
> (3) A주식의 50%를 주당 ₩7,000에 현금처분하였다.

① ₩1,030,000

② ₩1,050,000

③ ₩1,190,000

④ ₩1,201,000

36 (주)한국은 20×1년 초 주당 액면금액이 ₩5,000인 (주)한국의 보통주 20주를 주당 ₩5,500에 취득하였고, 총거래원가 ₩5,000을 지급하였다. (주)한국은 동 주식을 기타포괄손익−공정가치 측정 금융자산으로 분류하였고 20×1년 말 동 주식의 공정가치는 주당 ₩6,000이다. 동 금융자산과 관련하여 20×1년 인식할 기타포괄이익은?

① ₩5,000

② ₩6,000

③ ₩10,000

④ ₩15,000

37 (주)한국은 20×1년 초에 지분상품 ₩10,000을 취득하여 기타포괄금융자산으로 분류하였다. 해당 지분상품의 공정가치는 20×1년 말에 ₩14,000, 20×2년 말에 ₩8,000이었다. 20×2년도 포괄손익계산서상 기타포괄손익과 20×2년 말 재무상태표상의 기타포괄손익누계액은 각각 얼마인가? (단, 손상발생의 객관적인 증거는 없다.)

	기타포괄손익	기타포괄손익누계액
①	(−)₩2,000	(−)₩2,000
②	(−)₩6,000	(−)₩6,000
③	(−)₩2,000	(−)₩6,000
④	(−)₩6,000	(−)₩2,000

38 (주)한국은 A주식을 20×1년 초 ₩1,000에 구입하고 취득수수료 ₩20을 별도로 지급하였으며, 기타포괄손익－공정가치 측정 금융자산으로 선택하여 분류하였다. A주식의 20×1년 말 공정가치는 ₩900, 20×2년 말 공정가치는 ₩1,200이고, 20×3년 2월 1일 A주식 모두를 공정가치 ₩1,100에 처분하였다. A주식에 관한 회계처리 결과로 옳지 않은 것은?

① A주식 취득원가는 ₩1,020이다.
② 20×1년 총포괄이익이 ₩120 감소한다.
③ 20×2년 총포괄이익이 ₩300 증가한다.
④ 20×3년 당기순이익이 ₩100 감소한다.

39 (주)한국이 20×1년 중에 취득하여 20×1년 말에 보유하고 있는 금융자산(주식)은 다음과 같다. 동 금융자산의 기말평가가 20×1년 포괄손익계산서상 당기순이익에 미치는 영향은?

구분	취득원가	공정가치(20×1년 말)
당기손익－공정가치 측정 금융자산	₩69,000	₩89,000
기타포괄손익－공정가치 측정 금융자산	₩36,000	₩46,000

① ₩10,000 감소 ② ₩10,000 증가
③ ₩20,000 감소 ④ ₩20,000 증가

40 (주)한국은 20×1년 초 지분상품을 거래원가 ₩2,000을 포함하여 ₩52,000에 구입하였고, 이 지분상품의 20×1년 말 공정가치는 ₩49,000이다. (주)한국은 20×2년 4월 초 공정가치인 ₩51,000에 지분상품을 처분하였다. 이 지분상품을 (A)당기손익－공정가치 측정 금융자산으로 인식했을 때와 (B)기타포괄손익－공정가치 측정 금융자산으로 최초 선택하여 인식했을 때 처분으로 인한 당기손익은? (단, 처분 시 거래원가는 발생하지 않았다.)

	(A)	(B)
①	₩0	손실 ₩1,000
②	₩0	₩0
③	₩0	이익 ₩2,000
④	이익 ₩2,000	₩0

41 (주)한국은 20×1년 중 금융자산을 취득하고 주식 A는 당기손익－공정가치 측정 금융자산으로, 주식 B는 기타포괄손익－공정가치 측정 금융자산으로 분류하였다. 20×1년 중 주식 A는 전부 매각하였고, 주식 B는 20×1년 말 현재 보유하고 있다. 주식 A의 매각금액과 20×1년 말 주식 B의 공정가치가 다음과 같을 때, 20×1년 당기순이익에 미치는 영향은?

	20×1년 중 취득원가	비고
주식 A	₩250	매각금액 ₩230
주식 B	₩340	20×1년 말 공정가치 ₩380

① ₩20 증가　　　　　　② ₩40 증가
③ ₩60 증가　　　　　　④ ₩20 감소

42 (주)한국은 20×3년 10월 7일 상장회사인 (주)대한의 보통주식을 ₩3,000,000에 취득하고, 취득에 따른 거래비용 ₩30,000을 지급하였다. 20×3년 말 (주)대한의 보통주식 공정가치는 ₩3,500,000이었다. (주)한국은 20×4년 1월 20일 (주)대한의 보통주식을 ₩3,400,000에 매도하였으며, 매도와 관련하여 부대비용 ₩50,000을 지급하였다. (주)대한의 보통주식을 FVPL 금융자산 혹은 FVOCI 선택 금융자산으로 분류한 경우, (주)한국의 회계처리에 관한 설명으로 옳은 것은?

① FVPL 금융자산으로 분류한 경우나 FVOCI 선택 금융자산으로 분류한 경우 취득원가는 동일하다.
② FVOCI 선택 금융자산으로 분류한 경우나 FVPL 금융자산으로 분류한 경우 20×3년 말 공정가치 변화가 당기손익에 미치는 영향은 동일하다.
③ FVPL 금융자산으로 분류한 경우 20×4년 금융자산처분관련손실은 ₩150,000이다.
④ FVPL 금융자산으로 분류한 경우 20×3년 총포괄이익은 FVOCI 선택 금융자산으로 분류한 경우보다 ₩30,000 더 크다.

43 (주)한국은 (주)대한의 주식 A를 취득하고, 이를 기타포괄손익 – 공정가치 측정 금융자산으로 '선택'(이하 'FVOCI') 지정분류하였다. 동 주식 A의 거래와 관련된 자료가 다음과 같고, 다른 거래가 없을 경우 설명으로 옳은 것은? (단, 동 FVOCI 취득과 처분은 공정가치로 한다.)

구분	20×1년 기중	20×1년 기말	20×2년 기말	20×3년 기중
회계처리	취득	후속평가	후속평가	처분
공정가치	₩100,000	₩110,000	₩98,000	₩99,000
거래원가	₩500	–	–	₩200

① 20×1년 기말 FVOCI 평가이익은 ₩10,000이다.
② 20×2년 기말 FVOCI 평가손실이 ₩3,000 발생된다.
③ 20×3년 처분 직전 FVOCI 평가손실 잔액은 ₩2,000이다.
④ 20×3년 처분 시 당기손실 ₩200이 발생된다.

44 (주)한국은 20×1년 초에 3년 후 만기가 도래하는 사채(액면금액 ₩1,000,000, 표시이자율 연 10%, 유효이자율 연 12%, 이자는 매년 말 후급)를 ₩951,963에 취득하고 상각후원가측정금융자산으로 분류하였다. (주)한국이 20×1년도에 인식할 이자수익은? (단, 금액은 소수점 첫째 자리에서 반올림하며 단수차이가 있으면 가장 근사치를 선택한다.)

① ₩100,000   ② ₩114,236
③ ₩115,944   ④ ₩117,857

45 (주)한국은 20×1년 초 현금흐름 수취목적으로 (주)대한이 발행한 사채를 ₩1,049,732에 구입하여 상각후원가로 측정한다. 발행조건이 다음과 같을 때, 20×2년 초 동 금융자산의 장부금액은? (단, 계산된 금액은 소수점 이하의 단수차이가 발생할 경우 근사치를 선택한다.)

- 액면금액 : ₩1,000,000
- 표시이자율 : 연 12%(매년 말 지급)
- 유효이자율 : 연 10%
- 만기 : 3년(만기 일시상환)

① ₩1,034,705   ② ₩1,043,764
③ ₩1,055,699   ④ ₩1,064,759

46 (주)한국은 20×1년 초 회사채(액면금액 ₩100,000, 표시이자율 5%, 이자는 매년 말 후급, 만기 20×3년 말)를 ₩87,566에 구입하고, 상각후원가측정금융자산으로 분류하였다. 20×1년 이자수익이 ₩8,757일 때, 20×2년과 20×3년에 인식할 이자수익의 합은? (단, 단수차이가 발생할 경우 가장 근사치를 선택한다.)

① ₩17,514 ② ₩17,677

③ ₩18,514 ④ ₩18,677

47 (주)한국은 20×1년 1월 1일에 채무상품(액면금액 ₩1,000,000, 표시이자율 연 5%, 매년 말 이자 지급, 만기 3년)을 ₩915,000에 취득하고 이를 상각후원가측정금융자산(상각후원가로 측정하는 금융자산)으로 분류하였다. 20×1년 12월 31일 상각후원가측정금융자산의 장부금액이 ₩938,200인 경우 (주)한국이 채무상품 취득 시 적용한 연간 유효이자율은?

① 6% ② 7%

③ 8% ④ 10%

48 (주)한국은 20×1년 1월 1일에 갑회사가 발행한 사채(액면금액 : ₩100,000, 표시이자 : 연 8% 매년 말 지급, 만기 : 3년)를 20×1년 6월 1일에 장기투자목적으로 취득하여 기타포괄손익-공정가치 측정 금융자산으로 분류하였다. 동 사채의 취득 당시 유효이자율은 연 6%이고, 20×1년도 말 현재 공정가치는 ₩95,000이며, 공정가치의 하락은 일시적인 것으로 판단된다. (주)한국이 20×1년도 말 인식해야할 기타포괄손익-공정가치 측정 금융자산 평가손익은 얼마인가? (단, 다음의 현가계수를 이용하며 단수차이로 인한 오차가 있으면 가장 근사치를 선택한다.)

구분	단일금액 ₩1의 현가계수		연금 ₩1의 현가계수	
기간	6%	8%	6%	8%
1	0.9434	0.9259	0.9434	0.9259
2	0.8900	0.8573	1.8334	1.7833
3	0.8396	0.7938	2.6730	2.5771

① ₩8,665 손실 ② ₩3,665 손실

③ ₩3,665 이익 ④ ₩8,665 이익

49 (주)한국은 20×1년 초 채무상품(액면금액 ₩100,000, 표시이자율 연 15%, 매년 말 이자지급, 5년 만기)을 ₩110,812에 구입하여 기타포괄손익 – 공정가치 측정 금융자산으로 분류하였다. 취득 당시 유효이자율은 연 12%이고, 20×1년 말 동 채무상품의 공정가치가 ₩95,000이다. 20×1년 (주)한국이 이 금융자산과 관련하여 인식할 기타포괄손실은? (단, 화폐금액은 소수점 첫째 자리에서 반올림한다.)

① ₩10,812   ② ₩14,109
③ ₩15,812   ④ ₩17,434

50 (주)한국은 20×1년 1월 1일에 (주)대한이 동 일자에 발행한 액면금액 ₩100,000, 만기 5년, 표시이자율 5%(이자 연말 후급조건)의 사채를 취득하고 기타포괄손익 – 공정가치 측정 금융자산으로 분류하였다. 공정가치 변동은 손상, 회복에 해당하지 않으며, 동 사채의 취득원가와 20×1년 말의 공정가치는 다음과 같고, 취득 당시 유효이자율은 연 10%라고 가정한다.

취득원가	20×1년 말 공정가치
₩81,046	₩86,000

(주)한국이 20×1년도에 기타포괄손익으로 인식하는 평가손익은? (단, 계산 시 화폐금액은 소수점 첫째 자리에서 반올림한다.)

① 평가손실 ₩3,151   ② 평가손실 ₩46
③ 평가이익 ₩1,849   ④ 평가이익 ₩4,954

51 취득한 사채(채무상품)를 기타포괄손익 – 공정가치 측정 금융자산으로 분류한 경우의 회계처리로 옳지 않은 것은? (단, 손상은 고려하지 않는다.)

① 취득과 관련되는 거래원가는 최초 인식시점의 공정가치에 가산한다.
② 처분할 경우 기타포괄손익누계액에 누적된 평가손익을 당기손익으로 재분류한다.
③ 당기손익으로 인식하는 금액은 상각후원가측정금융자산으로 분류하였을 경우 당기손익으로 인식하는 금액과 차이가 없다.
④ 이자수익은 매 보고기간 말의 현행 시장이자율을 이용하여 인식한다.

52 (주)한국은 20×1년 초 (주)민국의 채무상품을 ₩920,000에 취득하고 기타포괄손익 – 공정가치 측정 금융자산으로 분류하였다. 해당 채무상품으로부터 매년 말 ₩100,000의 현금이자를 수령하며, 취득일 현재 유효이자율은 15%이다. 동 채무상품의 20×1년 말 공정가치는 ₩960,000이며, 20×2년 초 해당 채무상품 전부를 ₩970,000에 처분하였을 경우, (주)한국이 인식할 처분손익은?

① 처분손익 ₩0
② 처분이익 ₩10,000
③ 처분이익 ₩12,000
④ 처분이익 ₩50,000

53 20×1년 1월 1일 (주)민국은 (주)한국이 동 일자에 발행한 사채(액면금액 ₩1,000,000, 액면이자율 연 4%, 이자는 매년 말 지급)를 ₩896,884에 취득하였다. 취득 당시 유효이자율은 연 8%이다. 20×1년 말 동 사채의 이자수취 후 공정가치는 ₩925,000이며, 20×2년 초 ₩940,000에 처분하였다. (주)민국의 동 사채 관련 회계처리에 관한 설명으로 옳지 않은 것은? (단, 계산금액은 소수점 첫째 자리에서 반올림하며, 단수차이로 인한 오차가 있으면 가장 근사치를 선택한다.)

① 당기손익 – 공정가치(FVPL) 측정 금융자산으로 분류하였을 경우, 20×1년 당기순이익은 ₩68,116 증가한다.
② 상각후원가(AC) 측정 금융자산으로 분류하였을 경우, 20×1년 당기순이익은 ₩71,751 증가한다.
③ 기타포괄손익 – 공정가치(FVOCI) 측정 금융자산으로 분류하였을 경우, 20×1년 당기순이익은 ₩71,751 증가한다.
④ 기타포괄손익 – 공정가치(FVOCI) 측정 금융자산으로 분류하였을 경우, 20×2년 당기순이익은 ₩15,000 증가한다.

54 대한(주)에서 20×1년 1월 1일에 3년 후 만기가 도래하는 사채(액면가액 ₩1,000,000, 액면 이자율 10%, 유효이자율 12%, 이자는 매년 말 후급)를 ₩951,980에 취득하였다. 이 사채의 공정가치는 20×1년 말 ₩970,000, 20×2년 말 ₩980,000이며, 20×3년 1월 1일에 이 사채를 ₩982,000에 처분하였다. 이 사채에 대한 회계처리로서 적절하지 않은 것은? (단, 아래에 제시된 모든 수치는 소수점 첫째 자리에서 반올림한 수치임)

① 이 사채가 FVPL 금융자산으로 분류되었다면, 20×1년의 이자수익은 ₩100,000 계상 되었을 것이다.

② 이 사채가 AC 금융자산으로 분류되었다면, 20×1년의 이자수익은 ₩114,238 계상되었을 것이다.

③ 이 사채가 FVPL 금융자산으로 분류되었다면, 취득원가는 ₩951,980으로 계상되었을 것이다.

④ 이 사채가 FVOCI 금융자산으로 분류되었다면, 20×3년의 FVOCI 금융자산처분관련손 실은 ₩2,000 계상되었을 것이다.

55 금융상품의 손상에 대한 설명이다. 옳지 않은 것은?

① 금융자산의 신용위험이 증가하였다면 계약에 따라 수취하기로 한 현금흐름보다 수취할 것으로 예상하는 현금흐름이 더 적을 것인데, 두 금액의 차이가 현금부족액이다. 현금부 족액을 최초 유효이자율로 할인한 현재가치를 신용손실이라고 하며, 신용손실을 개별 채 무불이행의 발생 위험으로 가중평균한 금액을 기대신용손실이라고 한다.

② 당기손익－공정가치 측정 금융자산은 평가손실을 당기손실로 인식하기 때문에 손상차손 인식대상이 아니다.

③ 기대신용손실은 지급액과 지급시기를 고려하기 때문에 전부 지급받을 것으로 예상하더 라도 그 예상시기가 계약상 지급 시점보다 늦다면 신용손실이 발생한다.

④ 보고기간 말에 금융자산의 신용위험이 유의하게 증가하지 않았다면 전체 기간 기대신용 손실에 해당하는 금액으로 손실충당금을 측정한다.

56 다음은 금융자산의 분류 및 재분류 등에 관한 설명이다. 옳은 설명을 모두 고른 것은?

> ㄱ. 계약상 현금흐름을 수취하기 위해 보유하는 것이 목적인 사업모형 하에서 금융자산을
>   보유하고, 금융자산의 계약 조건에 따라 특정일에 원금과 원금잔액에 대한 이자 지급만
>   으로 구성되어 있는 현금흐름이 발생하는 금융자산은 상각후원가로 측정한다.
> ㄴ. 계약상 현금흐름의 수취와 금융자산의 매도 둘 다를 통해 목적을 이루는 사업모형 하에
>   서 금융자산을 보유하고, 금융자산의 계약 조건에 따라 특정일에 원금과 원금잔액에 대
>   한 이자 지급만으로 구성되어 있는 현금흐름이 발생하는 금융자산은 당기손익－공정가
>   치로 측정한다.
> ㄷ. 서로 다른 기준에 따라 자산이나 부채를 측정하거나 그에 따른 손익을 인식한 결과로
>   발생한 인식이나 측정의 불일치를 제거하거나 유의적으로 줄이는 경우에는 최초 인식
>   시점에 해당 금융자산을 당기손익－공정가치 측정항목으로 지정할 수 있다.
> ㄹ. 금융자산을 기타포괄손익－공정가치 측정 범주에서 당기손익－공정가치 측정 범주로
>   재분류하는 경우, 재분류 전에 인식한 기타포괄손익누계액은 재분류일에 자본의 다른
>   항목으로 직접 대체한다.

① ㄱ, ㄴ   ② ㄱ, ㄷ
③ ㄴ, ㄷ   ④ ㄴ, ㄹ

57 금융상품에 관한 설명으로 옳은 것은?

① 당기손익－공정가치로 측정되는 '지분상품에 대한 특정 투자'에 대해서는 후속적인 공정
   가치 변동은 최초 인식시점이라 하더라도 기타포괄손익으로 표시하도록 선택할 수 없다.
② 측정이나 인식의 불일치, 즉 회계불일치의 상황이 아닌 경우 금융자산은 금융자산의 관
   리를 위한 사업모형과 금융자산의 계약상 현금흐름의 특성 모두에 근거하여 상각후원가,
   기타포괄손익－공정가치, 당기손익－공정가치로 측정되도록 분류한다.
③ 기타포괄손익－공정가치 측정 금융자산이 기대신용손실을 조정하기 위한 기대신용손실
   액(손상차손)은 당기손실로 인식하고, 기대신용손실환입액(손상차손환입)은 기타포괄손
   익으로 인식한다.
④ 금융자산을 상각후원가 측정범주에서 기타포괄손익－공정가치 측정 범주로 재분류하는
   경우 재분류일의 공정가치로 측정하며, 재분류 전 상각후원가와 공정가치 차이에 따른
   손익은 당기손익으로 인식한다.

58 금융자산의 재분류에 관한 설명으로 옳지 않은 것은?

① 금융자산을 상각후원가 측정 범주에서 당기손익 – 공정가치 측정 범주로 재분류하는 경우에 재분류일의 공정가치로 측정하고, 금융자산의 재분류 전 상각후원가와 공정가치의 차이에 따른 손익은 당기손익으로 인식한다.

② 금융자산을 당기손익 – 공정가치 측정 범주에서 상각후원가 측정 범주로 재분류하는 경우에 재분류일의 공정가치가 새로운 총장부금액이 된다.

③ 금융자산을 기타포괄손익 – 공정가치 측정 범주에서 상각후원가 측정 범주로 재분류하는 경우에 재분류일의 공정가치로 측정하고, 재분류 전에 인식한 기타포괄손익누계액은 재분류일에 당기손익으로 인식한다.

④ 금융자산을 상각후원가 측정 범주에서 기타포괄손익 – 공정가치 측정 범주로 재분류하는 경우에 재분류일의 공정가치로 측정하고, 금융자산의 재분류 전 상각후원가와 공정가치의 차이에 따른 손익은 기타포괄손익으로 인식한다.

59 금융자산의 재분류 시 회계처리에 관한 설명으로 옳지 않은 것은?

① 상각후원가 측정 금융자산을 당기손익 – 공정가치 측정 금융자산으로 재분류할 경우 재분류일의 공정가치로 측정하고, 재분류 전 상각후원가와 공정가치의 차이를 당기손익으로 인식한다.

② 상각후원가 측정 금융자산을 기타포괄손익 – 공정가치 측정 금융자산으로 재분류할 경우 재분류일의 공정가치로 측정하고, 재분류 전 상각후원가와 공정가치의 차이를 기타포괄손익으로 인식하며, 재분류에 따라 유효이자율과 기대신용손실 측정치는 조정하지 않는다.

③ 기타포괄손익 – 공정가치 측정 금융자산을 당기손익 – 공정가치 측정 금융자산으로 재분류할 경우 계속 공정가치로 측정하고, 재분류 전에 인식한 기타포괄손익누계액은 재분류일에 이익잉여금으로 대체한다.

④ 당기손익 – 공정가치 측정 금융자산을 기타포괄손익 – 공정가치 측정 금융자산으로 재분류할 경우 계속 공정가치로 측정하고, 재분류일의 공정가치에 기초하여 유효이자율을 다시 계산한다.

정답 및 해설 p. 412

01 금융부채로 분류되지 않는 것은?

① 차입금 ② 매입채무
③ 선수금 ④ 지급어음

02 (주)한국의 20×1년 말 부채와 관련된 자료가 다음과 같을 때, 20×1년 말 금융부채는?

• 충당부채	₩50,000	• 장기차입금	₩10,000
• 선수금	₩30,000	• 사채	₩40,000
• 매입채무	₩60,000	• 미지급법인세	₩15,000
• 미지급금	₩35,000		

① ₩95,000 ② ₩110,000
③ ₩120,000 ④ ₩145,000

03 다음 중 금융부채에 속하는 것을 모두 고른 것은?

ㄱ. 매입채무   ㄴ. 선수금   ㄷ. 사채   ㄹ. 소득세 예수금   ㅁ. 미지급법인세

① ㄱ, ㄴ ② ㄱ, ㄷ
③ ㄱ, ㄹ, ㅁ ④ ㄴ, ㄷ, ㄹ

04 미래에 현금을 수취할 계약상 권리에 해당하는 금융자산과 이에 대응하여 미래에 현금을 지급할 계약상 의무에 해당하는 금융부채로 옳지 않은 것은?

① 매출채권과 매입채무 ② 받을어음과 지급어음
③ 대여금과 차입금 ④ 선급금과 선수금

05 (주)한국은 20×1년 초에 액면가액 ₩100,000(액면이자율 연 10%, 만기 3년, 매년 말 이자 지급조건)인 사채를 발행하였다. 이 회사는 사채발행차금을 유효이자율법으로 회계처리하고 있다. 사채발행일의 시장이자율은 연 12%라고 할 때, (주)한국이 동 사채와 관련하여 3년간 포괄손익계산서에 인식할 총이자비용은 얼마인가? (단, 사채발행일의 시장이자율과 유효이자율은 일치한다.)

기간	기간 말 ₩1의 현재가치		정상연금 ₩1의 현재가치	
	10%	12%	10%	12%
1	0.9091	0.8929	0.9091	0.8929
2	0.8264	0.7972	1.7355	1.6901
3	0.7513	0.7118	2.4868	2.4018

① ₩24,018 ② ₩30,000
③ ₩34,802 ④ ₩36,000

06 (주)한국은 20×1년 7월 1일 액면금액 ₩2,000,000 (표시이자율 연 9%, 만기 5년)의 사채를 ₩1,950,000에 발행하였다. 이자는 매년 6월 30일에 지급한다. 발행 시부터 만기까지 (주)한국이 인식할 총이자비용은?

① ₩500,000 ② ₩850,000
③ ₩900,000 ④ ₩950,000

07 사채에 관한 설명으로 옳지 않은 것은?

① 사채의 표시이자율은 사채소유자에게 현금으로 지급해야 할 이자계산에 사용된다.
② 사채할인발행차금은 발행금액에서 차감하는 형식으로 표시된다.
③ 사채발행비는 발행금액에서 차감된다.
④ 사채발행 시 사채의 유효이자율이 표시이자율보다 낮은 경우 사채는 할증발행된다.

08 사채에 관한 설명으로 옳지 않은 것은?

① 액면(표시)이자율이 유효이자율보다 낮은 경우에는 할인발행된다.
② 유효이자율법에서 사채할인발행차금의 상각액은 매년 증가한다.
③ 유효이자율법을 적용할 경우 할인 및 할증발행 모두 이자비용은 매년 감소한다.
④ 할증발행의 경우 사채의 장부금액은 매년 감소한다.

09 사채발행차금과 사채발행비에 대한 다음 설명 중 옳은 것은?

① 사채발행차금을 유효이자율법으로 상각하는 경우 할인발행되면 이자비용은 매년 감소하고 할증발행되면 이자비용은 매년 증가한다.

② 사채발행차금을 정액법으로 상각하는 경우 장부금액에 대한 이자비용의 비율은 매년 동일하다.

③ 사채발행차금을 유효이자율법으로 상각하는 경우 할인발행 또는 할증발행에 따른 사채발행차금의 상각액은 매년 증가한다.

④ 국제회계기준에서는 사채발행차금을 사채기간에 걸쳐 정액법으로 상각한다.

10 사채의 할증발행에 관한 설명으로 옳은 것은?

① 표시이자율보다 시장에서 요구하는 수익률이 높은 경제 상황에서 발생한다.

② 유효이자율법에 의해 상각할 경우 기간경과에 따라 할증발행차금 상각액은 매기 감소한다.

③ 기간경과에 따른 이자비용은 매기 증가한다.

④ 매기 현금이자 지급액보다 낮은 이자비용이 인식된다.

11 상각후원가로 후속 측정하는 일반사채에 관한 설명으로 옳지 않은 것은?

① 사채를 할인발행하고 중도상환 없이 만기까지 보유한 경우, 발행자가 사채발행시점부터 사채만기까지 포괄손익계산서에 인식한 이자비용의 총합은 발행시점의 사채할인발행차금과 연간 액면이자 합계를 모두 더한 값과 일치한다.

② 사채발행비가 존재하는 경우, 발행시점의 발행자의 유효이자율은 발행시점의 시장이자율보다 낮다.

③ 사채를 할증발행한 경우, 중도상환이 없다면 발행자가 포괄손익계산서에 인식하는 사채관련 이자비용은 매년 감소한다.

④ 사채를 중도상환할 때 거래비용이 없고 시장가격이 사채의 내재가치를 반영하는 경우, 중도상환시점의 시장이자율이 사채발행시점의 유효이자율보다 크다면 사채발행자 입장에서 사채상환이익이 발생한다.

12 (주)한국은 20×1년 1월 1일에 액면금액 ₩1,000,000(표시이자율 연 8%, 매년 말 이자지급, 만기 3년)의 사채를 발행하였다. 발행 당시 시장이자율은 연 13%이다. 20×1년 12월 31일 현재 동 사채의 장부금액은 ₩916,594이다. 동 사채와 관련하여 (주)한국이 20×3년도 인식할 이자비용은? (단, 단수차이로 인한 오차가 있으면 가장 근사치를 선택한다.)

① ₩103,116   ② ₩107,026
③ ₩119,157   ④ ₩124,248

13 (주)한국은 20×1년 초 액면금액 ₩100,000의 사채(표시이자율 연 8%, 이자는 매년 말 후급, 유효이자율 연 10%, 만기 20×3년 말)를 ₩95,026에 발행하고 상각후원가로 측정하였다. 동 사채와 관련하여 20×3년 인식할 이자비용은? (단, 이자는 월할 계산하며, 단수차이가 발생할 경우 가장 근사치를 선택한다.)

① ₩9,503   ② ₩9,553
③ ₩9,653   ④ ₩9,818

14 (주)한국은 20×1년 1월 1일에 액면금액이 ₩40,000, 3년 만기 사채를 ₩36,962에 할인발행하였다. 사채발행 시 유효이자율은 연 9%이고, 이자는 매년 말 후급한다. 20×2년 1월 1일 현재 사채의 장부금액이 ₩37,889이라고 하면 사채의 표시이자율은? (단, 계산 시 화폐금액은 소수점 첫째 자리에서 반올림한다.)

① 6.0%   ② 6.2%
③ 6.5%   ④ 7.0%

15 (주)한국은 20×1년 1월 1일에 사채를 발행하여 매년 말 액면이자를 지급하고 유효이자율법에 의하여 상각한다. 20×2년 말 이자와 관련된 회계처리는 다음과 같다.

| (차변) 이자비용 | 6,000 | (대변) 사채할인발행차금 | 3,000 |
| | | 현금 | 3,000 |

위 거래가 반영된 20×2년 말 사채의 장부금액이 ₩43,000으로 표시되었다면, 사채의 유효이자율은? (단, 사채의 만기는 20×3년 12월 31일이다.)

① 연 12%   ② 연 13%
③ 연 14%   ④ 연 15%

16 (주)한국은 20×1년 초 3년 만기 사채를 할인발행하여 매년 말 액면이자를 지급하고 상각후 원가로 측정하였다. 20×2년 말 사채 장부금액이 ₩98,148이고, 20×2년 사채이자 관련 분개는 다음과 같다. 20×1년 말 사채의 장부금액은?

(차) 이자비용	7,715	(대) 현금	6,000
		사채할인발행차금	1,715

① ₩90,433
② ₩92,148
③ ₩94,863
④ ₩96,433

17 (주)한국은 20×1년 1월 1일 시장이자율이 연 9%일 때 액면금액이 ₩10,000이고, 만기가 3년인 회사채를 ₩9,241에 할인발행하였다. 해당 회사채는 매년 말 이자를 지급한다. 해당 회사채의 20×2년 1월 1일 장부금액이 ₩9,473이라면, 회사채의 표시이자율은 얼마인가?

① 연 5.8%
② 연 6%
③ 연 6.5%
④ 연 7%

18 (주)한국은 20×1년 1월 1일 액면가액 ₩1,000,000의 사채(연 5% 이자를 매년 말 지급)를 발행하였다. 20×2년 12월 31일 동 사채의 장부금액은 ₩946,467이며, 20×2년도 사채할인발행차금 상각액은 ₩23,812이다. 사채발행일의 유효이자율은 몇 %인가?

① 연 6%
② 연 7%
③ 연 8%
④ 연 9%

19 (주)대한은 20×1년 1월 1일에 액면가액 ₩8,000,000(이자는 매년도 말에 후불로 지급)의 사채를 ₩7,400,000에 발행하였다. (주)대한은 20×1년 12월 31일에 사채와 관련하여 유효이자율법에 따라 다음과 같이 분개하였다.

(차) 이자비용	962,000	(대) 현금	800,000
		사채할인발행차금	162,000

이 사채의 연간 유효이자율과 표시이자율은 각각 몇 %인가?

① 12%, 10%
② 13%, 10%
③ 13%, 11%
④ 14%, 10%

20 (주)대한은 20×1년 1월 1일 다음과 같은 사채를 발행하였으며 유효이자율법에 따라 회계처리한다. 동 사채와 관련하여 옳지 않은 것은?

> • 액면금액 : ₩1,000,000 • 만기 : 3년
>
> • 액면이자율 : 연 5%
>
> • 이자지급시기 : 매년 말 • 사채발행비 : ₩20,000
>
> • 유효이자율 : 연 8% (유효이자율은 사채발행비가 고려됨)

① 동 사채는 할인발행사채이다.

② 매년 말 지급할 현금이자는 ₩50,000이다.

③ 이자비용은 만기일에 가까워질수록 증가한다.

④ 사채발행비가 ₩30,000이라면 동 사채에 적용되는 유효이자율은 연 8%보다 낮다.

21 20×1년 1월 1일 (주)한국은 액면금액 ₩1,000,000의 사채를 ₩918,000에 할인발행하였다. 이 사채의 발행에 적용된 유효이자율은 7%, 액면이자율은 5%(이자지급 매년 말 지급)이다. 이와 관련된 설명 중 옳지 않은 것은?

① 20×1년도 사채의 유효이자는 ₩64,260이다.

② 20×1년도 사채할인발행차금의 상각액은 ₩14,260이다.

③ 20×1년도 말 사채의 장부금액은 ₩932,260이다.

④ 20×2년 1월 1일 이 사채를 ₩935,000에 상환한다면 ₩2,740의 상환이익이 발생한다.

22 (주)한국은 20×1년 초 다음과 같은 조건의 사채를 ₩43,783에 발행하였다. 20×2년 말 이자지급 후, 동 사채 전부를 ₩45,000에 조기상환한 경우 사채상환이익은? (단, 금액은 소수점 첫째 자리에서 반올림하며 단수차이가 있으면 가장 근사치를 선택한다.)

> • 액면금액 : ₩50,000
>
> • 표시이자율 : 연 5%(매년 말 이자지급)
>
> • 유효이자율 : 연 10%
>
> • 만기 : 3년(만기 일시상환)

① ₩1,217 ② ₩2,727

③ ₩4,339 ④ ₩5,000

23 (주)서울은 액면금액 ₩1,000,000, 표시이자율 연 6%(매년 9월 말 지급 조건)인 사채를 이 자지급일에 표시이자 지급 직후 현금 ₩1,070,000으로 조기상환하였다. 이 거래로 인한 (주)서울의 사채상환손실이 ₩120,000이었다면, 조기상환시점에서의 미상각 사채할인발행 차금은 얼마인가?

① ₩20,000

② ₩40,000

③ ₩50,000

④ ₩70,000

24 (주)한국은 20×1년 1월 1일 액면금액이 ₩1,000,000이고, 표시이자율 연 10%(이자는 매 년 말 지급), 만기 3년인 사채를 시장이자율 연 8%로 발행하였다. (주)한국이 20×2년 1월 1일 동 사채를 ₩1,100,000에 조기상환할 경우, 사채의 조기상환손익은? (단, 단수차이가 있으면 가장 근사치를 선택한다.)

기간	단일금액 ₩1의 현재가치		정상연금 ₩1의 현재가치	
	8%	10%	8%	10%
1	0.9259	0.9091	0.9259	0.9091
2	0.8573	0.8264	1.7833	1.7355
3	0.7938	0.7513	2.5771	2.4868

① ₩64,369 손실

② ₩64,369 이익

③ ₩134,732 손실

④ ₩134,732 이익

25 (주)한국은 20×1년 1월 1일 사채(액면금액 ₩100,000, 3년 만기 일시상환)를 발행하고, 상 각후원가로 측정하였다. 액면이자는 연 5%로 매년 말 지급조건이며, 발행 당시 유효이자율은 연 8%이다. 20×3년 1월 1일 사채를 액면금액으로 조기상환하였을 경우, 사채상환손익은? (단, 금액은 소수점 첫째 자리에서 반올림하며, 단수차이가 있으며 가장 근사치를 선택한다.)

기간	할인율	단일금액 ₩1의 현재가치		정상연금 ₩1의 현재가치	
		5%	8%	5%	8%
3		0.8638	0.7938	2.7232	2.5771

① ₩2,219 이익

② ₩2,781 손실

③ ₩2,781 이익

④ ₩7,734 손실

26 (주)한국은 20×1년 1월 1일에 사채(액면금액 ₩1,000,000, 표시이자율 연 10%, 매년 말 이자지급, 만기 3년)를 ₩885,840에 발행하였다. (주)한국은 동 사채를 20×3년 1월 1일에 전액 상환하였으며 발행시점부터 상환 직전까지 인식한 총 이자비용은 ₩270,680이었다. 사채상환 시 사채상환이익이 ₩1,520인 경우 (주)한국이 지급한 현금은? (단, 계산시 화폐금액은 소수점 첫째 자리에서 반올림한다.)

① ₩953,480

② ₩954,000

③ ₩955,000

④ ₩956,000

27 (주)대한은 20×1년 1월 1일에 상환우선주 200주(1주당 액면금액 ₩500)를 공정가치로 발행하였다. 동 상환우선주와 관련된 자료는 다음과 같다.

> (주)대한은 상환우선주를 20×2년 12월 31일에 1주당 ₩600에 의무적으로 상환해야 한다.
> • 상환우선주의 배당률은 액면금액기준 연 3%이며, 배당은 매년 말에 지급한다. 배당이 지급되지 않는 경우에는 상환금액에 가산하여 지급한다.
> • 20×1년 1월 1일 현재 상환우선주에 적용되는 유효이자율은 연 6%이며, 그 현가계수는 아래 표와 같다.

할인율 기간	6%	
	단일금액 ₩1의 현재가치	정상연금 ₩1의 현재가치
2년	0.8900	1.8334

(주)대한이 동 상환우선주와 관련하여 20×1년 포괄손익계산서 상 이자비용으로 인식해야 할 금액은 얼마인가? (단, 단수차이로 인해 오차가 있다면 가장 근사치를 선택한다.)

① ₩0

② ₩3,600

③ ₩6,408

④ ₩6,738

정답 및 해설 p. 415

01 충당부채, 우발부채 및 우발자산의 회계처리에 관한 설명으로 옳지 않은 것은?

① 미래의 예상 영업손실은 충당부채로 인식한다.

② 우발자산은 자산으로 인식하지 아니한다.

③ 우발부채는 부채로 인식하지 아니한다.

④ 충당부채로 인식하는 금액은 현재의무를 보고기간 말에 이행하기 위하여 소요되는 지출에 대한 최선의 추정치이어야 한다.

02 충당부채, 우발부채 및 우발자산에 관한 설명으로 옳지 않은 것은?

① 충당부채는 현재의무이고 이를 이행하기 위하여 경제적 효익이 있는 자원을 유출할 가능성이 높고 해당 금액을 신뢰성 있게 추정할 수 있으므로 부채로 인식한다.

② 제품보증이나 이와 비슷한 계약 등 비슷한 의무가 다수 있는 경우에 의무 이행에 필요한 자원의 유출 가능성은 해당 의무 전체를 고려하여 판단한다.

③ 재무제표는 미래 시점의 예상 재무상태가 아니라 보고기간 말의 재무상태를 표시하는 것이므로, 미래 영업에서 생길 원가는 충당부채로 인식한다.

④ 우발자산은 과거사건으로 생겼으나, 기업이 전적으로 통제할 수는 없는 하나 이상의 불확실한 미래 사건의 발생 여부로만 그 존재 유무를 확인할 수 있는 잠재적 자산을 말한다.

03 우발부채 및 우발자산에 관한 설명으로 옳지 않은 것은?

① 우발부재와 우발자산은 재무상태표에 자산이나 부채로 인식하지 않는다.

② 제삼자와 연대하여 의무를 지는 경우, 이행할 전체 의무 중 제3자가 이행할 것으로 예상되는 부분에 대해서는 우발부채로 처리한다.

③ 과거에 우발부채로 처리한 항목에 대해서는, 미래경제적효익의 유출 가능성이 높아지고 해당 금액을 신뢰성 있게 추정할 수 있는 경우라 하더라도, 재무제표에 충당부채로 인식할 수 없다.

④ 기업은 관련 상황의 변화가 적절하게 재무제표에 반영될 수 있도록 우발자산을 지속적으로 평가하여야 한다.

04 충당부채 및 우발부채에 관한 설명으로 옳은 것은?

① 충당부채와 우발부채는 재무제표 본문에 표시되지 않고 주석으로 표시된다.

② 자원의 유출가능성이 높고, 금액의 신뢰성 있는 추정이 가능한 경우 충당부채로 인식한다.

③ 자원의 유출가능성이 높지 않더라도, 금액의 신뢰성 있는 추정이 가능한 경우 충당부채로 인식한다.

④ 금액의 신뢰성 있는 추정이 가능하지 않더라도, 자원의 유출가능성이 높은 경우 충당부채로 인식한다.

05 충당부채와 우발부채에 관한 설명으로 옳지 않은 것은?

① 충당부채는 재무상태표에 표시되는 부채이나 우발부채는 재무상태표에 표시될 수 없고 주석으로만 기재될 수 있다.

② 충당부채를 현재가치로 평가하기 위한 할인율은 부채의 특유한 위험과 화폐의 시간가치에 대한 현행 시장의 평가를 반영한 세후이율이다.

③ 충당부채로 인식하는 금액은 현재의무를 보고기간 말에 이행하기 위하여 필요한 지출에 대한 최선의 추정치이어야 한다.

④ 우발부채는 처음에 예상하지 못한 상황에 따라 변할 수 있으므로, 경제적 효익이 있는 자원의 유출 가능성이 높아졌는지를 판단하기 위하여 우발부채를 지속적으로 평가한다.

06 충당부채, 우발부채 및 우발자산에 관한 설명으로 옳은 것은?

① 우발자산은 경제적 효익의 유입가능성이 높아지더라도 공시하지 않는다.

② 손실부담계약을 체결하고 있는 경우에는 관련된 현재의무를 충당부채로 인식하지 않는다.

③ 충당부채를 현재가치로 평가하는 경우 적용될 할인율은 부채의 특유위험과 화폐의 시간가치에 대한 현행 시장의 평가를 반영한 세후 이율이다.

④ 충당부채와 관련하여 포괄손익계산서에 인식된 비용은 제3자의 변제와 관련하여 인식한 금액과 상계하여 표시할 수 있다.

07 충당부채의 인식에 관한 설명으로 옳지 않은 것은?

① 미래영업을 위하여 발생하게 될 원가는 충당부채로 인식하지 않는다.

② 의무에는 언제나 해당 의무의 이행 대상이 되는 상대방이 존재해야 하므로 상대방이 누구인지 알 수 없는 일반대중에 대한 충당부채는 인식될 수 없다.

③ 개별항목의 의무이행에 필요한 자원의 유출가능성은 높지 않더라도 전체적인 의무이행을 위하여 필요한 자원의 유출가능성이 높을 경우에는 충당부채를 인식한다.

④ 충당부채로 인식되기 위해서는 과거사건으로 인한 의무가 기업의 미래행위와 독립적이어야 한다.

08 충당부채의 변동과 변제에 관한 설명으로 옳지 않은 것은?

① 어떤 의무를 제3자와 연대하여 부담하는 경우에 이행하여야 하는 전체 의무 중에서 제삼자가 이행할 것으로 예상되는 정도까지만 충당부채로 처리한다.

② 의무를 이행하기 위하여 경제적 효익이 있는 자원을 유출할 가능성이 높지 않게 된 경우에는 관련 충당부채를 환입한다.

③ 충당부채를 현재가치로 평가하여 표시하는 경우에는 장부금액을 기간 경과에 따라 증액하고 해당 증가 금액은 차입원가로 인식한다.

④ 충당부채를 결제하기 위하여 필요한 지출액의 일부나 전부를 제3자가 변제할 것으로 예상되는 경우에는 기업이 의무를 이행한다면 변제를 받을 것이 거의 확실하게 되는 때에만 변제금액을 별도의 자산으로 인식하고 회계처리한다.

09 충당부채와 우발부채에 관한 설명으로 옳지 않은 것은?

① 충당부채를 인식하기 위해서는 해당 의무를 이행하기 위하여 경제적 효익을 갖는 자원이 유출될 가능성이 매우 높아야 한다.

② 우발부채는 경제적 효익을 갖는 자원의 유출을 초래할 현재의무가 있는지의 여부가 아직 확인되지 아니한 잠재적 의무이므로 부채로 인식하지 않는다.

③ 재무제표는 미래시점의 예상 재무상태가 아니라 보고기간 말의 재무상태를 표시하는 것이므로, 미래영업을 위하여 발생하게 될 원가에 대하여는 충당부채를 인식하지 않는다.

④ 충당부채로 인식되기 위해서는 과거사건으로 인한 의무가 기업의 미래행위(즉, 미래 사업행위)와 독립적이어야 한다.

10 충당부채와 우발부채에 관한 설명으로 옳지 않은 것은?

① 제3자와 연대하여 의무를 지는 경우에는 이행할 전체의무 중 제3자가 이행할 것으로 예상되는 부분을 우발부채로 인식한다.

② 충당부채로 인식되기 위해서는 과거사건의 결과로 현재의무가 존재하여야 한다.

③ 충당부채를 현재가치로 평가할 때 할인율은 부채의 특유한 위험과 화폐의 시간가치에 대한 현행 시장의 평가를 반영한 세전 이율을 적용한다.

④ 과거에 우발부채로 처리하였다면 이후 충당부채의 인식조건을 충족하더라도 재무제표의 신뢰성 제고를 위해서 충당부채로 인식하지 않는다.

11 충당부채, 우발부채 및 우발자산에 관한 설명으로 옳지 않은 것은?

① 충당부채는 부채로 인식하는 반면, 우발부채는 부채로 인식하지 아니한다.

② 충당부채로 인식하는 금액은 현재의무를 보고기간 말에 이행하기 위하여 필요한 지출에 대한 최선의 추정치이어야 한다.

③ 충당부채에 대한 최선의 추정치를 구할 때에는 관련된 여러 사건과 상황에 따르는 불가피한 위험과 불확실성을 고려한다.

④ 충당부채는 충당부채의 법인세효과와 그 변동을 고려하여 세후 금액으로 측정한다.

12 충당부채, 우발부채, 우발자산에 관한 설명으로 옳은 것은?

① 경제적 효익의 유입가능성이 높지 않은 우발자산은 그 특성과 추정금액을 주석으로 공시한다.

② 과거에 우발부채로 처리한 경우에는 그 이후 기간에 미래 경제적 효익의 유출 가능성이 높아졌다고 하더라도 이를 충당부채로 인식할 수 없다.

③ 미래에 영업손실이 발생할 가능성이 높은 경우에는 그러한 영업손실의 예상 금액을 신뢰성 있게 추정하여 충당부채로 인식한다.

④ 충당부채는 최초 인식과 관련 있는 지출에만 사용한다.

13 충당부채를 인식할 수 없는 상황으로 옳은 것은? (단, 금액은 모두 신뢰성 있게 측정할 수 있다.)

① 법률에 따라 항공사의 항공기를 3년에 한 번씩 정밀하게 정비하도록 하고 있는 경우
② 법적규제가 아직 없는 상태에서 기업이 토지를 오염시켰지만, 이에 대한 법률 제정이 거의 확실한 경우
③ 기업이 토지를 오염시킨 후 법적의무가 없음에도 불구하고 오염된 토지를 정화한다는 방침을 공표하고 준수하는 경우
④ 관련 법규가 제정되어 매연여과장치를 설치하여야 하나, 당해 연도말까지 매연여과장치를 설치하지 않아 법규위반으로 인한 벌과금이 부과될 가능성이 높은 경우

14 다음은 20×1년 말 (주)대한과 관련된 자료이다. 충당부채와 우발부채 금액으로 옳은 것은?

- 20×1년 초 제품보증충당부채는 없었으며, 20×1년 말 현재 향후 보증청구가 이루어질 것으로 판단되는 최선의 추정치는 ₩20,000이다.
- (주)대한은 특허권 침해소송에 피고로 계류되었으며, 패소 시 부담하게 될 손해배상액은 ₩30,000이다. 패소가능성은 높지 않다.
- 기말 현재 매출채권에 대한 손실충당금으로 계상되어야 할 금액은 ₩20,000이다.
- 유형자산의 내용연수가 종료된 후 복구공사비용으로 추정되는 지출액의 현재가치금액은 ₩50,000이다.

	충당부채	우발부채		충당부채	우발부채
①	₩30,000	₩30,000	②	₩50,000	₩50,000
③	₩70,000	₩50,000	④	₩70,000	₩30,000

15 다음 20×1년 말 (주)한국의 자료에서 재무상태표에 표시될 충당부채 금액은? (단, 현재가치 계산은 고려하지 않는다.)

- 20×1년 초에 취득한 공장건물은 정부와의 협약에 의해 내용연수가 종료되면 부속토지를 원상으로 회복시켜야 하는데, 그 복구비용은 ₩500,000이 발생될 것으로 추정된다.
- 20×1년 말에 새로운 회계시스템의 도입으로 종업원들에 대한 교육훈련이 20×2년에 진행될 예정이며, 교육훈련비용으로 ₩300,000의 지출이 예상된다.
- 20×1년 초에 구입한 기계장치는 3년마다 한 번씩 대대적인 수리가 필요한데, 3년 후 ₩600,000의 수리비용이 발생될 것으로 추정된다.

① ₩0
② ₩500,000
③ ₩600,000
④ ₩800,000

16 (주)한국이 20×1년 말 재무상태표에 계상하여야 할 충당부채는? (단, 아래에서 제시된 금액은 모두 신뢰성 있게 측정되었다.)

사건	비고
20×1년 9월 25일에 구조조정 계획이 수립되었으며 예상비용은 ₩300,000으로 추정된다.	20×1년 말까지는 구조조정계획의 이행에 착수하지 않았다.
20×1년 말 현재 소송이 제기되어 있으며, 동 소송에서 패소 시 배상하여야 할 손해배상금액은 ₩200,000으로 추정된다.	(주)한국의 자문 법무법인에 의하면 손해발생 가능성은 높지 않다.
미래의 예상 영업손실이 ₩450,000으로 추정된다.	
회사가 사용 중인 공장 구축물 철거 시, 구축물이 정착되어 있던 토지는 원상복구의무가 있다. 원상복구원가는 ₩200,000으로 추정되며 그 현재가치는 ₩120,000이다.	
판매한 제품에서 제조상 결함이 발견되어 보증비용 ₩350,000이 예상되며, 그 지출가능성이 높다. 동 보증은 확신유형 보증에 해당한다.	예상비용을 보험사에 청구하여 50%만큼 변제받기로 하였다.

① ₩295,000 ② ₩470,000
③ ₩550,000 ④ ₩670,000

17 (주)한국은 제품매출액의 3%에 해당하는 금액을 제품보증비용(보증기간 2년)으로 추정하고 있다. 20×1년의 매출액과 실제 보증청구로 인한 보증비용 지출액은 다음과 같다.

제품매출액(20×1년)	실제 보증비용 지출액	
	20×1년	20×2년
₩600,000	₩14,000	₩6,000

20×2년 포괄손익계산서의 보증활동으로 인한 비용과 20×2년 말 재무상태표의 충당부채 잔액은? (단, (주)한국은 20×1년 초에 설립되었으며, 20×2년의 매출은 없다고 가정한다.)

	제품보증비	충당부채		제품보증비	충당부채
①	₩2,000	₩0	②	₩3,000	₩0
③	₩4,000	₩0	④	₩5,000	₩4,000

18 (주)한국은 제품 판매를 촉진하기 위하여 제품을 구입하는 고객에게 판매액 ₩1,000마다 1장씩의 경품권을 교부하고 있으며, 경품권 1장과 현금 ₩100을 가져오는 고객에게 경품용 제품 1개를 제공하고 있다. (주)한국은 경품용 제품을 개당 ₩300에 구입하였으며, 교부한 경품권 중 60%가 회수될 것으로 추정하고 있다. 경품과 관련된 다음 자료를 이용하여 계산한 (주)한국의 20×2년 말 경품부채 잔액은?

• 20×1년 말 경품부채	₩120,000
• 20×2년 제품매출액	₩2,400,000
• 20×2년 중 회수된 경품권	1,000장

① ₩108,000   ② ₩160,000
③ ₩208,000   ④ ₩288,000

19 (주)한국은 20×1년 2월 초 영업을 개시하여 2년간 제품보증 조건으로 건조기(대당 판매가격 ₩100)를 판매하고 있다. 20×1년 1,500대, 20×2년 4,000대의 건조기를 판매하였으며, 동종업계의 과거 경험에 따라 판매수량 대비 평균 3%의 보증요청이 있을 것으로 추정되고 보증비용은 대당 평균 ₩20이 소요된다. 당사가 제공하는 보증은 확신유형의 보증이며 연도별 보증이행 현황은 다음과 같다.

구분	20×1년	20×2년
20×1년 판매분	5대	15대
20×2년 판매분		30대

20×2년 말 보증손실충당부채는? (단, 보증요청의 발생가능성이 높고 금액은 신뢰성 있게 측정되었다. 충당부채의 현재가치요소는 고려하지 않는다.)

① ₩1,000   ② ₩1,200
③ ₩1,800   ④ ₩2,300

정답 및 해설 p. 416

01 자본과 관련된 설명으로 옳은 것은?

① 자본구성항목의 표시는 유동성배열법을 따른다.
② 주식배당으로 주식을 교부하면 자본금이 증가한다.
③ 주식발행초과금과 같은 자본잉여금이라도 주주에게 배당이 가능하다.
④ 기타포괄손익누계액은 자본거래로부터 발생한다.

02 주당 액면금액이 ₩5,000인 보통주 100주를 주당 ₩8,000에 현금 발행한 경우 재무제표에 미치는 영향으로 옳지 않은 것은?

① 자산 증가
② 자본 증가
③ 부채 불변
④ 이익잉여금 증가

03 다음 중 자본총계에 영향을 주는 거래는?

① 현물출자
② 주식배당
③ 무상증자
④ 주식분할

04 다음 중 자본이 증가하는 거래는? (단, 각 거래는 상호독립적이고, 자기주식의 취득은 상법 상 정당한 것으로 가정한다.)

① 중간배당(현금배당) ₩100,000을 실시하였다.
② 액면금액이 주당 ₩5,000인 주식 25주를 ₩4,000에 할인발행하였다.
③ 자기주식(액면금액 주당 ₩5,000) 25주를 주당 ₩4,000에 취득하였다.
④ 당기순손실 ₩100,000이 발생하였다.

05 (주)대한은 주당 액면금액 ₩5,000인 보통주 500주를 주당 ₩15,000에 발행하였다. 발행대금은 전액 당좌예금에 입금되었으며, 주식인쇄비 등 주식발행과 직접 관련된 비용 ₩500,000이 지급되었다. 유상증자 직전에 주식할인발행차금 미상각잔액 ₩800,000이 존재할 때, (주)대한의 유상증자로 인한 자본의 증가액은 얼마인가?

① ₩2,500,000
② ₩4,500,000
③ ₩6,200,000
④ ₩7,000,000

06 (주)한국은 20×1년 1월 1일 보통주(액면금액 ₩5,000) 1,000주를 주당 ₩6,000에 발행하여 회사를 설립하고, 20×1년 7월 1일 보통주(액면금액 ₩5,000) 1,000주를 주당 ₩7,000에 발행하는 유상증자를 실시하였다. 설립과 유상증자 과정에서 주식발행이 없었다면 회피할 수 있고 해당 거래와 직접적으로 관련된 원가 ₩500,000과 간접적으로 관련된 원가 ₩200,000이 발생하였다. (주)한국의 20×1년 12월 31일 재무상태표에 보고할 주식발행초과금은?

① ₩2,000,000   ② ₩2,300,000

③ ₩2,500,000   ④ ₩2,800,000

07 다음은 서로 독립적인 거래들이다. 자본이 증가하는 것만으로 올바르게 짝지어진 것은?

> 가. 주당 액면 ₩5,000인 주식을 주당 액면 ₩1,000인 주식 5주로 분할하였다.
> 나. 기존 주주들에게 10%의 주식배당을 실시하고 즉시 신주를 발행하여 교부하였다.
> 다. 주당 액면 ₩5,000인 주식 100주를 주당 ₩4,000에 할인발행하였다.
> 라. 주당 ₩200에 취득하여 보유하고 있던 자기주식 10주를 주당 ₩250에 처분하였다.
> 마. 수정전시산표상에 ₩10,000으로 기록되어 있는 기타포괄금융자산(지분상품)의 보고기간 말 현재 공정가치는 ₩8,000이다.

① 가, 나   ② 가, 라

③ 나, 마   ④ 다, 라

08 주식배당, 무상증자, 주식분할, 주식병합 간의 비교로 옳지 않은 것은?

① 주식병합의 경우 발행주식수가 감소하지만 주식배당, 무상증자, 주식분할의 경우 발행주식수가 증가한다.

② 주식분할의 경우 주당액면금액이 감소하지만 주식배당, 무상증자의 경우 주당액면금액이 변하지 않는다.

③ 주식배당, 무상증자, 주식분할의 경우 총자본은 변하지 않는다.

④ 주식배당, 무상증자, 주식분할의 경우 자본금이 증가한다.

09 무상증자, 주식배당, 주식분할 및 주식병합 간의 비교로 옳지 않은 것은?

① 무상증자, 주식배당 및 주식병합의 경우 총자본은 변하지 않지만 주식분할의 경우 총자본은 증가한다.
② 무상증자와 주식배당의 경우 자본금은 증가한다.
③ 주식배당과 주식분할의 경우 자본잉여금은 변하지 않는다.
④ 무상증자, 주식배당 및 주식분할의 경우 발행주식수가 증가하지만 주식병합의 경우 발행주식수가 감소한다.

10 자본에 관한 설명으로 옳은 것을 모두 고른 것은?

> ㄱ. 자기주식을 취득하면 자본총액은 증가한다.
> ㄴ. 유상증자 시에 자본금은 증가하나 자본총액은 변동하지 않는다.
> ㄷ. 무상증자 시에 자본금은 증가하나 자본총액은 변동하지 않는다.
> ㄹ. 주식배당 시에 자산총액과 자본총액은 변동하지 않는다.
> ㅁ. 주식분할로 인해 발행주식수가 증가하여도 액면가액은 변동이 없다.
> ㅂ. 임의적립금은 주주총회의 의결을 통해 미처분이익잉여금으로 이입한 후 배당할 수 있다.

① ㄱ, ㄴ, ㄷ   ② ㄴ, ㄷ, ㄹ
③ ㄴ, ㄹ, ㅁ   ④ ㄷ, ㄹ, ㅂ

11 (주)한국의 자기주식(주당 액면금액 ₩5,000)과 관련된 자료는 다음과 같다. 8월 7일 자기주식처분이 당기순이익에 미치는 영향으로 옳은 것은?

> • 2월 1일 : 자기주식 300주를 주당 ₩6,000에 취득하다.
> • 6월 2일 : 자기주식 100주를 주당 ₩6,300에 처분하다.
> • 7월 5일 : 자기주식 100주를 소각하다.
> • 8월 7일 : 자기주식 100주를 주당 ₩5,000에 처분하다.

① 영향 없음   ② ₩30,000 감소
③ ₩30,000 증가   ④ ₩70,000 감소

12 (주)한국은 20×5년 2월에 자기주식 100주를 주당 ₩3,000에 취득하였으며, 3월에 자기주식 200주를 주당 ₩6,000에 취득하였다. 이후 (주)한국은 9월에 보유하고 있던 자기주식 중 200주를 주당 ₩5,500에 매각하였다. 처분한 자기주식의 단가를 총평균법으로 계산할 경우 (주)한국이 인식해야 할 자기주식처분손익은 얼마인가?

① 처분이익 ₩250,000

② 처분이익 ₩300,000

③ 처분이익 ₩100,000

④ 처분손실 ₩100,000

13 다음은 (주)한국의 재무제표 자료 중 일부이다.

구분	20×1년 초	20×1년 말
자산총계	₩22,000	₩26,000
부채총계	₩16,000	₩17,000

20×1년 중 무상증자 ₩1,000이 있었으며, 자기주식을 ₩300에 취득하였다. 현금배당 ₩400과 주식배당 ₩300이 결의 및 지급되고 토지재평가잉여금 ₩100이 발생한 경우, (주)한국의 20×1년도 당기순이익은? (단, 토지재평가는 20×1년에 처음 실시하였다.)

① ₩2,400

② ₩3,000

③ ₩3,400

④ ₩3,600

14 (주)한국은 20×1년 초에 1주당 액면금액 ₩5,000인 보통주 140주를 액면발행하여 설립하였으며, 20×1년 말 이익잉여금이 ₩300,000이었다. 20×2년 중 발생한 자기주식 관련 거래는 다음과 같으며 그 외 거래는 없다. (주)한국은 소각하는 자기주식의 원가를 선입선출법으로 측정하고 있다. 20×2년 말 자본총계는?

- 3월 1일 자기주식 20주를 1주당 ₩4,900에 취득하였다.
- 3월 5일 자기주식 40주를 1주당 ₩5,300에 취득하였다.
- 4월 1일 자기주식 10주를 소각하였다.
- 4월 6일 자기주식 30주를 소각하였다.

① ₩390,000

② ₩690,000

③ ₩790,000

④ ₩840,000

15 다음은 20×1년 중 발생한 (주)한국의 자본거래내역이다. 다음 거래들이 (주)한국의 20×1년도 결산일 자본총액에 미치는 영향은?

- 1월 20일 : 주당 액면금액 ₩400의 자기주식 200주를 주당 ₩800에 취득
- 2월 25일 : 위 주식 중 50주를 주당 ₩1,200에 매각
- 6월 20일 : 위 주식 중 나머지를 모두 소각
- 8월 15일 : 주당 액면금액 ₩400의 보통주 100주를 주당 ₩600에 발행
- 12월 31일 : 당기순이익 ₩48,000 보고

① ₩8,000 감소 ② ₩4,000 감소
③ ₩4,000 증가 ④ ₩8,000 증가

16 자본항목에 관한 설명으로 옳지 않은 것은?

① 지분상품의 상환이나 차환은 자본의 변동으로 인식하지만, 지분상품의 공정가치 변동은 재무제표에 인식하지 않는다.
② 확정수량의 보통주로 전환되는 조건으로 발행된 전환우선주는 지분상품으로 회계처리한다.
③ 기업이 자기지분상품을 재취득하는 경우에는 자본에서 차감하며, 자기지분상품을 매입, 매도, 발행, 소각하는 경우의 손익은 당기손익으로 인식하지 않는다.
④ 액면주식을 액면발행한 경우, 발생한 주식발행 직접원가는 주식할인발행차금으로 차변에 기록된다.

17 다음 자료를 이용하여 계산한 기말자본총액은?

- 기초자본총액 : ₩10,000
- 7월 1일 : 주당 액면가액 ₩100의 자기주식 10주를 주당 ₩300에 취득
- 8월 1일 : 위 자기주식 중 5주를 주당 ₩350에 매각
- 9월 1일 : 위 자기주식 중 3주를 소각

① ₩7,850 ② ₩8,150
③ ₩8,500 ④ ₩8,750

18 다음 자료를 이용하여 계산된 기말자본 금액은?

<기초자본 자료>

• 자본금	₩20,000
• 이익잉여금	₩500
• 재평가잉여금	₩800
• 계	₩21,300

• 당기 중 액면금액 ₩500이 보통주 10주를 주당 ₩1,000에 발행
• 당기순손실 : ₩200
• 당기 재평가잉여금 증가액 : ₩100

① ₩26,200   ② ₩29,800
③ ₩30,050   ④ ₩31,200

19 다음은 (주)한국의 20×1년 발생 거래내역이다. 다음 거래의 결과로 증가되는 (주)한국의 자본 총액은?

• 3월 10일 : 주당 액면금액 ₩1,000의 자기주식 100주를 주당 ₩3,000에 취득하였다.
• 6월 30일 : 3월 10일에 취득한 자기주식 중 50주를 주당 ₩3,600에 처분하였다.
• 10월 13일 : 3월 10일에 취득한 자기주식 중 50주를 소각하였다.
• 11월 30일 : 주당 액면금액 ₩1,000의 보통주 50주를 주당 ₩4,000에 발행하면서, 추가적으로 주식발행비 ₩35,000을 지출하였다.
• 12월 31일 : ₩200,000의 당기순이익과 ₩130,000의 기타포괄이익을 보고하였다.

① ₩260,000   ② ₩375,000
③ ₩410,000   ④ ₩710,000

20 (주)한국의 20×1년 중 발생한 자본항목 사건이다.

• 무상증자 시행	₩500	• 주식배당 결의	₩300
• 자기주식 취득	₩600	• 자기주식 소각	₩600
• 당기순이익 발생	₩1,000	• 기타포괄이익 발생	₩800

20×1년 초 (주)한국의 자본은 ₩10,000이고 이 외에 자본항목 사건은 없다고 가정할 때, 20×1년 말 (주)한국의 자본은?

① ₩10,400
② ₩11,000
③ ₩11,200
④ ₩11,600

21 다음은 (주)한국의 재무제표 정보 중 일부이다. 20×2년 12월 31일의 자산총계는 얼마인가?

구분	20×2년 12월 31일	20×1년 12월 31일
자산총계	?	₩30,000
부채총계	₩38,000	₩23,000
이익잉여금	?	₩5,000
〈20×2년 중 자본변동액〉		
당기순이익	₩10,000	
유상증자	₩3,000	
무상증자	₩2,000	
현금배당	₩4,200	

① ₩51,300
② ₩53,300
③ ₩53,800
④ ₩55,800

22 다음은 (주)한국의 기초 및 기말 재무제표 자료 중 일부이다.

구분	기초	기말
자산총계	₩11,000,000	₩15,000,000
부채총계	₩5,000,000	₩6,000,000

당기 중 무상증자 ₩1,000,000이 있었으며, 현금배당 ₩500,000 및 주식배당 ₩300,000이 결의 및 지급되고 토지재평가이익 ₩100,000이 있었다면, 당기순이익은? (단, 토지재평가는 당기에 처음으로 실시하였다.)

① ₩2,400,000
② ₩2,800,000
③ ₩3,000,000
④ ₩3,400,000

23 (주)한국의 당기 포괄손익계산서에 보고할 당기순이익은?

> • 기초자본은 자본금과 이익잉여금으로만 구성되어 있다.
> • 기말자산은 기초자산에 비해 ₩400,000 증가하였고, 기말부채는 기초부채에 비해 ₩100,000 감소하였다.
> • 당기 중 유상증자 ₩150,000이 있었다.
> • 당기 중 기타포괄손익－공정가치 측정 금융자산의 평가손실 ₩50,000을 인식하였다.
> • 당기 중 재평가모형을 적용하는 유형자산의 재평가이익 ₩30,000을 인식하였다. (단, 전기 재평가손실은 없다.)
> • 당기 중 현금배당 ₩100,000을 지급하였다.

① ₩450,000   ② ₩470,000
③ ₩500,000   ④ ₩550,000

24 다음은 (주)한국의 20×1년 기초 및 기말 재무상태표에서 추출한 자산과 부채의 자료이다.

구분	20×1년 기초	20×1년 기말
자산총계	₩6,000,000	₩20,000,000
부채총계	₩2,800,000	₩10,000,000

(주)한국은 20×1년 중에 유상증자로 ₩1,000,000의 자금을 조달하였고 ₩200,000의 무상증자를 실시하였다. 이익처분으로 현금배당 ₩600,000과 주식배당 ₩800,000을 지급하였고 법정적립금으로 ₩100,000의 이익준비금을 적립하였다. 20×1년도 당기에 재평가잉여금은 ₩500,000만큼 증가하였고, FVOCI 금융자산 평가이익은 ₩800,000이 증가하였다. (주)한국의 20×1년 포괄손익계산서에 표시될 총포괄이익은 얼마인가? (단, (주)한국의 자본은 납입자본과 이익잉여금 및 기타자본요소로 구성되어 있다.)

① ₩4,200,000   ② ₩5,000,000
③ ₩5,100,000   ④ ₩6,400,000

25 (주)한국의 20×1년 12월 31일 재무상태표에 표시된 이익잉여금은 ₩300,000으로 이에 대한 세부항목은 이익준비금 ₩30,000과 임의적립금 ₩60,000 그리고 미처분이익잉여금 ₩210,000이다. (주)한국은 20×2년 2월 27일에 개최한 정기 주주총회에서 20×1년도 재무제표에 대해 다음과 같이 결산승인하였다.

• 임의적립금 이입액	₩20,000	• 자기주식처분손실 상각액	₩10,000
• 이익준비금 적립액	₩10,000	• 현금 배당액	₩100,000

(주)한국이 20×2년 2월 27일의 결산승인사항을 반영한 후 이익잉여금은? (단, 이익준비금은 자본금의 1/2에 미달한다고 가정한다.)

① ₩180,000   ② ₩190,000
③ ₩200,000   ④ ₩210,000

26 20×1년 자본과 관련한 다음 정보를 이용할 때, 20×1년 말 재무상태표에 표시될 이익잉여금은?

- 20×1년 기초 이익잉여금 ₩500,000
- 2월 25일 : 주주총회에서 현금 ₩100,000, 주식배당 ₩50,000을 배당 결의하고, 이익준비금 ₩10,000과 결손보전적립금 ₩50,000 적립 결의
- 6월 30일 : 주식발행초과금 ₩100,000을 자본금으로 전입
- 9월 30일 : 전기 이전부터 보유하던 장부금액 ₩30,000의 자기주식을 ₩40,000에 매각
- 20×1년 당기순이익 ₩250,000

① ₩500,000   ② ₩550,000
③ ₩600,000   ④ ₩650,000

27 다음은 (주)한국의 20×1년 자본과 관련된 사항이다. 다음 정보를 이용할 경우, 20×1년 말 재무상태표에 표시될 이익잉여금은?

- 20×1년 기초 이익잉여금 ₩10,000
- 3월 20일 : 주주총회에서 현금배당 ₩1,000, 주식배당 ₩500 및 이익준비금 ₩100과 결손보전적립금 ₩200의 적립 및 주식할인발행차금 ₩300과 이익잉여금과의 상각을 결의하였다.
- 7월 10일 : 전기 이전부터 보유하던 장부금액 ₩500의 자기주식을 ₩1,000에 매각하였다.
- 20×1년 당기순이익은 ₩2,000이다.

① ₩9,700   ② ₩10,200
③ ₩10,500   ④ ₩11,000

01 PART

28 다음은 20×1년 초에 설립한 (주)한국의 20×2년 말 현재 자본금과 관련한 정보이다. 설립 이후 20×2년 말까지 자본금과 관련한 변동은 없었다.

> • 보통주자본금 : ₩100,000(액면가액 ₩500, 발행주식수 200주)
> • 우선주자본금 : ₩25,000(액면가액 ₩500, 발행주식수 50주)

(주)한국은 20×1년도에 현금배당이나 주식배당을 하지 않았으며 20×3년도에 3월 주주총회에서 ₩16,000의 현금배당 지급을 결의하였다. (주)한국의 우선주 배당률은 10%이며 누적적 · 완전참가적 우선주라면 우선주와 보통주에 대한 배당금 지급액은 각각 얼마인가?

	우선주 배당금	보통주 배당금
①	₩5,200	₩10,800
②	₩5,500	₩10,500
③	₩3,200	₩12,800
④	₩10,800	₩5,200

29 (주)한국은 20×1년 1월 1일에 설립된 회사로 설립일 이후 자본금 변동은 없었으며, 20×3년 12월 31일 현재 보통주자본금과 우선주자본금 내역은 다음과 같다.

• 보통주(주당 액면금액 ₩5,000, 10주)	₩50,000
• 우선주(5% 배당률, 주당 액면금액 ₩5,000, 5주)	₩25,000
• 계	₩75,000

(주)한국이 20×3년 회계연도에 대한 정기주주총회(20×4년도 2월 15일 개최)에서 설립이후 처음으로 ₩10,000의 현금배당지급을 결의하였다면, 보통주 주주에게 배분될 현금배당금은? (단, 우선주는 비누적적/부분참가적(8%) 우선주를 가정하며, 계산 시 화폐금액은 소수점 첫째 자리에서 반올림한다.)

① ₩5,000　　　　　　　　② ₩6,250
③ ₩6,667　　　　　　　　④ ₩8,000

제12장 자본　185

30 (주)대한은 20×4년 초에 설립되었으며 설립 이후 자본금의 변동 및 배당금 지급은 없었다. (주)대한의 보통주자본금과 우선주자본금의 내역은 다음과 같다.

> • 보통주(주당 액면금액 ₩5,000) ₩10,000,000
> • 누적적 비참가적 우선주(배당률 3%, 주당 액면금액 ₩5,000) ₩5,000,000

(주)대한이 20×6년 3월 2일 주주총회에서 ₩1,000,000의 현금배당을 최초로 결의하였다면, 보통주 주주에게 지급할 배당금은 얼마인가?

① ₩300,000 ② ₩450,000
③ ₩550,000 ④ ₩700,000

31 다음은 20×1년 초에 설립한 (주)한국의 20×2년 말 현재 자본금과 관련한 정보이다. 설립 이후 20×2년 말까지 자본금과 관련한 변동은 없었다.

> • 보통주자본금 : ₩100,000(액면금액 ₩500, 발행주식수 200주)
> • 우선주자본금 : ₩50,000(액면금액 ₩500, 발행주식수 100주)

(주)한국은 20×1년도에 현금배당이나 주식배당을 하지 않았으며, 20×2년도에 ₩13,000의 현금배당금 지급을 결의하였다. 우선주의 배당률은 5%이며 우선주가 누적적, 완전참가적이라면 우선주와 보통주에 대한 배당금은?

	우선주	보통주		우선주	보통주
①	₩3,000	₩10,000	②	₩5,000	₩8,000
③	₩6,000	₩7,000	④	₩6,500	₩6,500

32 (주)한국은 20×1년부터 20×3년까지 배당가능이익의 부족으로 배당금을 지급하지 못하였으나, 20×4년도에는 영업의 호전으로 ₩220,000을 현금배당할 계획이다. (주)한국의 20×4년 12월 31일 발행주식수가 보통주 200주(주당 액면금액 ₩3,000, 배당률 4%)와 우선주 100주(비누적적, 완전참가적 우선주, 주당 액면금액 ₩2,000, 배당률 7%)인 경우, 보통주배당금으로 배분해야 할 금액은?

① ₩120,000
② ₩136,500
③ ₩140,000
④ ₩160,500

33 20×1년 초 설립된 (주)한국의 20×3년 말 자본계정은 다음과 같으며, 설립 후 현재까지 자본금 변동은 없었다. 그동안 배당가능이익의 부족으로 어떠한 형태의 배당도 없었으나, 20×3년 말 배당재원의 확보로 20×4년 3월 10일 정기 주주총회에서 ₩7,500,000의 현금배당을 선언할 예정이다. (주)한국이 우선주에 배분할 배당금은?

구분	액면금액	발행주식수	자본금총계	비고
보통주자본금	₩5,000	12,000주	₩60,000,000	배당률 3%
우선주자본금	₩10,000	3,000주	₩30,000,000	배당률 5%, 누적적, 완전참가적

① ₩4,900,000
② ₩4,740,000
③ ₩4,500,000
④ ₩2,600,000

34 다음은 20×3년 12월 31일 (주)한국의 자본계정에 관한 자료이다. 보통주에 배분되는 배당금액은?

〈자본금내역〉
- 보통주(1,000주, 액면금액 ₩800)   ₩800,000
- 우선주 A(배당률 5%, 비누적적, 비참가적)   ₩100,000
- 우선주 B(배당률 5%, 누적적, 완전참가적)   ₩200,000
- 모든 주식은 사업개시와 동시에 발행되었으며, 우선주에 대해서는 1년분의 배당이 연체되었다.
- 정기주주총회에서 ₩100,000의 현금배당을 결의하였다.

① ₩27,000
② ₩40,000
③ ₩58,000
④ ₩68,000

정답 및 해설 p. 420

01 '고객과의 계약에서 생기는 수익'에서 언급하고 있는 수익인식의 5단계 순서로 옳은 것은?

> ㄱ. 고객과의 계약식별   ㄴ. 수행의무의 식별
> ㄷ. 거래가격 산정   ㄹ. 거래가격을 계약 내 수행의무에 배분
> ㅁ. 수행의무 충족 시 수익인식

① ㄱ → ㄴ → ㄷ → ㄹ → ㅁ   ② ㄱ → ㄷ → ㄴ → ㄹ → ㅁ
③ ㄴ → ㄱ → ㄷ → ㄹ → ㅁ   ④ ㄴ → ㄷ → ㄱ → ㄹ → ㅁ

02 수익에 관한 설명으로 옳지 않은 것은?

① 지분참여자에 의한 출자는 수익의 정의를 충족한다.
② 수익은 부채의 상환에 따라 발생할 수도 있다.
③ 수익은 받았거나 받을 대가의 공정가치로 측정한다.
④ 부가가치세와 같이 제3자를 대신하여 받은 금액은 수익이 아니다.

03 기준서 제1115호에서 고객과의 계약을 식별하기 위한 기준으로 제시한 것이 아닌 것은?

① 이전할 재화나 용역과 관련된 각 당사자의 권리를 식별할 수 있다.
② 이전할 재화나 용역의 지급조건을 식별할 수 있다.
③ 재화나 용역을 이전하는 대로 고객은 효익을 동시에 얻고 소비한다.
④ 계약에 상업적 실질이 있다.

04 고객과의 계약으로 식별하기 위한 기준에 관한 설명으로 옳지 않은 것은?

① 계약 당사자들이 계약을 서면으로, 구두로 또는 그 밖의 사업 관행에 따라 승인하고 각자의 의무를 수행하기로 확약한다.
② 이전할 재화나 용역과 관련된 각 당사자의 권리를 식별할 수 있다.
③ 고객에게 이전할 재화나 용역에 대하여 받을 권리를 갖게 될 대가의 회수 가능성이 높다.
④ 계약에 상업적 실질을 요하지는 않는다.

05 고객과의 계약에서 생기는 수익에 관한 설명으로 옳지 않은 것은?

① 거래가격을 산정하기 위해서는 계약 조건과 기업의 사업 관행을 참고하며, 거래가격에는 제삼자를 대신해서 회수한 금액은 제외한다.

② 고객과의 계약에서 약속한 대가는 고정금액, 변동금액 또는 둘 다를 포함할 수 있다.

③ 변동대가의 추정이 가능한 경우, 계약에서 가능한 결과치가 두 가지뿐일 경우에는 기댓값이 변동대가의 적절한 추정치가 될 수 있다.

④ 기업이 받을 권리를 갖게 될 변동대가(금액)에 미치는 불확실성의 영향을 추정할 때에는 그 계약 전체에 하나의 방법을 일관되게 적용한다.

PART 01

06 반품기한 중에 언제라도 반품을 받는 조건으로 제품을 판매할 때의 회계처리에 대한 다음의 설명 중 옳지 않은 것은?

① 반품을 받기로 하는 약속은 수행의무에 해당하므로 거래가격을 환불부채에 배분한다.

② 반품권과 관련된 불확실성이 나중에 해소될 때, 이미 인식한 누적수익 금액 중 유의적인 부분을 되돌리지 않을 가능성이 매우 높은 정도까지만 수익을 인식한다.

③ 고객이 반품권을 행사할 때 기업이 재화를 회수할 수 있는 권리를 별개의 자산으로 인식한다.

④ 보고기간 말마다 반품 예상량의 변동에 따라 환불부채의 측정치를 새로 측정하고, 이에 따라 생기는 조정액을 수익 또는 수익의 차감으로 인식한다.

07 고객과의 계약에서 생기는 수익에 관한 설명으로 옳지 않은 것은?

① 고객과의 계약에서 약속한 대가에 변동금액이 포함된 경우 기업은 고객에게 약속한 재화나 용역을 이전하고 그 대가로 받을 권리를 갖게 될 금액을 추정한다.

② 고객이 재화나 용역의 대가를 선급하였고 그 재화나 용역의 이전 시점이 고객의 재량에 따라 결정된다면, 기업은 거래가격을 산정할 때 화폐의 시간가치가 미치는 영향을 고려하여 약속된 대가(금액)를 조정해야 한다.

③ 적절한 진행률 측정방법에는 산출법과 투입법이 포함되며, 진행률 측정방법을 적용할 때 고객에게 통제를 이전하지 않은 재화나 용역은 진행률 측정에서 제외한다.

④ 고객이 기업이 수행하는 대로 기업의 수행에서 제공하는 효익을 동시에 얻고 소비한다면, 기업은 재화나 용역에 대한 통제를 기간에 걸쳐 이전하는 것이므로 기간에 걸쳐 수익을 인식한다.

08 기업회계기준서 제1115호 '고객과의 계약에서 생기는 수익'의 측정에 대한 다음 설명 중 옳은 것은?

① 거래가격의 후속변동은 계약 개시시점과 같은 기준으로 계약상 수행의무에 배분한다. 따라서 계약을 개시한 후의 개별 판매가격 변동을 반영하기 위해 거래가격을 다시 배분해야 한다. 이행된 수행의무에 배분되는 금액은 거래가격이 변동되는 기간에 수익으로 인식하거나 수익에서 차감한다.

② 계약을 개시할 때 기업이 고객에게 약속한 재화나 용역을 이전하는 시점과 고객이 그에 대한 대가를 지급하는 시점간의 기간이 1년 이내일 것이라고 예상한다면 유의적인 금융요소의 영향을 반영하여 약속한 대가를 조정하지 않는 실무적 간편법을 쓸 수 있다.

③ 고객이 현금 외의 형태의 대가를 약속한 계약의 경우, 거래가격은 그 대가와 교환하여 고객에게 약속한 재화나 용역의 개별판매가격으로 측정하는 것을 원칙으로 한다.

④ 기업이 고객에게 대가를 지급하는 경우, 고객에게 지급할 대가가 고객에게서 받은 구별되는 재화나 용역에 대한 지급이 아니라면 그 대가는 판매비로 회계처리한다.

09 기업회계기준서 제1115호 '고객과의 계약에서 생기는 수익'에 대한 다음 설명 중 옳지 않은 것은?

① 일반적으로 고객과의 계약에는 기업이 고객에게 이전하기로 약속하는 재화나 용역을 분명히 기재한다. 그러나 고객과의 계약에서 식별되는 수행의무는 계약에 분명히 기재한 재화나 용역에만 한정되지 않을 수 있다.

② 계약을 이행하기 위해 해야 하지만 고객에게 재화나 용역을 이전하는 활동이 아니라면 그 활동은 수행의무에 포함되지 않는다.

③ 고객이 약속한 대가(판매대가) 중 상당한 금액이 변동될 수 있으며 그 대가의 금액과 시기가 고객이나 기업이 실질적으로 통제할 수 없는 미래 사건의 발생 여부에 따라 달라진다면 판매대가에 유의적인 금융요소는 없는 것으로 본다.

④ 적절한 진행률 측정방법에는 산출법과 투입법이 포함된다. 진행률 측정방법을 적용할 때, 고객에게 통제를 이전하지 않은 재화나 용역은 진행률 측정에 포함하는 반면, 수행의무를 이행할 때 고객에게 통제를 이전하는 재화나 용역은 모두 진행률 측정에 제외한다.

10 기업회계기준서 제1115호 '고객과의 계약에서 생기는 수익'에 대한 다음 설명 중 옳은 것은?

PART

01

① 일반적으로 고객과의 계약에는 기업이 고객에게 이전하기로 약속하는 재화나 용역을 분명히 기재한다. 따라서 고객과의 계약에서 식별되는 수행의무는 계약에 분명히 기재한 재화나 용역에만 한정된다.

② 고객에게 재화나 용역을 이전하는 활동은 아니지만 계약을 이행하기 위해 수행해야 한다면, 그 활동은 수행의무에 포함된다.

③ 수행의무를 이행할 때(또는 이행하는 대로), 그 수행의무에 배분된 거래가격(변동대가 추정치 중 제약받는 금액을 포함)을 수익으로 인식한다.

④ 거래가격의 후속 변동은 계약 개시시점과 같은 기준으로 계약상 수행의무에 배분한다. 따라서 계약을 개시한 후의 개별 판매가격 변동을 반영하기 위해 거래가격을 다시 배분하지는 않는다.

11 (주)한국은 20×1년 (주)민국에 1년 동안 1,000개 이상 구매하는 경우 단가를 ₩90으로 소급 조정하기로 하고 상품을 개당 ₩100에 공급하였다. 20×1년 3월 100개를 판매하였으나 연 1,000개는 넘지 않을 것으로 예상한 경우 (주)한국의 수익금액은 얼마인가?

① ₩10,000 ② ₩9,000
③ ₩9,500 ④ ₩100,000

12 (주)한국은 20×1년 (주)민국에 1년 동안 1,000개 이상 구매하는 경우 단가를 ₩90으로 소급조정하기로 하고 상품을 개당 ₩100에 공급하였다. 20×1년 3월 75개를 판매하고 연 1,000개는 넘지 않을 것으로 예상하였으나 6월 경기상승으로 500개를 판매하였고 연 판매량이 1,000개를 초과할 것으로 예상된 경우 (주)한국의 6월 수익금액은 얼마인가?

① ₩7,500 ② ₩44,250
③ ₩50,000 ④ ₩51,250

13 다음 중 고객과의 계약에서 유의적인 금융요소가 존재하는 것으로 가장 올바른 것은?

① 판매대금을 재화 등을 양도하고 2년 이내에 수령하기로 상호 합의한 경우
② 고객이 대가를 선급하였으나 재화의 이전시점을 고객이 결정할 수 있는 경우
③ 대가가 변동될 수 있으며 금액과 시기를 판매자와 구매자가 결정할 수 없는 경우
④ 제품 등의 유지보수 의무를 이행하기 위해 판매대금 지급을 연기하는 경우

14 다음 중 수익의 인식에 관한 설명으로 옳지 않은 것은?

① 거래가격은 고객에게 약속한 재화나 용역을 이전하고 그 대가로 기업이 받을 권리를 갖게 될 것으로 예상하는 금액이며, 제3자를 대신해서 회수한 금액(예 : 일부 판매세)은 제외한다.

② 약속한 재화나 용역이 구별되지 않는다면, 구별되는 재화나 용역의 묶음을 식별할 수 있을 때까지 그 재화나 용역을 약속한 다른 재화나 용역과 결합한다.

③ 계약의 각 당사자가 전혀 수행되지 않은 계약에 대해 상대방(들)에게 보상하지 않고 종료할 수 있는 일방적이고 집행 가능한 권리를 갖는다면, 그 계약은 존재하지 않는다고 본다.

④ 계약을 개시한 이후에 계약 당사자들이 수행의무를 실질적으로 변경하는 계약변경을 승인하지 않더라도 해당 자산이 기업에 대체 용도가 있는지를 다시 판단한다.

15 다음 중 고객과의 계약에서 생기는 수익에 관한 설명으로 옳지 않은 것은?

① 자산은 고객이 그 자산을 통제할 때 또는 기간에 걸쳐 통제하게 되는 대로 이전된다.

② 자산에 대한 통제란 자산을 사용하도록 지시하고 자산의 나머지 효익의 대부분을 획득할 수 있는 능력을 말한다.

③ 기간에 걸쳐 이행하는 수행의무의 진행률은 보고기간 말마다 다시 측정한다.

④ 기업이 만든 자산이 기업에 대체 용도가 있고 지급청구권이 없으면 기간에 걸쳐 수익을 인식한다.

16 한 시점에 이행하는 수행의무는 고객이 약속된 자산을 통제하고 기업이 의무를 이행하는 시점에 수익을 인식한다. 고객이 자산을 통제하는 시점의 예가 아닌 것은?

① 판매기업이 자신에 대해 현재 지급청구권이 있다.

② 고객에게 자산의 법적소유권이 있다.

③ 자산의 소유에 따른 유의적인 위험과 보상이 고객에게 있다.

④ 고객은 기업이 수행하는 대로 기업의 수행에서 제공하는 효익을 동시에 얻고 소비한다.

17 다음 중 기간에 걸쳐 수익을 인식하는 경우로 가장 올바른 것은?

① 고객은 기업이 수행하는 대로 기업이 제공하는 효익을 동시에 얻고 소비하는 경우
② 고객에게 자산의 법적 소유권이 이전된 경우
③ 판매기업이 자산의 물리적 점유를 이전한 경우
④ 자산의 소유에 따른 유의적인 위험과 보상이 고객에게 있는 경우

PART
01

18 (주)한국은 제품 200단위(단위당 취득원가 ₩6,000)를 단위당 ₩10,000에 현금판매하였다. (주)한국은 동 제품판매와 관련하여 제품 판매 후 2주 이내에 고객이 반품을 요청하는 경우 전액 환불해 주고 있다. 동 제품판매에 대한 합리적인 반품률 추정치가 3%인 경우, (주)한국이 상기 제품의 판매시점에 인식할 매출액은?

① ₩1,200,000
② ₩1,680,000
③ ₩1,940,000
④ ₩2,000,000

19 (주)한국은 20×1년 12월 31일 (주)반품에 ₩10,000,000(원가 ₩6,000,000)의 제품을 판매하고 1년 이내 반품할 수 있는 권리를 부여하였다. 인도일 현재 ₩2,500,000이 반품될 것으로 예상된다면 (주)한국이 20×1년에 인식할 매출총이익은 얼마인가? (단, (주)한국은 계속기록법으로 상품에 대해 회계처리한다.)

① ₩2,500,000
② ₩3,000,000
③ ₩4,000,000
④ ₩4,500,000

20 (주)한국은 20×1년 1월 1일 제품 200개(개당 원가 ₩200)를 개당 ₩300에 판매하는 계약을 (주)민국과 체결하고 즉시 제품을 인도하였으며, 동 자산에 대한 통제는 (주)민국에 이전되었다. 동 거래는 45일 이내에 반품하면 즉시 환불해 주는 반품권이 부여된 거래이다. 이러한 경험이 상당히 많은 (주)한국은 과거 경험 등에 기초하여 판매수량의 5%가 반품될 것으로 추정하였다. 동 거래로 (주)한국이 20×1년 1월 1일에 인식할 부채는?

① ₩0
② ₩1,000
③ ₩2,000
④ ₩3,000

21 (주)한국은 20×1년 12월 31일 개당 원가 ₩150인 제품 100개를 개당 ₩200에 현금 판매하였다. (주)한국은 판매 후 30일 이내에 고객이 반품하면 전액 환불해 주고 있다. 반품률은 5%로 추정되며, 반품제품 회수비용, 반품제품 가치하락 및 판매당일 반품은 없다. 동 거래에 관한 설명으로 옳지 않은 것은?

① 20×1년 인식할 매출액은 ₩19,000이다.

② 20×1년 인식할 이익은 ₩4,750이다.

③ '환불이 발생할 경우 고객으로부터 제품을 회수할 권리'를 20×1년 말 자산으로 인식하며, 그 금액은 ₩750이다.

④ 20×1년 말 인식할 부채는 ₩250이다.

22 (주)한국은 20×1년 1월 1일 제품을 판매하기로 (주)민국과 계약을 체결하였다. 동 제품에 대한 통제는 20×2년 말에 (주)민국으로 이전된다. 계약에 의하면 (주)민국은 ㉠ 계약을 체결할 때 ₩100,000을 지급하거나 ㉡ 제품을 통제하는 20×2년 말에 ₩125,440을 지급하는 방법 중 하나를 선택할 수 있다. 이 중 (주)민국은 ㉠을 선택함으로써 계약체결일에 현금 ₩100,000을 (주)한국에게 지급하였다. (주)한국은 자산 이전시점과 고객의 지급시점 사이의 기간을 고려하여 유의적인 금융요소가 포함되어 있다고 판단하고 있으며, (주)민국과 별도 금융거래를 한다면 사용하게 될 증분차입이자율 연 10%를 적절한 할인율로 판단한다. 동 거래와 관련하여 (주)한국이 20×1년 말 재무상태표에 계상할 계약부채의 장부금액(A)과 20×2년도 포괄손익계산서에 인식할 매출수익(B)은?

	(A)	(B)		(A)	(B)
①	₩100,000	₩100,000	②	₩110,000	₩121,000
③	₩110,000	₩125,440	④	₩112,000	₩121,000

23 다음은 (주)한국과 관련한 당기 거래자료이다. (주)한국의 당기수익은?

- (주)한국은 (주)대한에 제품을 판매하고 그 대가로 기계장치를 받았다. 판매한 제품의 공정가치는 ₩100,000이며, 대가로 받은 기계장치의 공정가치는 ₩98,000이다.
- (주)한국은 ₩200,000의 제품을 외상판매하였다. 이 가운데 매출에누리 ₩5,000이 발생하였다.
- (주)한국은 1년 후에 ₩52,000에 재매입하기로 약정하고 (주)중앙에 제품을 ₩50,000에 판매하였다.
- 위탁판매업자 (주)수탁은 (주)한국이 위탁한 제품을 판매하고 수수료 ₩30,000을 제외한 ₩470,000을 (주)한국에 송금하였다.

① ₩733,000
② ₩763,000
③ ₩793,000
④ ₩813,000

24 다음의 상황에서 (주)대한이 인식할 수익은?

(1) (주)대한은 수탁판매업자에게 원가 ₩200,000의 상품을 적송하였다.
(2) 수탁판매업자는 위 상품을 모두 판매하고 판매대금 중 판매수수료 ₩40,000을 제외한 ₩360,000을 (주)대한에게 송금하고 이를 통보하였다.

① ₩100,000
② ₩200,000
③ ₩320,000
④ ₩400,000

25 (주)대한의 20×1년 상품의 판매와 관련한 자료이다. 20×1년 매출액은?

- 시송품(매가 ₩50,000)에 대해 20×1년 말 현재 고객으로부터 매입의사표시를 받지 못하였다.
- 위탁판매를 위하여 적송된 상품(매가 ₩100,000) 중 최종소비자에게 판매된 금액은 ₩30,000이다.
- 장기할부판매상품(총 할부대금은 ₩90,000이고, 현재가치는 ₩80,000) 중 50%만 현금으로 수취하였다.

① ₩70,000
② ₩75,000
③ ₩90,000
④ ₩110,000

26 12월 한 달간 상품판매와 관련된 자료가 다음과 같을 때 매출액은? (단, 상품판매가격은 단위당 ₩100으로 동일하다.)

- 12월 1일에 상품 200개를 5개월 할부로 판매하고, 대금은 매월 말에 20%씩 받기로 하다.
- 12월 17일에 상품 100개를 판매하였다.
- 12월 28일에 위탁상품 50개를 수탁자에게 발송하였고 12월 31일 현재 수탁자가 판매하지 않고 전량 보유 중이다.
- 12월 30일에 상품 50개를 도착지 인도조건으로 판매하여 다음 달에 도착할 예정이다.

① ₩14,000 　　　　　　　② ₩19,000
③ ₩24,000 　　　　　　　④ ₩30,000

27 20×1년 1월 1일에 (주)한국은 20×1년 12월 31일부터 매년 말 ₩100,000씩 3년간 수취하는 조건으로 상품을 할부판매하였다. 이 상품의 현금판매가격은 ₩257,710으로 취득 당시의 유효이자율 8%를 반영하여 결정된 것이다. 유효이자율법을 적용하여 회계처리하는 경우, 20×1년 12월 31일 판매대금 ₩100,000을 회수할 때 인식하여야 하는 이자수익은? (단, 계산금액은 소수점 첫째 자리에서 반올림한다.)

① ₩8,000 　　　　　　　② ₩16,000
③ ₩20,617 　　　　　　　④ ₩22,266

28 (주)한국은 20×1년 1월 1일 원가 ₩100,000의 상품을 판매하고 계약금으로 현금 ₩50,000을 받고 매 6개월마다 ₩20,000씩 6번을 받기로 하였다. 상품판매일 현재 내재이자율은 연 10%이다. 기업회계기준에 따라 회계처리할 경우 20×1년에 해당 거래를 통하여 발생하는 매출총이익은 얼마인가? (단, 명목가액과 현재가치의 차이는 중요하다.)

구분	6기간, 5%	3기간, 10%	6기간, 10%
연금현가계수	5.0757	2.4869	4.3553

① ₩51,514 　　　　　　　② ₩49,738
③ ₩70,000 　　　　　　　④ ₩101,514

29 (주)한국은 20×1년 초에 제품을 ₩300,000에 판매(제품을 실질적으로 인도함)하면서, 판매대금 중 ₩100,000은 판매 즉시 수취하고 나머지 ₩200,000은 향후 2년에 걸쳐 매년 말에 각각 ₩100,000씩 받기로 하였다. 동 거래에는 유의적인 금융요소가 포함되어 있고, 판매계약의 할인율은 연 10%로 동 할인율은 별도 금융거래에 적용될 할인율에 해당한다. 판매대금의 회수가능성이 확실하다고 가정할 때, 상기 제품의 판매거래로 (주)한국이 20×1년에 인식하게 될 수익의 총액은? (단, 현재가치 계산 시 다음의 현가표를 이용하며, 단수차이가 발생하는 경우 가장 근사치를 선택한다.)

기간	연 이자율 10%	
	단일금액 ₩1의 현재가치	정상연금 ₩1의 현재가치
2	0.8264	1.7355
3	0.7513	2.4868

① ₩273,559

② ₩290,905

③ ₩300,000

④ ₩300,905

30 (주)서울은 20×1년 7월 1일에 액면금액이 ₩100,000인 상품권 1,000매를 한 매당 ₩95,000에 발행하였다. 고객은 상품권 금액의 80% 이상을 사용하면 잔액을 현금으로 돌려받을 수 있다. 상품권의 만기는 발행일로부터 5년이다. 20×1년 12월 31일까지 상품권 사용에 의한 매출로 200매가 회수되었으며, 매출과정에서 ₩2,500,000이 거스름돈으로 지급되었다. 20×1년에 (주)서울이 상품권과 관련하여 수익(순매출액)으로 인식할 금액은?

① ₩16,500,000

② ₩17,500,000

③ ₩19,000,000

④ ₩20,000,000

31 (주)한국은 20×1년 1월 1일에 액면금액 ₩1,000인 상품권 10매를 1매당 ₩900에 고객에게 최초 발행하였다. 고객은 상품권 액면금액의 80% 이상을 사용하면 잔액을 현금으로 돌려받을 수 있다. (주)한국은 20×1년 12월 31일까지 회수된 상품권 8매에 대해 상품인도와 함께 잔액 ₩700을 현금으로 지급하였다. (주)한국이 상기 상품권과 관련하여 20×1년 포괄손익계산시에 인식할 수익 금액은?

① ₩6,500

② ₩7,200

③ ₩8,300

④ ₩9,000

32 건강식품을 생산하는 (주)한국은 (주)대한에 판매를 위탁하고 있다. (주)한국은 20×1년 초 단위당 판매가격이 ₩2,000(단위당 원가 ₩1,400)인 건강식품 100단위를 (주)대한에 발송 하였으며, 운반비 ₩8,000을 운송업체에 현금으로 지급하였다. 한편, (주)대한은 (주)한국으 로부터 수탁한 건강식품 중 60%를 20×1년도에 판매하였다. (주)한국은 판매금액의 5%를 (주)대한에 수수료로 지급한다. 이 거래로 20×1년도에 (주)대한이 인식할 수익(A)과 (주)한 국이 인식할 매출원가(B)는?

① A : ₩6,000   B : ₩84,000

② A : ₩6,000   B : ₩88,800

③ A : ₩6,240   B : ₩84,000

④ A : ₩6,240   B : ₩88,800

33 20×2년 10월 1일 (주)한국은 개당 ₩1,000의 선풍기 500개를 (주)민국에 판매를 위탁하고 운송비용 ₩20,000을 현금으로 지급하였다. 20×2년 12월 31일 현재 300개의 선풍기를 판매하고 200개는 남아 있으며 판매수수료 10%를 차감한 잔액을 회수하였다. (주)한국의 20×2년 매출원가는?

① ₩208,000

② ₩300,000

③ ₩312,000

④ ₩520,000

34 (주)한국은 (주)민국과 매출액의 10%를 판매수수료로 지급하는 위탁판매계약을 맺고 있으 며, (주)민국에게 적송한 재화의 통제권은 (주)한국이 계속 보유하고 있다. 20×1년에 (주)한 국은 (주)민국에 단위당 원가 ₩90인 상품 A 10개를 적송하였으며, (주)민국은 상품 A 8개 를 단위당 ₩100에 고객에게 판매하였다. 상품 A의 판매와 관련하여 (주)한국과 (주)민국이 20×1년에 인식할 수익 금액은?

	(주)한국	(주)민국		(주)한국	(주)민국
①	₩100	₩80	②	₩800	₩80
③	₩800	₩800	④	₩1,000	₩100

35 (주)한국은 20×1년 초 고객과 총 대가 ₩300,000(설치용역 수수료 ₩50,000 포함)에 기계 장치를 판매한 뒤 이에 대한 설치를 수행하기로 계약하였다. 기계장치의 판매와 설치용역은 각각 별개의 수행의무이다. 기계장치는 인도 시점에 고객이 통제하지만, 설치용역에 대한 통제는 기간에 걸쳐 이전된다. (주)한국은 20×1년 12월 초 고객에게 기계장치를 인도하였으며, 20×1년 말 설치용역에 대한 진행률은 20%이다. (주)한국이 20×1년 포괄손익계산서상 인식할 수익은?

① ₩250,000
② ₩260,000
③ ₩280,000
④ ₩300,000

36 (주)한국은 제품 A를 ₩2,000에 판매하기로 계약을 체결하였으며, 이 계약의 일부로 앞으로 30일 이내에 ₩2,000의 한도 내에서 30%의 할인권을 고객에게 주었다. (주)한국은 계절판 촉활동의 일환으로 앞으로 30일 동안 모든 판매에 대해 10% 할인을 제공할 계획인데, 10% 의 할인은 30%의 할인권에 추가하여 사용할 수 없다. (주)한국은 고객의 80%가 할인권을 사용하고 추가 제품을 평균 ₩1,500에 구매할 것이라고 추정한 경우, 제품 판매 시 배분될 계약부채(할인권)는? (단, 제시된 거래의 효과만을 고려한다.)

① ₩214
② ₩240
③ ₩300
④ ₩400

37 (주)한국은 20×1년 1월 1일 (주)민국에게 원가 ₩100,000의 제품을 ₩200,000에 현금 판매하였다. 판매계약에는 20×1년 6월 30일 이전에 (주)민국이 요구할 경우 (주)한국이 판매한 제품을 ₩210,000에 재매입해야 하는 풋옵션이 포함된다. 풋옵션이 행사될 유인은 판매 시점에서 유의적일 것으로 판단하였으나 실제로 20×1년 6월 30일까지 풋옵션이 행사되지 않은 채 권리가 소멸하였다. 동 거래에 관한 설명으로 옳지 않은 것은? (단, 20×1년 1월 1일 기준으로 재매입일 예상 시장가치는 ₩210,000 미만이다.)

① 20×1년 1월 1일 (주)민국은 제품의 취득을 인식하지 못한다.
② 20×1년 1월 1일 (주)한국은 금융부채 ₩200,000을 인식한다.
③ 20×1년 6월 30일 (주)한국은 이자비용 ₩10,000을 인식한다.
④ 20×1년 6월 30일 (주)한국은 매출액 ₩200,000을 인식한다.

38 다음은 유통업을 영위하고 있는 (주)대한의 20×1년 거래를 보여준다. (주)대한이 20×1년에 인식할 수익은 얼마인가?

> (주)대한은 20×1년 12월 1일에 고객A와 재고자산 100개를 개당 ₩100에 판매하기로 계약을 체결하고 재고자산을 현금으로 판매하였다. 계약에 따르면, (주)대한은 20×2년 2월 1일에 해당 재고자산을 개당 ₩120의 행사가격으로 재매입할 수 있는 콜옵션을 보유하고 있다.

① ₩0   ② ₩9,000

③ ₩10,000   ④ ₩19,000

39 (주)한국은 20×1년 10월 1일에 고객과 원가 ₩900의 제품을 ₩1,200에 판매하는 계약을 체결하고 즉시 현금 판매하였다. 계약에 따르면 (주)한국은 20×2년 3월 31일에 동 제품을 ₩1,300에 재매입할 수 있는 콜옵션을 보유하고 있다. 20×2년 3월 31일에 계약에 포함된 콜옵션이 행사되지 않은 채 소멸된 경우 해당 거래가 (주)한국의 20×2년 당기순이익에 미치는 영향은 얼마인가?

① ₩150 증가   ② ₩350 증가

③ ₩50 감소   ④ ₩150 감소

정답 및 해설 p. 423

01 (주)한국은 20×1년 중 (주)민국이 주문한 맞춤형 특수기계를 ₩10,000에 제작하는 계약을 체결하였다. 20×1년에 발생한 제작원가는 ₩2,000이고, 추정 총원가는 ₩8,000이다. 20×2년에 설계변경이 있었고, 이로 인한 원가상승을 반영하여 계약금액을 ₩12,000으로 변경하였다. 20×2년에 발생한 제작원가는 ₩4,000이고, 추정 총원가는 ₩10,000이다. 이 기계는 20×3년 3월 31일에 완성되었다. 원가기준 투입법으로 진행률을 측정할 때, (주)한국이 동 계약과 관련하여 20×2년도에 인식할 이익은?

① ₩500   ② ₩700
③ ₩800   ④ ₩900

02 (주)한국건설은 20×1년 7월 초에 총계약금액 ₩2,000,000의 도로건설 계약을 수주하고 공사진행기준을 적용하여 회계처리를 하고 있다. 20×1년도 계약원가 발생액은 ₩400,000이었으며 이후 완성 시까지 추가로 발생할 것으로 예상되는 원가는 ₩1,200,000이다. 20×1년도에 공사 관련 계약금액 청구액은 ₩450,000이며 이 중에서 회수한 금액은 ₩350,000이었다. 이 계약과 관련하여 20×1년도에 인식할 계약손익은? (단, 진행률은 발생누적계약원가를 추정총계약원가로 나눈 비율을 사용한다.)

① ₩50,000 손실   ② ₩50,000 이익
③ ₩100,000 손실   ④ ₩100,000 이익

03 다음은 (주)한국의 20×1년 초에 시작해서 20×3년 말에 끝나는 공사계약(총공사계약금액 ₩5,000,000)과 관련된 자료이다. (주)한국이 20×2년도에 인식할 공사관련 이익은 얼마인가? (단, (주)한국은 발생한 누적계약원가를 추정총계약원가로 나눈 진행률(진행기준)을 사용하여 수익과 비용을 인식한다.)

구분	20×1년	20×2년	20×3년
발생한 누적계약원가	₩800,000	₩2,700,000	₩4,500,000
추정총계약원가	₩4,000,000	₩4,500,000	₩4,500,000

① ₩100,000   ② ₩150,000
③ ₩200,000   ④ ₩250,000

04 (주)서울은 20×1년 2월 1일에 총계약금액 ₩6,000의 공장건설계약을 수주하였다. 이 공장은 20×3년 말에 완공될 예정이며, 건설에 소요될 원가는 ₩4,000으로 추정되었으며, 관련자료는 다음과 같다.

구분	20×1년	20×2년	20×3년
누적건설원가	₩1,500	₩2,640	₩4,600
남은 건설원가	₩2,500	₩1,760	₩0
누적계약대금 회수액	₩2,000	₩4,000	₩6,000

(주)서울은 이 계약에 대해 진행기준에 따라 수익을 인식한다면, 20×2년의 건설계약이익은?

① ₩210   ② ₩750

③ ₩960   ④ ₩1,350

05 (주)한국은 20×1년 초에 ₩800,000의 건설공사를 수주하였다. 공사기간은 3년, 총계약원가는 ₩640,000이 될 것으로 예상되며 20×1년 중 ₩80,000의 공사원가가 발생하였다. (주)한국이 진행기준에 따라 수익을 인식할 경우 20×1년 공사수익은?

① ₩10,000   ② ₩30,000

③ ₩70,000   ④ ₩100,000

06 20×1년 초에 시작하여 20×2년 말에 완공된 건설계약에 대한 자료가 다음과 같을 때, 20×1년도에 인식해야 할 공사이익은? (단, 수익은 진행기준으로 인식하며, 진행률은 발생한 누적계약원가를 추정총계약원가로 나누어 산정한다.)

구분	20×1년도	20×2년도
총계약금액	₩48,000	
연도별 발생원가	₩16,000	₩24,000
연도 말 추정 추가완성원가	₩24,000	–

① ₩1,000   ② ₩2,800

③ ₩3,000   ④ ₩3,200

07 건설업을 영위하는 (주)한국은 20×1년 초 (주)대한과 공장건설을 위한 건설계약을 ₩1,200,000에 체결하였다. 총 공사기간이 계약일로부터 3년일 때, (주)한국의 20×2년 공사이익은? (단, 동 건설계약의 수익은 진행기준으로 인식하며, 발생한 누적계약원가를 기준으로 진행률을 계산한다.)

구분	20×1년	20×2년	20×3년
실제 계약원가 발생액	₩200,000	₩400,000	₩300,000
연도 말 예상 추가계약원가	₩600,000	₩300,000	−

① ₩50,000 ② ₩100,000
③ ₩150,000 ④ ₩250,000

08 (주)한국은 장기건설계약에 대하여 진행기준을 적용하고 있다. 20×1년도에 계약금액 ₩20,000의 사무실용 빌딩 건설계약을 하였다. 20×1년 말 현재 공사진행률은 20%, 인식한 이익의 누계액은 ₩1,000이고, 추정총계약원가는 ₩15,000이다. 또한, 20×2년 말 현재 공사진행률은 60%, 인식한 이익의 누계액은 ₩2,400이고, 추정총계약원가는 ₩16,000이다. 20×2년도에 발생한 계약원가는 얼마인가?

① ₩6,400 ② ₩6,600
③ ₩7,000 ④ ₩9,600

09 (주)한국은 20×1년 1월 1일에 계약금액 ₩60,000의 공상건설계약을 체결하였고, 장기공사계약에 대해 진행기준을 적용해 수익을 인식하고 있다. 공사진행률은 누적발생공사원가에 기초하여 측정한다. 20×1년 말 현재 공사진행률은 20%, 인식한 이익의 누계액은 ₩3,000이고, 추정총계약원가는 ₩45,000이다. 또한, 20×2년 말 현재 공사진행률은 60%, 인식한 이익의 누계액은 ₩7,200이고, 추정총계약원가는 ₩48,000이다. 20×2년도에 발생한 계약원가는?

① ₩19,200 ② ₩19,800
③ ₩21,000 ④ ₩28,800

10 (주)한국은 20×1년 초에 도급금액 ₩1,000,000인 건설공사를 수주하고, 20×3년 말에 공사를 완공하였다. 이와 관련된 원가자료는 다음과 같다. (주)한국이 20×1년도 포괄손익계산서에 인식할 공사손익과 20×1년 말 재무상태표에 표시할 미청구공사(또는 초과청구공사) 금액은? (단, 진행률은 발생누적계약원가를 추정총계약원가로 나눈 비율로 계산한다.)

구분	20×1년	20×2년	20×3년
실제발생 공사원가	₩320,000	₩200,000	₩250,000
연도 말 예상 추가원가	₩480,000	₩280,000	−
계약대금 청구액	₩350,000	₩350,000	₩300,000

	공사이익(손실)	미청구공사(초과청구공사)
①	₩80,000	₩50,000
②	₩60,000	₩30,000
③	₩60,000	(₩30,000)
④	₩80,000	(₩50,000)

11 (주)한국은 20×1년 1월 1일 총계약금액 ₩600,000의 건설공사를 수주하였다. (주)한국이 진행기준을 사용하여 해당 건설공사를 회계처리하는 경우, 20×2년 말 재무상태표에 표시할 미청구공사(계약자산) 금액은?

항목	20×1년	20×2년	20×3년
누적발생원가	₩80,000	₩350,000	₩500,000
추정총계약원가	₩400,000	₩500,000	₩500,000
계약대금 청구액	₩100,000	₩300,000	₩200,000
대금 회수액	₩70,000	₩280,000	₩250,000

① ₩20,000 ② ₩30,000
③ ₩32,000 ④ ₩40,000

12 (주)한국은 20×1년 1월 1일에 공사계약(계약금액 ₩6,000)을 체결하였으며 20×3년 말에 완공될 예정이다. (주)한국은 진행기준에 따라 수익과 비용을 인식하며, 진행률은 추정총계약원가 대비 발생한 누적계약원가의 비율을 사용한다. 공사 관련 자료가 다음과 같을 때 20×2년의 공사계약손실은?

구분	20×1년	20×2년
발생한 누적계약원가	₩1,200	₩5,100
완성까지 추가계약원가 예상액	₩3,600	₩2,400
계약대금 회수액	₩1,300	₩2,500

① ₩1,300 ② ₩1,320

③ ₩1,500 ④ ₩1,800

13 (주)대한의 건설계약과 관련된 자료는 다음과 같다.

- 계약기간 : 20×1년 1월 1일 ~ 20×3년 12월 31일
- 총계약금액 : ₩1,200,000
- 계약원가 관련자료 :

구분	20×1년	20×2년	20×3년
연도별 발생원가	₩400,000	₩575,000	₩325,000
완성 시까지 추가소요 예정원가	₩600,000	₩325,000	−

(주)대한의 20×2년도 계약손실은? (단, 진행기준을 적용하여 수익을 인식하며, 진행률은 발생한 누적계약원가를 추정총계약원가로 나누어 산정한다.)

① ₩180,000 ② ₩185,000

③ ₩190,000 ④ ₩195,000

14 (주)한국은 20×1년 초 건설공사계약을 체결하였으며, 동 건설공사는 20×3년 말 완공될 예정이다. 총공사계약금액(공사대금)은 ₩100,000이고 공사원가 및 대금청구 관련 자료는 다음과 같다. (주)한국이 동 건설공사계약에 진행기준을 적용하는 경우, 20×2년 말 재무상태표에 미청구공사(계약자산) 또는 초과청구공사(계약부채)로 표시할 금액은 얼마인가? (단, (주)한국은 발생원가에 기초한 투입법으로 진행률을 계산한다.)

구분	20×1년	20×2년	20×3년
당기 발생한 공사원가	₩20,000	₩40,000	₩18,000
완성 시까지 추가소요원가 추정액	60,000	15,000	–
당기 청구한 계약대금	15,000	35,000	50,000

① 미청구공사 ₩20,000
② 미청구공사 ₩30,000
③ 초과청구공사 ₩20,000
④ 초과청구공사 ₩30,000

15 (주)한국은 20×3년 초 건설공사를 수주하였다. 공사기간은 20×5년 말까지이며, 총공사계약금액은 ₩1,000,000이다. 20×3년 공사진행 과정에서 발생한 비용은 ₩500,000이다. 전체 공사에서 손실이 발생하지 않을 것으로 예상되었으나, 총공사예정원가와 진행률을 신뢰성 있게 추정할 수 없다. (주)한국이 20×3년에 공사계약에서 인식할 손익은? (단, 발생원가의 회수가능성은 높다고 판단된다.)

① ₩500,000 이익
② ₩0
③ ₩500,000 손실
④ ₩1,000,000 손실

정답 및 해설 p. 425

PART
01

01 현금흐름표에 관한 설명으로 옳지 않은 것은?

① 현금흐름표는 회계기간 동안 발생한 현금흐름을 영업활동, 투자활동 및 재무활동으로 분류하여 보고한다.

② 영업활동은 기업의 주요 수익창출활동, 그리고 투자활동이나 재무활동이 아닌 기타의 활동을 말한다.

③ 투자활동은 유·무형자산, 다른 기업의 지분상품이나 채무상품 등의 취득과 처분활동, 제3자에 대한 대여 및 회수활동 등을 포함한다.

④ 간접법을 적용하여 표시한 영업활동현금흐름은 직접법에 의한 영업활동현금흐름에서는 파악할 수 없는 정보를 제공하기 때문에 미래현금흐름을 추정하는 데 보다 유용한 정보를 제공한다.

02 현금흐름표는 회계기간 동안 발생한 현금흐름을 영업활동, 투자활동 및 재무활동으로 분류하여 보고한다. 다음 중 현금흐름의 분류가 다른 것은?

① 리스이용자의 리스부채 상환에 따른 현금유출

② 판매목적으로 보유하는 재고자산을 제조하거나 취득하기 위한 현금유출

③ 보험회사의 경우 보험금과 관련된 현금유출

④ 기업이 보유한 특허권을 일정 기간 사용하도록 하고 받은 수수료 관련 현금유입

03 현금흐름표에 관한 설명으로 옳지 않은 것은?

① 영업활동현금흐름은 일반적으로 당기순손익의 결정에 영향을 미치는 거래나 그 밖의 사건의 결과로 발생한다.

② 법인세로 인한 현금흐름은 별도로 공시하며, 재무활동과 투자활동에 명백히 관련되지 않는 한 영업활동현금흐름으로 분류한다.

③ 이자와 배당금의 수취 및 지급에 따른 현금흐름은 각각 별도로 공시한다. 각 현금흐름은 매 기간 일관성 있게 영업활동, 투자활동 또는 재무활동으로 분류한다.

④ 단기매매목적으로 보유하는 유가증권의 취득과 판매에 따른 현금흐름은 투자활동으로 분류한다.

04 현금흐름표의 재무활동현금흐름에 포함되는 항목은?

① 이자수익으로 인한 현금유입

② 건물의 취득, 처분

③ 현금의 대여, 회수

④ 차입금의 차입, 상환

05 현금흐름표상 투자활동현금흐름에 해당하는 것은?

① 설비 매각과 관련한 현금유입

② 자기주식의 취득에 따른 현금유출

③ 담보부사채 발행에 따른 현금유입

④ 단기매매목적 유가증권의 매각에 따른 현금유입

06 현금흐름표상 영업활동현금흐름에 관한 설명으로 옳은 것은?

① 영업활동현금흐름은 직접법 또는 간접법 중 하나의 방법으로 보고할 수 있으나, 한국채택국제회계기준에서는 직접법을 사용할 것을 권장하고 있다.

② 간접법은 영업을 통해 획득한 현금에서 영업을 위해 지출한 현금을 차감하는 방식으로 영업활동현금흐름을 계산한다.

③ 일반적으로 법인세로 납부한 현금은 영업활동으로 인한 현금유출에 포함되지 않는다.

④ 직접법은 당기순이익의 조정을 통해 영업활동현금흐름을 계산한다.

07 다음의 (주)대한의 20×1년 재무제표 관련 자료를 이용할 때 현금흐름표에 보고될 영업활동현금흐름은 얼마인가?

• 당기순이익	₩20,000	• 감가상각비	₩4,600
• 매출채권의 증가	₩15,000	• 재고자산의 감소	₩2,500
• 매입채무의 증가	₩10,400		

① ₩20,200

③ ₩22,500

② ₩21,000

④ ₩33,200

08 (주)대한의 20×2년 당기순이익이 ₩10,000인 경우, 다음 자료를 이용하여 영업활동으로 인한 현금흐름을 계산하면?

> • 당기의 감가상각비는 ₩1,000이다.
> • 전기 말보다 당기 말에 재고자산이 ₩200 증가하였다.
> • 전기 말보다 당기 말에 미지급보험료가 ₩100 감소하였다.
> • ₩4,000에 구입한 건물(감가상각누계액 ₩3,000)을 당기에 ₩500에 매각하였다.

① ₩10,200　　　　　　　　　　② ₩11,000
③ ₩11,200　　　　　　　　　　④ ₩12,000

09 다음 주어진 자료를 이용하여 영업활동현금흐름을 구하면?

> (1) 포괄손익계산서 중의 일부 :
>   • 유형자산감가상각비　　₩12,000
>   • 당기순이익　　₩200,000
> (2) 영업 관련 자산/부채 :

구분	기초잔액	기말잔액
재고자산	₩30,000	₩29,000
매입채무	₩45,000	₩39,000

① ₩205,000　　　　　　　　　　② ₩207,000
③ ₩213,000　　　　　　　　　　④ ₩215,000

10 다음은 현금흐름표의 일부이다.

> Ⅰ. 영업활동현금흐름　　　　　　　　?
> Ⅱ. 투자활동현금흐름　　　　　(₩800,000)
> Ⅲ. 재무활동현금흐름　　　　　₩350,000

기초 현금 및 현금성자산이 ₩80,000이고, 기말 현금 및 현금성자산이 ₩150,000일 때, 영업활동현금흐름은?

① ₩450,000　　　　　　　　　　② ₩500,000
③ ₩520,000　　　　　　　　　　④ ₩550,000

11 (주)한국의 당기순이익은 ₩100,000이고, 장기차입금에서 발생한 이자비용은 ₩5,000이며, 보유하고 있는 유형자산의 감가상각비는 ₩11,000이다. 당기 영업활동과 관련된 자산과 부채의 변동내역은 다음과 같다.

• 재고자산의 증가	₩8,000
• 매출채권(손실충당금 차감후 순액)의 감소	₩3,000
• 매입채무의 감소	₩4,200
• 선수금의 증가	₩2,000

(주)한국의 당기 영업활동 순현금유입액은? (단, 이자의 지급과 수취는 각각 재무활동과 투자활동으로 분류한다.)

① ₩76,800　　　　　　　　　　② ₩81,800

③ ₩92,800　　　　　　　　　　④ ₩108,800

12 다음 자료를 이용하여 계산한 영업활동순현금흐름은?

• 당기순이익	₩300,000
• 감가상각비	₩30,000
• 재고자산 증가	₩40,000
• 매입채무 증가	₩60,000
• 기계장치 처분금액	₩90,000 (장부금액 : ₩70,000)

① ₩270,000　　　　　　　　　　② ₩290,000

③ ₩310,000　　　　　　　　　　④ ₩330,000

13 다음은 (주)한국의 20×1년 현금흐름표 작성을 위한 자료이다.

감가상각비	₩40,000	미지급이자 증가액	₩5,000
유형자산처분손실	₩20,000	매출채권 증가액	₩15,000
이자비용	₩25,000	재고자산 감소액	₩4,000
법인세비용	₩30,000	매입채무 감소액	₩6,000
미지급법인세 감소액	₩5,000	당기순이익	₩147,000

(주)한국은 간접법으로 현금흐름표를 작성하며, 이자지급 및 법인세납부를 영업활동으로 분류한다. 20×1년 (주)한국이 현금흐름표에 보고해야 할 영업활동순현금흐름은?

① ₩160,000 ② ₩165,000
③ ₩190,000 ④ ₩195,000

14 다음은 (주)한국의 비교재무상태표와 20×2년의 포괄손익계산서 항목들이다. 이 자료들을 바탕으로 (주)한국의 20×2년 영업활동으로 인한 현금흐름금액을 구하면 얼마인가?

<비교재무상태표>

구분	20×1년 말	20×2년 말
매출채권	₩540,000	₩650,000
선급보험료	₩70,000	₩35,000
매입채무	₩430,000	₩550,000
장기차입금	₩880,000	₩920,000

<20×2년도 포괄손익계산서 항목>

• 당기순이익	₩200,000	• 건물처분손실	₩150,000
• 감가상각비	₩450,000	• 기계장치처분이익	₩60,000

① ₩695,000 ② ₩785,000
③ ₩800,000 ④ ₩825,000

15 (주)한국의 20×2년도 포괄손익계산서에는 당기순이익 ₩600, 유형자산처분이익 ₩300, 감가상각비 ₩200이 계상되어 있으며, 비교재무상태표의 주요 자산 및 부채 계정은 다음과 같다.

구분	20×2년 말	20×1년 말
매출채권(순액)	₩900	₩500
선급비용	₩200	₩400
매입채무	₩300	₩200
단기차입금	₩500	₩200

(주)한국의 20×2년 영업활동현금흐름은?

① ₩200 현금유입   ② ₩400 현금유입
③ ₩600 현금유입   ④ ₩200 현금유출

16 (주)한국의 20×1년도 포괄손익계산서상 당기순이익은 ₩800,000으로 보고되었다. 다음 자료에 의해 간접법으로 구한 20×1년도 영업활동현금흐름은?

• 토지(장부금액 ₩3,000,000) 처분금액	₩3,100,000
• 매출채권(총액) 증가	₩165,000
• 매출채권 손실충당금 증가	₩5,000
• 매입채무 증가	₩80,000
• 매출채권 손상차손	₩20,000
• 감가상각비	₩120,000
• 개발비지출	₩180,000

① ₩740,000   ② ₩760,000
③ ₩840,000   ④ ₩900,000

17 (주)한국의 20×1년 법인세비용차감전순이익은 ₩500,000이다. 다음 자료를 이용하여 간접법으로 구한 영업활동현금흐름은?

• 감가상각비	₩80,000	• 유상증자	₩500,000
• 유형자산처분이익	₩120,000	• 건물의 취득	₩600,000
• 사채상환손실	₩50,000	• 매출채권의 증가	₩150,000
• 매입채무의 감소	₩100,000	• 재고자산의 감소	₩200,000

① ₩260,000
② ₩460,000
③ ₩500,000
④ ₩580,000

18 다음은 (주)한국의 20×1년도 현금흐름표를 작성하기 위한 자료이다.

(1) 20×1년도 포괄손익계산서 자료
  • 당기순이익 : ₩100,000
  • 대손상각비 : ₩5,000(매출채권에서 발생)
  • 감가상각비 : ₩20,000
  • 유형자산처분이익 : ₩7,000
  • 사채상환손실 : ₩8,000

(2) 20×1년 말 재무상태표 자료
  20×1년 기초금액 대비 기말금액의 증감은 다음과 같다.

자산		부채	
계정과목	증가(감소)	계정과목	증가(감소)
재고자산	(₩80,000)	매입채무	(₩4,000)
매출채권(순액)	₩50,000	미지급급여	₩6,000
유형자산(순액)	(₩120,000)	사채(순액)	(₩90,000)

(주)한국의 20×1년도 영업활동순현금흐름은?

① ₩89,000
② ₩153,000
③ ₩158,000
④ ₩161,000

19 다음은 (주)한국의 20×1년도 간접법에 의한 현금흐름표를 작성하기 위한 자료의 일부이다.

- 20×1년도 포괄손익계산서 자료
  - 당기순이익 : ₩500,000
  - 매출채권손상차손 : ₩9,000
  - 상각후원가측정금융자산처분손실 : ₩3,500
  - 유형자산처분손실 : ₩50,000
  - 법인세비용 : ₩60,000
  - 감가상각비 : ₩40,000
  - 사채상환이익 : ₩5,000
- 20×1년 말 재무상태표 자료

구분	20×1년 1월 1일	20×1년 12월 31일
매출채권(순액)	₩120,000	₩90,000
재고자산(순액)	₩80,000	₩97,000
매입채무	₩65,000	₩78,000
유형자산(순액)	₩3,000,000	₩2,760,000
당기법인세부채	₩40,000	₩38,000
이연법인세부채	₩55,000	₩70,000

20×1년도 현금흐름표상 영업활동순현금흐름은? (단, 법인세납부는 영업활동으로 분류한다.)

① ₩627,500
② ₩640,500
③ ₩649,500
④ ₩687,500

20 (주)한국의 20×2년 발생주의 수익과 비용은 각각 ₩1,500과 ₩600이며, 관련 자산과 부채는 다음과 같다.

계정과목	20×1년 말	20×2년 말
재고자산	₩1,500	₩1,300
미수수익	₩500	₩800
매출채권	₩500	₩400
미지급비용	₩600	₩300

20×2년 순현금흐름(현금유입액 − 현금유출액)은?

① (−)₩700
② (+)₩300
③ (+)₩400
④ (+)₩600

21 다음 자료를 이용하여 계산한 매입으로 인한 현금유출액은? (단, 매입은 외상으로 이루어진다.)

• 기초재고자산	₩500,000	• 기말재고자산	₩700,000
• 기초매입채무	₩400,000	• 기말매입채무	₩600,000
• 매출원가	₩800,000		

① ₩600,000
② ₩700,000
③ ₩800,000
④ ₩900,000

22 (주)한국의 현금주의에 의한 당기매출액은 ₩100,000이다. 기초매출채권 잔액이 ₩25,000 이고 기말매출채권 잔액이 ₩30,000인 경우, (주)한국의 발생주의에 의한 당기매출액은?

① ₩90,000
② ₩95,000
③ ₩105,000
④ ₩110,000

23 (주)한국의 기초와 기말 재무상태표에 계상되어 있는 미수임대료와 선수임대료 잔액은 다음 과 같다.

구분	기초	기말
미수임대료	₩500	₩0
선수임대료	₩600	₩200

당기 포괄손익계산서의 임대료가 ₩700일 경우, 현금주의에 의한 임대료수취액은?

① ₩500
② ₩600
③ ₩700
④ ₩800

24 다음은 (주)한국의 20×1년 상품판매와 관련한 자료이다.

• 매출액	₩200,000	• 기초매출채권	₩50,000
• 기말매출채권	₩80,000	• 기초손실충당금	₩5,000
• 기말손실충당금	₩10,000	• 기초선수금	₩40,000
• 기말선수금	₩20,000	• 손상차손	₩20,000

(주)한국이 20×1년 매출로 인한 현금유입액은 얼마인가?

① ₩135,000　　　　　　　　　② ₩155,000

③ ₩185,000　　　　　　　　　④ ₩205,000

25 (주)한국은 재고자산의 매입과 매출을 모두 외상으로 처리한 후, 나중에 현금으로 결제하고 있다. 다음은 이와 관련된 거래내역 일부를 20×0년과 20×1년도 재무상태표와 포괄손익계산서로부터 추출한 것이다. 20×1년 12월 31일 (A)에 표시될 현금은? (단, 현금의 변동은 제시된 영업활동에서만 영향을 받는다고 가정한다.)

재무상태표 계정과목	20×1.12.31	20×0.12.31
현금	(A)	₩300,000
매출채권	₩110,000	₩100,000
매출채권 손실충당금	₩10,000	₩9,000
재고자산	₩100,000	₩80,000
매입채무	₩80,000	₩60,000
포괄손익계산서 계정과목	20×1년도	20×0년도
매출	₩1,800,000	₩1,500,000
매출원가	₩1,500,000	₩1,200,000
매출채권 손상차손	₩7,000	₩6,000

① ₩584,000　　　　　　　　　② ₩590,000

③ ₩594,000　　　　　　　　　④ ₩604,000

26 (주)한국의 20×2년도 포괄손익계산서상 이자비용은 ₩100,000이다. 20×2년도 기초 미지급이자 ₩10,000, 기초 선급이자 ₩10,000, 기말 미지급이자 ₩25,000, 기말 선급이자가 ₩5,000일 때, (주)한국이 20×2년도에 현금으로 지급한 이자금액은?

① ₩60,000　　　　　　　　　② ₩70,000

③ ₩80,000　　　　　　　　　④ ₩90,000

27 (주)한국의 20×1년의 기초 미지급사채이자는 ₩220이고, 기말 미지급사채이자는 ₩250이다. 20×1년도 사채이자비용이 ₩6,000(사채할인발행차금 상각액 ₩400 포함)이라면, (주)한국이 20×1년에 현금으로 지급한 이자액은?

① ₩5,030
② ₩5,200
③ ₩5,570
④ ₩5,970

28 (주)한국의 20×1년도 이자비용 ₩30,000에는 사채할인발행차금 상각액 ₩3,000이 포함되어 있다. 미지급이자비용의 기초잔액과 기말잔액은 각각 ₩3,800과 ₩5,200이고, 선급이자비용의 기초잔액과 기말잔액은 각각 ₩2,000과 ₩2,700이다. (주)한국의 20×1년도 현금이자지급액은?

① ₩24,900
② ₩26,300
③ ₩29,100
④ ₩30,900

29 (주)한국은 20×2년 중 취득원가 ₩20,000인 토지를 ₩30,000에 처분하고 대금은 1년 후에 받기로 했으며, 장부금액 ₩60,000(취득원가 ₩100,000, 감가상각누계액 ₩40,000)인 건물을 현금 ₩70,000에 처분하였다. (주)한국의 20×2년 현금흐름표상 투자활동으로 인한 현금유입액은?

① ₩60,000
② ₩70,000
③ ₩80,000
④ ₩90,000

30 다음은 (주)한국의 유형자산 및 감가상각누계액의 기초잔액, 기말잔액 및 당기 변동과 관련된 자료이다. (주)한국은 당기 중 취득원가 ₩40,000(감가상각누계액 ₩20,000)의 유형자산을 ₩15,000에 처분하였다. 모든 유형자산의 취득 및 처분거래는 현금거래라고 가정할 때, 유형자산과 관련한 투자활동순현금흐름은? (단, (주)한국은 유형자산에 대해 원가모형을 적용한다.)

과목	기초	기말
유형자산	₩100,000	₩140,000
감가상각누계액	(₩30,000)	(₩25,000)

① ₩9,000 순유출
② ₩20,000 순유입
③ ₩60,000 순유입
④ ₩65,000 순유출

31 다음 자료를 이용하여 계산한 건물처분으로 유입된 현금흐름은?

구분	건물	감가상각누계액
기초	₩400,000	₩140,000
기말	₩460,000	₩160,000

- 기중 건물 취득금액은 ₩140,000이다.
- 기중 건물의 처분이익은 ₩10,000이다.
- 당기 건물의 감가상각비는 ₩50,000이다.

① ₩30,000 　　　　② ₩40,000
③ ₩50,000 　　　　④ ₩60,000

32 다음 자료를 이용하여 계산된 20×1년도 재무활동순현금흐름은? (단, 이자지급은 재무활동으로 분류하며, 납입자본의 변동은 현금유상증자에 의한 것이다.)

- 이자비용 : ₩3,000
- 재무상태표 관련 자료

구분	20×1.1.1	20×1.12.31
자본금	₩10,000	₩20,000
주식발행초과금	₩10,000	₩20,000
단기차입금	₩50,000	₩45,000
미지급이자	₩4,000	₩6,000

① ₩4,000 　　　　② ₩13,000
③ ₩14,000 　　　　④ ₩15,000

33 (주)한국의 20×1년 영업활동 순현금유입액은 ₩12,000이다. 다음 자료를 이용할 때, 20×1년 법인세비용차감전순이익과 재무활동순현금흐름으로 옳은 것은?

계정과목	20×1년 1월 1일	20×1년 12월 31일
매출채권	₩2,800	₩1,300
선급비용	₩1,000	₩1,800
미지급이자	₩80	₩40
단기차입금	₩1,500	₩1,250
자본금	₩500	₩1,200

- 재무상태표 관련 자료

- 20×1년 감가상각비 : ₩900
- 20×1년 유형자산처분손실 : ₩2,100
- 이자비용(미지급이자)은 영업활동으로 분류한다.
- 자본금 변동은 유상증자로 인한 것이며 모든 자산, 부채, 자본 변동은 현금거래로 인한 것이다.

	법인세비용차감전순이익	재무활동순현금흐름
①	₩7,800	순유입액 ₩410
②	₩8,300	순유입액 ₩450
③	₩8,340	순유입액 ₩450
④	₩8,640	순유입액 ₩410

정답 및 해설 p. 429

01 법인세에 관한 설명으로 옳지 않은 것은?

① 이연법인세자산과 부채는 보고기간 말까지 제정되었거나 실질적으로 제정된 세율(및 세법)에 근거하여 해당 자산이 실현되거나 부채가 결제될 회계기간에 적용될 것으로 기대되는 세율을 사용하여 측정한다.

② 이연법인세자산과 부채는 현재가치로 할인한다.

③ 종속기업 및 관계기업에 대한 투자자산과 관련된 모든 가산할 일시적 차이에 대하여 항상 이연법인세부채를 인식하는 것은 아니다.

④ 미사용 세무상결손금과 세액공제가 사용될 수 있는 미래 과세소득의 발생가능성이 높은 경우 그 범위 안에서 이월된 미사용 세무상결손금과 세액공제에 대하여 이연법인세자산을 인식한다.

02 법인세 회계처리에 대한 다음 설명으로 옳지 않은 것은?

① 이연법인세자산과 부채는 현재가치로 할인하지 아니한다.

② 모든 가산할 일시적 차이에 대하여 이연법인세부채를 인식하는 것을 원칙으로 한다.

③ 당기 및 과거기간에 대한 당기법인세 중 납부되지 않은 부분을 부채로 인식한다. 만일 과거기간에 이미 납부한 금액이 그 기간 동안 납부하여야 할 금액을 초과하였다면 그 초과금액은 자산으로 인식한다.

④ 이연법인세자산의 장부금액은 매 보고기간 말에 검토한다. 이연법인세자산의 일부 또는 전부에 대한 혜택이 사용되기에 충분한 과세소득이 발생할 가능성이 더 이상 높지 않다면, 이연법인세자산의 장부금액을 감액시킨다. 감액된 금액은 사용되기에 충분한 과세소득이 발생할 가능성이 높아지더라도 다시 환입하지 아니한다.

03 법인세회계에 관한 설명으로 옳지 않은 것은?

① 자산의 세무기준액은 자산의 장부금액이 회수될 때 기업에 유입될 과세대상 경제적 효익에 세무상 가산될 금액을 말한다.

② 과거기간에 이미 납부한 법인세 금액이 그 기간 동안 납부하여야 할 금액을 초과하였다면 그 초과금액은 자산으로 인식한다.

③ 사업결합에서 발생한 영업권을 최초로 인식하는 경우에는 이연법인세부채를 인식하지 않는다.

④ 이연법인세자산의 일부 또는 전부에 대한 혜택이 사용되기에 충분한 과세소득이 발생할 가능성이 더 이상 높지 않다면 이연법인세자산의 장부금액을 감액시킨다.

04 (주)한국의 법인세와 관련된 자료가 다음과 같을 때, 20×1년 말 이연법인세자산(또는 이연법인세부채)은 얼마인가? (단, 20×1년 초에는 이연법인세자산과 이연법인세부채가 존재하지 않았다.)

- 20×1년도 법인세비용차감전순이익은 ₩10,000이다.
- 세무조정 결과 회계이익과 과세소득의 차이로 인한 가산할 일시적 차이가 ₩5,000이다.
- 법인세율은 30%이다.

① 이연법인세자산 ₩1,500 ② 이연법인세자산 ₩3,000
③ 이연법인세부채 ₩1,500 ④ 이연법인세부채 ₩3,000

05 (주)한국의 20×1년도 법인세와 관련된 자료가 다음과 같을 때 20×1년도 법인세비용은? (단, 차감할 일시적 차이와 세무상결손금이 사용될 수 있는 미래 과세소득의 발생가능성은 높고 20×1년 1월 1일 현재 이연법인세자산(부채)은 없다.)

• 법인세비용차감전순이익	₩240,000	• 접대비 한도초과액	₩20,000
• 감가상각비 한도초과액	₩40,000	• 20×1년도 법인세율	20%
• 20×2년도 이후 법인세율	30%		

① ₩48,000 ② ₩52,000
③ ₩60,000 ④ ₩72,000

06 (주)한국의 20×1년도 법인세와 관련한 세무조정사항은 다음과 같다. 20×0년 12월 31일 현재 이연법인세자산과 이연법인세부채의 잔액은 없었다. 법인세법상 당기손익-공정가치 측정 금융자산 평가이익은 익금불산입하고 기타 법인세법과의 차이는 손금불산입한다. 20×1년도의 포괄손익계산서의 법인세비용은 얼마인가? (단, 이연법인세자산의 실현가능성은 높으며, 법인세율은 20%이고 이후 변동이 없다고 가정한다.)

- 법인세비용차감전순이익 : ₩2,000,000
- 접대비 한도초과액 : ₩100,000
- 감가상각비 한도초과액 : ₩60,000
- 당기손익-공정가치 측정 금융자산 평가이익 : ₩20,000

① ₩420,000 ② ₩424,000
③ ₩436,000 ④ ₩440,000

07 (주)서울은 영업 첫해인 20×1년의 법인세비용차감전순이익은 ₩800,000이고 과세소득은 ₩1,200,000이며, 이 차이는 일시적 차이로서 향후 2년간 매년 ₩200,000씩 소멸될 것이다. 20×1년과 20×2년의 법인세율은 40%이고 20×1년에 개정된 세법에 따라 20×3년부터 적용될 법인세율은 35%이다. (주)서울이 이 차이에 관하여 20×1년 말 재무상태표상에 기록하여야 하는 이연법인세자산 또는 이연법인세부채의 금액은? (단, 이연법인세자산 또는 이연법인세부채는 각각 자산과 부채의 인식요건을 충족한다.)

① 이연법인세자산 ₩140,000
② 이연법인세부채 ₩140,000
③ 이연법인세자산 ₩150,000
④ 이연법인세부채 ₩150,000

08 (주)한국은 20×1년 1월 1일에 설립되었다. 20×1년도 (주)한국의 법인세비용차감전순이익은 ₩1,000,000이며, 법인세율은 20%이고, 법인세와 관련된 세무조정사항은 다음과 같다.

- 감가상각비 한도초과액은 ₩50,000이고, 동 초과액 중 ₩30,000은 20×2년에, ₩20,000은 20×3년에 소멸될 것으로 예상된다.
- 접대비 한도초과액은 ₩80,000이다.
- 20×1년 말에 정기예금(20×2년 만기)에 대한 미수이자는 ₩100,000이다.

20×1년 중 법인세법의 개정으로 20×2년부터 적용되는 법인세율은 25%이며, 향후 (주)한국의 과세소득은 계속적으로 ₩1,000,000이 될 것으로 예상된다. (주)한국이 20×1년도 포괄손익계산서에 인식할 법인세비용과 20×1년 말 재무상태표에 표시할 이연법인세자산(또는 부채)은? (단, 이연법인세자산과 이연법인세부채는 상계하여 표시한다.)

	법인세비용	이연법인세		법인세비용	이연법인세
①	₩218,500	₩12,500(부채)	②	₩206,000	₩12,500(자산)
③	₩206,000	₩12,500(부채)	④	₩218,500	₩37,500(자산)

09 20×1년 초에 설립된 (주)한국의 20×1년도 법인세와 관련된 자료는 다음과 같다. (주)한국이 20×1년도에 인식할 법인세비용은? (단, 차감할 일시적차이가 사용될 수 있는 미래 과세소득의 발생가능성은 높다.)

> • 20×1년도 법인세비용차감전순이익 : ₩1,000,000
> • 20×1년도 세무조정 결과 회계이익과 과세소득의 차이로 인한 차감할 일시적 차이
>   : ₩200,000
> • 20×1년도 법인세율 : 25%
> • 세법개정으로 인한 20×2년도와 그 이후의 법인세율 : 35%

① ₩200,000   ② ₩230,000
③ ₩250,000   ④ ₩350,000

10 다음은 20×1년 초에 설립된 (주)한국의 20×1년도 법인세 관련 자료이다.

> • 법인세비용차감전순이익   ₩500,000
> • 감가상각비 한도 초과액(일시적차이)   ₩100,000
> • 자기주식처분이익   ₩50,000
> • 20×1년 법인세율은 30%이며, 20×2년부터는 영구적으로 20%의 법인세율이 적용됨

20×1년도 법인세비용(A)과 20×1년 말 이연법인세자산(B)은 각각 얼마인가? (단, 차감할 일시적 차이의 미래 실현가능성은 높다.)

	(A)	(B)		(A)	(B)
①	₩160,000	₩20,000	②	₩165,000	₩20,000
③	₩165,000	₩30,000	④	₩160,000	₩30,000

정답 및 해설 p. 430

01 회계변경 및 오류수정에 관한 설명으로 옳지 않은 것은?

① 과거의 합리적 추정이 후에 새로운 정보추가로 수정되는 것은 오류수정이 아니다.

② 거래의 실질이 다른 거래에 대해 다른 회계정책을 적용하는 것은 회계정책의 변경이다.

③ 측정기준의 변경은 회계정책의 변경이다.

④ 감가상각자산의 추정내용연수가 변경되는 경우 그 변경효과는 전진적으로 인식한다.

02 회계추정의 변경에 해당하지 않는 것은?

① 유형자산의 잔존가치를 취득원가의 10%에서 5%로 변경하는 경우

② 유형자산의 내용연수를 5년에서 10년으로 변경하는 경우

③ 제품보증충당부채의 적립비율을 매출액의 1%에서 2%로 변경하는 경우

④ 재고자산의 단위원가 결정방법을 선입선출법에서 총평균법으로 변경하는 경우

03 다음 중 회계변경에 관한 설명으로 옳지 않은 것은?

① 기업이 하나의 일반적으로 인정된 회계원칙에서 다른 회계원칙으로 바꾸는 것을 회계정책의 변경이라 한다.

② 감가상각자산의 내용연수 또는 감가상각에 내재된 미래경제적효익의 기대소비형태가 변하는 경우 회계정책의 변경으로 처리한다.

③ 과거에 발생하지 않았거나 발생하였어도 중요하지 않았던 거래, 기타 사건 또는 상황에 대하여 새로운 회계정책을 적용하는 경우는 회계정책의 변경에 해당하지 않는다.

④ 회계정책의 변경과 회계추정의 변경을 구분하는 것이 어려운 경우에는 이를 회계추정의 변경으로 본다.

04 '회계정책, 회계추정의 변경 및 오류'에 관한 설명으로 옳지 않은 것은?

① 과거에 발생한 거래와 실질이 다른 거래, 기타 사건 또는 상황에 대하여 다른 회계정책을 적용하는 경우는 회계정책의 변경에 해당하지 아니한다.

② 회계정책의 변경은 특정기간에 미치는 영향이나 누적효과를 실무적으로 결정할 수 없는 경우를 제외하고는 소급법을 적용한다.

③ 회계변경의 속성상 그 효과를 회계정책의 변경효과와 회계추정의 변경효과로 구분하기가 불가능한 경우에는 이를 회계정책의 변경으로 본다.

④ 측정기준의 변경은 회계추정의 변경이 아니라 회계정책의 변경에 해당한다.

05 회계변경과 오류수정에 관한 설명으로 옳지 않은 것은?

① 거래, 기타 사건 또는 상황에 대하여 구체적으로 적용할 수 있는 한국채택국제회계기준이 없는 경우, 경영진은 판단에 따라 회계정책을 개발 및 적용하여 회계정보를 작성할 수 있다.

② 한국채택국제회계기준에서 특정 범주별로 서로 다른 회계정책을 적용하도록 규정하거나 허용하는 경우를 제외하고는 유사한 거래, 기타 사건 및 상황에는 동일한 회계정책을 선택하여 일관성 있게 적용한다.

③ 기업은 한국채택국제회계기준에서 회계정책의 변경을 요구하는 경우에 회계정책을 변경할 수 있다.

④ 측정기준의 변경은 회계정책의 변경이 아니라 회계추정의 변경에 해당한다.

06 다음 회계변경 중 그 성격이 다른 하나는?

① 감가상각방법을 정액법에서 정률법으로 변경

② 금융자산에 대한 대손가능성 추정의 변경

③ 재고자산의 단가결정방법을 선입선출법에서 평균법으로 변경

④ 손실충당금의 대손율 변경

07 **회계정책, 회계추정의 변경 및 오류에 관한 설명으로 옳은 것은?**

① 측정기준의 변경은 회계정책의 변경이 아니라 회계추정의 변경에 해당한다.

② 회계추정의 변경효과를 전진적으로 인식하는 것은 추정의 변경을 그것이 발생한 시점 이후부터 거래, 기타 사건 및 상황에 적용하는 것을 말한다.

③ 과거에 발생한 거래와 실질이 다른 거래, 기타 사건 또는 상황에 대하여 다른 회계정책을 적용하는 경우에도 회계정책의 변경에 해당한다.

④ 과거기간의 금액을 수정하는 경우 과거기간에 인식, 측정, 공시된 금액을 추정함에 있어 사후에 인지된 사실을 이용할 수 있다.

08 **(주)한국은 20×3년도부터 재고자산 평가방법을 선입선출법에서 가중평균법으로 변경하였다. 이러한 회계정책의 변경은 한국채택국제회계기준에서 제시하는 조건을 충족하며, (주)한국은 이러한 변경에 대한 소급효과를 모두 결정할 수 있다. 다음은 (주)한국의 재고자산 평가방법별 기말재고와 선입선출법에 의한 당기순이익이다.**

구분	20×1년	20×2년	20×3년
기말재고자산 :			
선입선출법	₩1,100	₩1,400	₩2,000
가중평균법	₩1,250	₩1,600	₩1,700
당기순이익	₩21,000	₩21,500	₩24,000

회계변경 후 20×3년도 당기순이익은? (단, 20×3년도 장부는 마감 전이다.)

① ₩23,500
② ₩23,700
③ ₩24,000
④ ₩24,300

09 **20×1년 말 (주)한국이 작성한 재무제표에서 다음과 같은 오류가 발견되었다. 이들 오류가 당기순이익에 미치는 영향은?**

- 선적지 인도조건으로 매입하여 20×1년 말 운송 중인 상품 ₩600,000이 장부에 기록되지 않았으며, 기말재고자산에도 포함되지 않았다.
- 20×1년 초 본사의 사무용 비품 ₩1,000,000 (내용연수 5년, 잔존가치 없음)을 취득하면서 비용으로 처리하였다. 동 비품은 정액법으로 감가상각하여야 한다.

① ₩400,000 과소계상
② ₩800,000 과소계상
③ ₩1,000,000 과소계상
④ ₩1,400,000 과소계상

10 회계정책, 회계추정치 변경과 오류에 관한 설명으로 옳은 것은?

① 오류수정은 성격상 추가 정보가 알려지는 경우에 변경이 필요할 수도 있는 근사치인 회계추정치 변경과 구별된다.

② 새로운 회계정책을 과거기간에 적용하는 경우, 과거기간에 인식된 금액의 추정에 사후에 인지된 사실을 이용할 수 있다.

③ 거래 및 기타 사건에 대하여 적용할 수 있는 한국채택국제회계기준이 없는 경우, 경영진은 판단에 따라 회계정책을 적용하여 회계정보를 작성할 수 없다.

④ 과거에 발생한 거래와 실질이 다른 거래, 기타 사건 또는 상황에 대하여 다른 회계정책을 적용하는 경우에는 회계정책의 변경에 해당한다.

11 (주)한국의 20×1년도 회계오류 수정 전 법인세비용차감전순이익은 ₩500,000이다. 오류수정과 관련된 자료는 다음과 같다.

구분	20×0년	20×1년
기말재고자산 과대(과소)계상	₩12,000 과소	₩5,000 과대
선급비용을 당기비용으로 처리	₩4,000	₩3,000

회계오류 수정 후 (주)한국의 20×1년도 법인세비용차감전순이익은?

① ₩476,000 ② ₩482,000
③ ₩486,000 ④ ₩488,000

12 (주)한국의 20×3년 말 회계감사과정에서 발견된 기말재고자산 관련 오류사항은 다음과 같다.

20×1년 말	20×2년 말	20×3년 말
₩5,000 과대	₩2,000 과대	₩3,000 과대

위의 오류사항을 반영하기 전 20×3년 말 이익잉여금은 ₩100,000, 20×3년도 당기순이익은 ₩30,000이었다. 오류를 수정한 후의 20×3년 말 이익잉여금(A)과 20×3년도 당기순이익(B)은 각각 얼마인가? (단, 오류는 중요한 것으로 가정한다.)

	(A)	(B)		(A)	(B)
①	₩90,000	₩25,000	②	₩90,000	₩27,000
③	₩97,000	₩27,000	④	₩97,000	₩29,000

13 (주)한국은 20×3년에 회계기록을 검토하던 중 20×1년 기말재고자산은 ₩500 그리고 20×2년 기말재고자산은 ₩1,000이 각각 과소평가되었음을 확인하였다. 이러한 재고자산 평가의 오류가 20×1년과 20×2년 당기순이익에 미친 영향은?

	20×1년	20×2년		20×1년	20×2년
①	₩500 과대	₩500 과대	②	₩500 과대	₩1,000 과소
③	₩500 과소	₩1,000 과소	④	₩500 과소	₩500 과소

14 (주)한국의 20×1년도 재무제표에는 기말재고자산이 ₩750 과소계상되어 있으나, 20×2년도 기말재고자산은 정확하게 계상되어 있다. 동 재고자산 오류가 수정되지 않은 (주)한국의 20×1년도와 20×2년도의 당기순이익은 각각 ₩3,800과 ₩2,700이다. (주)한국은 오류를 수정하여 비교재무제표를 재작성하고자 한다. 20×1년 초 이익잉여금이 ₩11,500인 경우, 20×2년 말 이익잉여금은?

① ₩14,200
② ₩15,200
③ ₩15,950
④ ₩18,000

15 (주)한국은 20×1년 기말재고자산을 ₩50,000만큼 과소계상하였고, 20×2년 기말재고자산을 ₩30,000만큼 과대계상하였음을 20×2년 말 장부마감 전에 발견하였다. 20×2년 오류수정 전 당기순이익이 ₩200,000이라면, 오류수정 후 당기순이익은?

① ₩120,000
② ₩170,000
③ ₩230,000
④ ₩250,000

16 (주)한국은 20×1년 초 투자부동산(내용연수 10년, 잔존가치 ₩0, 정액법 상각)을 ₩200,000에 취득하고 원가모형을 적용하였다. (주)한국은 20×2년부터 동 투자부동산에 대하여 공정가치모형을 적용하기로 하였으며 이러한 회계변경은 정당하다. 20×1년 말, 20×2년 말 동 투자부동산의 공정가치는 각각 ₩190,000, ₩185,000이다. 회계변경효과를 반영하여 20×2년 말 재작성한 비교재무제표(20×1년, 20×2년)에 표시될 금액에 관한 설명으로 옳은 것은?

① 20×1년도 투자부동산(순액)은 ₩180,000이다.
② 20×1년도 투자부동산 감가상각비는 ₩0이다.
③ 20×1년도 투자부동산 평가손익은 ₩0이다.
④ 20×2년도 투자부동산 평가이익은 ₩5,000이다.

정답 및 해설 p. 432

01 (주)대한의 20×1년 1월 1일 현재 유통보통주식수는 10,000주이고, 이 중에서 4,000주를 20×1년 7월 1일 자기주식으로 취득하였다. (주)대한의 20×1년 당기순이익은 ₩9,000,000 이고, 비누적적 우선주에 대한 배당결의 금액은 ₩1,000,000이다. (주)대한의 20×1년 기본 주당순이익은? (단, 가중평균유통보통주식수는 월수를 기준으로 계산한다.)

① ₩800
② ₩900
③ ₩1,000
④ ₩1,125

02 20×1년도 자본과 관련된 자료가 다음과 같을 때 주당이익은? (단, 우선주는 누적적우선주 이다.)

• 당기순이익	₩26,000,000
• 기초 보통주(주당 액면금액 ₩5,000)	10,000주
• 기초 우선주(주당 액면금액 ₩5,000, 배당률 연 8%)	5,000주

① ₩1,500
② ₩2,000
③ ₩2,400
④ ₩2,500

03 (주)대한의 20×1년 1월 1일의 유통보통주식수는 24,000주였으며, 20×1년도 중 보통주식 수에 대한 변동내역은 다음과 같다.

일 자	보통주식수 변동내역
3월 1일	유상증자를 통해 8,000주 시가발행
5월 1일	자기주식 6,000주 취득
7월 1일	20%의 무상증자 실시
10월 1일	자기주식 4,000주 재발행

20×1년도 기본주당순이익의 계산을 위한 가중평균유통보통주식수는 얼마인가? (단, 월수 를 가중치로 사용하여 가중평균유통보통주식수를 계산한다.)

① 30,260주
② 31,500주
③ 33,000주
④ 35,200주

04 (주)한국의 20×1년 말 현재 총발행보통주식수는 400주이고 가중평균유통보통주식수는 250주이며, 20×1년의 당기순이익은 ₩40,000이다. (주)한국은 우선주 200주(1주당 액면 ₩2,500, 액면배당률 4%, 비참가적이며 비누적적)를 전년도인 20×0년 7월 1일에 처음 발행하였으며, 이후에는 우선주 발행이 없었다. (주)한국의 20×1년 기본주당순이익은 얼마인가?

① ₩50   ② ₩80

③ ₩100   ④ ₩160

05 (주)한국의 20×3년 초 유통보통주식수는 5,000주이며 20×3년도 중 보통주식수의 변동내역은 다음과 같다.

> • 20×3년 4월 1일에 보통주 1,000주를 시장가격으로 발행하였다.
> • 20×3년 8월 1일에 10%의 주식배당을 하였다.
> • 20×3년 12월 1일에 자기주식 600주를 취득하였다.

20×3년도 당기순이익이 ₩5,522,000이었다면, (주)한국의 기본주당순이익은 얼마인가? (단, 가중평균유통보통주식수는 월할 계산한다.)

① ₩840   ② ₩868

③ ₩880   ④ ₩960

06 (주)한국의 20×9년도 당기순이익은 ₩3,000,000이며, 20×9년 초 유통보통주식수는 10,000주이다. (주)한국은 20×9년 3월 1일 유상증자를 실시하여 보통주 5,000주를 발행하였으며, 20×9년 8월 1일에는 보통주 1,000주의 자기주식을 취득하였다. 그리고 (주)한국은 20×9년도 당기순이익에 대해 우선주 배당 ₩250,000을 실시하기로 결의하였다. (주)한국의 20×9년도 기본주당순이익은 얼마인가? (단, 가중평균유통보통주식수는 월수를 기준으로 계산한다.)

① ₩150   ② ₩175

③ ₩200   ④ ₩225

07 (주)한국의 20×1년 1월 1일 보통주자본금은 ₩150,000(주당 액면금액 ₩500, 주식수 300주)이며, 자기주식은 ₩100,000(주당 취득금액 ₩1,000)이다. (주)한국은 20×1년 7월 1일에 보유 중인 자기주식 중 50주를 주당 ₩1,500에 처분하였다. (주)한국의 20×1년도 당기순이익이 ₩720,000인 경우, (주)한국의 20×1년도 기본주당이익은? (단, 유통보통주식수는 월할 계산한다.)

① ₩2,400

② ₩3,200

③ ₩3,300

④ ₩3,600

08 (주)한국의 20×1년 초 유통보통주식수는 15,000주였다. 20×1년 중 보통주식수의 변동내역이 다음과 같다면, 20×1년도 기본주당이익 계산을 위한 가중평균유통보통주식수는? (단, 가중평균유통보통주식수는 월할 계산한다.)

- 2월 1일 : 유상증자(발행가격 : 공정가치) 20%
- 7월 1일 : 주식배당 10%
- 9월 1일 : 자기주식 취득 1,800주
- 10월 1일 : 자기주식 소각 600주
- 11월 1일 : 자기주식 재발행 900주

① 17,750주

② 18,050주

③ 18,200주

④ 19,075주

09 20×1년 말 (주)한국의 유통보통주식수는 1,400주이다. 20×2년 4월 1일에 보통주 1,000주를 주당 ₩1,200에 발행하였고 발행 직전일의 종가는 주당 ₩2,000이다. (주)한국의 20×2년 당기순이익은 ₩350,000이고 이익에 대한 현금배당을 결의하여 보통주 배당금 ₩120,000과 비누적적우선주 배당금 ₩17,000을 지급하였다. 20×2년도 (주)한국의 기본주당이익은? (단, 가중평균유통보통주식수는 월할 계산한다.)

① ₩120

② ₩130

③ ₩140

④ ₩150

10 (주)한국의 20×1년 초 유통보통주식수는 1,000주(주당 액면금액 ₩1,000), 유통우선주식수는 200주(주당 액면금액 ₩1,000)이다. 20×1년 9월 1일에 (주)한국은 보통주 1,000주의 유상증자를 실시하였는데, 발행금액은 주당 ₩1,200이고 유상증자 직전 주당 공정가치는 ₩2,000이다. 20×1년도 당기순이익은 ₩280,000이며, 우선주(비누적적, 비참가적)의 배당률은 5%이다. 20×1년도 기본주당이익은? (단, 유상증자대금은 20×1년 9월 1일 전액 납입완료되었으며, 유통보통주식수 계산 시 월할 계산한다.)

① ₩135 ② ₩140
③ ₩168.75 ④ ₩180

11 (주)한국의 20×1년도 포괄손익계산서상 당기순이익은 ₩510,000이고, 우선주(비참가적, 비누적적)배당금은 ₩30,000이다. (주)한국의 20×1년도 기본주당순이익이 ₩30일 때, 가중평균유통보통주식수는?

① 12,000주 ② 13,000주
③ 15,000주 ④ 16,000주

12 다음은 (주)한국의 20×1년 주당이익 계산과 관련한 자료이다. (주)한국의 배당결의가 이미 이루어졌을 경우 기본주당이익은?

- 기초유통보통주식수 : 800주 (액면금액 ₩1,000)
- 기초전환우선주 : 500주 (액면금액 ₩1,000, 비누적적, 비참가적)
- 20×1년 7월 1일에 400주의 전환우선주가 400주의 보통주로 전환 (기중 전환된 우선주에 대해서는 보통주 배당금 지급)
- 당기순이익 : ₩50,000
- 연 배당률 : 우선주 10%, 보통주 8%

① ₩30 ② ₩35
③ ₩40 ④ ₩50

13 (주)한국의 20×6년 당기순이익은 ₩2,450,000이며, 기초 유통보통주식수는 1,800주이다. 20×6년 9월 1일 주주우선배정 방식으로 보통주 300주를 유상증자하였다. 이때 발행금액은 주당 ₩40,000이며, 유상증자 직전 종가는 주당 ₩60,000이다. (주)한국의 20×6년 기본주당순이익은? (단, 가중평균유통보통주식수는 월할 계산한다.)

① ₩1,167   ② ₩1,225

③ ₩1,250   ④ ₩1,280

14 결산일이 12월 31일인 (주)한국의 20×6년도 기초유통보통주식수와 기초유통우선주식수는 각각 10,000주(액면가액 ₩1,000)와 4,000주(누적적 및 비참가적 전환우선주, 액면가액 ₩500, 연배당률 8%, 우선주 2주당 보통주 1주 전환)이다. (주)한국의 20×6년도 당기순이익이 ₩12,000,000일 때, 기본주당이익 및 희석주당이익은 각각 얼마인가? (단, 20×6년도에 우선주전환 등의 자본거래는 없으며, 소수점 이하는 반올림한다.)

	기본주당이익	희석주당이익		기본주당이익	희석주당이익
①	₩1,184	₩1,000	②	₩1,200	₩857
③	₩1,000	₩857	④	₩1,150	₩987

정답 및 해설 p. 433

01 (주)한국은 20×3년 초에 (주)대한의 주식 20%를 ₩50,000에 취득하면서 유의적인 영향력을 행사할 수 있게 되었다. 추가자료는 다음과 같다.

> • 20×3년 중에 (주)대한은 토지를 ₩20,000에 취득하고 재평가모형을 적용하였다.
> • (주)대한은 20×3년 말 당기순이익 ₩10,000과 토지의 재평가에 따른 재평가이익 ₩5,000을 기타포괄이익으로 보고하였다.
> • 20×3년 중에 (주)대한은 중간배당으로 현금 ₩3,000을 지급하였다.

(주)한국의 20×3년 말 재무상태표에 인식될 관계기업투자주식은 얼마인가?

① ₩51,400

② ₩52,400

③ ₩53,600

④ ₩55,000

02 (주)대한은 20×1년 1월 1일 (주)서울의 의결권주식 30%(300주)를 주당 ₩1,500에 취득함으로써 유의적인 영향력을 행사할 수 있게 되어 관계기업투자주식으로 분류하였다. 취득 당시 (주)서울의 순자산 장부금액은 ₩900,000이었다. 취득 당시 (주)서울의 재고자산과 토지의 공정가치가 장부금액에 비해 각각 ₩100,000과 ₩200,000 더 높고 나머지 자산과 부채는 장부금액과 공정가치가 일치하였다. (주)서울의 재고자산은 20×1년에 모두 판매되었다. 20×1년도 (주)서울이 보고한 당기순이익은 ₩200,000이며 기타포괄이익은 ₩40,000이었다. (주)서울은 20×1년 12월 31일에 ₩30,000의 현금배당을 실시하였다. (주)대한이 지분법을 적용할 경우 20×1년도 말 관계기업투자주식은?

① ₩423,000

② ₩461,000

③ ₩483,000

④ ₩513,000

03 (주)한국은 20×1년 1월 1일 (주)무역의 의결권 주식 중 30%를 ₩1,000,000에 취득하여 지분법으로 평가하고 있다. 취득 당시 (주)무역의 순자산 장부금액은 ₩3,000,000이며, 유형자산(잔존내용연수 5년, 정액법 상각)의 공정가치가 장부금액에 비해 ₩210,000 높았고, 나머지 자산과 부채의 장부금액은 공정가치와 일치하였다. (주)무역의 최근 2년간 당기순이익과 현금배당은 다음과 같다. (주)한국이 20×2년 말 보유하고 있는 관계기업투자주식 장부금액은 얼마인가? (단, 손상차손은 고려하지 않는다.)

항목	20×1년	20×2년
당기순이익	₩200,000	₩100,000
현금배당	₩40,000	₩20,000

① ₩1,014,000
② ₩1,024,000
③ ₩1,034,000
④ ₩1,046,800

04 (주)한국은 20×1년 1월 1일 (주)민국의 보통주 30%를 ₩6,600에 취득하여 유의적인 영향력을 행사하게 되었다. 취득 당시 (주)민국의 순자산공정가치는 ₩22,000으로 순자산장부금액에 비하여 ₩4,000 높았고, 이는 (주)민국이 보유 중인 건물(잔존내용연수 8년, 정액법 상각)에서 발생한 차이이다. 20×1년 (주)민국은 자본잉여금을 재원으로 10주(주당액면금액 ₩500)의 무상증자를 실시하였고, 당기순이익 ₩4,500을 보고하였다. (주)한국의 20×1년 말 관계기업투자주식 장부금액은? (단, 손상차손은 고려하지 않는다.)

① ₩6,150
② ₩6,300
③ ₩6,750
④ ₩7,800

05 (주)한국은 20×1년 초 (주)민국의 의결권 있는 보통주 30%(30주)를 주당 ₩5,000에 취득하여 유의적인 영향력을 행사하게 되었다. 취득 당시 (주)민국의 식별가능한 순자산 공정가치와 장부금액은 일치하였다. 20×1년 중 (주)한국은 (주)민국으로부터 주당 ₩400의 중간배당금을 현금으로 수취하였고, 20×1년 말 (주)민국은 당기순이익 ₩10,000을 보고하였다. (주)한국이 동 관계기업투자주식과 관련하여 20×1년 인식할 당기손익은? (단, 손상차손은 고려하지 않으며, (주)민국은 보통주만 발행하였다.)

① ₩12,000 손실　　　　　　　　　② ₩3,000 이익

③ ₩12,000 이익　　　　　　　　　④ ₩15,000 이익

06 (주)한국은 20×1년 초 (주)민국의 의결권주식 20%를 ₩300,000에 취득하고 지분법을 적용하는 관계기업투자주식으로 분류하였다. 취득 당시 (주)민국의 순자산 장부금액은 ₩1,000,000이었으며, 토지와 건물(내용연수 10년, 정액법상각)의 장부금액에 비해 공정가치가 각각 ₩100,000, ₩200,000 더 높은 것을 제외하고 자산과 부채의 장부금액은 공정가치와 일치하였다. 20×1년도에 (주)민국은 당기순이익과 기타포괄이익을 각각 ₩100,000, ₩30,000 보고하였으며, ₩15,000의 현금배당을 실시하였다. (주)한국의 20×1년 말 관계기업투자주식의 장부금액은?

① ₩312,000　　　　　　　　　　② ₩316,000

③ ₩319,000　　　　　　　　　　④ ₩320,000

01 (주)한국의 20×1년 12월 31일 현재 재무상태는 다음과 같다.

• 자산총계	₩880,000	• 비유동자산	₩520,000
• 매출채권	₩120,000	• 비유동부채	₩540,000
• 재고자산	₩240,000	• 자본총계	₩100,000

만약 (주)한국이 현금 ₩50,000을 단기차입한다고 가정하면 이러한 거래가 당좌비율(A)과 유동비율(B)에 미치는 영향은?

① A : 감소 B : 영향 없음
② A : 감소 B : 증가
③ A : 증가 B : 감소
④ A : 증가 B : 증가

02 (주)한국은 20×1년 말 현금 ₩100,000을 보유하고 있는 상태에서 유동비율은 180%이고 당좌비율은 90%이다. 20×1년 말 (주)한국이 단기차입금 ₩100,000을 상환하기 위해 현금을 모두 사용할 경우 유동비율과 당좌비율에 미치는 영향은?

① 유동비율 증가, 당좌비율 증가
② 유동비율 증가, 당좌비율 감소
③ 유동비율 감소, 당좌비율 증가
④ 유동비율 감소, 당좌비율 감소

03 다음 자료를 이용하여 계산한 유동비율과 부채비율(= 부채/자본)은?

• 자본	₩100,000
• 비유동자산	₩120,000
• 유동부채	₩40,000
• 비유동부채	₩60,000

	유동비율	부채비율		유동비율	부채비율
①	50%	100%	②	100%	200%
③	100%	100%	④	200%	100%

04 (주)한국은 20×1년 말 토지(유형자산)를 ₩1,000에 취득하였다. 대금의 50%는 취득 시 현금지급하고, 나머지는 20×2년 5월 1일에 지급할 예정이다. 토지거래가 없었을 때와 비교하여, 20×1년 말 유동비율과 총자산순이익률의 변화는? (단, 토지 거래가 있기 전 유동부채가 있으며, 20×1년 당기순이익이 보고되었다.)

	유동비율	총자산순이익률		유동비율	총자산순이익률
①	증가	증가	②	증가	감소
③	감소	증가	④	감소	감소

05 20×1년 12월 30일 현재 (주)한국의 유동자산과 유동부채의 잔액이 각각 ₩1,000이었다. 12월 31일 상품 ₩500을 구입하면서 현금 ₩100을 지급하고 나머지는 3개월 후에 지급하기로 한 경우 동 거래를 반영한 후의 유동비율은? (단, 상품 기록은 계속기록법을 적용한다.)

① 70%
② 80%
③ 100%
④ 150%

06 다음은 (주)한국의 20×1년 말 재무상태표상 계정별 잔액이다. (주)한국의 20×1년 말 자산총액이 ₩600,000이고, 유동비율이 200%일 때, 이익잉여금은?

• 현금	₩50,000	• 매출채권	?
• 재고자산	?	• 유형자산	₩200,000
• 투자부동산	₩100,000	• 단기차입금	?
• 매입채무	₩120,000	• 장기차입금	₩140,000
• 자본금	₩100,000	• 이익잉여금	?

① ₩150,000
② ₩180,000
③ ₩210,000
④ ₩250,000

07 (주)한국의 유동비율은 150%, 당좌비율은 70%이다. (주)한국이 은행으로부터 자금대출을 받기 위해서는 유동비율이 120% 이상이고 당좌비율이 100% 이상이어야 한다. (주)한국이 자금대출을 받기 위해 취해야 할 전략으로 옳은 것은?

① 재고자산 판매를 통해 현금을 조기 확보하고 재고자산을 줄인다.
② 기계장치를 현금으로 매입한다.
③ 장기차입금을 단기차입금으로 전환한다.
④ 외상거래처의 협조를 구해 매출채권을 적극적으로 현금화한다.

08 (주)한국은 상품을 ₩500에 구입하면서 대금 중 ₩250은 현금으로 지급하고 나머지는 3개월 이내에 갚기로 하였다. 이 거래 직전의 유동비율과 당좌비율이 각각 200%, 100%라고 할 때, 이 거래가 유동비율과 당좌비율에 미치는 영향으로 옳은 것은?

	유동비율	당좌비율		유동비율	당좌비율
①	감소	감소	②	변동없음	감소
③	감소	변동없음	④	증가	증가

09 (주)한국은 20×1년 중 만기가 20×3년 6월 30일인 사채를 현금으로 상환하였다. 이 거래가 20×1년 말 총자산회전율과 당좌비율에 미치는 영향은?

	총자산회전율	당좌비율		총자산회전율	당좌비율
①	감소	감소	②	감소	증가
③	증가	감소	④	증가	증가

10 (주)대한의 현재 유동비율은 200%, 부채비율(= 부채/자본 × 100)은 100%이다. 다음 거래 중 (주)대한의 유동비율과 부채비율을 동시에 감소시키는 경우는?

① 매출채권의 현금 회수　　② 선급보험료의 1년분 납부
③ 매입채무의 현금 지급　　④ 장기차입금의 현금 상환

11 재무비율분석과 관련된 설명으로 옳은 것은?

① 기업영업활동의 수익성을 분석하는 주요 비율로 자기자본이익률과 이자보상비율이 사용된다.

② 총자산이익률은 매출액순이익률과 총자산회전율의 곱으로 표현할 수 있다.

③ 유동성비율은 기업의 단기지급능력을 분석하는 데 사용되며 유동비율, 당좌비율, 총자산이익률이 주요 지표이다.

④ 이자보상비율은 기업의 이자지급능력을 측정하는 지표로 이자 및 법인세비용차감전이익을 이자비용으로 나누어 구하며 그 비율이 낮은 경우 지급능력이 양호하다고 판단할 수 있다.

12 (주)한국의 20×1년 재무자료는 다음과 같다.

• 매출액	₩10,000	• 기초유동자산	₩3,500
• 기초재고자산	₩1,000	• 기말유동자산	₩3,000
• 기말재고자산	₩2,000	• 기초유동부채	₩1,000
• 당기재고자산 매입액	₩8,500	• 기말유동부채	₩1,500

유동자산은 재고자산과 당좌자산으로만 구성된다. 다음 중 옳은 것은?

① 20×1년 재고자산회전율은 8회보다 높다.

② 20×1년 말 유동비율은 20×1년 초보다 높다.

③ 20×1년 초 당좌비율은 20×1년 말보다 높다.

④ 20×1년 매출총이익률은 15%이다.

13 다음은 (주)대한의 20×1년 말 재무비율분석 자료의 일부이다.

• 유동비율	250%	• 당좌비율	200%

20×1년 초 재고자산은 ₩80,000이고, 20×1년 말 유동부채는 ₩120,000이다. 20×1년 매출원가가 ₩350,000일 때 재고자산회전율은? (단, 유동자산은 당좌자산과 재고자산만으로 구성되어 있다고 가정한다.)

① 2회 ② 3회

③ 4회 ④ 5회

14 다음의 20×1년도 자료를 이용하여 계산된 20×1년도 당기순이익은? (단, 매출은 전액 신용매출이다.)

- 매출채권회전율 : 5회
- 매출채권평균 : ₩20,000
- 매출액순이익률 : 5%

① ₩2,000
② ₩3,000
③ ₩4,000
④ ₩5,000

15 다음 자료를 이용하여 계산된 매출원가는? (단, 계산의 편의상 1년은 360일, 평균재고자산은 기초와 기말의 평균이다.)

• 기초재고자산	₩90,000
• 기말재고자산	₩210,000
• 재고자산보유(회전)기간	120일

① ₩350,000
② ₩400,000
③ ₩450,000
④ ₩500,000

16 다음 자료를 이용하여 계산된 매출액순이익률은? (단, 총자산과 총부채는 기초금액과 기말금액이 동일한 것으로 가정한다.)

- 총자산 : ₩1,000,000
- 자기자본이익률(= 당기순이익/자본) : 20%
- 총자산회전율 : 0.5회
- 부채비율(= 부채/자본) : 300%

① 6%
② 8%
③ 10%
④ 12%

17 총자산회전율과 매출채권회전율은 각각 1.5회와 2회이며 매출액순이익률이 3%일 경우 총자산순이익률은?

① 4.5%　　　　　　　　② 6.0%
③ 6.5%　　　　　　　　④ 9.0%

18 (주)한국의 20×1년도 자기자본이익률(ROE)이 2%, 자기자본회전율이 1.6회, 매출액이 ₩500,000일 경우 (주)한국의 20×1년도 당기순이익은?

① ₩3,125　　　　　　　② ₩6,250
③ ₩10,000　　　　　　④ ₩16,000

19 다음 자료를 이용하여 계산한 (주)한국의 20×1년 매출액순이익률은?

자산총액	₩900억
자기자본순이익률(당기순이익 / 자본)	15%
총자산회전율	0.5회
부채비율(부채 / 자본)	200%

• 기초자산과 기말자산 금액은 동일
• 기초자본과 기말자본 금액은 동일

① 4%　　　　　　　　② 6%
③ 8%　　　　　　　　④ 10%

20 (주)한국의 20×0년 매출액은 ₩800이며, 20×0년과 20×1년의 매출액순이익률은 각각 15%와 20%이다. 20×1년 당기순이익이 전기에 비해 25% 증가하였을 경우 20×1년 매출액은?

① ₩600　　　　　　　② ₩750
③ ₩800　　　　　　　④ ₩1,000

정답 및 해설 p. 437

01 전환사채

01 (주)대한은 20×1년 초에 만기 3년, 표시이자율 연 5%, 액면금액 ₩100,000의 전환사채(이자는 매년 말 후급)를 상환할증금 없이 액면발행하였다. 이 전환사채의 발행시점에 (주)대한이 인식할 자본요소(전환권)의 공정가치는 얼마인가? (단, (주)대한은 전환사채 발행시점의 신용등급으로 만기 3년, 표시이자율 연 10%, 액면금액 ₩100,000의 일반사채를 액면금액으로 발행할 수 있다.)

기간	기간 말 ₩1의 현재가치		정상연금 ₩1의 현재가치	
	5%	10%	5%	10%
1	0.95	0.90	0.95	0.90
2	0.90	0.82	1.85	1.73
3	0.86	0.75	2.72	2.48

① ₩7,500

② ₩8,600

③ ₩9,600

④ ₩12,600

02 (주)한국은 20×1년 1월 1일에 만기 3년인 전환사채(액면 ₩1,000,000)를 ₩1,000,000에 발행하였다. 표시이자율은 5%이며, 발행한 전환사채와 유사한 위험을 가진 일반사채의 시장이자율은 8%이다. 이자는 매년 12월 31일에 지급하며, 전환사채 액면 ₩10,000당 1주의 보통주(액면 ₩5,000)로 전환할 수 있다. 전환사채 발행 시 전환권대가는 얼마인가? (단, 현가계수는 다음의 표를 이용한다.)

기간	단일금액 ₩1의 현가계수		정상연금 ₩1의 현가계수	
	5%	8%	5%	8%
3	0.86	0.79	2.72	2.57

① ₩0

② ₩73,500

③ ₩81,500

④ ₩91,850

03 (주)한국은 20×1년 초 액면금액 ₩100,000의 3년 만기 전환사채를 액면금액으로 발행하였다. 전환권을 행사하지 않은 경우 전환사채의 만기일에 액면금액에 추가하여 상환할증금 ₩9,000을 지급한다. 전환사채의 표시이자율은 연 5%이며 매년 말에 지급한다. (주)한국은 당사의 신용으로 만기 3년, 표시이자율 연 10%, 액면금액으로 일반사채를 발행할 수 있다. 이때 (주)한국이 자본으로 처리하는 전환권의 가치는 얼마인가? (단, 가장 근사치를 선택할 것)

기간	10%	
	1회금액 ₩1의 현재가치	기말연금 ₩1의 현재가치
1	0.90	0.90
2	0.82	1.73
3	0.75	2.48

① ₩5,850 ② ₩6,150

③ ₩8,450 ④ ₩10,500

04 (주)한국은 20×1년 1월 1일에 다음과 같은 조건의 전환사채를 액면발행하였다.

- 액면금액 : ₩1,000,000
- 만기 : 20×5년 12월 31일
- 이자 : 매년 12월 31일에 액면금액의 8%를 현금으로 지급
- 조건 : – 사채발행시점부터 1개월 경과 후 만기시점까지 전환청구 가능
        – 전환가격은 사채 액면금액 ₩5,000당 보통주(액면금액 ₩5,000) 1주로 전환 가능
        – 만기까지 전환권이 행사되지 않은 부분에 대해서는 액면금액의 105%를 지급함
- 사채발행시점의 유효이자율 : 연 10%

(주)한국이 발행시점에 인식해야 할 전환권대가는 얼마인가? (단, 다음의 현가계수를 이용하며 단수차이로 인한 오차가 있으면 가장 근사치를 선택한다.)

기간	기간 말 ₩1의 현재가치		정상연금 ₩1의 현재가치	
	8%	10%	8%	10%
1	0.92	0.90	0.92	0.90
2	0.85	0.82	1.78	1.73
3	0.79	0.75	2.57	2.48
4	0.73	0.68	3.31	3.16
5	0.68	0.62	3.99	3.79

① ₩0 ② ₩45,800

③ ₩50,000 ④ ₩75,700

02 종업원급여

05 다음은 종업원급여에 대한 설명이다. 다음 중 옳지 않은 것은?

① 단기종업원급여란 종업원이 관련 근무용역을 제공한 회계기간의 말부터 12개월 이내에 결제될 종업원급여를 말한다.

② 확정기여제도란 기업이 별개의 실체에 고정 기여금을 납부하여야 하고, 그 기금이 당기와 과거기간에 제공된 종업원 근무용역과 관련된 모든 종업원급여를 지급할 수 있을 정도로 충분한 자산을 보유하지 못하더라도 기업에게는 추가로 기여금을 납부해야 하는 법적의무나 의제의무가 없는 퇴직급여제도를 말한다.

③ 기타장기종업원급여란 종업원이 관련 근무용역을 제공한 회계기간의 말부터 12개월 이내에 결제되지 않을 종업원급여를 말한다.

④ 당기근무원가란 당기에 종업원이 근무용역을 제공함에 따라 발생하는 미래시점의 확정급여채무의 증가액을 말한다.

06 퇴직급여제도에 관한 설명으로 옳은 것은?

① 확정기여제도에서 기업의 법적의무나 의제의무는 기업이 종업원에게 지급하기로 약정한 급여로 한정된다.

② 확정기여제도에서는 기업이 보험수리적 위험과 투자위험을 실질적으로 부담한다.

③ 확정급여제도에서는 보고기업이 채무나 비용을 측정하기 위해 보험수리적 가정을 세울 필요가 없다.

④ 확정급여제도에서는 보험수리적손익을 기타포괄손익으로 인식한다.

07 확정기여제도와 확정급여제도에 관한 설명으로 옳지 않은 것은?

① 확정기여제도에서는 기업이 별개의 실체에 고정기여금을 납부한다.

② 확정급여제도에서 기업의 의무는 약정한 퇴직급여를 종업원에게 지급하는 것이다.

③ 확정기여제도에서는 기업이 적립금의 투자위험을 부담한다.

④ 확정급여제도에서는 채무와 비용의 측정에 보험수리적 가정이 요구된다.

08 (주)한국은 확정급여제도를 채택하고 있으며 관련된 자료는 다음과 같다. (주)한국이 당기에 인식할 퇴직급여는?

• 기초 사외적립자산의 장부금액	₩3,500,000
• 기초 확정급여채무의 장부금액	₩4,300,000
• 당기근무원가	₩760,000
• 확정급여채무 계산 시 적용한 할인율	연 10%

① ₩354,000　　　　　　　　　② ₩506,000
③ ₩760,000　　　　　　　　　④ ₩840,000

09 퇴직급여제도로 확정급여제도를 채택하고 있는 (주)한국의 20×1년 초 확정급여채무의 현재가치는 ₩700,000이다. (주)한국이 20×1년에 인식한 당기근무원가는 ₩150,000이며, 20×1년에 사외적립자산에서 지급된 퇴직급여는 ₩90,000이다. 한편 (주)한국이 확정급여채무 계산 시 적용한 20×1년 초 할인율은 연 10%이다. 20×1년 말 확정급여채무의 현재가치가 ₩850,000일 경우, (주)한국이 20×1년도에 기타포괄손익으로 인식할 확정급여채무에 대한 보험수리적손익(재측정요소)은? (단, 모든 거래는 연도 말에 발생하였다고 가정한다.)

① 손실 ₩90,000　　　　　　　② 손실 ₩70,000
③ 손실 ₩20,000　　　　　　　④ 이익 ₩20,000

10 20×1년 1월 1일에 설립된 (주)한국은 20×1년 말에 확정급여제도를 도입하였다. 확정급여채무 계산 시 적용한 할인율은 연 10%이며, 20×1년 이후 할인율의 변동은 없다. 다음 자료를 이용하여 계산된 20×2년 순확정급여부채는?

• 20×1년 말 확정급여채무의 장부금액은 ₩30,000이다.
• 20×1년 말 사외적립자산에 ₩20,000을 현금으로 출연하였다.
• 20×2년 말 퇴직한 종업원에게 ₩1,000의 현금이 사외적립자산에서 지급되었다.
• 당기근무원가는 ₩40,000이다.
• 20×2년 말 사외적립자산에 ₩30,000을 현금으로 출연하였다.
• 20×2년 말 현재 사외적립자산의 공정가치는 ₩65,000이다.
• 20×2년 말 보험수리적 가정의 변동을 반영한 확정급여채무의 현재가치는 ₩80,000이다.

① ₩15,000　　　　　　　　　② ₩20,000
③ ₩25,000　　　　　　　　　④ ₩65,000

11 (주)한국의 20×2년 퇴직급여 관련 정보가 다음과 같을 때 이로 인해 20×2년도 기타포괄손익에 미치는 영향은? (단, 기여금의 출연과 퇴직금의 지급은 연도 말에 발생하였다고 가정한다.)

• 기초 확정급여채무 현재가치 ₩24,000	• 퇴직금 지급 ₩2,300
• 기초 사외적립자산 공정가치 ₩20,000	• 기말 확정급여채무 현재가치 ₩25,000
• 당기 근무원가 ₩3,600	• 기말 사외적립자산 공정가치 ₩22,000
• 기여금 출연 ₩4,200	• 확정급여채무 계산 시 적용할 할인율 연 5%

① ₩1,500 감소   ② ₩900 감소
③ ₩600 증가   ④ ₩2,400 증가

12 다음은 (주)한국의 종업원 급여와 관련된 자료이다. (주)한국이 20×2년에 인식할 주식보상비용은?

- 20×1년 1월 1일에 영업직원 100명에게 각각 주식선택권 6개(3년 근무조건)를 부여하였으며 부여일 현재 주식선택권의 단위당 공정가치는 ₩10이다.
- 20×1년에 4명이 퇴사하였고 20×1년 말 현재 가득기간에 퇴사할 것으로 기대되는 직원의 추정비율은 10%이며 주식선택권의 단위당 공정가치는 ₩11이다.
- 20×2년에 5명이 퇴사하였고 20×2년 말 현재 가득기간에 퇴사할 것으로 기대되는 직원의 추정비율은 15%이며 주식선택권의 단위당 공정가치는 ₩12이다.

① ₩1,400   ② ₩1,600
③ ₩1,800   ④ ₩2,500

13 (주)한국은 20×1년 1월 1일에 종업원 100명에게 각각 10개의 주식선택권을 부여하고 4년의 용역제공조건을 부과하였다. 부여시점의 주식선택권 공정가치는 개당 ₩10이다. (주)한국은 종업원 중 20명이 부여일로부터 4년 이내에 퇴사하여 주식선택권을 상실할 것으로 추정하였으나 20×1년 말까지 실제로 퇴사한 종업원은 없었다. 20×2년 말에는 가득기간 동안 30명이 퇴사할 것으로 추정을 변경하였으며 20×2년 말까지 실제 퇴사한 종업원은 없었다. 주식선택권의 부여와 관련하여 20×2년도에 인식할 보상비용은?

① ₩1,000   ② ₩1,500
③ ₩2,000   ④ ₩2,500

14 (주)한국은 20×1년 1월 1일 종업원 100명에게 2년의 용역제공조건으로 현금결제형 주가차액보상권을 각각 50개씩 부여하였다. 20×1년 말 재직 중인 종업원은 95명이며, 20×2년에 추가로 퇴사할 것으로 예상되는 종업원은 10명이다. 그러나 20×2년도에 실제 퇴사한 종업원은 1명으로 주가차액보상권을 가득한 종업원은 94명이다. 20×2년 말 현재 주가차액보상권의 행사자는 없었다. (주)한국이 동 주가차액보상권과 관련하여 20×2년 말 재무상태표에 인식할 부채는? (단, 20×1년 말과 20×2년 말의 주가차액보상권의 개당 공정가치는 각각 ₩100과 ₩500이다.)

① ₩2,125,000 ② ₩2,137,500
③ ₩2,350,000 ④ ₩2,500,000

03 리스회계

15 금융리스로 분류되는 경우에 해당되지 않는 것은?
① 리스기간이 리스자산의 경제적 내용연수의 상당부분을 차지하는 경우
② 리스기간 종료시점까지 리스이용자에게 리스자산의 소유권이 이전되는 경우
③ 잠재적 리스이용자도 중요한 변경 없이 사용할 수 있는 일반적인 범용 리스자산인 경우
④ 리스약정일 현재 최소리스료의 현재가치가 리스자산 공정가치의 상당부분을 차지하는 경우

16 리스 회계처리에 관한 설명으로 옳지 않은 것은?
① 리스약정일은 리스계약일과 리스의 주요사항에 대한 계약당사자들의 합의일 중 이른 날이다.
② 리스기간개시일은 리스이용자가 리스자산의 사용권을 행사할 수 있게 된 날로 리스자산의 최초인식일이 된다.
③ 리스기간 중에 리스자산의 소유권이 리스이용자에게 이전되는 경우에는 금융리스로 분류한다.
④ 리스의 분류는 리스기간개시일을 기준으로 결정한다.

17 기업회계기준서 제1116호 '리스'에 대한 다음 설명 중 옳은 것은?

① 리스기간이 12개월 이상이고 기초자산이 소액이 아닌 모든 리스에 대하여 리스이용자는 자산과 부채를 인식하여야 한다.

② 일부 예외적인 경우를 제외하고, 단기리스나 소액 기초자산 리스를 이용하는 리스이용자는 해당 리스에 관련되는 리스료를 리스기간에 걸쳐 정액 기준이나 다른 체계적인 기준에 따라 비용으로 인식할 수 있다.

③ 리스이용자의 규모, 특성, 상황이 서로 다르기 때문에 기초자산이 소액인지는 상대적 기준에 따라 평가한다.

④ 단기리스에 대한 리스회계처리 선택은 리스별로 적용해야 한다.

18 (주)한국리스는 20×1년 1월 1일 (주)민국과 금융리스계약을 체결하였다. 20×1년 (주)민국의 상각비(정액법 적용)는 얼마인가? (단, 소수점 첫째 자리에서 반올림한다.)

- 리스기간 : 20×1년 1월 1일 ~ 20×9년 12월 31일
- 리스자산 내용연수 : 10년
- 리스자산 잔존가치 : 0(영)
- 리스료 지급방법 : 매년 초 ₩15,000
- 리스실행일 현재 리스료의 현재가치 : ₩120,000
- 리스실행일 현재 공정가치 : ₩120,000
- 리스기간 종료 후 소유권을 (주)민국에 이전하기로 하였다.

① ₩12,000   ② ₩13,000

③ ₩15,000   ④ ₩20,000

19 (주)한국은 다음과 같은 조건으로 기계장치를 리스하였으며, 리스기간 종료 시 기계장치를 반환한다. (주)한국이 20×1년에 리스부채에 대해서 인식할 이자비용과 사용권자산 상각비의 합계액은 얼마인가? (단, 리스제공자의 내재이자율은 연 5%로 쉽게 알 수 있으며, 리스이용자의 증분차입이자율은 연 7%이다. 또한 기계장치의 내용연수는 4년이며, 정액법으로 상각한다.)

- 리스기간 : 20×1년 1월 1일부터 3년
- 고정리스료 : 매년 12월 31일에 ₩100,000씩 3회 지급
- 리스이용자가 부담하는 리스개설직접원가 : ₩10,000
- 기간 : 2, 5% 연금현가계수 : 1.85941, 기간 : 3, 5% 연금현가계수 : 2.72325
- 기간 : 2, 7% 연금현가계수 : 1.80802, 기간 : 3, 7% 연금현가계수 : 2.62432

① ₩86,478
② ₩104,391
③ ₩105,848
④ ₩107,724

---

04 보고기간 후 사건 및 환율변동효과

20 다음은 (주)한국의 20×1년도 재무제표 발행·승인 등에 관한 예시이다.

- (주)한국의 경영진은 20×2년 2월 25일에 20×1년 12월 31일로 종료된 회계연도의 재무제표 초안을 완성하였다.
- 이사회는 20×2년 3월 16일에 동 재무제표를 검토하고 발행하도록 승인하였다.
- 20×2년 3월 19일에 기업의 이익과 선별된 다른 재무정보를 발표하였다.
- 주주와 그 밖의 이용자는 20×2년 4월 4일부터 재무제표를 이용할 수 있게 되었다.
- 20×2년 5월 10일에 정기주주총회에서 해당 재무제표를 승인하였고, 최종적으로 20×2년 5월 20일 감독기관에 동 재무제표를 제출하였다.

(주)한국이 보고기간 후 사건으로 20×1년도 재무제표의 수정 여부를 결정할 때 고려하는 대상기간은?

① 20×1년 12월 31일과 20×2년 2월 25일 사이
② 20×1년 12월 31일과 20×2년 5월 10일 사이
③ 20×1년 12월 31일과 20×2년 4월 4일 사이
④ 20×1년 12월 31일과 20×2년 3월 16일 사이

21 다음 중 보고기간 후 발생사건에서 재무제표의 수정을 요하지 않는 사항은 무엇인가?

① 보고기간 말 이후 재무제표 발행승인일 전에 기존에 보유하고 있던 기타포괄금융자산의 공정가치가 현저히 하락한 경우

② 보고기간 말 현재 재고자산에 대한 재고자산평가충당금 금액이 보고기간 후에 재고자산의 판매로 인하여 수정을 요하는 경우

③ 보고기간 말에 지급의무가 존재하였던 종업원에 대한 상여금액을 보고기간 후에 확정하는 경우

④ 보고기간 말 이전에 계류 중인 소송사건이 보고기간 후에 확정되어 금액 수정을 요하는 경우

22 다음은 각각 독립적인 사건으로, '재무제표에 인식된 금액의 수정을 요하는 보고기간 후 사건'에 해당하는 것을 모두 고른 것은?

> ㄱ. 보고기간 말에 존재하였던 현재의무가 보고기간 후에 소송사건의 확정에 의해 확인되는 경우
> ㄴ. 보고기간 말과 재무제표 발행승인일 사이에 투자자산의 공정가치가 하락하는 경우
> ㄷ. 보고기간 말 이전에 구입한 자산의 취득원가나 매각한 자산의 대가를 보고기간 후에 결정하는 경우

① ㄱ

② ㄴ

③ ㄴ, ㄷ

④ ㄱ, ㄷ

23 보고기간 후 사건에 관한 설명으로 옳지 않은 것은?

① 보고기간 후부터 재무제표 발행승인일 전 사이에 배당을 선언한 경우에는 보고기간 말에 부채로 인식한다.

② 보고기간 말 이전에 구입한 자산의 취득원가나 매각한 자산의 대가를 보고기간 후에 결정하는 경우는 수정을 요하는 보고기간 후 사건이다.

③ 보고기간 말과 재무제표 발행승인일 사이에 투자자산의 공정가치의 하락은 수정을 요하지 않는 보고기간 후 사건이다.

④ 보고기간 후에 발생한 화재로 인한 주요 생산설비의 파손은 수정을 요하지 않는 보고기간 후 사건이다.

24 (주)한국은 20×1년 12월 31일자로 종료되는 회계연도 재무제표의 이사회 승인을 앞두고 있다. 아래의 각 상호 독립된 사건은 재무제표에 반영되어 있지 않지만 보고기간 말 이후 발생한 것이다. '수정을 요하는 보고기간 후 사건'을 모두 고른 것은? (단, 주석으로 공시되는 금액은 제외한다.)

> ㄱ. 관계회사의 금융기관 차입에 대해 ₩30,000의 지급보증 약정을 체결하였다.
> ㄴ. 생산공장에 화재가 발생하여 ₩50,000의 생산설비가 파손되었다.
> ㄷ. 20×1년 말 현재 피고로 계류중이던 손해배상소송에서 ₩10,000의 손해배상 확정판결을 받았다.
> ㄹ. 내부규정에 의해 20×1년 말 지급하여야 할 상여금 지급액이 ₩25,000으로 확정되었다.

① ㄱ, ㄴ   ② ㄱ, ㄷ
③ ㄴ, ㄹ   ④ ㄷ, ㄹ

25 환율변동효과 중 기능통화에 의한 외환거래의 보고에 대한 다음 설명 중 가장 옳지 않은 것은?

① 매 보고기간 말에 화폐성 외화항목은 마감환율로 환산하고, 이때 발생하는 외환차이는 별도의 자본항목인 기타포괄손익으로 보고한다.
② 외화거래를 기능통화로 최초 인식하는 경우에 그 거래일의 외화와 기능통화 사이의 현물환율을 외화금액에 적용하여 기록한다. 여기서 거래일은 인식요건을 최초로 충족하는 날이다.
③ 매 보고기간 말에 역사적원가로 측정하는 비화폐성 외화항목은 거래일의 환율로 환산하며, 이때 외환차이는 발생하지 않는다.
④ 매 보고기간 말에 공정가치로 측정하는 비화폐성 외화항목은 공정가치가 결정된 날의 환율로 환산한다.

26 (주)한국은 20×9년 중 외국에 있는 금융기관으로부터 만기 3년의 외화표시 부채 $1,000을 차입하여 상각후원가로 평가하였다. 차입일자에 달러 현물의 마감환율은 $1당 ₩1,000이었다. 20×9년 말 현재 달러의 외화현물에 대한 마감환율이 $1당 ₩1,100으로 상승하였다면, 장기 외화차입금에 대한 환율의 상승분 ₩100,000은 포괄손익계산서에 어떻게 보고되는가?

① 당기이익으로 보고된다.

② 기타포괄이익으로 보고된다.

③ 기타포괄손실로 보고된다.

④ 당기손실로 보고된다.

27 기능통화에 대한 외화거래의 인식 및 측정으로 옳지 않은 것은?

① 기능통화로 외화거래를 최초로 인식하는 경우에 거래일의 외화와 기능통화 사이의 현물 환율을 외화금액에 적용하여 기록한다.

② 거래일은 거래의 인식조건을 최초로 충족하는 날이다. 실무적으로는 거래일의 실제 환율 에 근접한 환율을 자주 사용한다.

③ 공정가치로 측정하는 비화폐성 외화항목은 평균환율로 환산한다.

④ 역사적 원가로 측정하는 비화폐성 외화항목은 거래일의 환율로 환산한다.

28 20×1년 12월 1일 원화가 기능통화인 (주)서울은 해외 거래처에 US $5,000의 상품을 판매하고 판매대금은 2개월 후인 20×2년 1월 31일에 회수하였다. 이 기간 중 US $ 대비 원화의 환율은 아래와 같으며, 회사는 회계기준에 준거하여 외화거래 관련 회계처리를 적절하게 수행하였다.

- 20×1년 12월 1일 : US $1 = ₩1,030
- 20×1년 12월 31일 : US $1 = ₩1,060
- 20×2년 1월 31일 : US $1 = ₩1,050

대금결제일인 20×2년 1월 31일에 (주)서울이 인식할 외환차익 혹은 외환차손은?

① 외환차손 ₩50,000 ② 외환차손 ₩100,000
③ 외환차익 ₩100,000 ④ 외환차익 ₩150,000

29 (주)한국은 20×1년 10월 1일 미국에 소재한 토지를 영업에 사용할 목적으로 $10,000에 취득하였고 20×1년 12월 31일 현재 토지의 공정가치 $12,000이다. (주)한국의 재무제표는 원화로 환산표시하며, 이 기간 중 $ 대비 원화의 환율은 다음과 같다.

- 20×1년 10월 1일 : $1 = ₩1,000
- 20×1년 12월 31일 : $1 = ₩1,030
- 20×2년 3월 1일 : $1 = ₩1,050

(주)한국이 20×2년 3월 1일에 위 토지의 50%를 $6,000에 매각하였을 때, 원가모형에 의한 유형자산처분이익은?

① ₩300,000 ② ₩500,000
③ ₩1,000,000 ④ ₩1,300,000

254 PART 01 재무회계

신은미 회계학 **예상문제집** ✧

PART

02

원가관리회계

CHAPTER **01** ☰ **제조기업의 원가흐름**

정답 및 해설 p. 440

01 20×1년 (주)한국의 제조와 관련된 원가가 다음과 같을 때 직접노무원가는?

• 당기제품제조원가	₩1,400,000
• 기본원가(prime cost)	₩1,200,000
• 가공원가(전환원가)	₩1,100,000
• 기초재공품	₩100,000
• 기말재공품	₩200,000

① ₩400,000 ② ₩500,000

③ ₩600,000 ④ ₩800,000

02 (주)한국의 20×5년 1월 1일 재공품 재고액은 ₩50,000이고, 1월 31일 재공품 재고액은 ₩100,000이다. 1월에 발생한 원가자료가 다음과 같을 경우, (주)한국의 20×5년 1월 당기 제품제조원가는?

• 직접재료 사용액	₩300,000	• 공장건물 감가상각비	₩100,000
• 공장기계 수선유지비	₩150,000	• 본사건물 감가상각비	₩200,000
• 영업직원 급여	₩300,000	• 공장감독자 급여	₩400,000
• 공장근로자 급여	₩500,000	• 판매수수료	₩100,000

① ₩1,000,000 ② ₩1,400,000

③ ₩1,450,000 ④ ₩1,600,000

03 제조간접원가가 직접노무원가의 3배일 때 기초재공품원가는?

• 기본원가	₩250,000	• 전환원가(또는 가공원가)	₩600,000
• 당기제품제조원가	₩1,000,000	• 기말재공품	₩250,000

① ₩400,000 ② ₩450,000

③ ₩500,000 ④ ₩550,000

04 다음은 (주)한국의 20×1년 영업자료에서 추출한 정보이다. 직접노무원가가 기본원가(prime cost)의 50%일 경우, 당기제품제조원가는?

• 기초직접재료	₩200	• 기말직접재료	₩100
• 보험료-본사사옥	₩200	• 보험료-공장설비	₩100
• 감가상각비-본사사옥	₩100	• 감가상각비-공장설비	₩50
• 기타제조간접원가	₩300	• 기초재공품	₩1,500
• 기말재공품	₩1,000	• 직접재료매입액	₩500

① ₩1,850
② ₩1,950
③ ₩2,050
④ ₩2,150

05 (주)한국의 20×1년 제조와 관련된 원가자료는 다음과 같다. 기초제품재고액과 매출원가가 각각 ₩15,000과 ₩45,000일 경우 (주)한국의 20×1년 기말제품재고액은?

• 직접재료원가	₩23,000	• 직접노무원가	₩15,000
• 제조간접원가	₩12,800	• 당기총제조원가	₩50,800
• 기초재공품재고액	₩5,000	• 기말재공품재고액	₩5,800

① ₩20,000
② ₩21,600
③ ₩25,000
④ ₩31,000

06 다음은 (주)한국의 20×1년 8월 재고자산에 관한 자료이다.

구분	8월 1일	8월 31일
직접재료	₩4,000	₩5,000
재공품	₩7,000	₩6,000
제품	₩20,000	₩22,000

(주)한국의 20×1년 8월 중 직접재료매입액은 ₩25,000이고, 매출원가는 ₩68,000이다. (주)한국의 20×1년 8월의 가공원가는?

① ₩45,000
② ₩48,000
③ ₩50,000
④ ₩53,000

07 (주)한국은 20×1년 초에 설립되었으며, 20×1년도 제조원가 및 재고자산과 관련된 자료는 다음과 같다.

항목	총원가
직접재료원가	₩900
직접노무원가	₩800
제조간접원가	₩1,000
기말재공품원가	₩400
기말제품원가	₩500

20×1년도 매출원가는?

① ₩1,800 ② ₩2,200

③ ₩2,600 ④ ₩3,600

08 (주)대한은 실제원가계산을 적용하고 있으며, 20×1년의 기초 및 기말재고자산은 다음과 같다.

• 기초원재료	₩50,000	• 기말원재료	₩20,000
• 기초재공품	₩80,000	• 기말재공품	₩50,000
• 기초제품	₩40,000	• 기말제품	₩130,000

당기 매입한 원재료는 ₩500,000이고 당기 발생한 직접노무원가와 제조간접원가는 각각 ₩200,000과 ₩380,000이다. 20×1년의 매출원가는? (단, 원재료는 모두 직접재료이다.)

① ₩1,050,000 ② ₩1,110,000

③ ₩1,140,000 ④ ₩1,180,000

09 (주)한국은 실제원가계산을 적용하고 있으며, 20×9년 1월의 월초 및 월말 재고자산 금액은 다음과 같다.

구분	직접재료	재공품	제품
1월 초	₩25,000	₩30,000	₩40,000
1월 말	₩15,000	₩20,000	₩25,000

1월 중에 가공원가는 ₩230,000이 발생하였으며, 재공품 계정의 차변합계 금액은 ₩330,000이었다. 20×9년 1월의 직접재료구입액과 매출원가는 각각 얼마인가?

	직접재료구입액	매출원가		직접재료구입액	매출원가
①	₩70,000	₩325,000	②	₩70,000	₩350,000
③	₩65,000	₩325,000	④	₩60,000	₩325,000

10 (주)한국의 20×0년 기초 및 기말재고자산은 다음과 같다.

구분	20×0년 초	20×0년 말
원재료	₩300,000	₩400,000
재공품	₩200,000	₩400,000
제품	₩500,000	?

20×0년 중 (주)한국의 원재료매입액은 ₩1,500,000이었으며, 제조간접원가는 가공원가의 50%인 ₩2,500,000이 발생하였다. (주)한국의 20×0년도 매출액이 ₩7,200,000이고, 이는 매출원가의 120%에 해당한다. 20×0년 말 제품재고액은 얼마인가?

① ₩400,000   ② ₩500,000

③ ₩600,000   ④ ₩700,000

11 (주)한국의 20×6년도 생산·판매자료가 다음과 같을 때 기본원가(prime cost)는?

구분	기초	기말
원재료	₩10,000	₩12,000
재공품	₩50,000	₩60,000
제품	₩80,000	₩96,000

- 재고자산
- 당기원재료매입 ₩40,000
- 당기매출원가 ₩150,000
- 직접노무원가는 가공원가의 60%이며, 원재료는 직접재료로만 사용된다고 가정한다.

① ₩82,800
② ₩105,200
③ ₩120,800
④ ₩138,000

12 단일제품을 생산하는 (주)한국은 매출원가의 20%를 이익으로 가산하여 제품을 판매하고 있다. 당기의 생산 및 판매 자료가 다음과 같다면, (주)한국의 당기 직접재료매입액과 영업이익은?

- 재고자산

	기초재고	기말재고
직접재료	₩17,000	₩13,000
재공품	₩20,000	₩15,000
제 품	₩18,000	₩23,000

- 기본(기초)원가 ₩85,000
- 가공(전환)원가 ₩98,000
- 매출액 ₩180,000
- 판매관리비 ₩10,000

	직접재료매입액	영업이익		직접재료매입액	영업이익
①	₩46,000	₩15,000	②	₩48,000	₩15,000
③	₩48,000	₩20,000	④	₩52,000	₩20,000

13 (주)한국이 20×1년 중 매입한 직접재료는 ₩500,000이었고, 제조간접원가는 직접노무원가의 50%이며, 매출원가는 ₩1,200,000이었다. 재고자산과 관련된 자료가 다음과 같을 때, 20×1년도의 기본(기초)원가는?

구분	20×1년 1월 1일	20×1년 12월 31일
직접재료	₩50,000	₩60,000
재공품	₩80,000	₩50,000
제품	₩55,000	₩35,000

① ₩660,000
② ₩820,000
③ ₩930,000
④ ₩1,150,000

14 (주)한국의 4월 매출액은 ₩20,000이며, 매출총이익률은 30%이다. (주)한국의 공장에서 4월에 발생한 원가관련 자료는 다음과 같다.

- 재고자산 현황

일자	직접재료	재공품	제품
4월 1일	₩1,000	?	₩3,000
4월 30일	₩2,000	₩3,000	₩4,000

- 4월에 매입한 직접재료금액은 ₩4,500이다.
- 4월 1일 미지급임금은 ₩2,000이며, 4월 30일 미지급임금은 ₩4,000이다.
- 4월에 지급한 임금은 ₩6,000이다.
- (주)한국의 공장에서 발생한 임금의 50%는 생산직 종업원의 임금이다.
- 4월에 발생한 제조간접원가 중 임금을 제외한 나머지 부분은 ₩1,500이다.

(주)한국의 4월 1일 재공품 금액은 얼마인가?

① ₩3,000
② ₩3,500
③ ₩4,000
④ ₩5,000

정답 및 해설 p. 442

01 다음은 개별원가계산제도를 이용하고 있는 (주)한국의 원가계산 자료이다. 제조간접원가는 기본원가(prime costs)를 기준으로 배부한다.

원가항목	작업#1	작업#2	작업#3	합계
기초재공품	₩2,000	₩4,000	–	₩6,000
직접재료원가	₩2,800	₩3,000	₩2,200	₩8,000
직접노무원가	₩4,000	₩5,000	₩3,000	₩12,000
제조간접원가	( )	( )	( )	₩6,000

작업#1과 작업#3은 완성되었고, 작업#2는 미완성되었다. (주)한국이 기말재공품으로 계상할 금액은?

① ₩9,600

② ₩10,200

③ ₩12,500

④ ₩14,400

02 (주)한국은 제조원가 항목을 직접재료원가, 직접노무원가 및 제조간접원가로 분류한 후, 개별-정상원가계산을 적용하고 있다. 기초재공품(작업 No.23)의 원가는 ₩22,500이며, 당기에 개별 작업별로 발생된 직접재료원가와 직접노무원가를 다음과 같이 집계하였다.

작업번호	직접재료원가	직접노무원가
No. 23	₩2,000	₩6,000
No. 24	₩9,000	₩10,000
No. 25	₩14,000	₩8,000

제조간접원가는 직접노무원가에 비례하여 예정배부한다. 기초에 직접노무원가는 ₩20,000으로 예측되었으며, 제조간접원가는 ₩30,000으로 예측되었다. 기말 현재 진행 중인 작업은 No. 25뿐이라고 할 때, 당기제품제조원가는?

① ₩34,000

② ₩39,500

③ ₩56,500

④ ₩73,500

03 (주)한국은 정상개별원가계산제도를 채택하고 있다. 제조간접원가는 직접노무원가를 기준으로 예정배부하고 있으며, 제조간접원가 배부차이는 전액 매출원가에서 조정하고 있다. 당기 원가자료가 다음과 같을 때, 당기제품제조원가는? (단, 제조간접원가 예정배부율은 매 기간 동일하다.)

구분	직접재료원가	직접노무원가	제조간접원가
기초재공품	₩2,500	₩2,800	₩4,200
당기실제발생액	₩15,000	₩18,000	₩25,500
기말재공품	₩3,000	₩3,800	?

① ₩55,500
② ₩56,000
③ ₩56,500
④ ₩57,000

PART 02

04 정상개별원가계산제도를 채택하고 있는 (주)한국의 20×1년도 원가자료는 다음과 같다.

구분	직접재료원가	직접노무원가	제조간접원가
기초재공품	₩12,000	₩15,000	₩19,500
당기실제발생액	₩72,000	₩84,000	₩118,000
기말재공품	₩5,000	₩9,000	₩11,700

(주)한국이 직접노무원가 기준으로 제조간접원가를 예정배부하고 배부차이는 매출원가에서 전액 조정할 경우 20×1년도 제조간접원가 배부차이는? (단, 매년 제조간접원가 예정배부율은 동일하다.)

① ₩7,800 과대
② ₩8,800 과소
③ ₩9,200 과대
④ ₩9,500 과소

05 (주)한국은 정상원가계산(normal costing)을 적용하고 있으며, 제조간접원가 배부기준은 직접노무시간이다. 20×1년 제조간접원가 예산은 ₩10,000이고, 예정직접노무시간은 100시간이었다. 20×1년 실제 직접노무시간은 90시간, 제조간접원가 부족(과소) 배부액은 ₩1,000이었다. 제조간접원가 실제발생액은?

① ₩7,000   ② ₩8,000
③ ₩9,000   ④ ₩10,000

06 (주)한국은 직접노무시간을 기준으로 제조간접원가를 예정배부한다. 당기의 제조간접원가 예산은 ₩300,000, 예정조업도는 100,000시간, 실제조업도는 120,000시간이다. 당기의 제조간접원가 배부차이가 ₩35,000(과대)일 때 제조간접원가 실제발생액은 얼마인가?

① ₩325,000   ② ₩330,000
③ ₩335,000   ④ ₩340,000

07 (주)한국은 직접노무시간을 기준으로 제조간접원가를 예정배부하고 있다. 20×1년도 예산 직접노무시간은 20,000시간이며, 제조간접원가 예산은 ₩640,000이다. 20×1년도 제조간접원가 실제발생액은 ₩700,000이고, ₩180,000이 과대배부되었다. 실제 직접노무시간은?

① 16,250시간   ② 18,000시간
③ 24,000시간   ④ 27,500시간

08 (주)한국은 개별원가계산을 적용하고 있으며 직접작업시간을 기준으로 제조간접원가를 예정배부한다. 20×9년 제조간접원가 예정배부율은 직접작업시간당 ₩65이다. 20×9년 실제 발생한 제조간접원가는 ₩1,500,000이었고, 제조간접원가가 ₩200,000 과소배부된 것으로 나타났다. 20×9년의 실제조업도는 예정(예산)조업도의 80%였다. 20×9년 제조간접원가 예산금액은 얼마인가?

① ₩1,250,000   ② ₩1,460,000
③ ₩1,520,000   ④ ₩1,625,000

09 (주)한국은 직접노동시간을 기준으로 제조간접원가를 예정배부하고 있다. 20×2년 제조간접원가와 관련된 다음 자료를 이용하여 계산한 정상조업도는?

> - 제조간접원가 예산액 : ₩30,000
> - 실제조업도(직접노동시간) : 200시간
> - 제조간접원가 실제발생액 : ₩22,000
> - 제조간접원가 배부차이 : 과대배부 ₩2,000

① 100시간　　　　　　　　　② 150시간
③ 200시간　　　　　　　　　④ 250시간

10 (주)서울은 제조간접원가를 기계작업시간을 기준으로 예정배부한다. 다음 자료를 기초로 제조간접원가 실제발생액을 구하면 얼마인가?

> - 제조간접원가 예산　　　　　　　　₩200,000
> - 예정조업도　　　　　　　　　　　100,000시간
> - 실제조업도　　　　　　　　　　　80,000시간
> - 제조간접원가 배부차이　　　　　₩20,000(과소)

① ₩140,000　　　　　　　　② ₩160,000
③ ₩180,000　　　　　　　　④ ₩200,000

11 정상원가계산제도를 채택하고 있는 (주)한국은 직접노무원가의 150%를 제조간접원가로 예정배부하고 있으며, 제조간접원가 배부차이는 기말에 매출원가에서 전액 조정한다. 다음 자료를 이용하여 당기에 실제 발생한 제조간접원가를 구하면 얼마인가?

> - 기초재공품　　　　₩30,000　　- 기말재공품　　　　₩45,000
> - 기초제품　　　　　₩20,000　　- 기말제품　　　　　₩40,000
> - 직접재료원가　　　₩20,000　　- 직접노무원가　　　₩36,000
> - 배부차이 조정 후 매출원가　₩70,000

① ₩45,000　　　　　　　　② ₩49,000
③ ₩52,000　　　　　　　　④ ₩56,000

12 제조간접원가를 예정배부하는 경우 배부차이 조정에 관한 설명으로 옳지 않은 것은?

① 원칙적으로 배부차액은 재료재고와 재공품재고, 매출원가의 세 계정에서 조정하여야 한다.

② 배부차액이 크지 않고 재고수준이 낮은 기업에서는 매출원가조정법을 적용할 수 있다.

③ 예정배부율은 예상 총제조간접원가를 예상 총배부기준량으로 나누어 계산한다.

④ 과소배부는 실제제조간접원가가 예정배부액보다 클 때 발생한다.

13 다음은 (주)대한의 12월 원가자료이다. (주)대한은 정상원가계산을 사용하며 제조간접원가의 배부차이를 매출원가에서 전액 조정한다. (주)대한은 12월의 예상 총제조간접원가를 ₩75,000 으로 추정하였고, 배부기준인 직접노무시간은 7,500시간으로 예상하였다. 실제 직접노무시간은 8,000시간이었으며, 실제 총제조간접원가는 ₩79,000이다. 제조간접원가 배부차이를 조정한 후의 매출원가는 얼마인가?

구분	12월 1일	12월 31일
직접재료	₩45,000	₩55,000
재공품	₩18,000	₩27,000
제품	₩80,000	₩105,000

• 12월 중 직접재료매입액   ₩145,000   • 12월 중 직접노무원가   ₩90,000

① ₩270,000   ② ₩272,000

③ ₩296,000   ④ ₩305,000

14 다음은 정상개별원가계산제도를 채택하고 있는 (주)한국의 20×3년도 원가계산 자료이다. 제조지시서 #1은 완성되어 판매되었고 제조지시서 #2는 완성되었으나 판매되지 않았으며, 제조지시서 #3은 미완성되었다.

원가항목	제조지시서 #1	제조지시서 #2	제조지시서 #3
기초재공품	₩30,000	₩20,000	–
직접재료원가	₩22,000	₩12,000	₩6,000
직접노무원가	₩30,000	₩25,000	₩15,000

제조간접원가는 직접노무원가의 200%를 예정배부하며, 20×3년도에 발생한 실제 총제조간접원가는 ₩120,000이다. 제조간접원가의 배부차이를 매출원가에서 전액 조정한다고 할 때, 제조간접원가 배부차이를 조정한 후의 매출원가는 얼마인가?

① ₩82,000
② ₩122,000
③ ₩132,000
④ ₩142,000

15 (주)한국은 정상원가계산을 사용하고 있으며, 직접노무시간을 기준으로 제조간접원가를 예정배부하고 있다. (주)한국의 20×1년도 연간 제조간접원가 예산은 ₩600,000이고, 실제 발생한 제조간접원가는 ₩650,000이다. 20×1년도 연간 예정조업도는 20,000시간이고, 실제 직접노무시간은 18,000시간이다. (주)한국은 제조간접원가 배부차이를 전액 매출원가에서 조정하고 있다. 20×1년도 제조간접원가 배부차이 조정 전 매출총이익이 ₩400,000이라면, 포괄손익계산서에 인식할 매출총이익은?

① ₩290,000
② ₩360,000
③ ₩400,000
④ ₩510,000

16 선박을 제조하여 판매하는 (주)한국은 20×5년 초에 영업을 개시하였으며, 제조와 관련된 원가 및 활동에 관한 자료는 다음과 같다.

구분	화물선	유람선	여객선
직접재료원가	₩60,000	₩140,000	₩200,000
직접노무원가	₩240,000	₩460,000	₩500,000
실제직접작업시간	1,500시간	1,500시간	2,000시간
완성도	60%	100%	100%

(주)한국은 직접작업시간을 제조간접원가 배부기준으로 사용하는 정상원가계산제도를 채택하고 있다. 20×5년 제조간접원가 예산은 ₩480,000이고 예정 직접작업시간은 6,000시간이다. 20×5년에 발생한 실제 제조간접원가는 ₩500,000이고, 완성된 제품 중 여객선은 고객에게 인도되었다. 제조간접원가 배부차이를 총원가(총원가 비례배분법)를 기준으로 조정할 경우 제품원가는?

① ₩450,000   ② ₩750,000
③ ₩756,000   ④ ₩903,000

17 (주)한국은 정상개별원가계산을 적용하고 있으며, 제조간접원가 배부차이를 매출원가조정법에 의해 회계처리하고 있다. 다음은 20×1년 기말시점의 각 계정잔액과 제조간접원가 배부차이를 조정하기 직전의 제조간접원가계정이다.

원재료	재공품	제품	매출원가
₩20,000	₩10,000	₩30,000	₩60,000

제조간접원가	
₩92,000	₩80,000

만약 (주)한국이 제조간접원가 배부차이를 총원가비례배분법에 의해 회계처리한다면, 기존 회계처리방법과 비교하여 당기순이익은 얼마나 증가 또는 감소하는가?

① ₩6,000 감소   ② ₩4,800 감소
③ ₩4,800 증가   ④ ₩6,000 증가

CHAPTER 03

보조부문 원가의 배부

정답 및 해설 p. 445

01 (주)한국은 한 개의 보조부문(수선부문)과 두 개의 제조부문(조립부문과 도장부문)으로 구성
되어 있다. 수선부문은 제조부문에 설비수선 용역을 제공하고 있는데, 각 제조부문에 대한
최대공급노동시간과 실제공급노동시간 그리고 수선부문발생 원가는 다음과 같다.

구분	조립부문	도장부문	합계
최대공급노동시간	500시간	700시간	1,200시간
실제공급노동시간	500시간	500시간	1,000시간

구분	수선부문
변동원가	₩40,000
고정원가	₩12,000
합계	₩52,000

보조부문(수선부문)의 원가를 공급노동시간을 기준으로 이중배부율법을 적용하여 제조부문
에 배부한다고 할 때 조립부문에 배부될 원가는?

① ₩15,000 ② ₩20,000
③ ₩25,000 ④ ₩30,000

02 (주)한국은 제조부문인 절단부문과 조립부문을 통해 제품을 생산하고 있으며, 동력부문을 보
조부문으로 두고 있다. 각 부문에서 발생한 제조간접원가 및 각 제조부문의 전력 실제사용량
과 최대사용가능량에 관한 자료는 다음과 같다.

구분	동력부문	절단부문	조립부문	합계
변동제조간접원가	₩240,000	₩400,000	₩560,000	₩1,200,000
고정제조간접원가	₩300,000	₩700,000	₩800,000	₩1,800,000
실제사용량	–	500KW	300KW	800KW
최대사용가능량	–	600KW	600KW	1,200KW

절단부문에 배부되는 동력부문의 원가는 이중배분율법을 적용하는 경우, 단일배분율법과 비
교하여 얼마만큼 차이가 발생하는가?

① ₩30,000 ② ₩32,500
③ ₩35,000 ④ ₩37,500

03 보조부문원가 배부방법에 대한 설명으로 옳지 않은 것은?

① 상호배부법은 연립방정식을 이용하여 보조부문 간의 용역제공비율을 정확하게 고려해서 배부하는 방법이다.
② 단계배부법은 보조부문원가의 배부순서를 적절하게 결정할 경우 직접배부법보다 정확하게 원가를 배부할 수 있다.
③ 단계배부법은 우선순위가 높은 보조부문의 원가를 우선순위가 낮은 보조부문원가에 먼저 배부하고, 배부를 끝낸 보조부문에는 다른 보조부문원가를 재배부하지 않는 방법이다.
④ 직접배부법은 보조부문 간의 용역수수관계를 정확하게 고려하면서 적용이 간편하다는 장점이 있어 실무에서 가장 많이 이용되는 방법이다.

04 보조부문원가 배부방법에 관한 설명으로 옳지 않은 것은?

① 직접배부법은 보조부문 상호간의 용역수수관계를 전혀 고려하지 않는 방법이다.
② 단계배부법은 보조부문원가의 배부순서를 정하여 그 순서에 따라 단계적으로 보조부문원가를 다른 보조 부문과 제조부문에 배부하는 방법이다.
③ 단계배부법은 보조부문 상호간의 용역수수관계를 일부 고려하는 방법이다.
④ 상호배부법은 보조부문 상호간의 용역수수관계가 중요하지 않을 때 적용하는 것이 타당하다.

05 (주)대한에는 두 개의 보조부문(수선부, 전력부)과 두 개의 제조부문(절단부, 조립부)이 있다. 각 부문간의 용역수수관계와 부문원가에 대한 자료는 다음과 같다.

구분	보조부문		제조부문	
	수선부	전력부	절단부	조립부
부문원가	₩30,000	₩17,000	₩23,000	₩25,000
용역제공량				
수선부	–	200시간	600시간	200시간
전력부	400kw	–	300kw	300kw

(주)대한은 보조부문원가를 직접배분법으로 배부하고 있다. 조립부에 배부해야 할 보조부문원가는?

① ₩7,500
② ₩8,500
③ ₩15,500
④ ₩16,000

06 (주)한국은 두 개의 보조부문(S1, S2)과 두 개의 제조부문(P1, P2)으로 제품을 생산하고 있다. 각 부문원가와 용역수수관계는 다음과 같다.

	보조부문		제조부문		계
	S1	S2	P1	P2	
부문원가	?	₩140,000	–	–	
S1	–	40	20	40	100%
S2	30	–	40	30	100%

직접배부법으로 보조부문원가를 배부한 결과, P1에 배부된 보조부문의 원가 합계액이 ₩120,000인 경우, S1에 집계된 부문원가는?

① ₩100,000   ② ₩110,000
③ ₩120,000   ④ ₩130,000

07 (주)한국은 보조부문 A와 B 그리고 제조부문 C와 D를 두고 있다. 보조부문 A와 B의 원가는 각각 ₩400,000과 ₩480,000이며, 각 부문의 용역수수관계는 다음과 같다.

사용처 제공처	보조부문		제조부문	
	A	B	C	D
A	–	20%	30%	50%
B	40%	–	30%	30%

(주)한국이 단계배부법을 이용하여 보조부문원가를 제조부문에 배부할 경우 제조부문 D가 배부 받을 보조부문원가합계는? (단, 배부순서는 A부문원가를 먼저 배부한다.)

① ₩320,000   ② ₩344,000
③ ₩368,000   ④ ₩480,000

08 (주)한국은 부문별원가계산제도를 도입하고 있으며, 20×1년 각 부문간의 용역수수관계는 다음과 같다.

사용 제공	보조부문		제조부문	
	A	B	X	Y
A	–	30%	30%	40%
B	20%	–	40%	40%

20×1년 보조부문 A와 B의 부문원가는 각각 ₩200,000과 ₩300,000으로 집계되었다. 단계배부법을 이용하여 보조부문원가를 배부할 때 제조부문 X에 배부되는 보조부문원가는 총 얼마인가? (단, 보조부문 A부터 배부한다.)

① ₩180,000   ② ₩210,000
③ ₩240,000   ④ ₩260,000

09 (주)한국은 두 개의 보조부문(X부문, Y부문)과 두 개의 제조부문(A부문, B부문)으로 구성되어 있다. 각각의 부문에서 발생한 부문원가는 A부문 ₩100,000, B부문 ₩200,000, X부문 ₩140,000, Y부문 ₩200,000이다. 각 보조부문이 다른 부문에 제공한 용역은 다음과 같다.

사용부문 제공부문	보조부문		제조부문	
	X부문	Y부문	A부문	B부문
X부문(kWh)	–	₩50,000	₩30,000	₩20,000
Y부문(기계시간)	₩200	–	₩300	₩500

(주)한국이 단계배부법을 이용하여 보조부문원가를 제조부문에 배부할 경우, A부문과 B부문 각각의 부문원가 합계는? (단, 배부순서는 Y부문의 원가를 먼저 배부한다.)

	A부문원가 합계	B부문원가 합계
①	₩168,000	₩172,000
②	₩202,000	₩328,000
③	₩214,000	₩336,000
④	₩268,000	₩372,000

10 제조부문 A, B와 보조부문 X, Y의 서비스 제공관계는 다음과 같다.

구분	보조부문		제조부문		합계
	X	Y	A	B	
X	–	40단위	20단위	40단위	100단위
Y	80단위	–	60단위	60단위	200단위

X, Y부문의 원가는 각각 ₩160,000, ₩200,000이다. 단계배부법에 의해 X부문을 먼저 배부하는 경우와 Y부문을 먼저 배부하는 경우의 제조부문 A에 배부되는 총보조부문원가의 차이는?

① ₩24,000
② ₩25,000
③ ₩26,000
④ ₩27,000

11 (주)한국은 제조부문과 보조부문을 이용하여 제품을 생산하고 있다. 보조부문에서 제공한 용역량은 다음과 같으며, 수선부문과 관리부문에 집계된 원가는 각각 ₩160,000, ₩80,000이다.

제공처 \ 사용처	제조부문		보조부문		합계
	절단	조립	수선	관리	
수선(시간)	₩400	₩200	₩600	₩400	₩1,600
관리(m²)	₩4,000	₩4,000	₩8,000	₩4,000	₩20,000

상호배부법으로 보조부문원가를 배부할 때 필요한 연립방정식으로 옳은 것은? (단, 배부해야 할 총수선 부문원가와 총관리부문원가를 각각 M과 F라 한다.)

① $M = 160{,}000 + 0.5F, \ F = 80{,}000 + 0.25M$
② $M = 160{,}000 + 0.4F, \ F = 80{,}000 + 0.25M$
③ $M = 160{,}000 + 0.5F, \ F = 80{,}000 + 0.4M$
④ $M = 160{,}000 + 0.4F, \ F = 80{,}000 + 0.5M$

12 (주)한국은 아래 표와 같이 제조부문과 보조부문을 각각 두 개씩 운영하고 있다. 동력부와 관리부에 집계된 제조간접원가는 각각 ₩200,000과 ₩370,000이다. 각 부문간의 용역수수 비율은 아래 표와 같다. 보조부문의 제조간접원가를 상호배부법으로 배부할 때, 제과부에 배부되는 제조간접원가는 얼마인가?

제공처 \ 사용처	제조부문		보조부문	
	제과부	제빵부	동력부	관리부
동력부	0.2	0.4	–	0.4
관리부	0.4	0.35	0.25	–

① ₩265,000　　　　② ₩285,000
③ ₩305,000　　　　④ ₩325,000

13 (주)한국은 두 개의 보조부문(S1, S2)과 두 개의 제조부문(P1, P2)으로 제품을 생산하고 있다. 각 부문원가와 용역수수관계는 다음과 같다.

구분	보조부문		제조부문		계
	S1	S2	P1	P2	
부문원가	₩250,000	₩152,000	–	–	
S1	–	40	20	40	100%
S2	40	–	40	20	100%

상호배부법으로 보조부문원가를 배부한 결과, S1의 총부문원가는 S2로부터 배부받은 금액 ₩120,000을 포함하여 ₩370,000이었다. P2에 배부되는 보조부문원가 합계액은?

① ₩164,400　　　　② ₩193,200
③ ₩194,000　　　　④ ₩208,000

정답 및 해설 p. 446

01 (주)한국은 제품 A, B, C 세 가지 결합제품을 생산하고 있다. 관련 자료는 다음과 같다. 결합원가가 분리점에서의 상대적 판매가치에 의하여 배분된다면 제품 B에 배분되는 결합원가는 얼마인가? (단, 아래 표에서 세 가지 제품 모두 분리점에서의 판매가치를 알 수 있으며, 재공품은 없다고 가정한다.)

구분	제품 A	제품 B	제품 C	합계
생산수량(개)	₩12,000	₩7,000	₩6,000	₩25,000
결합원가(원)	?	?	₩38,000	₩200,000
분리점에서의 판매가치(원)	₩120,000	?	?	₩500,000
추가가공시의 추가원가(원)	₩25,000	₩15,000	₩11,000	₩51,000
추가가공 후의 판매가치(원)	₩230,000	₩200,000	₩180,000	₩610,000

① ₩114,000   ② ₩120,000
③ ₩124,000   ④ ₩130,000

02 (주)한국은 20×1년 6월 결합공정을 거쳐 결합제품 A와 B를 각각 500단위와 400단위 생산하였다. 분리점에서 결합제품 A와 B의 단위당 판매가격은 각각 ₩200과 ₩150이다. 분리점에서의 판매가치를 기준으로 결합제품 A에 배분된 결합원가가 ₩20,000일 경우 결합원가의 총액은? (단, 재공품은 없다.)

① ₩32,000   ② ₩33,000
③ ₩34,000   ④ ₩35,000

03 (주)한국은 결합공정에서 제품 A, B, C를 생산한다. 당기에 발생된 결합원가 총액은 ₩40,000 이며, 결합원가는 분리점에서의 상대적 판매가치를 기준으로 제품에 배분된다. 분리점에서의 단위당 판매가격과 생산량은 다음과 같다.

제품	단위당 판매가격	생산량
A	₩10	1,500단위
B	₩15	1,000단위
C	₩20	1,000단위

추가가공할 경우, 제품별 추가가공원가와 추가가공 후 단위당 판매가격은 다음과 같다.

제품	추가가공원가	추가가공 후 단위당 판매가격
A	₩5,000	₩12
B	₩4,000	₩20
C	₩10,000	₩35

추가가공이 유리한 제품만을 모두 고른 것은? (단, 추가가공 공정에서 공손과 감손은 발생하지 않고, 생산량은 모두 판매되며, 기초 및 기말재공품은 없다.)

① A
② B
③ A, B
④ B, C

04 (주)한국은 결합공정에서 제품 A, B, C를 생산한다. 당기에 발생된 결합원가 총액은 ₩80,000 이며 결합원가는 분리점에서의 상대적 판매가치를 기준으로 제품에 배분되며 관련 자료는 다음과 같다. 추가가공이 유리한 제품만을 모두 고른 것은? (단, 결합공정 및 추가가공 과정에서 공손과 감손은 발생하지 않고, 생산량은 모두 판매되며 기초 및 기말 재공품은 없다.)

제품	분리점에서의 단위당 판매가격	생산량	추가가공원가	추가가공 후 단위당 판매가격
A	₩20	3,000단위	₩10,000	₩23
B	₩30	2,000단위	₩15,000	₩40
C	₩40	2,000단위	₩15,000	₩50

① A
② B
③ B, C
④ A, B, C

05 (주)한국은 20×1년 10월에 결합제품 A와 B를 각각 2,000개, 3,000개 생산하였으며, 결합원가 ₩500,000이 발생하였다. 제품 A는 추가가공 없이 단위당 ₩150에 판매되지만, 제품 B는 추가가공원가 ₩40,000이 투입된 후 단위당 ₩180에 판매된다. (주)한국은 순실현가치법을 이용하여 결합원가를 배분하고 있다. 10월에 발생한 결합원가 중에서 제품 B에 배분할 금액은? (단, 재공품은 없다.)

① ₩310,000   ② ₩312,500

③ ₩315,000   ④ ₩320,000

06 20×1년에 설립된 (주)서울은 제1공정에서 원재료 1,000kg을 가공하여 중간제품 A와 제품 B를 생산한다. 제품 B는 분리점에서 즉시 판매될 수 있으나, 중간제품 A는 분리점에서 판매가치가 형성되어 있지 않기 때문에 제2공정에서 추가 가공하여 제품 C로 판매한다. 제품별 생산 및 판매량과 kg당 판매가격은 다음과 같다.

제품	생산 및 판매량	Kg당 판매가격
중간제품 A	600kg	—
제품 B	400kg	₩500
제품 C	600kg	₩450

제1공정에서 발생한 결합원가는 ₩1,200,000이었고, 중간제품 A를 제품 C로 가공하는 데 추가된 원가는 ₩170,000이었다. 회사가 결합원가를 순실현가치에 비례하여 제품에 배부하는 경우, 제품 B와 제품 C에 배부되는 총제조원가는?

	제품 B	제품 C
①	₩400,000	₩800,000
②	₩400,000	₩970,000
③	₩570,000	₩800,000
④	₩800,000	₩570,000

07 (주)한국은 결합공정을 통하여 다음과 같이 제품을 생산하고 있으며, 당기에 발생한 결합원가는 ₩1,500,000이다.

제품	생산량	추가가공원가	단위당 판매가격
A	700단위	₩400,000	₩2,000
B	400단위	–	₩1,500
C	500단위	₩200,000	₩1,200

결합원가를 순실현가치법을 기준으로 배부할 경우 제품 C의 단위당 제조원가는?

① ₩400 ② ₩600

③ ₩800 ④ ₩1,000

08 (주)한국은 당월 중 결합생산공정을 통해 연산품 X와 Y를 생산한 후 각각 추가가공을 거쳐 최종제품 A와 B로 전환하여 모두 판매하였다. 연산품 X와 Y의 단위당 추가가공원가는 각각 ₩150과 ₩100이며, 최종제품과 관련된 당월 자료는 다음과 같다. (단, 각 연산품의 추가가공 전·후의 생산량 변화는 없다.)

구분	제품 A	제품 B
생산량	400단위	200단위
제품단위당 판매가격	₩450	₩250

이 공정의 당월 결합원가는 ₩81,000이며, 이를 균등매출총이익률법으로 배분한다면 당월 중 연산품 X에 배분될 금액은 얼마인가?

① ₩62,000 ② ₩63,000

③ ₩64,000 ④ ₩66,000

09 (주)한국은 결합원가계산을 사용하고 있다. 당기에 결합제품 A, B를 생산하면서 결합원가 ₩103,000이 발생하였다. 각 제품에 대한 자료는 다음과 같다. 균등이익률법을 적용할 때 결합제품 A에 배부될 결합원가는 얼마인가?

제품	생산량	추가가공 후 단위당 판매가격	추가가공원가(총액)
A	210	₩300	₩18,000
B	250	₩500	₩20,000

① ₩29,000

② ₩29,250

③ ₩29,500

④ ₩30,000

10 (주)한국은 균등이익률법을 적용하여 결합원가계산을 하고 있다. 당기에 결합제품A와 B를 생산하였고, 균등매출총이익률은 30%이다. 관련 자료가 다음과 같을 때 결합제품A에 배부되는 결합원가는? (단, 재공품 재고는 없다.)

제품	생산량	판매가격(단위당)	추가가공원가(총액)
A	300단위	₩30	₩2,100
B	320단위	₩25	₩3,200

① ₩2,400

② ₩3,200

③ ₩3,800

④ ₩4,200

정답 및 해설 p. 448

01 활동기준원가계산에 관한 설명으로 옳지 않은 것은?

① 전통적인 원가계산에 비해 배부기준의 수가 많다.
② 활동이 자원을 소비하고 제품이 활동을 소비한다는 개념을 이용한다.
③ 제조원가뿐만 아니라 비제조원가도 원가동인에 의해 배부할 수 있다.
④ 직접재료원가 이외의 원가를 고정원가로 처리한다.

02 활동기준원가계산제도에 관한 설명으로 옳지 않은 것은?

① 제품의 다양성이 증가되면서 개별제품이나 작업에 직접 추적이 어려운 원가의 비중이 감소되었다.
② 원가정보의 수집 및 처리기술이 발전하여 원가측정비용이 크게 감소되었다.
③ 다품종 소량생산의 제조업체가 활동기준원가계산을 적용할 경우 도움이 된다.
④ 활동기준원가계산은 활동을 원가대상의 중심으로 삼아 활동의 원가를 계산하고 이를 토대로 하여 다른 원가를 계산하는 것을 중점적으로 다루는 원가계산시스템이다.

03 (주)한국은 전환원가에 대해 활동기준원가계산을 적용하고 있다. 회사의 생산활동, 활동별 배부기준, 전환원가 배부율은 다음과 같다.

활동	배부기준	전환원가 배부율
기계작업	기계작업시간	기계작업시간당 ₩50
조립작업	부품수	부품 1개당 ₩10
품질검사	완성품 단위	완성품 1단위당 ₩30

당기에 완성된 제품은 총 50단위이고, 제품단위당 직접재료원가는 ₩100이다. 제품 1단위를 생산하기 위해서는 2시간의 기계작업시간과 5개의 부품이 소요된다. 당기에 생산된 제품 50단위의 총제조원가는?

① ₩9,000 ② ₩12,000
③ ₩14,000 ④ ₩16,000

04 (주)한국은 가공원가에 대해 활동기준원가계산을 적용하고 있다. 회사의 생산활동, 활동별 배부기준, 가공원가 배부율은 다음과 같다.

생산활동	활동별 원가동인	가공원가 배부율	
조립작업	부품수	부품 1개당	₩20
검사활동	검사횟수	검사 1회당	₩50
작업준비	준비횟수	준비횟수 1회당	₩30

당기에 완성된 제품은 총 300단위이며, 총직접재료원가는 ₩300,000이다. 제품 1단위를 생산하기 위해서는 10개의 부품, 5회의 검사횟수, 20회의 준비횟수가 필요하다. 당기에 생산된 제품 300단위를 단위당 ₩3,000에 모두 판매가 가능하다고 할 때, 매출총이익은?

① ₩205,000

② ₩240,000

③ ₩265,000

④ ₩285,000

05 (주)한국은 복수의 제품을 생산·판매하고 있으며, 활동기준원가계산을 적용하고 있다. (주)한국은 제품원가계산을 위해 다음과 같은 자료를 수집하였다.

구분	활동원가	원가동인	총 원가동인 수
조립작업	₩500,000	조립시간	25,000시간
주문처리	₩75,000	주문횟수	1,500회
검사작업	₩30,000	검사시간	1,000시간

제품	생산수량	단위당 직접제조원가		조립작업	주문처리	검사작업
		직접재료원가	직접노무원가			
A	250개	₩150	₩450	400시간	80회	100시간

(주)한국이 당기에 A제품 250개를 단위당 ₩1,000에 판매한다면, A제품의 매출총이익은?

① ₩70,000

② ₩75,000

③ ₩80,000

④ ₩85,000

06 (주)한국은 20×1년에 제품 A 1,500단위, 제품 B 2,000단위, 제품 C 800단위를 생산하였다. 제조간접원가는 작업준비 ₩100,000, 절삭작업 ₩600,000, 품질검사 ₩90,000이 발생하였다. 다음 자료를 이용한 활동기준원가계산에 의한 제품 B의 단위당 제조간접원가는?

활동	원가동인	제품 A	제품 B	제품 C
작업준비	작업준비횟수	30	50	20
절삭작업	절삭작업시간	1,000	1,200	800
품질검사	검사시간	50	60	40

① ₩120
② ₩150
③ ₩163
④ ₩255

07 제품 A와 B를 생산·판매하고 있는 (주)한국의 20×1년 제조간접원가를 활동별로 추적한 자료는 다음과 같다.

구분	원가동인	제품 A	제품 B	추적가능원가
자재주문	주문횟수	20회	35회	₩55
품질검사	검사횟수	10회	18회	₩84
기계수리	기계가동시간	80시간	100시간	₩180

제조간접원가를 활동기준으로 배부하였을 경우 제품 A에 배부될 원가는?

① ₩100
② ₩130
③ ₩150
④ ₩189

08 (주)한국은 두 종류의 제품 A, B를 생산하고 있다. 회사는 활동기준원가계산에 의하여 제품 원가를 계산하고 있으며, 회사의 활동 및 활동별 제조간접원가 자료는 다음과 같다. 제품 A를 100개 생산하기 위한 직접재료원가가 ₩30,000, 직접노무원가가 ₩10,000이며, 재료의 가공을 위해 소요된 기계작업은 500시간, 조립작업은 200시간이다. 이렇게 생산한 제품 A의 단위당 판매가격이 ₩700이고, 매출총이익 ₩20,000을 달성하였다면, 제품 A의 제조를 위한 생산준비횟수는 몇 회인가? (단, 기초재고자산과 기말재고자산은 없다고 가정한다.)

구분	원가동인	단위당 배부액
생산준비	생산준비횟수	₩50
기계작업	기계시간	₩15
조립작업	조립시간	₩10

① 10회
② 12회
③ 15회
④ 20회

정답 및 해설 p. 449

01 (주)한국은 종합원가계산제도를 채택하고 있다. (주)한국의 20×1년 당기제조착수량은 100단위, 기말재공품은 40단위(전환원가 완성도 25%)이며, 당기투입원가는 직접재료원가 ₩40,000, 전환원가(conversion cost) ₩70,000이다. 직접재료는 공정이 시작되는 시점에서 전량 투입되며, 전환원가는 공정 전반에 걸쳐 균등하게 발생할 때, 기말재공품의 원가는? (단, 기초재공품, 공손 및 감손은 없다.)

① ₩10,000
② ₩16,000
③ ₩26,000
④ ₩28,000

02 (주)한국은 단일 공정으로 제품 A를 생산하고 있으며, 종합원가계산제도를 채택하고 있다. 직접재료는 공정 초에 전량 투입되며, 가공원가는 공정 전체에 걸쳐 균등하게 발생한다. 20×1년 9월의 물량자료는 다음과 같다.

• 월초재공품	20단위(가공원가 완성도 50%)
• 당월착수	250단위
• 당월완성	170단위
• 월말재공품	100단위(가공원가 완성도 50%)

선입선출법에 따르면 9월 직접재료원가의 완성품환산량은 몇 단위인가?

① 220단위
② 230단위
③ 240단위
④ 250단위

03 (주)한국은 종합원가계산제도를 채택하고 있다. 20×1년도 제품생산 관련 정보는 다음과 같다.

• 기초재공품 수량	200개(가공원가 완성도 50%)
• 당기완성품 수량	800개
• 기말재공품 수량	500개(가공원가 완성도 60%)

직접재료원가는 공정 초에 전량 투입되고, 가공원가는 공정 전반에 걸쳐 균등하게 발생한다. 평균법과 선입선출법 하의 완성품환산량에 관한 다음 설명 중 옳은 것은? (단, 공손과 감손은 발생하지 않았다.)

① 평균법에 의한 직접재료원가의 완성품환산량은 1,500개이다.
② 선입선출법에 의한 직접재료원가의 완성품환산량은 1,300개이다.
③ 선입선출법에 의한 가공원가의 완성품환산량은 1,200개이다.
④ 선입선출법과 평균법 간에 직접재료원가의 완성품환산량 차이는 200개이다.

04 (주)한국은 선입선출법에 의한 종합원가계산방법을 사용하고 있다. 원재료는 공정 초기에 모두 투입되고 가공원가(또는 가공비)는 공정 전반에 걸쳐 균등하게 발생한다. 기초재공품의 완성도는 30%이고 기말재공품의 완성도는 40%이다. 다음 자료를 이용하여 재료원가와 가공원가의 완성품환산량을 계산하면 각각 몇개인가? (단, 공손과 감손은 발생하지 않았다.)

• 기초재공품수량	600개
• 당기착수량	7,000개
• 기말재공품수량	1,000개

① 재료원가 7,000개 가공원가 6,580개
② 재료원가 7,000개 가공원가 6,820개
③ 재료원가 7,600개 가공원가 6,580개
④ 재료원가 7,600개 가공원가 6,820개

05 (주)한국은 종합원가계산을 채택하고 있으며, 제품생산 관련 정보는 다음과 같다.

• 기초재공품수량	1,000개(완성도 60%)
• 당기착수량	2,000개
• 당기완성품수량	2,400개
• 기말재공품수량	600개(완성도 50%)

직접재료는 공정 초기에 모두 투입되고 전환(가공)원가는 공정 전반에 걸쳐 균등하게 발생한다. 평균법과 선입선출법의 완성품환산량에 관한 설명으로 옳지 않은 것은?

① 평균법에 의한 직접재료원가의 완성품환산량은 3,000개이다.
② 선입선출법에 의한 직접재료원가의 완성품환산량은 2,000개이다.
③ 평균법에 의한 전환(가공)원가의 완성품환산량은 2,700개이다.
④ 선입선출법에 의한 전환(가공)원가의 완성품환산량은 2,200개이다.

06 (주)한국은 선입선출법에 의한 종합원가계산을 채택하고 있다. 재료는 공정 초에 전량 투입되며, 가공원가는 전체 공정에 걸쳐 균등하게 발생한다. 20×1년 6월 월초재공품은 3,000단위(가공원가 완성도 20%), 당월완성품은 18,000단위, 월말재공품은 2,000단위(가공원가 완성도 40%)이다. 20×1년 6월 재료원가와 가공원가의 완성품환산량은?

① 재료원가 17,000단위 가공원가 16,400단위
② 재료원가 17,000단위 가공원가 18,200단위
③ 재료원가 20,000단위 가공원가 16,800단위
④ 재료원가 20,000단위 가공원가 18,800단위

07 (주)한국은 가중평균법에 의한 종합원가계산시스템을 도입하고 있다. 직접재료는 공정의 초기에 전량 투입되고 가공원가는 공정 전반에 걸쳐 균등하게 발생된다. (주)한국은 원가계산을 위해 다음과 같은 자료를 수집하였다.

• 직접재료원가의 완성품환산량	5,000단위
• 가공원가의 완성품환산량	4,400단위
• 당기완성품수량	3,500단위

위 자료를 이용하여 계산한 기말재공품의 가공원가 완성도는?

① 50% ② 60%
③ 70% ④ 80%

08 (주)한국은 종합원가계산을 사용하고 있다. 20×1년 생산에 관련된 자료는 다음과 같다.

구분	수량	완성도
기초재공품	200단위	30%
당기착수량	1,300단위	
당기완성량	1,000단위	
기말재공품	500단위	40%

가공원가(전환원가)가 공정 전반에 걸쳐 균등하게 발생한다면, 가중평균법과 선입선출법 간에 가공원가(전환원가)의 완성품환산량 차이는?

① 60단위　　　　　　　　② 120단위
③ 200단위　　　　　　　　④ 250단위

09 (주)한국은 단일 제품을 생산하고 있으며, 종합원가계산제도를 채택하고 있다. 재료는 공정이 시작되는 시점에 전량 투입되며, 전환원가는 공정 전체에 걸쳐 균등하게 발생한다. 재료원가의 경우 평균법에 의한 완성품환산량은 87,000단위이고 선입선출법에 의한 완성품환산량은 47,000단위이다. 또한 전환원가의 경우 평균법에 의한 완성품환산량은 35,000단위이고 선입선출법에 의한 완성품환산량은 25,000단위이다. 기초재공품의 전환원가 완성도는?

① 10%　　　　　　　　② 20%
③ 25%　　　　　　　　④ 75%

10 (주)한국은 종합원가계산제도를 채택하고 단일제품을 생산하고 있다. 재료는 공정이 시작되는 시점에서 전량 투입되며, 가공(전환)원가는 공정 전체에 걸쳐 균등하게 발생한다. 가중평균법과 선입선출법에 의한 가공(전환)원가의 완성품환산량은 각각 108,000단위와 87,000단위이다. 기초재공품의 수량이 70,000단위라면 기초재공품 가공(전환)원가의 완성도는?

① 10%　　　　　　　　② 20%
③ 25%　　　　　　　　④ 30%

11 다음은 종합원가계산제도를 채택하고 있는 (주)한국의 당기 제조활동에 관한 자료이다.

- 기초재공품 ₩3,000(300단위, 완성도 60%)
- 당기투입원가 ₩42,000
- 당기완성품수량 800단위
- 기말재공품 200단위(완성도 50%)

모든 원가는 공정 전체를 통하여 균등하게 발생하며, 기말재공품의 평가는 평균법을 사용하고 있다. 기말재공품원가는? (단, 공손 및 감손은 없다.)

① ₩5,000 ② ₩5,500
③ ₩8,400 ④ ₩9,000

12 단일 제품을 생산하는 (주)한국은 선입선출법을 적용하여 종합원가계산을 한다. 전환원가(가공원가)는 전체 공정에 걸쳐 균등하게 발생한다. 생산 관련 자료는 다음과 같으며, 괄호 안의 숫자는 전환원가 완성도를 의미한다.

기초재공품	당기착수량	기말재공품
100단위(40%)	1,000단위	200단위(50%)

기초재공품 원가에 포함된 전환원가는 ₩96,000이고, 당기에 발생한 전환원가는 ₩4,800,000이다. 완성품환산량 단위당 전환원가는? (단, 공손과 감손은 발생하지 않는다.)

① ₩4,800 ② ₩5,000
③ ₩5,100 ④ ₩5,500

13 (주)한국은 단일공정에서 단일제품을 생산·판매하고 있다. 회사는 실제원가에 의한 종합원가계산을 적용하고 있으며, 원가흐름 가정은 선입선출법이다. 당기의 생산 활동에 관한 자료는 다음과 같다.

항목	물량(단위)	전환원가 완성도
기초재공품	500	50%
기말재공품	600	50%
당기착수량	4,000	–

전환원가는 공정 전반에 걸쳐 균등하게 발생한다. 기말에 전환원가의 완성품환산량 단위당 원가는 ₩20으로 계산되었다. 당기에 실제로 발생한 전환원가는? (단, 공손과 감손은 발생하지 않았다.)

① ₩75,000 ② ₩79,000
③ ₩82,000 ④ ₩85,000

14 (주)한국의 20×1년 생산 및 원가자료는 다음과 같다.

구분	수량	완성도	원가
재공품재고			
기초재공품	200개	60%	₩56,800
기말재공품	400개	40%	?
당기투입된 제조원가			
재료원가			₩144,000
가공원가			₩83,200
당기완성품	1,000개		?

원재료는 공정의 착수시점에 전부 투입되며 가공원가(전환원가)는 공정 전반에 걸쳐 균등하게 발생한다. 선입선출법 하의 종합원가계산을 적용할 경우 완성품의 원가는? (단, 공손 및 감손은 없다.)

① ₩160,000 ② ₩166,400
③ ₩216,800 ④ ₩223,200

15 (주)한국은 종합원가계산제도를 채택하고 있으며, 모든 원가는 공정 전반에 걸쳐 균등하게 발생한다. 20×1년도 관련 자료가 다음과 같을 때 선입선출법을 사용하여 계산한 기말재공품 원가는? (단, 공손 및 감손은 없다.)

- 기초재공품 : 300단위(직접재료원가 ₩10,000, 전환원가 ₩5,000), 완성도 40%
- 당기발생원가 : 직접재료원가 ₩240,000, 전환원가 ₩120,000
- 완성품 : 900단위
- 기말재공품 : 200단위, 완성도 60%

① ₩37,500 ② ₩40,000
③ ₩48,000 ④ ₩75,000

16 (주)한국은 선입선출법에 의한 종합원가계산을 채택하고 있다. 전환원가(가공원가)는 공정 전반에 걸쳐 균등하게 발생한다. 다음 자료를 활용할 때, 기말 재공품원가에 포함된 전환원가(가공원가)는? (단, 공손 및 감손은 발생하지 않는다.)

• 기초재공품	1,000단위(완성도 40%)
• 당기착수	4,000단위
• 당기완성	4,000단위
• 기말재공품	1,000단위(완성도 40%)
• 당기발생 전환원가(가공원가)	₩1,053,000

① ₩98,000 ② ₩100,300
③ ₩102,700 ④ ₩105,300

17 (주)한국은 선입선출법에 의한 종합원가계산을 채택하고 있으며, 당기의 생산 관련 자료는 다음과 같다.

구분	물량(개)	가공비 완성도
기초재공품	1,000	완성도 30%
당기착수량	4,300	
당기완성량	4,300	
공손품	300	
기말재공품	700	완성도 50%

원재료는 공정 초기에 전량 투입되며, 가공비는 공정 전반에 걸쳐 균등하게 발생한다. 품질 검사는 가공비 완성도 40% 시점에서 이루어지며, 당기 검사를 통과한 정상품의 5%에 해당하는 공손수량은 정상공손으로 간주한다. 당기의 비정상공손수량은?

① 50개 ② 85개
③ 100개 ④ 150개

18 (주)한국은 종합원가계산을 적용하고 있으며, 제품생산 관련 정보는 다음과 같다.

• 기초재공품수량	2,000단위(전환원가 완성도 60%)
• 당기착수량	18,000단위
• 당기완성품수량	14,000단위
• 기말재공품수량	3,000단위(전환원가 완성도 80%)

원재료는 공정초에 전량 투입되고 전환원가는 공정 전반에 걸쳐 균등하게 발생한다. (주)한국은 재고자산 평가방법으로 평균법을 사용하며, 공정의 종료시점에서 품질검사를 실시하였다. (주)한국이 당기 중 품질검사를 통과한 물량의 10%를 정상공손으로 간주할 경우, 비정상공손 수량은?

① 1,300단위 　　　　　　　② 1,400단위
③ 1,600단위 　　　　　　　④ 2,000단위

19 다음은 종합원가계산제도를 채택하고 있는 (주)한국의 20×1년 생산관련 자료이다.

• 기초재공품	60,000단위
• 당기착수량	240,000단위
• 완성품수량	198,000단위
• 정상공손수량	12,000단위
• 기말재공품	90,000단위

직접재료는 공정 초에 모두 투입되고, 가공원가는 공정 전반에 걸쳐 균등하게 발생한다. 기초재공품 및 기말재공품의 완성도는 각각 70% 및 40%이다. 공손은 공정 말에 발견된다. (주)한국이 원가흐름 가정으로 평균법을 적용할 경우, 20×1년 가공원가의 완성품환산량은?

① 240,000단위 　　　　　　② 242,000단위
③ 244,000단위 　　　　　　④ 246,000단위

회계학 예상문제집

20 (주)한국은 종합원가계산제도를 채택하고 있다. 직접재료는 공정이 시작되는 시점에서 전량 투입되며, 전환원가는 공정 전반에 걸쳐서 균등하게 발생한다. 당기 완성품환산량 단위당 원가는 직접재료원가 ₩2,000, 전환원가 ₩500이었다. 생산 공정에서 공손품이 발생하는데 이러한 공손품은 제품을 검사하는 시점에서 파악된다. 공정의 50% 시점에서 검사를 수행하며, 정상공손수량은 검사 시점을 통과한 합격품의 10%이다. (주)한국의 생산활동 자료가 다음과 같을 때, 정상공손원가는?

> • 기초재공품 : 500단위(전환원가 완성도 30%)
> • 당기완성량 : 1,800단위
> • 당기착수량 : 2,000단위
> • 기말재공품 : 400단위(전환원가 완성도 70%)

① ₩440,000   ② ₩495,000
③ ₩525,000   ④ ₩675,000

21 (주)한국은 단일 제품을 대량생산하고 있으며, 가중평균법을 적용하여 종합원가계산을 하고 있다. 직접재료는 공정초에 전량 투입되고, 전환원가는 공정 전체에서 균등하게 발생한다. 당기 원가계산 자료는 다음과 같다.

> • 기초재공품   3,000개(완성도 80%)
> • 당기착수수량   14,000개
> • 당기완성품   13,000개
> • 기말재공품   2,500개(완성도 60%)

품질검사는 완성도 70%에서 이루어지며, 당기 중 검사를 통과한 합격품의 10%를 정상공손으로 간주한다. 직접재료원가와 전환원가의 완성품환산량 단위당 원가는 각각 ₩30과 ₩200이다. 완성품에 배부되는 비정상공손원가는?

① ₩22,000   ② ₩28,000
③ ₩35,000   ④ ₩44,000

정답 및 해설 p. 451

01 제조기업인 (주)한국이 변동원가계산방법에 의하여 제품원가를 계산할 때 제품원가에 포함되는 항목을 모두 고른 것은?

| ㄱ. 직접재료원가 | ㄴ. 직접노무원가 |
| ㄷ. 본사건물 감가상각비 | ㄹ. 월정액 공장임차료 |

① ㄱ, ㄴ
② ㄱ, ㄹ
③ ㄴ, ㄷ
④ ㄴ, ㄹ

02 (주)한국의 최근 2개월간 생산량 및 제조원가가 다음과 같을 때, 6월의 기타제조원가는? (단, 5월과 6월의 단위당 변동원가와 고정원가총액은 동일하다.)

구분		5월	6월
생산량		9,000단위	10,000단위
제조원가 (총액)	직접재료원가	₩18,000	?
	고정임차료	₩8,000	?
	기타제조원가	₩39,000	?
	합계	₩65,000	₩70,000

① ₩38,000
② ₩40,000
③ ₩41,000
④ ₩42,000

03 전부원가계산 및 변동원가계산에 관한 설명으로 옳은 것은?

① 변동원가계산은 고정제조간접원가를 제품원가에 포함시키므로 생산량의 변동에 따라 제품단위당 원가가 달라져서 경영자가 의사결정을 할 때 혼란을 초래할 수 있다.
② 전부원가계산은 영업이익이 판매량뿐만 아니라 생산량에 의해서도 영향을 받기 때문에 과다생산에 의한 재고과잉의 우려가 있다.
③ 전부원가계산은 원가를 변동원가와 고정원가로 분류하여 공헌이익을 계산하므로 경영의 사결정, 계획수립 및 통제목적에 유용한 정보를 제공한다.
④ 변동원가계산은 외부보고용 재무제표를 작성하거나 법인세를 결정하기 위한 조세목적을 위해서 일반적으로 인정되는 원가계산방법이다.

04 제품원가계산 방법에 관한 설명으로 옳지 않은 것은?

① 생산활동의 특성에 따라 개별원가계산과 종합원가계산으로 분류할 수 있다.

② 표준원가계산은 미리 표준으로 설정된 원가자료를 사용하여 원가를 계산하는 방법으로 원가관리에 유용하다.

③ 변동원가계산은 제조원가요소 중에서 고정원가를 제외한 변동원가만 집계하여 제품원가를 계산하는 방법이다.

④ 내부적인 경영의사결정에 필요한 한계원가 및 공헌이익과 같은 정보를 파악하기 위해서는 정상원가계산이 유용하다.

05 전부원가계산, 변동원가계산, 초변동원가계산에 관한 설명으로 옳지 않은 것은?

① 기초재고가 없다면, 당기 판매량보다 당기 생산량이 더 많을 때 전부원가계산의 당기영업이익보다 초변동원가계산상의 당기 영업이익이 더 작다.

② 변동원가계산은 전부원가계산에 비해 판매량 변화에 의한 이익의 변화를 더 잘 파악할 수 있다.

③ 초변동원가계산에서는 기초재고가 없고 판매량이 일정할 때 생산량이 증가하더라도 재료처리량 공헌이익(throughput contribution)은 변하지 않는다.

④ 전부원가계산은 변동원가계산에 비해 경영자의 생산과잉을 더 잘 방지한다.

06 (주)한국은 20×1년 초에 설립되었다. 20×1년 중 제품을 10,000단위 생산하여 8,000단위를 판매하였다. 이와 관련된 원가자료는 다음과 같다.

구분	총고정원가	단위당 변동원가
직접재료원가	–	₩22
가공원가	₩110,000	₩18
판매비와 관리비	₩70,000	₩10

전부원가계산과 변동원가계산에 의한 20×1년 기말제품재고액은 각각 얼마인가? (단, 재공품은 없다.)

	전부원가계산	변동원가계산
①	₩122,000	₩80,000
②	₩122,000	₩100,000
③	₩102,000	₩100,000
④	₩102,000	₩80,000

07 (주)한국은 20×1년 2,000단위의 제품을 생산하여 1,500단위의 제품을 판매하였다. 기초재고는 없었으며 관련 원가자료는 다음과 같다.

• 제품단위당 직접재료원가	₩600
• 제품단위당 직접노무원가	₩200
• 제품단위당 변동제조간접원가	₩300
• 제품단위당 변동판매비와 관리비	₩100
• 총고정제조간접원가	₩800,000
• 총고정판매비와 관리비	₩300,000

변동원가계산에 의한 제품단위당 제조원가는?

① ₩800   ② ₩900

③ ₩1,000   ④ ₩1,100

08 (주)한국은 20×1년 초 영업을 개시하여 제품 A 5,000단위를 생산하고, 4,000단위를 단위당 ₩1,000에 판매하였다. 이와 관련된 자료는 다음과 같다.

구분	단위당 변동원가	연간 고정원가
직접재료원가	₩200	
직접노무원가	₩150	
제조간접원가	₩50	₩1,500,000
판매관리비	₩100	₩300,000

20×1년의 변동원가계산에 의한 영업이익은?

① ₩100,000   ② ₩200,000

③ ₩300,000   ④ ₩400,000

296 PART 02 원가관리회계

09 (주)한국은 20×1년 초에 설립되었으며, 20×1년 생산·판매자료는 다음과 같다. 전부원가계산에 의한 영업이익과 변동원가계산에 의한 영업이익의 차이는? (단, 재공품은 없다.)

연간 생산량	100단위	연간 판매량	80단위
단위당 판매가격		₩100	
단위당 변동제조원가		₩30	
단위당 변동판매관리비		₩10	
총고정제조원가		₩1,600	
총고정판매관리비		₩400	

① ₩320   ② ₩340
③ ₩360   ④ ₩380

10 20×1년 초에 설립된 (주)한국의 20×1년도 영업활동에 관한 자료는 다음과 같다.

• 단위당 판매가격	₩1,500	• 단위당 변동판매관리비	₩50
• 단위당 직접재료원가	₩700	• 고정제조간접원가	₩800,000
• 단위당 직접노무원가	₩350	• 고정판매관리비	₩400,000
• 단위당 변동제조간접원가	₩100		

20×1년도에 제품을 8,000단위 생산하여 6,500단위 판매하였을 경우, 전부원가계산에 의한 영업이익과 변동원가계산에 의한 영업이익의 차이는? (단 기말재공품은 없다.)

① ₩100,000   ② ₩120,000
③ ₩150,000   ④ ₩200,000

11 (주)한국은 단일제품을 생산·판매하고 있다. 20×1년 생산량은 500단위이고 판매량은 300단위이며, 원가자료는 다음과 같다.

항목	단위당 원가
변동제조원가	₩23,000
변동판매관리비	₩5,000

연간 고정제조간접원가는 ₩1,000,000이고 고정판매관리비는 ₩500,000이라면, 당기의 전부원가계산에 의한 영업이익과 변동원가계산에 의한 영업이익의 차이는? (단, 기초재고수량은 없으며, 단위당 판매가격은 ₩50,000이다.)

① ₩200,000   ② ₩400,000
③ ₩500,000   ④ ₩700,000

12 20×1년 초에 설립된 (주)한국은 20×1년에 1,200개의 제품을 생산하여 800개를 판매하였다. 20×1년에 전부원가계산의 영업이익이 변동원가계산의 영업이익보다 ₩8,000만큼 크다면 총고정제조간접원가는 얼마인가?

① ₩24,000   ② ₩24,600

③ ₩25,200   ④ ₩26,000

13 20×2년 초에 설립된 (주)한국은 한 종류의 등산화를 제조하여 백화점에 납품하고 있다. 이 제품의 단위당 직접재료원가 ₩5, 단위당 직접노무원가 ₩3, 단위당 변동제조간접원가 ₩2이 발생하고, 연간 총고정제조간접원가는 ₩300,000이다. 연도별 생산량과 판매량 자료는 다음과 같으며 판매가격과 원가구조의 변동은 없다.

구분	20×2년	20×3년
생산량	50,000단위	60,000단위
판매량	30,000단위	50,000단위

(주)한국의 20×3년 말 변동원가계산 하의 영업이익이 ₩100,000일 경우 전부원가계산 하의 영업이익은 얼마인가? (단, 재공품은 없으며 원가흐름은 선입선출법을 가정한다.)

① ₩110,000   ② ₩120,000

③ ₩130,000   ④ ₩140,000

14 20×1년 초 영업을 개시한 (주)한국의 20×1년도와 20×2년도의 생산 및 판매와 관련된 자료는 다음과 같다.

구분	20×1년	20×2년
생산량	5,000개	10,000개
판매량	4,000개	10,000개
직접재료원가	₩500,000	₩1,000,000
직접노무원가	₩600,000	₩1,200,000
변동제조간접원가	₩400,000	₩800,000
고정제조간접원가	₩200,000	₩250,000
변동판매관리비	₩200,000	₩400,000
고정판매관리비	₩300,000	₩350,000

(주)한국의 20×2년도 전부원가계산에 의한 영업이익이 ₩100,000일 때, 변동원가계산에 의한 영업이익은? (단, 재공품은 없으며 원가흐름은 선입선출법을 가정한다.)

① ₩85,000   ② ₩115,000

③ ₩120,000   ④ ₩135,000

15 단일제품을 생산·판매하고 있는 (주)한국의 당기순이익은 전부원가계산 하에서 ₩12,000이고 변동원가계산 하에서 ₩9,500이다. 단위당 제품원가는 전부원가계산 하에서는 ₩40이고 변동원가계산 하에서는 ₩35이며, 전기와 당기 각각에 대해 동일하다. 당기 기말제품재고 수량이 2,000단위일 경우 기초제품재고 수량은 몇 단위인가? (단, 기초재공품과 기말재공품은 없다.)

① 500단위   ② 1,000단위

③ 1,200단위   ④ 1,500단위

정답 및 해설 p. 453

01 원가행태에 관한 설명 중 옳지 않은 것은?

① 계단(준고정) 원가는 일정한 범위의 조업도 수준에서만 원가총액이 일정하다.

② 직접재료원가는 변동원가에 속한다.

③ 단위당 변동원가는 조업도가 증가함에 따라 증가한다.

④ 기본료와 사용시간당 통화료로 부과되는 전화요금은 사용시간을 조업도로 본 혼합원가로 볼 수 있다.

02 다음 중 원가에 대한 설명으로 옳지 않은 것은?

① 당기제품제조원가는 당기에 완성되어 제품으로 대체된 완성품의 제조원가이다.

② 원가는 원가정보의 활용목적에 따라 다양하게 분류되고 측정방법도 달라진다.

③ 직접원가는 원가대상에 직접적인 추적을 통해서 집계되고, 간접원가(공통원가)는 배부기준을 통해서 원가대상에 배부된다.

④ 제조기업의 제조원가는 재료원가, 노무원가, 제조경비 및 판매비와 관리비로 구성된다.

03 원가에 관한 설명으로 옳은 것은?

① 기회원가는 미래에 발생할 원가로서 의사결정 시 고려하지 않는다.

② 관련범위 내에서 혼합원가는 조업도가 0이라도 원가는 발생한다.

③ 관련범위 내에서 생산량이 감소하면 단위당 고정원가도 감소한다.

④ 관련범위 내에서 생산량이 증가하면 단위당 변동원가도 증가한다.

04 A아파트 전기작업반의 월별 직접노무시간과 경비에 대한 기록이 다음과 같다.

구분	4월	5월	6월
직접노무시간	250시간	200시간	150시간
경비	₩10,000	₩11,000	₩7,000

7월의 직접노무시간은 200시간으로 예상된다. 고저점법을 적용하여 7월의 경비를 추정하면?

① ₩8,500

② ₩8,600

③ ₩8,700

④ ₩8,800

05 최근 2년간 총고정제조원가와 단위당 변동제조원가는 변화가 없으며 생산량과 총제조원가는 다음과 같다.

연도	생산량	총제조원가
20×1년	200단위	₩600,000
20×2년	300단위	₩800,000

20×3년도에 총고정제조원가가 10% 증가할 경우, 생산량이 400단위일 때 총제조원가는?

① ₩1,000,000   ② ₩1,020,000
③ ₩1,040,000   ④ ₩1,060,000

06 (주)한국의 최근 6개월간 A제품 생산량 및 총원가 자료이다.

월	생산량(단위)	총원가
1	110,000	₩10,000,000
2	50,000	₩7,000,000
3	150,000	₩11,000,000
4	70,000	₩7,500,000
5	90,000	₩8,500,000
6	80,000	₩8,000,000

원가추정은 고저점법(high-low method)을 이용한다. 7월에 A제품 100,000단위를 생산하여 75,000단위를 단위당 ₩100에 판매할 경우, 7월의 전부원가 계산에 의한 추정 영업이익은? (단, 7월에 A제품의 기말제품 이외에는 재고자산이 없다.)

① ₩362,500   ② ₩560,000
③ ₩650,000   ④ ₩750,000

07 다음은 20×1년 (주)한국의 기계가동시간과 윤활유원가에 대한 일부 자료이다.

분기	기계가동시간	윤활유원가
1	5,000시간	₩256,000
2	4,500시간	₩232,000
3	6,500시간	₩285,000

20×1년 4분기에 기계가동시간은 5,500시간으로 예상된다. 고저점법을 이용하여 원가를 추정할 때 20×1년 4분기의 윤활유원가는 얼마로 추정되는가?

① ₩252,000   ② ₩254,500
③ ₩256,000   ④ ₩258,500

08 (주)한국은 고저점법을 사용하여 전력비를 추정하고 있다. 20×1년 월별 전력비 및 기계시간에 근거한 원가추정식에 의하면, 전력비의 단위당 변동비는 기계시간당 ₩4이었다. 20×1년 최고 조업도수준은 1,100기계시간이었고, 이때 발생한 전력비는 ₩9,400이었다. 20×1년 최저 조업도수준에서 발생한 전력비가 ₩8,800일 경우의 조업도수준은?

① 800기계시간
② 850기계시간
③ 900기계시간
④ 950기계시간

09 (주)한국이 신제품 P−1 첫 번째 단위를 생산하는 데 소요된 직접노무시간은 90시간이며, 두 번째 단위를 생산하는 데 소요된 직접노무시간은 54시간이다. 이 신제품 P−1의 생산과 관련된 원가자료는 다음과 같다.

구분	금액
제품 단위당 직접재료원가	₩500
직접노무시간당 임률	₩10
변동제조간접원가(직접노무시간에 비례하여 발생) 직접노무시간당	₩2.5
고정제조간접원가 배부액	₩2,500

직접노무시간이 누적평균시간 학습모형을 따르는 경우, 신제품 P−1의 최초로 생산된 4단위의 총제조원가는 얼마인가?

① ₩4,880
② ₩5,880
③ ₩6,880
④ ₩7,380

10 타일시공 전문업체인 (주)한국은 새로운 프리미엄 타일시공법을 개발하고, 이에 대한 홍보를 위해 10m² 면적의 호텔객실 1개에 대하여 무료로 프리미엄 타일시공을 수행하면서 총 20시간의 직접노무시간을 투입하였다. (주)한국은 프리미엄 타일시공의 경우 직접노무시간이 90%의 학습율을 가지는 학습효과가 존재하고, 누적평균시간 학습곡선모형을 따를 것으로 추정하고 있다. (주)한국은 동 호텔로부터 동일한 구조와 형태 및 면적(10m²)의 7개 객실(총 70m²)에 대한 프리미엄 타일시공 의뢰를 받았다. 이와 관련하여 투입될 것으로 추정되는 직접노무시간은? (단, 시공은 10m² 단위로 수행된다.)

① 90시간
② 96.64시간
③ 116.64시간
④ 126시간

정답 및 해설 p. 454

01 (주)한국의 20×1년도 총매출액과 이에 대한 총변동원가는 각각 ₩200,000, ₩150,000이다. (주)한국의 손익분기점 매출액이 ₩120,000일 때 총고정원가는?

① ₩28,000   ② ₩30,000
③ ₩32,000   ④ ₩34,000

02 A아파트는 1인당 ₩50,000의 변동원가와 ₩8,000,000의 총고정원가가 소요되는 주부 교육 프로그램을 계획하고 있다. 1인당 참가비는 ₩100,000을 받는다. 이 프로그램을 실시하면 구청으로부터 총 ₩2,000,000의 지원금을 받는다. 이 프로그램의 손익분기점(인원수)은?

① 100명   ② 110명
③ 115명   ④ 120명

03 (주)한국의 20×1년 손익분기점은 500단위이고 제품단위당 변동원가는 ₩300이며 연간 고정원가는 ₩200,000이다. 단위당 판매가격은?

① ₩400   ② ₩500
③ ₩600   ④ ₩700

04 (주)대한은 형광등을 제조하여 20×1년에 개당 ₩500에 400개를 판매하였다. 형광등 1개를 제조하는 데 직접재료원가 ₩150, 직접노무원가 ₩80, 변동제조간접원가 ₩70이 소요되며, 연간 고정제조간접원가는 ₩30,000이 발생하였다. 제품판매과정에서 단위당 변동판매관리비는 ₩50, 연간 고정판매관리비는 ₩15,000이 발생하였다. 20×1년의 손익분기점 판매량은?

① 225개   ② 300개
③ 360개   ④ 450개

05 (주)한국의 20×1년도 손익분기점 판매량은 4,000개이고 제품 5,000개를 판매하여 영업이익 ₩700,000을 달성하였다. 20×2년도에 제품단위당 판매가격을 ₩100 인상할 경우 손익분기점 판매량은? (단, 연도별 원가행태는 변동이 없다.)

① 700개   ② 1,000개
③ 3,500개   ④ 4,000개

06 (주)한국의 손익분기점 수량이 900단위일 때, 변동비는 ₩180,000이며, 고정비가 ₩45,000이다. (주)한국이 930단위를 판매하여 달성할 수 있는 영업이익은?

① ₩500   ② ₩1,100
③ ₩1,300   ④ ₩1,500

07 (주)한국은 단일제품을 생산한다. 20×1년의 단위당 판매가격은 ₩200, 고정원가총액은 ₩450,000, 손익분기점 판매량은 5,000단위이다. (주)한국이 20×1년에 목표이익 ₩135,000을 얻기 위해서는 몇 단위의 제품을 판매해야 하는가?

① 6,300단위   ② 6,400단위
③ 6,500단위   ④ 6,600단위

08 다음 자료를 이용하여 계산한 (주)한국의 20×1년 손익분기점 매출액은?

• 단위당 판매가	₩2,000
• 단위당 변동제조원가	₩700
• 단위당 변동판매비와 관리비	₩300
• 연간 고정제조간접원가	₩1,350,000
• 연간 고정판매비와 관리비	₩1,250,000

① ₩5,200,000   ② ₩4,000,000
③ ₩3,500,000   ④ ₩2,700,000

09 (주)한국의 20×0년 손익분기점 매출액은 ₩120,000이었다. 20×0년 실제 발생한 총변동 원가가 ₩120,000이고, 총고정원가가 ₩90,000이었다면 영업이익은 얼마인가? (단, 동 기간 동안 생산능력의 변동은 없다.)

① ₩150,000 ② ₩200,000
③ ₩230,000 ④ ₩270,000

10 (주)서울의 20×1년 단위당 변동비는 ₩4.2, 공헌이익률은 30%, 매출액은 ₩1,200,000이다. (주)서울은 20×1년에 이익도 손실도 보지 않았다. (주)서울은 20×2년에 20×1년보다 100,000단위를 더 판매하려고 한다. (주)서울의 20×2년 단위당 판매가격과 단위당 변동비는 20×1년과 동일하다. (주)서울이 20×2년에 ₩30,000의 목표이익을 달성하고자 한다면, 추가로 최대한 지출할 수 있는 고정비는?

① ₩100,000 ② ₩125,000
③ ₩150,000 ④ ₩175,000

11 단일제품을 생산·판매하는 (주)한국의 해당 연도 공헌이익 손익계산서는 아래와 같다.

• 매출액(1,000개 × ₩800)	₩800,000
• 변동비	₩480,000
• 공헌이익	₩320,000
• 고정비	₩200,000
• 영업이익	₩120,000

내년에는 해당 연도의 단위당 판매가격과 원가구조가 동일하게 유지되나 판매수량의 감소가 예상된다. 내년도에 영업손실이 발생하지 않으려면 판매수량이 최대 몇 개까지 감소하여도 되는가?

① 325개 ② 350개
③ 375개 ④ 400개

12 다음 자료를 이용할 경우 목표영업이익 ₩20,000을 달성하기 위한 판매량은?

• 단위당 판매가	₩400
• 단위당 변동원가	₩300
• 총고정원가	₩6,000

① 200단위   ② 260단위
③ 300단위   ④ 340단위

13 (주)한국은 단일제품을 생산·판매하고 있으며, 20×1년도 예산자료는 다음과 같다.

항목	단위당 금액
판매가격	₩150
직접재료원가	₩10
직접노무원가	₩30
변동제조간접원가	₩40
변동판매비	₩20

20×1년도 예산고정원가 총액은 ₩60,000이다. 회사는 생산설비를 충분히 보유하고 있으며, 법인세율은 20%이다. 세후목표영업이익 ₩70,000을 달성하기 위한 판매량은?

① 1,500단위   ② 2,000단위
③ 2,350단위   ④ 2,950단위

14 (주)한국은 20×1년에 설립되어 단일제품 4,000단위를 생산하여 단위당 ₩250에 모두 판매하였으며, 제품의 변동원가율은 60%이다. 판매담당자는 20×2년에 연간 광고비를 ₩90,000 만큼 증가시키면 연간 매출액이 ₩300,000만큼 증가할 것으로 예측하고 있다. 이 예측이 옳다면 20×2년의 영업이익이 20×1년보다 얼마나 증가하는가? (단, 20×2년의 판매가격과 원가행태는 20×1년과 동일하며 재고자산은 없다.)

① ₩25,000   ② ₩30,000
③ ₩35,000   ④ ₩40,000

15 서울특허법률사무소는 특허출원에 대한 법률서비스를 제공하려고 한다. 이 서비스의 손익분기점 매출액은 ₩15,000,000, 공헌이익률은 40%이다. 서울특허법률사무소가 동 서비스로부터 ₩2,000,000의 이익을 획득하기 위한 매출액은?

① ₩6,000,000 ② ₩9,000,000
③ ₩15,000,000 ④ ₩20,000,000

16 (주)한국은 제품 A를 제조·판매하는 회사이다. 제품 A의 고정원가는 ₩200,000이고 단위당 예산자료는 다음과 같다.

• 판매가격	₩200
• 직접재료원가	₩30
• 직접노무원가	₩20
• 변동제조간접원가	₩40
• 변동판매비	₩10

(주)한국이 세후목표이익 ₩30,000을 달성하기 위한 판매수량은? (단, 법인세율은 20%이고 생산량과 판매량은 동일하다.)

① 2,375단위 ② 2,275단위
③ 2,175단위 ④ 2,075단위

17 (주)한국은 20×1년 초에 설립되어 단일제품을 생산·판매할 예정이며, 20×1년도 원가 관련 자료는 다음과 같이 예상된다.

• 연간 총 고정원가	₩30,000
• 단위당 변동원가	₩40

(주)한국은 20×1년 동안 1,000개의 제품을 생산하여 전량 판매할 것으로 예상하며, 이를 통해 법인세차감후순이익 ₩12,000을 실현하려고 한다. 단위당 판매가격은 얼마가 되어야 하는가? (단, 법인세율은 40%이며, 재공품은 없다.)

① ₩90 ② ₩100
③ ₩110 ④ ₩120

18 다음은 단일제품을 생산·판매하는 (주)한국의 20×1년도 요약 공헌이익손익계산서다.

구분	금액	단위당 금액
매출액	₩80,000	₩250
변동원가	₩48,000	₩150
공헌이익	₩32,000	₩100
고정원가	₩15,000	
영업이익	₩17,000	

(주)한국은 20×2년에 고정원가를 ₩5,000 증가시키고 단위당 변동원가를 ₩20 감소시켜, ₩22,000의 영업이익을 달성하고자 한다. 20×2년의 판매단가가 20×1년과 동일하다면 20×2년의 판매량은 20×1년도 보다 몇 단위가 증가하여야 하는가? (단, 매년 생산량과 판매량은 동일하다.)

① 10단위 ② 20단위
③ 25단위 ④ 30단위

19 (주)한국은 단일제품을 생산·판매하고 있으며, 20×1년 공헌이익계산서는 다음과 같다.

구분	금액	단위당 금액
매출액	₩2,000,000	₩5,000
변동비	₩1,200,000	₩3,000
공헌이익	₩800,000	₩2,000
고정비	₩600,000	
영업이익	₩200,000	

(주)한국은 현재 판매사원에게 지급하고 있는 ₩150,000의 고정급여를 20×2년부터 판매수량 단위당 ₩700을 지급하는 판매수당으로 대체하기로 하였다. 다른 모든 조건이 동일한 경우, (주)한국이 20×1년과 동일한 영업이익을 20×2년에도 달성하기 위한 판매량은?

① 500개 ② 550개
③ 600개 ④ 650개

20 (주)한국은 당기 손익분기점 매출액은 ₩250,000으로 예상하고 있으며, 고정비는 ₩100,000 이 발생할 것으로 추정하고 있다. (주)한국이 당기에 매출액의 15%에 해당하는 영업이익을 획득할 경우, 안전한계율은?

① 22.5%
② 27.5%
③ 32.5%
④ 37.5%

21 (주)한국의 20×1년 제품 생산·판매와 관련된 자료는 다음과 같다.

• 판매량	20,000단위	• 공헌이익률	30%
• 매출액	₩2,000,000	• 손익분기점 판매량	16,000단위

20×2년 판매량이 20×1년 보다 20% 증가한다면 영업이익의 증가액은? (단, 다른 조건은 20×1년과 동일하다.)

① ₩24,000
② ₩120,000
③ ₩168,650
④ ₩184,000

22 (주)한국의 20×1년 자료는 다음과 같다. 다음 설명 중 옳은 것은?

매출액	₩50,000
변동원가	₩30,000
공헌이익	₩20,000
고정원가	₩15,000
영업이익	₩5,000

① 공헌이익률은 60%이다.
② 안전한계율(margin of safety percentage)은 30%이다.
③ 영업레버리지도는 5이다.
④ 판매량이 10% 증가하면 영업이익은 ₩2,000 증가한다.

23 (주)한국의 총변동원가가 ₩240,000, 총고정원가가 ₩60,000, 공헌이익률이 40%이며, 법인세율은 20%이다. 이에 관한 설명으로 옳지 않은 것은? (단, 기초재고와 기말재고는 동일하다.)

① 매출액은 ₩400,000이다.　　　② 안전한계율은 62.5%이다.
③ 영업레버리지도는 1.2이다.　　　④ 세후영업이익은 ₩80,000이다.

24 다음은 (주)한국의 20×2년도 예산자료이다. 손익분기점을 달성하기 위한 A제품의 예산판매수량은? (단, 매출배합은 변하지 않는다고 가정한다.)

구분	A제품	B제품
단위당 공헌이익	₩1,050	₩2,900
총고정원가	₩1,074,000	
판매량	600개	400개

① 240개　　　② 300개
③ 360개　　　④ 420개

25 (주)한국의 제품 A와 제품 B를 생산·판매한다. 각 제품의 단위당 공헌이익은 제품 A는 ₩80, 제품 B는 ₩75이다. 제품 A와 제품 B의 매출수량배합은 1 : 2로 일정하고, 당기 총고정원가는 ₩34,500이다. 당기 이익 ₩23,000을 얻기 위한 제품 A의 생산량은?

① 100개　　　② 150개
③ 250개　　　④ 500개

정답 및 해설 p. 457

01 직접재료원가의 제품단위당 표준사용량은 5kg이고, 표준가격은 kg당 ₩3이다. 4월에 직접
재료 20,000kg을 총 ₩65,000에 구입하여 18,000kg을 사용하였다. 4월에 제품 3,000단
위를 생산했을 때, 직접재료원가의 가격차이와 능률차이는? (단, 직접재료원가의 가격차이는
구입시점에서 계산한다.)

① 가격차이 ₩5,000(불리), 능률차이 ₩6,000(불리)
② 가격차이 ₩5,000(불리), 능률차이 ₩9,000(불리)
③ 가격차이 ₩6,000(유리), 능률차이 ₩6,000(유리)
④ 가격차이 ₩6,000(유리), 능률차이 ₩15,000(유리)

02 표준원가시스템을 사용하고 있는 (주)한국의 직접재료원가의 제품단위당 표준사용량은
10kg이고 표준가격은 kg당 ₩6이다. (주)한국은 6월에 직접재료 40,000kg을 ₩225,000
에 구입하여 36,000kg을 사용하였다. (주)한국의 6월 중 제품생산량은 3,000단위이다. 직
접재료 가격차이를 구입시점에 분리하는 경우, 6월의 직접재료원가에 대한 가격차이와 능률
차이(수량차이)는?

① 가격차이 ₩6,000 불리, 능률차이 ₩32,000 유리
② 가격차이 ₩9,000 불리, 능률차이 ₩36,000 불리
③ 가격차이 ₩15,000 유리, 능률차이 ₩36,000 불리
④ 가격차이 ₩15,000 유리, 능률차이 ₩32,000 불리

03 (주)한국은 표준원가를 이용한 전부원가계산제도를 적용하며, 20×1년 3월 1일에 생산 및
영업을 개시하였다. 20×1년 3월 중 900단위를 생산에 착수하여 당월에 모두 완성하였으
며, 이 중 800단위를 판매하였다. 20×1년 3월 중 직접재료 2,000kg을 ₩130,000에 구입
하였으며, 직접재료의 당월 말 재고량은 100kg이다. 당월 말 제품계정에 포함된 표준직접재
료원가는 ₩10,000이며, 제품단위당 표준직접재료소비량은 2kg이다. 20×1년 3월의 직접
재료원가의 가격차이와 수량차이는 각각 얼마인가? (단, 직접재료원가의 가격차이는 구입시
점에 계산하며, 월말재공품은 없다.)

	가격차이	수량차이		가격차이	수량차이
①	₩20,000 불리	₩3,000 불리	②	₩20,000 유리	₩3,000 유리
③	₩20,000 불리	₩3,000 유리	④	₩30,000 불리	₩5,000 불리

04 (주)한국은 20×1년 초 영업을 개시하였으며, 표준원가계산제도를 채택하고 있다. 직접재료 kg당 실제 구입가격은 ₩5, 제품 단위당 직접재료 표준원가는 ₩6(2kg × ₩3/kg)이다. 직접재료원가에 대한 차이 분석결과 구입가격차이가 ₩3,000(불리), 능률차이가 ₩900(유리)이다. 20×1년 실제 제품 생산량이 800단위일 때, 기말 직접재료 재고수량은? (단, 기말재공품은 없다.)

① 100kg   ② 150kg
③ 200kg   ④ 230kg

05 (주)한국은 표준원가계산제도를 채택하고 있으며, 단일 제품을 생산·판매하고 있다. 2분기의 예정생산량은 3,000단위였으나, 실제는 2,800단위를 생산하였다. 직접재료원가 관련 자료는 다음과 같다.

• 제품단위당 수량표준	2kg
• 직접재료 단위당 가격표준	₩300
• 실제 발생한 직접재료원가	₩1,593,000
• 직접재료원가 수량차이	₩120,000(불리)

2분기의 직접재료 실제사용량은?

① 5,600kg   ② 5,800kg
③ 6,000kg   ④ 6,200kg

06 (주)한국은 표준원가계산제도를 채택하고 있다. 20×1년도 9월에 제품 2,100개를 생산했으며, 직접노무원가는 ₩4,000,000이 발생하였다. 시간당 실제임률은 ₩1,000이며, 시간당 표준임률은 ₩900이고, 제품단위당 표준직접노무시간은 2시간이다. 9월의 직접노무원가 능률차이(유리)는 얼마인가? (단, 재공품은 없다.)

① ₩150,000   ② ₩160,000
③ ₩170,000   ④ ₩180,000

07 (주)한국은 표준원가계산을 적용하고 있다. 당기의 제품생산량은 15단위이며, 직접노무원가와 관련된 자료는 다음과 같다.

> • 실제직접노무원가 : ₩130,000
> • 실제직접노무시간 : 130시간
> • 제품단위당 표준직접노무시간 : 8시간
> • 직접노무시간당 표준임률 : ₩900

직접노무원가 능률차이는? (단, 기초 및 기말재공품은 없다.)

① ₩9,000 불리
② ₩10,000 불리
③ ₩12,000 불리
④ ₩13,000 불리

08 다음은 20×9년 (주)한국의 직접노무원가에 대한 표준원가 자료이다. 20×9년 중 생산활동에 투입된 실제작업시간은 얼마인가?

> • 실제생산량   3,000개
> • 단위당 시간표준   10시간
> • 직접노무원가 실제발생액   ₩15,000,000
> • 임률차이(불리)   ₩5,000,000
> • 능률차이(유리)   ₩2,000,000

① 20,000시간
② 22,000시간
③ 25,000시간
④ 30,000시간

09 (주)한국은 표준원가계산제도를 사용하고 있으며, 3월의 직접노무원가 차이분석 결과는 다음과 같다.

구분	임률차이	능률차이
직접노무원가	₩9,000(유리)	₩1,500(불리)

3월에 실제 직접노무시간은 18,000시간이고, 실제 임률은 시간당 ₩2.5이다. 3월의 실제 생산량에 허용된 표준직접노무시간은? (단, 재공품재고는 없다.)

① 17,300시간
② 17,500시간
③ 17,600시간
④ 17,700시간

10 (주)서울은 단일제품을 생산하고 있으며 20×1년 재공품에 관한 자료는 다음과 같다.

• 기초재공품수량	–	• 당기착수량	130개
• 합계	130개	• 완성량	80개
• 기말재공품수량	50개	• 합계	130개

기말재공품의 가공원가 완성도는 40%이다. (주)서울은 당기에 직접노무시간 660시간을 투입하였다. 회사의 제품단위당 표준직접노무시간은 6시간이고, 표준임률은 ₩3,000이다. 당기에 실제로 발생된 직접노무원가가 ₩2,100,000이었다면, 직접노무원가의 능률차이는?

① ₩120,000 불리
② ₩180,000 불리
③ ₩120,000 유리
④ ₩180,000 유리

11 (주)한국은 표준원가계산제도를 채택하고 있으며, 20×1년도 직접노무원가와 관련된 자료는 다음과 같다. 20×1년도 실제 총직접노무원가는?

• 실제생산량	100단위
• 직접노무원가 실제임률	시간당 ₩8
• 직접노무원가 표준임률	시간당 ₩10
• 실제생산량에 허용된 표준 직접작업시간	생산량 단위당 3시간
• 직접노무원가 임률차이	₩700(유리)
• 직접노무원가 능률차이	₩500(불리)

① ₩1,800
② ₩2,500
③ ₩2,800
④ ₩3,500

12 다음은 20×1년도 (주)한국의 변동제조간접원가에 대한 표준원가 및 차이분석 자료이다. (주)한국의 20×1년도 실제 제품생산량은 몇 개인가? (단, 재공품은 없다.)

• 표준직접노동시간	2시간
• 변동제조간접원가 표준배부율	₩5/시간
• 실제 총직접노동시간	100시간
• 변동제조간접원가 능률차이	₩120(유리)

① 60개
② 62개
③ 64개
④ 66개

13 (주)한국은 표준원가제도를 도입하고 있다. 변동제조간접원가의 배부기준은 직접노무시간이며, 제품 1개를 생산하는 데 소요되는 표준직접노무시간은 2시간이다. 20×1년 3월 실제 발생한 직접노무시간은 10,400시간이고, 원가자료는 다음과 같다.

• 변동제조간접원가 실제 발생액	₩23,000
• 변동제조간접원가 능률차이	2,000(불리)
• 변동제조간접원가 총차이	1,000(유리)

(주)한국의 20×1년 3월 실제 제품생산량은?

① 4,600개　　　　　　　　　② 4,800개
③ 5,000개　　　　　　　　　④ 5,200개

14 표준원가계산의 고정제조간접원가 차이분석에 관한 설명으로 옳지 않은 것은?

① 예산(소비)차이는 실제 발생한 고정제조간접원가와 기초에 설정한 고정제조간접원가 예산의 차이를 말한다.
② 고정제조간접원가는 조업도의 변화에 따라 능률적으로 통제할 수 있는 원가가 아니므로 능률차이를 계산하는 것은 무의미하다.
③ 조업도차이는 기준조업도와 실제생산량이 달라서 발생하는 것으로, 기준조업도 미만으로 실제조업을 한 경우에는 불리한 조업도차이가 발생한다.
④ 조업도차이는 고정제조간접원가 자체의 통제가 잘못 되어 발생한 것으로 원가통제 목적상 중요한 의미를 갖는다.

신은미 회계학

15 (주)대한은 표준원가계산제도를 채택하고 있으며, 기계작업시간을 기준으로 고정제조간접원가를 제품에 배부한다. 다음 자료에 의할 경우 기준조업도는?

• 기계작업시간당 고정제조간접원가 표준배부율	₩10
• 유리한 조업도차이	₩10,000
• 실제생산량	1,000단위
• 제품단위당 표준기계작업시간	2시간

① 500시간   ② 700시간
③ 800시간   ④ 1,000시간

16 (주)한국은 표준원가계산제도를 채택하고 있다. 고정제조간접원가는 기계시간을 기준으로 배부하고 있는데, 제품단위당 5시간의 기계시간이 소요된다. 20×3년도에는 1,000개의 제품을 생산하였고 실제 고정제조간접원가 발생액은 ₩285,000이었다. 고정제조간접원가 변동예산차이가 ₩9,000(불리)이고 고정제조간접원가 조업도차이가 ₩46,000(불리)인 경우에 20×3년도 기준조업도(기계시간)는 몇 시간인가?

① 4,500시간   ② 5,000시간
③ 5,500시간   ④ 6,000시간

17 (주)한국의 고정제조간접원가는 기계시간을 기준으로 배부한다. 기준조업도는 9,000시간이며 표준기계시간은 제품 단위당 3시간이다. 제품의 실제생산량은 3,200단위이고 고정제조간접원가의 실제발생액은 ₩1,100,000이다. 고정제조간접원가의 조업도차이가 ₩60,000(유리)일 경우 소비차이는?

① ₩200,000 불리   ② ₩100,000 불리
③ ₩140,000 유리   ④ ₩100,000 유리

정답 및 해설 p. 459

01 20×1년 예산공헌이익계산서는 다음과 같다.

> • 매출액(단위당 판매가격 ₩40) ₩20,000
> • 변동원가 ₩12,000
> • 공헌이익 ₩8,000
> • 고정원가 ₩3,000
> • 영업이익 ₩5,000

연간 최대생산능력은 1,000단위이다. 그런데 신규고객이 20×1년 초에 단위당 ₩30에 500단위를 구입하겠다고 제의하였다. 이 제의를 수락할 경우, 20×1년 예산상 영업이익에 미치는 영향은?

① 영향 없음
② ₩3,000 증가
③ ₩5,000 증가
④ ₩8,000 증가

02 (주)한국은 단일제품을 생산·판매하고 있다. 내년도 예정생산량 2,000단위를 기준으로 편성된 제조원가예산은 다음과 같으며, 제품의 단위당 판매가격은 ₩20이다.

항목	단위당 원가	총원가
직접재료원가	₩4	₩8,000
직접노무원가	₩2	₩4,000
변동제조간접원가	₩2	₩4,000
고정제조간접원가	₩5	₩10,000
합계	₩13	₩26,000

(주)한국은 거래처로부터 단위당 ₩12에 제품 100단위를 구매하겠다는 특별주문을 받았다. (주)한국은 특별주문 수량을 생산하는 데 필요한 여유생산설비를 충분히 확보하고 있으나, 초과근무로 인하여 특별 주문단위당 ₩2의 원가가 추가로 발생한다. (주)한국이 특별주문을 수락할 경우, 내년도 영업이익의 증감은? (단, 기초 및 기말재고자산은 없으며, 특별주문이 기존 시장에 미치는 영향은 없다.)

① ₩200 증가
② ₩300 감소
③ ₩500 감소
④ ₩1,000 감소

03 (주)대한은 20×1년에 생수 200병을 판매할 것으로 예상하고, 다음과 같은 예산손익계산서를 작성하였다. 회사의 연간 최대생산능력은 250병이다.

구분	단위당 금액	총금액
매출액	₩200	₩40,000
변동원가	₩120	₩24,000
공헌이익	₩80	₩16,000
고정원가	₩50	₩10,000
영업이익	₩30	₩6,000

(주)대한은 백화점으로부터 생수 100병을 병당 ₩180에 구입하겠다는 특별주문을 받았다. 이 주문을 수락하면 병당 ₩10의 포장비용이 추가로 발생하며, 생산능력의 제약으로 기존 시장의 예산판매량 중 50병을 감소시켜야 한다. 이 특별주문을 수락하는 경우 이익에 미치는 영향은?

① ₩1,000 증가   ② ₩1,000 감소
③ ₩2,000 증가   ④ ₩2,000 감소

04 (주)한국은 단위당 판매가격이 ₩1,000인 제품 A를 생산·판매하고 있으며 제품 A의 단위당 제조원가는 다음과 같다.

• 직접재료원가	₩250	• 직접노무원가	₩150
• 변동제조간접원가	₩200	• 고정제조간접원가	₩50

(주)한국은 제품 A 1,000개를 개당 ₩800에 구입하겠다는 특별주문을 받았다. 동 주문에 대해서는 개당 ₩80의 특수포장원가가 추가로 발생하고 동 주문에 대한 생산은 유휴설비로 처리될 수 있다. (주)한국이 특별주문을 수락하여 생산·판매할 경우 이익 증가액은? (단, 특별주문은 기존 제품판매에 영향을 미치지 않고, 기초 및 기말재고는 없다.)

① ₩70,000   ② ₩120,000
③ ₩220,000   ④ ₩270,000

05 다음은 (주)한국의 손익계산서에서 발췌한 정보이다. (주)한국이 판매하는 제품의 단위당 판매가격은 ₩200이다. 매출원가와 판매비와 관리비 각각에 대해서 30%는 변동원가이며, 70%는 회피불능고정원가이다. (주)한국은 (주)민국으로부터 단위당 ₩150에 500단위의 제품을 사겠다고 제의를 받았다. 이에 대한 추가 주문을 받아들인다면 (주)한국의 영업이익에 미치는 영향은 얼마인가? (단, (주)한국은 유휴생산능력이 충분하다.)

• 매출액	₩3,000,000
• 매출원가	(₩2,000,000)
• 매출총이익	₩1,000,000
• 판매비와 관리비	(₩500,000)
• 영업이익	₩500,000

① ₩51,000 감소　　　　　　　② ₩50,000 감소
③ ₩50,000 증가　　　　　　　④ ₩51,000 증가

06 프린터를 생산·판매하는 (주)한국의 최대생산능력은 연 12,000대이고, 정규시장에서 연간 판매량은 10,000대이다. 단위당 판매가격은 ₩100,000이고, 단위당 변동제조원가는 ₩60,000이며, 단위당 변동판매비와 관리비는 ₩10,000이다. (주)한국은 (주)서울로부터 프린터 4,000대를 단위당 ₩70,000의 가격으로 구입하겠다는 1회성 특별주문을 받았다. (주)한국은 올해 생산능력을 변경할 계획이 없다. (주)한국의 판매비와 관리비는 모두 변동비인데, (주)서울의 주문을 받아들이는 경우 이 주문과 관련된 (주)한국의 판매비와 관리비는 75%가 감소할 것으로 추정된다. (주)한국이 동 주문을 수락하기 위하여 기존시장의 판매를 일부 포기하기로 한다면 증분손익은 얼마인가? (단, 기초·기말재고는 없다.)

① ₩7,500,000 감소　　　　　　② ₩30,000,000 감소
③ ₩7,500,000 증가　　　　　　④ ₩30,000,000 증가

07 (주)서울은 20×1년에 제품 A를 연간 1,500단위 생산하여 단위당 ₩400에 판매하였다. 제품 A의 최대생산량은 2,000단위이며 단위당 원가는 다음과 같다.

• 직접재료원가	₩120	• 직접노무원가	₩80
• 변동제조간접원가	₩20	• 변동판매관리비	₩30
• 고정판매관리비	₩20	• 고정제조간접원가	₩30

20×2년 초에 회사는 (주)한국으로부터 제품 A 800단위를 단위당 ₩300에 구입하겠다는 특별주문을 받았다. (주)서울이 동 주문을 수락한다면 단위당 변동판매관리비 중 ₩20이 발생하지 않으며, 기존시장에서의 판매량 300단위를 포기해야 한다. (주)서울이 특별주문 수량을 모두 수락할 경우 이익은 얼마나 증가하겠는가? (단, 재고는 없으며, 20×2년 원가구조는 20×1년과 동일하다.)

① ₩10,200　　　　　　　　　② ₩10,600
③ ₩10,800　　　　　　　　　④ ₩11,000

08 (주)대한은 단일 종류의 제품을 생산·판매하고 있다. 20×1년도 단위당 판매가격은 ₩4,000, 단위당 변동원가는 ₩3,500, 연간 총고정원가는 ₩500,000으로 예상된다. 20×1년 중에 특정 고객으로부터 제품 100단위를 구입하겠다는 주문(이하, 특별주문)을 받았다. 특별주문을 수락할 경우 단위당 변동원가 중 ₩500을 절감할 수 있으며, 배송비용은 총 ₩10,000이 추가로 발생한다. 특별주문을 수락하더라도 여유설비가 충분하기 때문에 정상적인 영업활동이 가능하다. (주)대한이 특별주문을 수락하여 ₩30,000의 이익을 얻고자 한다면, 단위당 판매가격을 얼마로 책정해야 하는가?

① ₩3,100　　　　　　　　　② ₩3,300
③ ₩3,400　　　　　　　　　④ ₩3,500

09 (주)한국은 A제품을 생산·판매하고 있다. 20×1년에는 기존고객에게 9,000단위를 판매할 것으로 예상되며, A제품 관련 자료는 다음과 같다.

연간 최대생산량	10,000단위
단위당 판매가격	₩2,000
단위당 변동제조원가	₩1,000
단위당 변동판매비	₩200
연간 총고정제조원가	₩2,500,000

20×1년 중에 (주)한국은 새로운 고객인 (주)대한으로부터 A제품 2,000단위를 구매하겠다는 특별주문을 제안받았다. 특별주문을 수락하면 기존고객에 대한 판매량 중 1,000단위를 감소시켜야 하며, 특별주문에 대해서는 단위당 변동판매비 ₩200이 발생하지 않는다. (주)한국이 특별주문으로부터 받아야 할 단위당 최소 판매가격은? (단, 특별주문은 일부분만 수락할 수 없다.)

① ₩1,300

② ₩1,350

③ ₩1,400

④ ₩1,450

10 (주)한국은 완제품 생산에 필요한 부품 A 1,000단위를 자체생산하고 있다. 부품 A의 총고정제조간접원가는 ₩40,000이고 단위당 변동원가는 다음과 같다.

• 직접재료원가	₩80
• 직접노무원가	₩24
• 변동제조간접원가	₩16

(주)대한은 (주)한국에게 부품 A를 단위당 ₩140에 1,000난위를 판매하겠다는 제의를 했다. (주)한국이 (주)대한의 제의를 수락한다면 총고정제조간접원가의 25%를 회피할 수 있으며, 유휴설비는 외부에 임대되어 총 ₩30,000의 임대료 수익이 발생할 것으로 기대된다. (주)대한의 제의를 받아들일 경우 (주)한국의 이익에 미치는 영향은?

① ₩10,000 감소

② ₩10,000 증가

③ ₩20,000 감소

④ ₩20,000 증가

11 (주)한국은 A제품과 B제품을 생산·판매하고 있으며, 다음 연도 예산손익계산서는 다음과 같다.

구분	A제품	B제품
매출액	₩4,000	₩2,000
변동원가	₩1,500	₩1,200
고정원가	₩2,000	₩1,400
영업이익(손실)	₩500	(₩600)
판매량	2,000단위	2,000단위

회사는 영업손실을 초래하고 있는 B제품의 생산을 중단하고자 한다. B제품의 생산을 중단하면, A제품의 연간 판매량이 1,000단위만큼 증가하고 연간 고정원가 총액은 변하지 않는다. 이 경우 회사 전체의 영업이익은 얼마나 증가(혹은 감소)하는가? (단, 기초 및 기말재고자산은 없다.)

① ₩175 감소 ② ₩450 증가
③ ₩650 감소 ④ ₩1,250 증가

12 (주)한국은 제품 A를 포함하여 여러 종류의 제품을 생산한다. 20×1년도 제품 A에 관한 예산자료는 다음과 같다.

매출액	₩840,000
공헌이익	₩280,000
고정원가	₩320,000
영업이익	(−)₩40,000

만일 제품 A의 생산을 중단하면 제품 A의 고정원가 ₩320,000 중 ₩190,000을 절감할 수 있다. 제품 A의 생산 중단이 (주)한국의 20×1년도 예산영업이익에 미치는 영향은?

① ₩90,000 증가 ② ₩90,000 감소
③ ₩190,000 감소 ④ ₩190,000 증가

13 (주)한국은 제품 X와 제품 Y를 생산하여 판매할 계획이다. 제품 X와 제품 Y에 대한 단위당 판매가격과 단위당 변동원가에 대한 정보는 다음과 같다.

구분	X	Y
단위당 판매가격	₩1,500	₩1,000
단위당 변동원가	₩900	₩600

(주)한국의 연간 총고정원가는 ₩50,000이고, 회사가 이용가능한 연간 기계시간은 400시간이다. 제품 한 단위 생산하는 데 소요되는 기계시간은 제품 X의 경우 6시간, 제품 Y의 경우 2시간이다. 이익을 극대화하기 위한 각 제품의 생산량을 결정하여 생산·판매할 경우 (주)한국이 달성할 수 있는 최대 영업이익은 얼마인가? (단, 제품 X와 제품 Y의 수요는 무한하다고 가정한다.)

① ₩10,000
② ₩20,000
③ ₩30,000
④ ₩50,000

14 (주)한국은 제품 A와 제품 B를 생산하여 판매하고 있으며, 두 제품에 대한 시장수요는 무한하다. 제품 A와 제품 B의 생산에 사용되는 재료는 연간 총 2,400kg, 기계사용시간은 연간 총 3,000시간으로 제한되어 있다. 제품의 생산 및 판매와 관련된 자료가 다음과 같을 때, (주)한국이 달성할 수 있는 연간 최대 공헌이익은?

구분	제품 A	제품 B
단위당 판매가격	₩1,000	₩1,000
단위당 변동제조원가	₩500	₩500
딘위당 변동판매관리비	₩200	₩200
단위당 재료소요량	2kg	2kg
단위당 기계사용시간	2시간	2시간

① ₩360,000
② ₩400,000
③ ₩420,000
④ ₩600,000

정답 및 해설 p. 461

01 20×1년 원재료가 600kg 사용될 것으로 예상된다. 기초 원재료가 50kg이고, 기말 원재료를 80kg 보유하고자 한다면 20×1년에 구입해야 할 원재료의 수량은?

① 570kg
② 630kg
③ 650kg
④ 680kg

02 (주)대한의 20×1년 월별 예상판매량은 다음과 같다.

구분	1월	2월	3월
예상판매량(개)	13,000	15,000	14,000

20×1년 초 제품재고는 1,800개이며, 제품의 월말 적정재고량은 다음 달 예상판매량의 20%로 유지할 계획이다. 1월에 생산해야 할 제품의 수량은?

① 11,200개
② 11,800개
③ 14,200개
④ 14,800개

03 (주)한국은 20×1년 초 설립되었으며, 20×1년도에 제품 45,000단위를 생산할 계획이다. 제품은 하나의 공정을 거쳐 완성되며, 원재료는 공정 초에 전량 투입된다. 제품 단위당 원재료 3kg이 필요하고, kg당 구입가격은 ₩2이다. 기말원재료와 기말재공품으로 23,000kg과 2,000단위를 보유할 계획이다. 20×1년도 원재료 구입예산은?

① ₩270,000
② ₩294,000
③ ₩316,000
④ ₩328,000

04 (주)한국은 20×1년 3분기에 30,000단위의 제품을 판매하였으며, 4분기에는 판매량이 3분기보다 10% 증가할 것으로 예측하고 있다. 20×1년 9월 및 12월 말 제품재고량이 각각 3,300단위, 2,850단위라면 4분기의 목표생산량은 얼마인가?

① 29,250단위
② 30,900단위
③ 32,550단위
④ 34,200단위

05 (주)대한은 단일제품을 생산·판매하고 있다. 제품 1단위를 생산하기 위해서는 직접재료 0.5kg이 필요하고, 직접재료의 kg당 구입가격은 ₩10이다. 1분기 말과 2분기 말의 재고자산은 다음과 같이 예상된다.

구분	재고자산	
	1분기 말	2분기 말
직접재료	100kg	120kg
제품	50단위	80단위

2분기의 제품 판매량이 900단위로 예상될 경우, 2분기의 직접재료 구입예산은? (단, 각 분기 말 재공품 재고는 무시한다.)

① ₩4,510
② ₩4,600
③ ₩4,850
④ ₩4,900

06 (주)한국은 단일 종류의 상품을 구입하여 판매하고 있다. 20×1년 4월과 5월의 매출액은 각각 ₩6,000과 ₩8,000으로 예상된다. 20×1년 중 매출원가는 매출액의 70%이다. 매월 말의 적정 재고금액은 다음 달 매출원가의 10%이다. 4월 중 예상되는 상품구입액은?

① ₩4,340
② ₩4,760
③ ₩4,920
④ ₩5,600

07 (주)한국은 20×1년의 분기별 현금예산을 편성 중인데, 동 기간 동안의 매출 관련 자료는 다음과 같이 예상된다.

〈예상매출액〉			
• 1분기	₩100,000	• 2분기	₩120,000
• 3분기	₩80,000	• 4분기	₩110,000

매 분기 매출액 가운데 현금매출은 60%이며, 외상매출은 40%이다. 외상매출은 판매된 분기에 30%가 현금으로 회수되고, 그 다음 분기에 나머지 70%가 현금으로 회수된다. 20×1년 3분기의 매출관련 현금유입액은 얼마로 예상되는가?

① ₩89,000
② ₩91,200
③ ₩94,400
④ ₩95,000

08 (주)한국은 A, B 두 개의 사업부만 두고 있다. 투자수익률과 잔여이익을 이용하여 사업부를 평가할 때 관련 설명으로 옳은 것은? (단, 최저필수수익률은 6%라고 가정한다.)

구분	A사업부	B사업부
투자금액	₩250,000,000	₩300,000,000
감가상각비	₩25,000,000	₩28,000,000
영업이익	₩20,000,000	₩22,500,000

① A사업부와 B사업부의 성과는 동일하다.
② A사업부가 투자수익률로 평가하든 잔여이익으로 평가하든 더 우수하다.
③ B사업부가 투자수익률로 평가하든 잔여이익으로 평가하든 더 우수하다.
④ 투자수익률로 평가하는 경우 B사업부, 잔여이익으로 평가하는 경우 A사업부가 각각 더 우수하다.

09 (주)한국은 평균영업용자산과 영업이익을 이용하여 투자수익률(ROI)과 잔여이익(RI)을 산출하고 있다. (주)한국의 20×1년 평균영업용자산은 ₩2,500,000이며, ROI는 10%이다. (주)한국의 20×1년 RI가 ₩25,000이라면 최저필수수익률은?

① 8% ② 9%

③ 10% ④ 12%

10 균형성과표(Balanced Scorecard)에 관한 설명으로 옳지 않은 것은?

① 영리기업의 경우, 균형성과표에서 내부프로세스 관점의 성과지표는 학습과 성장관점의 성과지표에 대해 후행지표인 것이 일반적이다.

② 균형성과표의 여러 관점은 서로 연계되어 인과관계를 가지고 있으며, 영리기업의 경우에 최종적으로 재무적 관점과 연계되어야 한다.

③ 균형성과표는 일반적으로 재무적 관점, 고객 관점, 내부프로세스 관점, 학습과 성장 관점의 다양한 성과지표에 의하여 조직의 성과를 측정한다.

④ 균형성과표의 내부프로세스 관점은 기업 내부의 업무가 효율적으로 수행되는 정도를 의미하며 종업원 만족도, 이직률, 종업원 생산성 등의 지표를 사용한다.

신은미 회계학 예상문제집 ✧

정부회계

CHAPTER 01 | 정부회계

정답 및 해설 p. 463

01 정부회계의 특징에 대한 설명으로 적절하지 않은 것은?

① 예산회계는 예산의 집행을 기록하는 것이 주요 목적인 반면, 발생주의 회계는 재정상태 및 재정운영결과를 보고하는 것이 주요 목적이다.

② 「국가회계법」은 각 회계실체의 결산에 관하여 타 법률에 우선 적용된다.

③ 「국가회계법」상 결산보고서는 결산개요, 세입세출결산, 필수보충정보로 구성된다.

④ 「국가회계법」상 재무제표에는 재정상태표, 재정운영표, 순자산변동표, 주석이 포함된다.

02 정부회계의 성격 및 특징에 관한 설명 중 옳지 않은 것은?

① 정부회계는 예산회계의 단점을 보완하기 위해 발생주의 회계만을 적용하여 작성한다.

② 정부회계정보의 이용자는 내부, 외부 정보이용자를 모두 포함한다.

③ 예산회계는 단식부기를 사용한다.

④ 정부회계는 일반회계, 기금회계, 특별회계 등 다수의 회계실체가 존재한다.

03 「국가회계법」 및 「국가재정법」상 결산에 대한 설명으로 옳지 않은 것은?

① 「국가회계법」상 중앙관서의 장은 회계연도마다 「국가회계법」에 따라 그 소관에 속하는 일반회계·특별회계 및 기금을 통합한 결산보고서를 작성하여야 한다.

② 「국가회계법」상 기획재정부장관은 회계연도마다 중앙관서결산보고서를 통합하여 국가 의 결산보고서를 작성한 후 국무회의의 심의를 거쳐 대통령의 승인을 받아야 한다.

③ 「국가재정법」상 정부는 여성과 남성이 동등하게 예산의 수혜를 받고 예산이 성차별을 개선하는 방향으로 집행되었는지를 평가하는 보고서를 작성하여야 한다.

④ 「국가재정법」상 각 중앙관서의 장은 「국가회계법」에서 정하는 바에 따라 회계연도마다 작성한 결산보고서를 다음 연도 4월 10일까지 기획재정부장관에게 제출하여야 한다.

04 다음 중 「국가회계기준에 관한 규칙」에서 사용하는 용어의 뜻이 아닌 것은?

① 국가회계실체란 「국가재정법」제4조에 따른 일반회계, 특별회계 및 같은 법 제5조에 따른 기금으로서 중앙관서별로 구분된 것을 말한다.

② 재정상태표일이란 제7조에 따른 재정상태표의 작성 기준일을 말한다.

③ 순실현가능가치란 합리적인 판단력과 거래의사가 있는 독립된 당사자 간에 거래될 수 있는 교환가격을 말한다.

④ 내부거래란 재무제표를 작성할 때 상계되어야 하는 국가회계실체 간의 거래를 말한다.

05 「국가재정법」에 관한 설명으로 옳지 않은 것은?

① 각 회계연도의 경비는 그 연도의 세입 또는 수입으로 충당하여야 한다.

② 정부는 재정운용의 효율화와 건전화를 위하여 매년 해당 회계연도부터 3회계연도 이상의 기간에 대한 재정운용계획을 수립하여 회계연도 개시 120일 전까지 국회에 제출하여야 한다.

③ 정부는 국가재정의 효율적 운용을 위하여 필요한 경우에는 다른 법률의 규정에도 불구하고 회계 및 기금의 목적 수행에 지장을 초래하지 아니하는 범위 안에서 회계와 기금 간 또는 회계 및 기금 상호 간에 여유재원을 전입 또는 전출하여 통합적으로 활용할 수 있다.

④ 정부는 성별영향평가의 결과를 포함하여 예산이 여성과 남성에게 미치는 효과를 평가하고, 그 결과를 정부의 예산편성에 반영하기 위하여 노력하여야 한다.

06 「국가회계기준에 관한 규칙」에 대한 설명으로 옳지 않은 것은?

① 퇴직급여충당부채는 재정상태표일 현재 「공무원연금법」 및 「군인연금법」을 적용받는 퇴직금 지급대상자가 일시에 퇴직할 경우 지급하여야 할 퇴직금으로 평가한다.

② 정부출자금은 출자액 또는 매입가액에 부대비용을 더하고 품목별로 총평균법 등을 적용하여 산정한 가액을 취득원가로 한다.

③ 장기연불조건의 거래, 장기금전대차거래 또는 이와 유사한 거래에서 발생하는 채권, 채무로서 명목가액과 현재가치의 차이가 중요한 경우에는 현재가치로 평가한다.

④ 보증충당부채는 보증약정 등에 따른 피보증인인 주채무자의 채무불이행에 따라 국가회계실체가 부담하게 될 추정 순현금유출액의 현재가치로 평가한다.

07 「국가회계기준에 관한 규칙」에 대한 설명으로 옳지 않은 것은?

① 현재세대와 미래세대를 위하여 정부가 영구히 보존하여야 할 자산으로서 역사적, 자연적, 문화적, 교육적 및 예술적으로 중요한 가치를 갖는 자산(유산자산)은 자산으로 인식하지 아니하고 그 종류와 현황 등을 주석으로 공시한다.

② 사회기반시설 중 관리, 유지 노력에 따라 취득 당시의 용역 잠재력을 그대로 유지할 수 있는 시설에 대해서는 감가상각하지 아니하고 관리, 유지에 투입되는 비용으로 감가상각비용을 대체할 수 있다.

③ 비화폐성자산은 압류 또는 몰수 당시의 시장가격으로 평가한다.

④ 화폐성 외화자산과 화폐성 외화부채는 재정상태표일 현재의 적절한 환율로 평가한다.

08 「국가회계기준에 관한 규칙」에서 정한 재정상태표 요소의 구분과 표시에 대한 설명으로 옳지 않은 것은?

① 재정상태표는 자산, 부채, 순자산으로 구성되며, 자산은 금융자산, 유·무형자산, 기타자산으로 구분한다.

② 부채는 유동부채, 장기차입부채, 장기충당부채 및 기타 비유동부채로 구분한다.

③ 금융자산이란 현금 또는 현금을 수취하거나 유리한 조건으로 자산을 교환할 수 있는 계약상의 권리인 자산으로서, 현금 및 현금성자산, 금융상품, 투자증권, 정부출자금, 대여금, 미수채권, 기타 금융자산을 말한다.

④ 국가안보와 관련된 자산은 기획재정부장관과 협의하여 자산으로 인식하지 아니할 수 있다. 이 경우 해당 중앙관서의 장은 해당 자산의 종류, 취득시기 및 관리현황 등을 별도의 장부에 기록하여야 한다.

09 「국가회계기준에 관한 규칙」에서 정한 자산과 부채의 평가에 대한 내용으로 옳지 않은 것은?

① 투자증권은 부대비용을 가산한 매입가액에 종목별로 총평균법을 적용하여 산정한 가액을 취득원가로 한다.

② 재고자산의 시가가 취득원가보다 낮은 경우에는 시가를 재정상태표 가액으로 한다.

③ 일반유형자산 및 사회기반시설의 내용연수를 연장시키거나 가치를 실질적으로 증가시키는 지출은 비용으로 처리한다.

④ 재정상태표에 표시하는 부채의 가액은 「국가회계기준에 관한 규칙」에 따로 정한 경우를 제외하고는 원칙적으로 만기상환가액으로 평가한다.

10 「국가회계기준에 관한 규칙」에서 규정하고 있는 자산의 평가와 관련된 설명으로 옳지 않은 것은?

① 효율적인 사회기반시설 관리시스템으로 사회기반시설의 용역잠재력이 취득 당시와 같은 수준으로 유지된다는 것이 객관적으로 증명되는 경우에 사회기반시설 중 관리·유지 노력에 따라 취득 당시의 용역잠재력을 그대로 유지할 수 있는 시설에 대해서는 감가상각을 하지 않고, 관리, 유지에 투입되는 비용으로 감가상각비용을 대체할 수 있다.

② 압수품 및 몰수품은 판결이나 법령에 따라 국가에 귀속된 때에 화폐성, 비화폐성으로 나누어 평가하여 몰수금수익을 인식하고, 그 내역을 주석으로 표시한다.

③ 무형자산의 상각기간은 독점적, 배타적인 권리를 부여하고 있는 관계법령이나 계약에서 정한 경우를 제외하고는 20년을 초과할 수 없다.

④ 생산과정에서 투입될 원재료의 시가는 현재 시점에서 매입하거나 재생산하는 데 드는 순실현가능가액을 말한다.

11 「국가회계기준에 관한 규칙」상 자산, 부채의 인식기준으로 옳지 않은 것은?

① 부채는 국가회계실체가 부담하는 현재의 의무 중 향후 이행을 위하여 지출이 발생할 가능성이 매우 높고 그 금액을 신뢰성 있게 측정할 수 있을 때 인식한다.

② 자산은 공용 또는 공공용으로 사용되는 등 공공서비스를 제공할 수 있거나 직접적 또는 간접적으로 경제적 효익을 창출하거나 창출에 기여할 가능성이 높고 그 가액을 신뢰성 있게 측정할 수 있을 때에 인식한다.

③ 현재세대와 미래세대를 위하여 정부가 영구히 보존하여야 할 자산으로서 역사적·자연적·문화적·교육적 및 예술적으로 중요한 가치를 갖는 자산(유산자산)은 자산으로 인식하지 아니하고 그 종류와 현황 등을 주석으로 공시한다.

④ 자산, 부채 및 순자산은 총액으로 표시한다. 이 경우 자산 항목과 부채 또는 순자산 항목을 상계함으로써 그 전부 또는 일부를 재정상태표에서 제외해서는 아니된다.

12 「국가회계기준에 관한 규칙」상 자산과 부채의 평가에 대한 설명으로 옳지 않은 것은?

① 지분증권은 취득원가로 평가한다. 다만, 재정상태표일 현재 신뢰성 있게 공정가액을 측정할 수 있으면 그 공정가액으로 평가하며, 장부가액과 공정가액의 차이금액은 순자산조정에 반영한다.

② 국채 및 공채는 국채 등 발행수수료 및 발행과 관련하여 직접 발생한 비용을 뺀 발행가액으로 평가한다.

③ 국가회계실체 사이에 발생하는 관리환은 무상거래일 경우에는 자산의 장부가액을 취득원가로 하고, 유상거래일 경우에는 자산의 공정가액을 취득원가로 한다.

④ 자산의 물리적인 손상 또는 시장가치에 급격한 하락 등으로 해당 자산의 회수가능액이 장부가액에 미달하고 그 미달액이 중요한 경우에는 장부가액에서 직접 빼서 회수가능가액으로 조정하고, 장부가액과 회수가능가액의 차액을 그 자산에 대한 감액손실의 과목으로 재정운영순원가에 반영하며 감액명세를 주석으로 표시한다.

13 「국가회계기준에 관한 규칙」상 재정상태표에 대한 설명으로 옳은 것은?

① 채무증권은 상각후취득원가로 평가하고, 지분증권은 취득원가로 평가한다.

② 무주부동산을 취득할 경우 장부가액을 취득원가로 한다.

③ 국가회계실체 사이에서 발생하는 관리환은 유무상거래를 불문하고 공정가액을 취득원가로 한다.

④ 순자산은 고정순자산, 특정순자산 및 일반순자산으로 분류한다.

14 「국가회계기준에 관한 규칙」에 대한 설명으로 옳지 않은 것은?

① 국채의 평가는 발행가액에서 국채발행수수료 및 발행과 관련하여 직접 발생한 비용을 뺀 금액으로 한다.

② 대여금 및 미수채권은 신뢰성 있고 객관적인 기준에 따라 산출한 대손추산액을 대손충당금으로 설정하여 평가한다. 융자사업에서 발생한 대여금의 경우에는 융자금 원금과 추정 회수가능액의 현재가치와의 차액을 융자보조원가충당금으로 설정하여 평가한다.

③ 재고자산은 제조원가 또는 매입가액에 부대비용을 더한 금액을 취득원가로 하고, 품목별로 선입선출법을 적용하여 평가한다.

④ 미래예상거래의 현금흐름변동위험을 회피하는 계약에서 발생하는 평가손익은 재정운영표의 재정운영결과에 반영한다.

15 「국가회계기준에 관한 규칙」의 내용으로 옳지 않은 것은?

① 화폐성 외화자산과 화폐성 외화부채는 화폐가치의 변동과 상관없이 자산과 부채의 금액이 계약 등에 의하여 일정 화폐액으로 고정되어 있는 경우의 자산과 부채를 말한다. 다만, 화폐성과 비화폐성의 성질을 모두 가지고 있는 외화자산과 외화부채는 해당 자산과 부채의 보유 목적이나 성질에 따라 구분한다.

② 회계정책의 변경에 따른 영향은 비교표시되는 직전 회계연도의 순자산 기초금액 및 기타 대응금액을 새로운 회계정책이 처음부터 적용된 것처럼 조정한다.

③ 국가가 취득하는 채무증권은 재정상태표일의 공정가액으로 평가하고 평가손익은 재정운영표에 반영한다.

④ 국가회계기준에서 일반유형자산에 대한 사용수익권은 해당 자산의 차감항목으로 표시한다.

16 다음 중 「국가회계기준에 관한 규칙」의 내용으로 옳지 않은 것은?

① 우발자산은 과거의 거래나 사건으로 발생하였으나 국가회계실체가 전적으로 통제할 수 없는 하나 이상의 불확실한 미래 사건의 발생 여부로만 그 존재 유무를 확인할 수 있는 잠재적 자산을 말하며, 경제적 효익의 유입 가능성이 매우 높은 경우 주석에 공시한다.

② 국가가 운영하는 연금사업에서 연금충당부채를 인식하는 경우 발생하는 연금비용 중 보험수리적 가정과 실제로 발생한 결과의 차이 및 보험수리적 가정의 변경에 따른 연금충당부채의 감소 또는 증가액은 관리운영비로 인식한다.

③ 재정상태표상 일반유형자산과 사회기반시설 등 상각대상자산에 대한 감가상각은 정액법을 원칙으로 한다.

④ 감액한 자산의 회수가능가액이 차기 이후에 해당 자산이 감액되지 아니하였을 경우의 장부가액 이상으로 회복되는 경우에는 그 장부가액을 한도로 하여 그 자산에 대한 감액손실환입의 과목으로 재정운영결과에 반영한다.

17 「국가회계기준에 관한 규칙」에 대한 설명으로 옳지 않은 것은?

① 일반유형자산과 사회기반시설을 취득한 후 재평가할 때에는 공정가액으로 계상하여야 한다. 다만, 해당 자산의 공정가액에 대한 합리적인 증거가 없는 경우 등에는 재평가일 기준으로 재생산 또는 재취득하는 경우에 필요한 가격에서 경과연수에 따른 감가상각누계액 및 감액손실누계액을 뺀 가액으로 재평가하여 계상할 수 있다.

② 재무제표는 해당 회계연도분과 직전 회계연도분을 비교하는 형식으로 작성한다.

③ 장기 채권·채무의 명목가액과 현재가치의 차액인 현재가치할인차금은 유효이자율로 매 회계연도에 환입하거나 상각하여 재정운영결과에 반영한다.

④ 재무제표를 통합하여 작성하더라도 내부거래는 상계하지 않는다.

18 「국가회계기준에 관한 규칙」에 대한 설명으로 옳은 것은?

① 보증충당부채는 재정상태표일 이전에 보험사고가 발생하였으나 미지급된 보험금 지급예상액과 재정상태표일 현재 보험사고가 발생하지는 않았으나 장래 발생할 보험사고를 대비하여 적립하는 지급예상액을 합산한 금액으로 평가한다.

② 프로그램순원가는 프로그램을 수행하기 위하여 투입한 원가 합계에서 다른 프로그램으로부터 배부받은 원가를 차감하고, 다른 프로그램에 배부한 원가는 가산하며, 프로그램 수행과정에서 발생한 수익 등을 빼서 표시한다.

③ 재정운영표의 모든 수익과 비용은 현금주의 원칙에 따라 거래나 사실이 발생한 기간에 표시한다.

④ 수익은 국가의 재정활동과 관련하여 재화 또는 용역을 제공한 대가로 발생하거나, 직접적인 반대급부 없이 법령에 따라 납부의무가 발생한 금품의 수납 또는 자발적인 기부금 수령 등에 따라 발생하는 순자산의 증가를 말한다.

19 「국가회계기준에 관한 규칙」에 대한 설명으로 옳지 않은 것은?

① 수익은 원천에 따라 교환수익과 비교환수익으로 구분한다.

② 국가회계실체가 투입한 비용 중에서 프로그램이 제공하는 재화나 용역과 직접적·간접적인 대응관계가 없거나, 프로그램에 배분하는 것이 합리적이지 않은 비용은 관리운영비로 구분한다.

③ 비교환수익은 해당 수익에 대한 청구권이 발생하고 그 금액을 합리적으로 측정할 수 있을 때 인식한다.

④ 수익은 성질에 따라 국세수익, 이전수익, 국가운영수익으로 구분한다.

20 「국가회계기준에 관한 규칙」상 수익에 관한 설명으로 옳지 않은 것은?

① 국세수익은 국가의 재정활동과 관련하여 발생한 수익 중 교환수익과 이전수익을 제외한 수익이다.

② 수수료수익은 인적사무에 대한 반대급부로 수취하는 수익으로 계약의 경제적 실질을 반영하여 발생기준에 따라 수익을 인식한다.

③ 국가의 수익은 성질에 따라 국세수익, 이전수익, 국가운영수익으로 구분한다.

④ 비교환수익은 해당 수익에 대한 청구권이 발생하고, 그 금액을 합리적으로 측정할 수 있을 때 인식한다.

21 「국가회계기준에 관한 규칙」 중 수익과 비용의 인식기준에 관한 설명으로 옳지 않은 것은?

① 교환수익은 수익창출활동이 끝나고, 그 금액을 합리적으로 측정할 수 있을 때 인식한다.

② 국가회계실체의 프로그램 수행과 관련하여 발생한 원가로 프로그램별로 추적 및 배부가 가능한 원가를 프로그램총원가로 구분한다.

③ 입장료수익 등 1회성 사용대가를 수취하는 경우 기간배분에 의하여 수익을 인식한다.

④ 정부가 부과하는 방식의 국세는 국가가 고지하는 때에 수익으로 인식한다.

22 「국가회계기준에 관한 규칙」상 비교환수익의 유형에 따른 수익인식기준에 대한 설명으로 옳지 않은 것은?

① 연부연납 또는 분납가능 국세는 징수할 세금이 확정된 때에 그 납부할 세액 전체를 수익으로 인식한다.

② 원천징수하는 국세는 원천징수의무자가 원천징수한 금액을 신고·납부하는 때에 수익으로 인식한다.

③ 신고·납부하는 방식의 국세는 납세의무자가 세액을 자진신고하는 때에 수익으로 인식한다.

④ 기부금 및 무상이전수익은 수익창출활동이 끝나고, 그 금액을 합리적으로 측정할 수 있을 때 인식한다.

23 「국가회계기준에 관한 규칙」에 관한 설명으로 옳지 않은 것은?

① 정부가 부과하는 방식의 국세는 국가가 국세를 수납하는 때에 수익으로 인식한다.

② 원천징수하는 국세는 원천징수의무자가 원천징수한 금액을 신고·납부하는 때에 수익으로 인식한다.

③ 재화나 용역의 제공 등 국가재정활동 수행을 위하여 자산이 감소하고 그 금액을 합리적으로 측정할 수 있을 때 또는 법령 등에 따라 지출에 대한 의무가 존재하고 그 금액을 합리적으로 측정할 수 있을 때에 비용으로 인식한다.

④ 제재금수익은 청구권 등이 확정된 때 그 확정된 금액을 수익으로 인식한다.

24 「국가회계기준에 관한 규칙」에 대한 설명으로 옳지 않은 것은?

① 재정운영순원가에서 비배분수익을 차감한 값을 재정운영결과로 표시한다.

② 프로그램총원가에서 프로그램수익을 차감한 값을 프로그램순원가라고 한다.

③ 국세수익은 중앙관서 또는 기금의 재정운영표에는 표시되지 않지만, 국가의 재정운영표에는 표시된다.

④ (+)의 재정운영결과가 항상 정부의 효율적인 재정운영을 의미하는 것은 아니다.

25 「국가회계기준에 관한 규칙」에 대한 설명으로 옳지 않은 것은?

① 비용은 그 성질에 따라 이전비용, 국가운영비용으로 구분한다.

② 파생상품은 해당 계약에 따라 발생한 권리와 의무를 각각 자산과 부채로 계상하여야 하며, 공정가액으로 평가한 금액을 재정상태표 가액으로 한다.

③ 중앙관서가 국고금을 국고금회계로 이전하는 경우 재정운영표에 국고이전지출로 표시한다.

④ 국가재무제표를 작성할 때에는 중앙관서와 국고금회계간에 이루어진 국고금 이전거래는 상계한다.

26 「국가회계기준에 관한 규칙」에 대한 설명으로 옳지 않은 것은?

① 중앙관서 또는 기금의 프로그램별 재정운영표는 프로그램순원가, 재정운영순원가, 재정운영결과로 구분하여 표시한다.

② 중앙관서 또는 기금의 재정운영표상 프로그램순원가는 프로그램을 수행하기 위하여 투입한 원가의 합계에서 다른 프로그램으로부터 배부받은 원가는 더하고, 다른 프로그램에 배부한 원가는 차감하며, 프로그램 수행과정에서 발생한 수익 등을 빼서 표시한다.

③ 기초순자산에서 재정운영결과는 더하고, 재원의 조달 및 이전, 조정항목을 차감하여 기말순자산을 계산한다.

④ 중앙관서 또는 기금의 성질별 재정운영표에서 수익은 이전수익 및 국가운영수익으로 구분하여 표시하며, 비용은 이전비용 및 국가운영비용으로 구분하여 표시한다. 재정운영결과는 비용에서 수익을 뺀 금액으로 표시한다.

27 「국가회계기준에 관한 규칙」상 재정운영표에 대한 설명으로 옳지 않은 것은?

① 중앙관서 또는 기금의 재정운영표는 프로그램별 재정운영표와 성질별 재정운영표로 구분하여 작성한다.

② 중앙관서 또는 기금의 재정운영표를 통합하여 작성하는 국가의 재정운영표는 분야별 재정운영표와 성질별 재정운영표로 구분하여 작성한다.

③ 중앙관서 또는 기금의 성질별 재정운영표에서 수익은 국세수익, 이전수익 및 국가운영수익으로 구분하여 표시하고, 비용은 이전비용 및 국가운영비용으로 구분하여 표시한다.

④ 재정운영표는 회계연도 동안 수행한 정책 또는 사업의 원가와 재정운영에 따른 원가의 회수명세 등을 포함한 재정운영결과를 나타내는 재무제표를 말한다.

28 「국가회계기준에 관한 규칙」에 따른 재정운영표의 재정운영순원가는?

• 프로그램총원가	₩250,000	• 프로그램수익	₩100,000
• 관리운영비	₩50,000	• 비배분비용	₩30,000
• 비배분수익	₩20,000	• 비교환수익	₩10,000

① ₩180,000 ② ₩210,000
③ ₩230,000 ④ ₩250,000

29 다음은 일반회계만으로 구성된 중앙관서 A부처의 20×1년도 자료이다. 단, 20×1년도에는 아래 거래 이외에 다른 거래는 없으며, 국가 재무제표 작성과정에서 상계할 내부거래는 없다고 가정한다.

• 프로그램을 수행하기 위해 투입한 직접원가	₩150,000
• 프로그램 관련 교환수익	₩10,000
• 다른 프로그램으로부터 배부받은 간접원가	₩4,000
• 다른 프로그램에 배부한 간접원가	₩7,000
• 관리운영비	₩30,000
• 비배분수익	₩3,500
• 비배분비용	₩2,000
• 비교환수익	₩13,500

A부처의 재정운영표에 표시되는 재정운영순원가는 얼마인가?

① ₩162,000 ② ₩165,500
③ ₩170,500 ④ ₩179,500

30 「지방자치단체 회계기준에 관한 규칙」에 대한 설명으로 옳지 않은 것은?

① 자산은 미래에 공공서비스를 제공할 수 있거나 직접적 또는 간접적으로 경제적 효익을 창출하거나 창출에 기여할 가능성이 높고 그 가액을 신뢰성 있게 측정할 수 있을 때에 인식한다.

② 문화재, 예술작품, 역사적 문건 및 자연자원은 자산으로 인식하지 아니하고 필수보충정보의 관리책임자산으로 보고한다.

③ 가지급금이나 가수금 등의 미결산항목은 그 내용을 나타내는 적절한 과목으로 표시하며, 비망계정은 재정상태표의 자산 또는 부채항목으로 표시하지 않는다.

④ 장기충당부채는 「지방자치단체 회계기준에 관한 규칙」의 부채 분류에 해당하지 않는다.

31 「지방자치단체 회계기준에 관한 규칙」에 대한 설명으로 옳지 않은 것은?

① 미수세금은 합리적이고 객관적인 기준에 따라 평가하여 대손충당금을 설정하고 이를 미수세금 금액에서 차감하는 형식으로 표시하며, 대손충당금의 내역은 주석으로 공시한다.

② 재고자산은 구입가액에 부대비용을 더하고 선입선출법을 적용하여 산정한 가액을 취득원가로 한다.

③ 유형별 회계실체는 지방자치단체의 회계구분에 따라 행정형 회계실체와 사업형 회계실체로 구분한다.

④ 기부채납에 의하여 취득하는 경우 취득원가는 기부채납일 현재 공정가액으로 측정한다.

32 「지방자치단체 회계기준에 관한 규칙」상 재무제표의 작성원칙으로 옳지 않은 것은?

① 재무제표는 해당 회계연도분과 직전 회계연도분을 비교하는 형식으로 작성되어야 한다.

② 지방자치단체의 재무제표는 일반회계 기타특별회계 기금회계 및 지방공기업특별회계의 유형별 재무제표를 통합하여 작성한다.

③ 개별 회계실체의 재무제표를 작성할 때에는 지방자치단체 안의 다른 개별 회계실체와의 내부거래를 상계한다.

④ 회계 간의 재산 이관이나 물품 소관의 전환으로 취득한 자산의 가액은 직전 회계실체의 장부가액으로 한다.

회계학 예상문제집

33 「지방자치단체 회계기준에 관한 규칙」에 대한 설명으로 옳은 것은?

① 유형별 회계실체는 지방자치단체의 회계구분에 따라 일반회계, 기타특별회계 및 지방공기업특별회계로 구분한다.

② 행정형 회계실체는 지방자치단체의 일반적이고 고유한 행정활동을 수행하는 회계실체를 말한다.

③ 재무제표의 부속서류는 필수보충정보와 주석으로 한다.

④ 개별 회계실체의 재무제표를 작성할 때에는 지방자치단체 안의 다른 개별 회계실체와의 내부거래를 상계한다. 이 경우 내부거래는 해당 지방자치단체에 속하지 아니한 다른 회계실체 등과의 거래와 동일한 방식으로 회계처리한다.

PART
03

34 「지방자치단체 회계기준에 관한 규칙」에 대한 설명으로 옳지 않은 것은?

① 일반유형자산과 주민편의시설 중 상각대상 자산에 대한 감가상각은 정액법을 원칙으로 한다.

② 지방채증권의 액면가액과 발행가액의 차이는 지방채할인 또는 할증 발행차금으로 하고, 할인 또는 할증 발행차금은 증권 발행 시부터 최종 상환 시까지의 기간에 정액법 등으로 상각 또는 환입하고 그 상각액 또는 환입액은 지방채증권에 대한 이자비용에 더하거나 뺀다.

③ 재정상태표 보고일 이후 발생한 사건은 회계연도의 말일인 재정상태표 보고일과 「지방회계법」 제7조 제3항에 따른 출납사무 완결기한 사이에 발생한 사건으로서 재정상태표 보고일 현재 존재하였던 상황에 대한 추가적 증거를 제공하는 사건을 말한다.

④ 재정상태표 보고일 현재 우발손실의 발생이 확실하고 그 손실금액을 합리적으로 추정할 수 있는 경우, 우발손실을 재무제표에 반영하고 그 내용을 주석으로 표시한다.

35 「지방자치단체 회계기준에 관한 규칙」에 대한 설명으로 옳지 않은 것은?

① 자산과 부채는 유동성이 높은 항목부터 배열하는 것을 원칙으로 한다.

② 자산은 유동자산, 투자자산, 일반유형자산, 주민편의시설, 사회기반시설, 기타 비유동자산으로 분류한다.

③ 사회기반시설은 주민의 편의를 위하여 1년 이상 반복적 또는 계속적으로 사용되는 자산으로서 도서관, 주차장, 공원, 박물관 및 미술관 등을 말한다.

④ 특정순자산은 채무상환 목적이나 적립성기금의 원금과 같이 그 사용목적이 특정되어 있는 재원과 관련된 순자산을 말한다.

제1장 정부회계   341

36 「지방자치단체 회계기준에 관한 규칙」에 대한 설명으로 옳지 않은 것은?

① 장기투자증권은 매입가격에 부대비용을 더하고 이에 종목별로 총평균법을 적용하여 산정한 취득원가로 평가함을 원칙으로 한다.

② 화폐성 외화자산 및 화폐성 외화부채는 해당 자산을 취득하거나 해당 부채를 부담한 당시의 적절한 환율로 평가한 가액으로 함을 원칙으로 한다.

③ 재정상태표 보고일 현재 우발손실의 발생이 확실하고 그 손실금액을 합리적으로 추정할 수 있는 경우 우발손실을 재무제표에 반영하고 그 내용을 주석으로 표시한다.

④ 자산취득 이후의 지출 중 당해 자산의 내용연수를 연장시키거나 가치를 실질적으로 증가시키는 지출은 자본적 지출로 처리하고, 당해 자산을 원상회복시키거나 능률유지를 위한 지출은 경상적 지출로 처리한다.

37 「국가회계기준에 관한 규칙」과 「지방자치단체 회계기준에 관한 규칙」에 대한 설명으로 옳지 않은 것은?

① 「국가회계기준에 관한 규칙」과 「지방자치단체 회계기준에 관한 규칙」 모두 재무제표에 현금흐름표가 포함된다.

② 국가와 지방자치단체의 금융리스는 리스료를 내재이자율로 할인한 가액과 리스자산의 공정가액 중 낮은 금액을 리스자산과 리스부채로 각각 계상하여 감가상각한다.

③ 「국가회계기준에 관한 규칙」에서 순자산은 기본순자산, 적립금 및 잉여금, 순자산조정으로 구분되나, 지방자치단체 회계기준에 관한 규칙에서는 고정순자산, 특정순자산 및 일반순자산으로 분류하고 있다.

④ 국가와 지방자치단체의 일반유형자산은 재평가를 허용하고 있다.

38 「국가회계기준에 관한 규칙」과 「지방자치단체 회계기준에 관한 규칙」에 대한 설명으로 옳지 않은 것은?

① 「국가회계기준에 관한 규칙」상 채무증권은 상각후취득원가로 평가하고, 지분증권은 취득원가로 평가한다. 다만, 재정상태표일 현재 신뢰성 있게 공정가액을 측정할 수 있으면 그 공정가액으로 평가하며, 장부가액과 공정가액의 차이금액은 순자산조정에 반영한다.

② 「국가회계기준에 관한 규칙」상 정부출자금은 출자액 또는 매입가액에 부대비용을 더하고 품목별로 총평균법 등을 적용하여 산정한 가액을 취득원가로 한다.

③ 「지방자치단체 회계기준에 관한 규칙」상 장기투자증권은 매입가격에 부대비용을 더하고 이에 종목별로 총평균법을 적용하여 산정한 취득원가로 평가함을 원칙으로 한다.

④ 「지방자치단체 회계기준에 관한 규칙」상 비화폐성 외화자산과 비화폐성 외화부채는 회계연도 종료일 현재의 적절한 환율로 평가한 가액을 재정상태표 가액으로 한다.

PART

04

모의고사

정답 및 해설 p. 466

01 자산의 정의에 대한 다음의 설명 중 옳지 않은 것은?

① 물리적 형태의 존재가 자산의 본질은 아니다.
② 자산의 취득과 지출의 발생이 반드시 일치할 필요는 없다.
③ 과거 거래나 사건이 발생되지 않더라도 자산이 될 수 있다.
④ 미래에 발생할 것으로 예상되는 거래나 사건 자체만으로는 자산의 정의를 충족하지 못한다.

02 20×1년 말 (주)한국의 자산총액은 기초 대비 ₩400,000 증가하였고, 부채총액은 기초 대비 ₩200,000 감소하였다. (주)한국은 20×1년 중에 유상증자 ₩50,000을 하고, 이후 무상증자 ₩100,000을 실시하였다. 또한 현금배당 ₩80,000과 주식배당 ₩50,000을 결의 및 지급하였고, 자기주식을 ₩60,000에 취득하였다. 기타포괄손익─공정가치 선택 금융자산의 기말 공정가치가 기초 대비 ₩40,000 증가하였다면 (주)한국의 20×1년도 당기순이익은?

① ₩500,000
② ₩550,000
③ ₩600,000
④ ₩650,000

03 상품매매기업인 (주)한국의 영업주기는 상품의 매입시점부터 판매 후 대금의 회수시점까지의 기간으로 정의된다. (주)한국의 연 매출이 ₩960,000, 이에 대한 매출원가가 ₩768,000, 연평균 매출채권 잔액이 ₩40,000, 그리고 연평균 재고자산 가액이 ₩38,400이라면 (주)한국의 평균 영업주기는? (단, 매출은 전액 외상매출이라고 가정하며, 계산의 편의상 1년은 360일로 간주한다.)

① 30일
② 31일
③ 32일
④ 33일

04 (주)한국은 20×1년 1월 1일 토지와 건물을 일괄하여 ₩1,000,000의 현금을 지급하고 취득하였다. 취득일 현재 토지와 건물의 공정가치 비율은 9 : 1이며, 건물의 잔존내용연수는 5년, 잔존가치는 ₩0, 정액법으로 상각한다. (주)한국이 토지와 건물을 일괄취득한 후 즉시 건물을 철거할 경우와 건물을 사용하는 경우 20×1년 12월 31일의 건물의 장부가액은 각각 얼마인가? (단, 건물철거 시 철거비용은 ₩50,000이 발생한다.)

	즉시 철거	사용		즉시 철거	사용
①	₩50,000	₩120,000	②	₩0	₩80,000
③	₩100,000	₩80,000	④	₩0	₩100,000

05 다음 중 무형자산의 회계처리에 관한 설명으로 옳지 않은 것은?

① 무형자산의 상각은 정액법, 정률법, 생산량비례법 등의 방법을 적용할 수 있으나 합리적인 방법을 정하기 어려우면 정액법을 사용한다.

② 내부적으로 창출한 영업권은 무형자산으로 인식하지 않는다.

③ 무형자산의 회계정책으로 원가모형이나 재평가모형을 선택할 수 있다.

④ 내용연수가 유한한 무형자산의 잔존가치는 해당 자산의 장부금액과 같을 수 있지만, 장부금액보다 더 클 수는 없다.

06 (주)한국은 20×1년 12월 31일 자금담당직원이 회사자금을 횡령하고 잠적한 사건이 발생하였다. 12월 31일 현재 회사의 장부상 당좌예금계정 잔액을 검토한 결과 ₩105,000이었으며, 은행측 당좌예금잔액을 조회한 결과 ₩80,000으로 확인되었다. 회사와 은행의 잔액이 차이가 나는 원인이 다음과 같다고 할 때 자금담당직원이 횡령한 것으로 추정할 수 있는 금액은 얼마인가?

• 은행의 미기입예금	₩50,000
• 은행수수료	₩5,000
• 기발행미인출수표	₩40,000
• 거래처가 통지하지 않은 입금	₩45,000
• 타사의 발행수표를 (주)한국의 당좌예금계좌에서 차감한 금액	₩20,000
• (주)한국이 당좌수표를 인출하면서 ₩15,000을 ₩5,000으로 착오 기재	

① ₩20,000 ② ₩25,000
③ ₩32,000 ④ ₩35,000

07 (주)한국은 거래처로부터 수령한 액면 ₩1,000,000의 이자부어음(만기 3개월, 표시이자율 9%)을 1개월간 보유한 후 은행에서 할인하여 자금을 조달하였다. (주)한국은 할인 시 은행할인액이 ₩20,450이라고 할 때, 은행의 할인율은 몇 %인가?

① 10% ② 12%
③ 13% ④ 15%

08 다음은 20×1년 중에 발생한 (주)한국의 자본과 관련된 거래내역이다. 해당 거래로 인하여 (주)한국의 결산일의 자본총액에 미치는 영향으로 적절한 것은?

- 1월 20일 : 주당 액면가액 ₩100의 자기주식 200주를 주당 ₩200에 취득
- 2월 5일 : 자기주식 중 50주를 주당 ₩300에 매각
- 3월 10일 : 자기주식 150주를 소각
- 5월 15일 : 주당 액면가액 ₩100의 보통주 100주를 주당 ₩80에 발행
- 12월 31일 : 총포괄이익 ₩10,000 보고

① ₩7,000 감소 ② ₩17,000 감소
③ ₩10,000 감소 ④ ₩10,000 증가

09 다음의 자료를 이용할 경우 20×1년도 현금흐름표에 계상될 영업활동순현금흐름은 얼마인가?

- 당기순이익　　　₩250,000　• 감가상각비　　　　₩40,000
- 사채상환이익　　₩35,000　• 유상증자　　　　　₩80,000
- 사채상환　　　　₩50,000　• 자산 및 부채계정잔액의 일부

구분	20×1년 1월 1일	20×1년 12월 31일
매출채권(순액)	₩50,000	₩70,000
단기대여금	₩110,000	₩150,000
유형자산(순액)	₩135,000	₩100,000
매입채무	₩40,000	₩30,000
미지급비용	₩30,000	₩45,000

① ₩240,000 ② ₩250,000
③ ₩255,000 ④ ₩295,000

10 다음은 (주)한국의 기말수정사항이다. 해당 기말수정분개가 미치는 영향에 관한 설명으로 옳은 것은? (단, 법인세는 무시한다.)

> • 6월 1일 1년간의 보험료 ₩240,000을 현금으로 지급하면서 전액 선급보험료로 기록하였다.
> • 10월 1일 1년간의 임대수익 ₩360,000을 현금으로 수령하면서 전액 수익으로 기록하였다.
> • 12월에 발생한 이자비용 ₩40,000이 발생하였으나 현재 미지급상태이다.
> • 당기손익－공정가치 측정 금융자산의 장부가액은 ₩80,000이며, 기말 현재 공정가치는 ₩100,000이다.

① 당기순이익은 ₩450,000 감소한다.
② 자산총액은 ₩140,000 감소한다.
③ 부채총액은 ₩270,000 증가한다.
④ 수정후시산표의 대변합계가 ₩60,000 증가한다.

11 다음은 (주)한국의 20×1년도 회계자료 중 일부이다. 이를 이용하여 물음에 답하시오.

• 당기현금매출액	₩50,000	• 매출총이익	₩90,000
• 기초매출채권	₩80,000	• 매출채권회수액	₩260,000
• 기초상품재고액	₩120,000	• 당기상품매입액	₩200,000
• 기말상품재고액	₩110,000		

(주)한국의 20×1년 말 재무상태표에 표시될 매출채권은 얼마인가? (단, 대손상각은 고려하지 않는다.)

① ₩70,000
② ₩80,000
③ ₩90,000
④ ₩100,000

12 (주)한국은 20×1년 1월 1일 기계장치를 ₩300,000에 취득하였다. 기계장치의 잔존가치는 ₩50,000, 내용연수는 5년, 연수합계법으로 감가상각한다. 20×3년 초 (주)한국이 잔여내용연수는 2년, 감가상각방법은 정액법으로 변경하였다고 할 때, 20×3년에 인식할 감가상각비는 얼마인가?

① ₩50,000
② ₩80,000
③ ₩100,000
④ ₩120,000

13 다음은 (주)한국의 20×1년 말 종료되는 보고기간의 자료이다. 해당 자료를 통해 (주)한국의 당기매출원가를 계산하면 얼마인가?

• 원재료재고액의 증가액	₩400	• 원재료매입액	₩2,000
• 제품재고액의 감소액	₩700	• 직접노무원가	₩1,500
• 제조간접원가	₩1,200	• 판매비와 관리비	₩500

① ₩5,000   ② ₩5,400
③ ₩5,500   ④ ₩5,700

14 (주)한국은 선입선출법에 의한 종합원가계산을 채택하고 있으며, 당기의 생산 관련 자료는 다음과 같다.

구분	물량	가공원가 완성도
기초재공품	1,000개	완성도 20%
당기착수량	3,500개	
당기완성량	3,800개	
기말재공품	200개	완성도 40%

(주)한국은 원재료는 공정 초기에 전량 투입하며, 가공원가는 공정 전반에 걸쳐 균등하게 발생한다. 품질검사는 가공원가 완성도 60% 시점에서 수행되며, 당기 검사를 통과한 정상품의 10%에 해당하는 수량은 정상공손으로 간주한다. 당기의 비정상공손수량은?

① 50개   ② 80개
③ 100개   ④ 120개

15 (주)한국의 20×1년도 제품에 관한 자료가 다음과 같을 때 안전한계금액은 얼마인가?

• 단위당 판매가격 : ₩5,000
• 공헌이익률 : 30%
• 총고정원가 : ₩120,000
• 법인세율 : 20%
• 세후이익 : ₩240,000

① ₩400,000   ② ₩700,000
③ ₩1,000,000   ④ ₩1,200,000

16 「국가회계기준에 관한 규칙」에 대한 설명으로 옳은 것은?

① 순자산은 기본순자산, 적립금 및 잉여금, 고정순자산으로 분류한다.

② 부채는 유동부채, 장기차입부채, 기타비유동부채로 구분한다.

③ 국가회계실체의 융자사업에서 발생하는 융자금의 매각에 따른 매각손실은 융자보조비용에 더해져 프로그램 직접원가에 포함한다.

④ 교환 또는 기부채납 등으로 취득한 자산의 가액은 장부가액을 취득원가로 한다.

17 「지방자치단체회계기준에 관한 규칙」의 재정상태표에 관한 설명으로 옳지 않은 것은?

① 자산은 미래에 공공서비스를 제공할 수 있거나 직접적 또는 간접적으로 경제적 효익을 창출하거나 창출에 기여할 가능성이 매우 높고 그 가액을 신뢰성 있게 측정할 수 있을 때에 인식한다.

② 주민편의시설에는 도서관, 주차장, 공원 등이 해당한다.

③ 자산과 부채는 유동성이 높은 항목부터 배열하는 것을 원칙으로 한다.

④ 자산은 유동자산, 투자자산, 일반유형자산, 주민편의시설, 사회기반시설, 무형자산으로 분류한다.

PART 04

18 표준원가제도를 도입하고 있는 (주)한국의 재료원가에 대한 자료가 아래와 같다고 할 때, 재료원가의 가격 차이와 수량 차이를 계산하면 얼마인가?

- 제품의 예산생산량은 300개이며, 실제생산량은 250개이다.
- 제품의 단위당 표준원가 : ₩200
- 제품의 단위당 실제원가 : ₩220
- 재료원가 표준소비수량 : 2kg
- 재료원가 실제사용량 : 450kg

	가격 차이	수량 차이
①	₩9,000 불리	₩10,000 유리
②	₩10,000 불리	₩10,000 유리
③	₩9,000 유리	₩9,000 유리
④	₩10,000 유리	₩9,000 불리

19 재무보고를 위한 개념체계 내용 중 재무정보의 질적 특성에 관한 설명으로 옳은 것은?

① 일관성은 비교가능성과 관련은 되어 있지만 동일하지는 않다. 즉, 일관성은 목표이고 비교가능성은 이를 달성하는 데 도움을 준다.

② 재무보고서는 경제활동에 대해 박식하고, 정보를 검토하고 분석하는 데 부지런한 정보이용자보다는 모든 수준의 정보이용자가 자력으로 이해할 수 있도록 작성되어야 한다.

③ 오류가 없다는 것은 현상의 기술에 오류나 누락이 없고, 보고 정보를 생산하는 데 사용되는 절차의 선택과 적용 시 절차상 오류가 없음을 의미하는 것이므로 충실한 표현은 모든 면에서 완벽한 것을 의미한다.

④ 중요성은 개별 기업 재무보고서 관점에서 해당 정보와 관련된 항목의 성격이나 규모 또는 이 둘 모두에 근거하여 해당 기업에 특유한 측면의 목적적합성을 의미한다.

20 (주)한국은 20×2년 중에 다음의 사채를 상환하였다. 사채상환손익은 얼마인가?

• 사채의 액면금액	₩2,000,000
• 사채할인발행차금	₩280,000
• 액면이자율	10%
• 유효이자율	12%
• 사채상환금액	₩1,800,000

① 사채상환이익 ₩20,000 ② 사채상환손실 ₩200,000
③ 사채상환손실 ₩120,000 ④ 사채상환손실 ₩80,000

정답 및 해설 p. 469

01 다음은 (주)한국의 당기 말 재고자산 현황이다.

종류	취득원가	순실현가능가치	현행대체원가
원재료 A	₩100,000	₩115,000	₩110,000
원재료 B	₩80,000	₩75,000	₩60,000
상품	₩250,000	₩220,000	₩240,000

기업회계기준서에 따라 (주)한국이 저가법을 적용할 경우 당기 재고자산평가손실은 얼마인가? (단, 원재료를 가공하여 만든 제품이 원가 이상으로 판매되지는 않는다.)

① ₩50,000

② ₩40,000

③ ₩35,000

④ ₩20,000

02 (주)한국은 20×1년 10월 1일에 기계장치를 현금으로 구입하고, 즉시 생산에 투입하였다. 취득시점에서 기계장치의 내용연수는 3년, 잔존가치는 ₩12,000으로 추정하였다. (주)한국은 해당 기계장치에 대하여 원가모형을 적용하여 연수합계법으로 감가상각하고 있으며 20×1년 말에 인식한 감가상각비는 ₩60,000이라고 할 때, 해당 기계장치의 취득원가는 얼마인가? (단, 감가상각은 월할 계산하며, 해당 기계장치에 대한 취득시점 이후 자산손상은 없었다.)

① ₩452,000

② ₩480,000

③ ₩492,000

④ ₩500,000

03 다음 중 투자부동산으로 분류되지 않는 것은 무엇인가?

① 금융리스로 제공한 부동산

② 장래 사용목적을 결정하지 못한 채로 보유하고 있는 토지

③ 미래에 투자부동산으로 사용하기 위하여 건설 또는 개발 중인 부동산

④ 직접 소유하고 운용리스로 제공하고 있는 건물

04 (주)한국은 20×1년 초에 (주)민국의 지분상품을 취득하면서 매매수수료 ₩1,000을 포함하여 총 ₩110,000을 지급하였다. 20×1년 말 현재 (주)민국의 지분상품 공정가치가 ₩118,000일 경우 (주)한국이 (주)민국의 지분상품을 당기손익－공정가치 측정 금융자산으로 분류한 경우와 기타포괄손익－공정가치 측정 금융자산(선택)으로 분류한 경우로 구분하여 20×1년도 당기손익에 미치는 영향(순액)은 얼마인가?

	당기손익－공정가치 측정 금융자산	기타포괄손익－공정가치 측정 금융자산
①	₩9,000 증가	₩9,000 증가
②	₩9,000 증가	영향 없음
③	₩8,000 증가	₩8,000 증가
④	₩8,000 증가	영향없음

05 20×1년 초 (주)한국은 해양 탐사를 위하여 해양구조물을 ₩500,000에 취득하였다. 해당 자산의 내용연수는 5년, 잔존가치는 없으며 정액법으로 감가상각한다. 회사는 관련 법률에 따라 사용 후 원상복구를 해야 하며, 원상복구에 소요될 것으로 예상한 금액은 ₩100,000이다. 복구의무에 사용할 할인율은 12%이며, 5기간의 현가계수는 0.57이다. 해당 구조물과 관련하여 (주)한국이 20×1년도에 포괄손익계산서에 인식할 감가상각비는 얼마인가?

① ₩100,000 ② ₩107,000
③ ₩111,400 ④ ₩121,500

06 재무보고를 위한 개념체계에서 설명하는 일반목적 재무보고에 대한 다음의 설명 중 옳지 않은 것은?

① 일반목적재무보고서는 기업의 가치를 보여주기 위해 고안된 것이며, 보고기업의 가치를 추정하는 데 도움이 되는 정보를 제공한다.
② 재무보고서는 정확한 서술보다는 상당 부분 추정, 판단 및 모형에 근거한다.
③ 현재 및 잠재적 투자자, 대여자 및 기타 채권자의 정보수요를 충족시키는 재무정보는 다른 이용자의 정보수요도 충족시킬 수 있다.
④ 보고기업의 경영진도 해당 기업에 대한 재무정보에 관심이 있으나, 그들이 필요로 하는 재무정보를 내부에서 구할 수 있기 때문에 일반목적재무보고서에 의존할 필요가 없다.

07 (주)한국은 20×1년 1월 1일 사옥 건설(완공일 20×2년 6월 30일)을 시작하면서 20×1년 1월 1일에 ₩200,000과 20×1년 7월 1일에 ₩300,000을 지출하였다. (주)한국의 차입금 내역은 다음과 같으며, 모든 차입금에 대한 이자는 단리로 계산한다. (단, 평균지출액과 이자는 월할 계산한다.)

차입일	차입금액	상환일	이자율	비고
20×1.7.1	₩300,000	20×2.12.31	9%	특정차입금
20×1.1.1	₩500,000	20×2.6.30	10%	일반차입금

(주)한국이 20×1년에 자본화할 차입원가는 얼마인가?

① ₩33,500
② ₩47,000
③ ₩48,500
④ ₩63,500

08 (주)한국은 20×1년부터 판매한 상품에 대하여 3년간 보증을 해주는 정책을 실시하고 있다. 과거의 경험에 따르면 보증비용은 매출한 해에 매출액의 2%, 매출한 다음 해에는 매출액의 3%로 추정된다. (주)한국의 매출 및 실제 보증비 지출에 관한 자료가 다음과 같을 때, 20×2년 12월 31일 재무상태표에 표시되는 제품보증충당부채는 얼마인가?

구분	매출	보증비 지출액
20×1년	₩150,000	₩3,000
20×2년	₩400,000	₩15,000

① ₩1,500
② ₩4,500
③ ₩5,000
④ ₩9,500

09 창업지원컨설팅을 제공하는 (주)한국은 현금주의 회계제도를 채택하고 있다. 20×1년에 용역수익 ₩200,000을 현금으로 수취하였다. 만약 발생주의 회계제도를 채택하였다면 20×1년도 (주)한국의 용역수익은 얼마인가?

구분	20×1년 1월 1일	20×1년 12월 31일
미수용역수익	₩80,000	₩120,000
선수용역수익	₩0	₩10,000

① ₩230,000
② ₩250,000
③ ₩270,000
④ ₩300,000

10 20×1년 초에 설립된 (주)한국의 20×1년 12월 31일 현재 토지의 장부금액은 ₩550,000
이다. 이는 재평가로 인하여 증가된 ₩100,000이 포함된 금액이다. 또한 20×1년 1월 1일에
취득한 기계장치(내용연수 5년, 잔존가치 ₩50,000, 정액법 상각)을 20×1년 7월 1일에
₩450,000에 전부 처분하고 유형자산처분손실 ₩230,000을 인식하였다. (주)한국은 감가
상각에 대해 월할 계산하고 있으며, 자산의 취득 및 처분과 관련된 모든 거래는 현금으로 이
루어지고 있다. (주)한국의 20×1년도 현금흐름표에 계상될 투자활동순현금흐름은 얼마인가?
(단, 토지는 20×1년 초에 취득하였으며, 재평가모형을 적용한다.)

① ₩450,000 유출
② ₩750,000 유출
③ 영향 없음
④ ₩900,000 유출

11 「국가회계기준에 관한 규칙」에 대한 설명으로 옳지 않은 것은?

① 부채의 가액은 「국가회계기준에 관한 규칙」에서 따로 정한 경우를 제외하고는 원칙적으
로 만기상환가액으로 평가한다.
② 투자증권은 매입가액에 부대비용을 더하고 종목별로 선입선출법 등을 적용하여 산정한
가액을 취득원가로 한다.
③ 차입부채는 금융자산을 지급하거나 불리한 조건으로 금융자산을 교환해야 하는 부채로
서 국채, 차입금, 국고채무부담행위액 및 기타 차입부채를 말한다.
④ 사회기반시설 중 관리·유지 노력에 따라 취득 당시 용역잠재력을 그대로 유지할 수 있
는 시설에 대해서는 감가상각하지 아니하고 관리·유지에 투입되는 비용으로 감가상각
비용을 대체할 수 있다.

12 (주)한국은 전환원가에 대해 활동기준원가계산제도를 도입하여 제품원가를 계산하고 있다.
회사의 생산활동 및 활동별 배부기준, 배부율은 다음과 같다.

활동	원가동인	배부율
품질검사	품질검사 횟수	₩200
기계작업	기계작업 시간	₩100
구매주문활동	구매주문 횟수	₩50
조립작업	부품수	₩30

(주)한국이 당기에 완성한 제품은 총 50단위이며, 제품단위당 직접재료원가는 ₩100, 제품
50단위를 생산하기 위해서는 품질검사 5회, 기계작업시간 3시간, 구매주문횟수 20회, 10개
의 부품이 소요된다. 당기에 생산된 제품 50단위의 총제조원가는 얼마인가?

① ₩2,400
② ₩5,000
③ ₩6,800
④ ₩7,600

13 (주)한국은 종합원가계산을 적용하고 있으며, 제품 생산을 위한 재료원가 및 가공원가는 공정의 진행에 걸쳐 균등하게 발생한다. 당기 제조활동과 관련된 자료가 다음과 같을 때, 선입선출법을 적용하여 계산한 당기 완성품원가는 얼마인가? (단, 공손과 감손은 발생하지 않았다.)

구분	재료원가	가공원가	물량자료
기초재공품	₩8,000	₩12,000	40단위(완성도 40%)
당기착수	₩30,800	₩38,500	160단위
당기완성품			140단위
기말재공품			60단위(완성도 50%)

① ₩109,300

② ₩89,300

③ ₩75,800

④ ₩69,800

14 (주)한국은 제품 A와 B를 생산하여 판매하고 있다. 두 제품 간의 매출배합은 6 : 4로 일정하며, 아래의 자료를 참고할 때, 제품 A와 제품 B의 손익분기점 판매량을 각각 구하면 얼마인가? (단, (주)한국의 고정원가 총액은 ₩76,000이다.)

구분	제품 A	제품 B
단위당 판매가격	₩100	₩150
단위당 변동원가	₩70	₩100

    제품 A   제품 B

① 1,200개   800개

② 1,000개   1,000개

③ 1,500개   500개

④ 1,800개   200개

15 (주)한국은 보조부문 A, B와 제조부문 X, Y를 운영하고 있다. 보조부문 A와 B의 원가는 각각 ₩300,000과 ₩250,000이며, 각 부분의 용역수수관계는 다음과 같다.

제공처 \ 사용처	보조부문		제조부문	
	A	B	X	Y
A	–	20%	50%	30%
B	40%	–	35%	25%

(주)한국이 단계배부법을 이용하여 보조부문 원가를 제조부문에 배부할 경우 제조부문 X에 배부될 보조부문원가의 합계는 얼마인가? (단, 배부순서는 B부문원가를 먼저 배부한다.)

① ₩212,500 　　　　② ₩285,000

③ ₩330,000 　　　　④ ₩337,500

16 「국가회계기준에 관한 규칙」에서 정하고 있는 국세의 수익인식기준에 대한 설명으로 옳은 것은?

① 정부가 부과하는 방식의 국세는 납부하는 때 수익을 인식한다.

② 연부연납 또는 분납이 가능한 국세는 징수할 세금이 확정된 때 납부할 세액 전체를 수익으로 인식한다.

③ 신고·납부하는 방식의 국세는 납세의무자가 세액을 납부하는 때 수익을 인식한다.

④ 부담금 수익은 수익창출활동이 끝나고 그 금액을 합리적으로 측정할 수 있을 때 인식한다.

17 결산일이 매년 말인 (주)한국은 20×1년 초에 기계장치를 ₩200,000에 취득하여 내용연수 10년, 잔존가치 ₩0, 정액법에 의하여 감가상각을 해 왔다. (주)한국은 기계장치에 대하여 재평가모형을 선택하였고 20×1년 말 기계장치의 공정가치는 ₩160,000이다. (주)한국이 20×1년 포괄손익계산서에 인식할 비용총액은 얼마인가?

① ₩20,000 　　　　② ₩40,000

③ ₩50,000 　　　　④ ₩60,000

18 (주)한국은 20×1년 5월 창고에 화재가 발생하여 재고자산의 대부분이 소실되었다. 화재 후 남은 재고자산의 가치는 ₩5,000으로 평가되었으며, 관련 장부를 검토한 결과 아래와 같은 자료를 얻었다고 할 때, 소실된 재고자산의 가치를 계산하면 얼마인가?

• 기초상품재고액	₩80,000	• 매출에누리	₩40,000
• 당기매출액	₩540,000	• 매입할인	₩10,000
• 당기매입액	₩350,000	• 매출운임	₩30,000
• 매입운임	₩20,000	• 매출총이익률	20%

① ₩20,000   ② ₩25,000

③ ₩30,000   ④ ₩35,000

19 (주)한국의 수정전잔액시산표의 차변합계액은 ₩200,000이었다. 다음의 사항을 수정한 후의 잔액시산표 차변합계액은 얼마인가?

• 감가상각비	₩15,000
• 이자 미수액	₩10,000
• 당기 소모품 사용액	₩20,000
• 보험료 미경과분	₩25,000
• 임대료 선수액	₩10,000
• 손상차손(대손상각비)	₩15,000

① ₩225,000   ② ₩240,000

③ ₩265,000   ④ ₩295,000

20 (주)한국의 20×1년 초 손실충당금 잔액은 ₩200,000이었다. 20×1년 5월 ₩80,000의 손상이 발생하였고 7월에 전기에 손상되었던 금액 중 ₩50,000이 회복되어 현금으로 회수하였다. 기말에 손실충당금 ₩120,000을 추가로 설정할 경우 재무상태표에 표시될 손실충당금은 얼마인가?

① ₩250,000   ② ₩270,000

③ ₩290,000   ④ ₩320,000

정답 및 해설 p. 472

01 (주)한국건설은 20×1년 초 도급금액이 ₩100,000이며, 공사기간이 3년인 공사계약을 체결하였다. 계약체결시점부터 3년간의 총공사예정원가를 ₩80,000으로 추정하였으며, 회사의 공사계약은 해당 계약 1건만 존재한다. 해당 공사와 관련한 자료가 아래와 같을 때, 해당 공사와 관련하여 20×2년 말 재무상태표에 표시될 미청구공사 또는 초과청구공사 잔액은 얼마인가? (단, 진행률 산정은 투입원가기준이다.)

구분	20×1년	20×2년
당기발생원가	₩20,000	₩40,000
완성 시까지 추가발생원가	₩60,000	₩20,000
공사대금 청구액	₩30,000	₩40,000
공사대금 수령액	₩20,000	₩40,000

① 미청구공사 ₩5,000
② 초과청구공사 ₩5,000
③ 미청구공사 ₩10,000
④ 초과청구공사 ₩10,000

02 다음 중 고객과의 계약에서 생기는 수익에 대한 다음 설명 중 옳은 것은?

① 일반적으로 고객과의 계약에는 기업이 고객에게 이전하기로 약속하는 재화나 용역을 분명히 기재한다. 따라서 고객과의 계약에서 식별되는 수행의무는 계약에 분명히 기재한 재화나 용역에만 한정된다.

② 고객에게 재화나 용역을 이전하는 활동은 아니지만 계약을 이행하기 위해 수행해야 한다면, 그 활동은 수행의무에 포함된다.

③ 수행의무를 이행할 때(또는 이행하는 대로), 그 수행의무에 배분된 거래가격(변동대가 추정치 중 제약받는 금액을 포함)을 수익으로 인식한다.

④ 거래가격의 후속 변동은 계약 개시시점과 같은 기준으로 계약상 수행의무에 배분한다. 따라서 계약을 개시한 후의 개별 판매가격 변동을 반영하기 위해 거래가격을 다시 배분하지는 않는다.

03 (주)한국은 20×2년 장부마감 전 다음과 같은 중요한 오류를 발견하였다. 오류를 수정하기 전 20×2년 당기순이익은 ₩400,000이다. 오류를 수정한 후의 당기순이익은 얼마인가? (단, 법인세효과는 무시한다.)

구분	20×1년 말	20×2년 말
기말재고자산	₩100,000 과대계상	₩120,000 과대계상

① ₩280,000
② ₩400,000
③ ₩420,000
④ ₩380,000

04 (주)한국의 다음 자료에 따라 자기자본이익률(ROE)를 계산하면 얼마인가?

- 매출액순이익률 : 20%
- 총자산회전율 : 1.5회
- 부채비율 : 60%

① 24%
② 30%
③ 38%
④ 48%

05 주식배당, 무상증자, 주식분할, 주식병합 간의 비교로 옳지 않은 것은?

① 주식배당의 경우 발행주식수가 증가하고, 액면가액은 감소한다.
② 주식분할의 경우 액면가액이 감소하고, 자본금은 불변한다.
③ 주식병합의 경우 액면가액이 증가하고, 자본총계는 불변이다.
④ 무상증자의 경우 이익잉여금은 불변이다.

06 (주)한국의 20×1년 초 유통주식수는 20,000주이며, 20×1년 중 주식의 변동내용은 다음과 같다.

변동일	변동내역
4월 1일	유상증자 8,000주 발행(시가발행)
5월 1일	자기주식 3,000주 취득
10월 1일	자기주식 2,000주 처분

(주)한국이 20×1년도 기본주당순이익을 계산하기 위한 가중평균 유통보통주식수는? (단, 기중평균유통보통주식수는 월할 계산한다.)

① 24,500주
② 24,000주
③ 23,500주
④ 25,000주

07 (주)한국은 20×1년 12월 31일 실사를 통하여 창고에 보관 중인 상품이 ₩100,000인 것으로 확인하였다. 다음의 자료를 고려한 (주)한국의 기말상품재고액은 얼마인가? (단, 재고자산감모손실 및 재고자산평가손실은 없다.)

- (주)한국이 고객에게 인도한 시송품의 원가는 ₩90,000이며, 이 중 3분의 1에 대해서는 기말 현재 고객으로부터 매입의사를 통보받지 못하였다.
- (주)한국과 위탁판매계약을 체결한 (주)민국에서 기말 현재 판매되지 않고 보관 중인 상품의 원가는 ₩20,000이다.
- (주)한국이 선적지 인도조건으로 판매하여 기말 현재 운송 중인 상품의 원가는 ₩30,000이며, 해당 상품은 20×2년 1월 10일 도착 예정이다.
- (주)한국이 선적지 인도조건으로 매입하여 기말 현재 운송 중인 상품의 원가는 ₩50,000이며, 20×2년 1월 20일 도착 예정이다.

① ₩200,000
② ₩210,000
③ ₩230,000
④ ₩260,000

08 (주)한국은 사옥을 신축하기 위하여 토지를 취득하였으며, 해당 토지에는 철거예정 창고가 있었다. 다음의 자료를 고려하여 토지의 취득원가를 계산하면 얼마인가?

• 일괄구입가격	₩500,000
• 토지 취득세 및 등기비용	₩50,000
• 토지 중개수수료	₩10,000
• 창고 철거비용	₩30,000
• 창고 철거 시 발생한 폐자재 처분수입	₩10,000
• 내용연수가 영구적인 상하수도 공사비	₩20,000
• 공장신축 전 토지를 임시주차장으로 사용함에 따른 수입	₩10,000

① ₩560,000
② ₩600,000
③ ₩610,000
④ ₩630,000

09 (주)한국은 보유중인 유형자산을 (주)민국의 유형자산과 교환하였다. 교환일 현재 보유 중인 유형자산의 장부금액은 ₩1,000,000(취득원가 ₩1,500,000 감가상각누계액 ₩500,000)이고, 공정가치는 ₩1,200,000이었다. (주)한국은 (주)민국에게 현금 ₩100,000을 지급하였다. (주)한국이 교환으로 취득한 유형자산의 취득원가는 얼마인가? (단, 동 교환거래는 상업적 실질이 있다.)

① ₩1,000,000   ② ₩1,200,000
③ ₩1,300,000   ④ ₩1,400,000

10 내부적으로 창출한 무형자산의 취득원가에 포함되지 않는 것은?

① 무형자산의 창출을 위하여 발생한 종업원 급여
② 법적권리를 등록하기 위한 수수료
③ 연구결과를 최종 선택, 응용하는 활동과 관련된 지출
④ 무형자산의 창출에 사용된 특허권상각비

11 다음 중 「국가회계기준에 관한 규칙」과 「지방자치단체회계기준에 관한 규칙」에서 정하는 자산·부채의 평가에 관한 설명으로 옳지 않은 것은?

① 지방자치단체의 재정상태표상 자산은 취득원가를 기초로 계상함을 원칙으로 한다.
② 국가의 도로는 관리·유지 노력에 따라 취득 당시의 용역 잠재력을 그대로 유지할 수 있는 경우 감가상각 대상에서 제외할 수 있다.
③ 재정상태표상 일반유형자산, 사회기반시설, 주민편의시설 중 상각대상 자산에 대한 감가상각은 정액법을 원칙으로 한다.
④ 현재세대와 미래세대를 위하여 정부가 영구히 보전하여야 할 자산으로서 역사적·문화적·교육적 및 예술적으로 중요한 가치를 갖는 자산은 무형자산으로 인식한다.

12 「국가회계기준에 관한 규칙」에 대한 설명 중 옳지 않은 것은?

① 재정운영표는 회계연도 동안 수행한 정책 또는 사업의 원가와 재정운영에 따른 원가의 회수명세 등을 포함한 재정운영결과를 나타내는 재무제표를 말한다.

② 비용은 국가의 재정활동과 관련하여 재화 또는 용역을 제공하여 발생하거나, 직접적인 반대급부 없이 발생하는 자원 유출이나 사용 등에 따른 순자산의 감소를 말한다.

③ 화폐성 외화자산과 화폐성 외화부채는 화폐가치의 변동과 상관없이 자산과 부채의 금액이 계약 등에 의하여 일정 화폐액으로 확정되었거나 결정가능한 경우의 자산과 부채를 말한다. 다만, 화폐성과 비화폐성의 성질을 모두 가지고 있는 외화자산과 외화부채는 해당 자산과 부채의 보유 목적이나 성질에 따라 구분한다.

④ 우발자산은 과거의 거래나 사건으로 발생하였으나 국가회계실체가 전적으로 통제할 수 없는 하나 이상의 불확실한 미래 사건의 발생 여부로만 그 존재 유무를 확인할 수 있는 잠재적 자산을 말하며, 경제적 효익의 유입 가능성이 높은 경우 주석에 공시한다.

13 (주)한국은 제품의 판매가격을 개당 20% 인상하면, 판매량은 10% 감소할 것으로 예상하고 있다. (주)한국이 제품의 판매가격을 인상할 경우 가격인상 전에 비하여 이익은 얼마나 증감하는가?

• 단위당 판매가격 : ₩100	• 매출액 : ₩1,000,000
• 변동원가 : ₩600,000	• 고정원가 : ₩200,000

① ₩100,000
② ₩200,000
③ ₩180,000
④ ₩140,000

14 (주)한국의 연간 정상조업도는 1,000개이며 제품단위당 표준허용작업시간은 10시간이다. 제조간접원가의 연간고정예산은 ₩1,000,000이다. 해당 연도 중 1,200개의 제품을 생산하였으며, 고정제조간접원가의 실제발생액은 ₩1,125,000이라고 할 때, (주)한국의 예산차이와 조업도차이는 각각 얼마인가?

	예산차이	조업도차이
①	₩100,000 유리	₩100,000 유리
②	₩125,000 유리	₩200,000 불리
③	₩125,000 불리	₩200,000 유리
④	₩200,000 유리	₩125,000 불리

15 (주)한국은 종합원가계산제도를 채택하고 있다. 재료원가는 공정 초기에 전량 투입되며, 가공원가는 공정의 진행에 걸쳐 균등하게 발생한다. (주)한국의 생산물량 관련 자료가 다음과 같을 때, 평균법과 선입선출법의 가공원가 완성품환산량 차이는 몇 단위인가?

• 월초재공품	100단위(완성도 40%)
• 당기착수품	500단위
• 당기완성품	400단위
• 월말재공품	200단위(완성도 60%)

① 20단위　　　　　　　　　　② 30단위
③ 40단위　　　　　　　　　　④ 60단위

16 정상개별원가계산제도를 채택하고 있는 (주)한국은 직접노무원가의 200%를 제조간접원가로 예정배부하고 있으며, 제조간접원가의 배부차이는 전액 매출원가에서 조정하는 방법을 사용하고 있다. 다음 자료를 이용하여 배부차이 조정 후 매출원가를 구하면 얼마인가?

• 기초원재료	₩30,000
• 당기원재료 매입액	₩100,000
• 기말원재료	₩50,000
• 기초재공품	₩40,000
• 기말재공품	₩35,000
• 기초제품	₩20,000
• 기말제품	₩15,000
• 직접노무원가	₩50,000
• 실제 발생한 제조간접원가	₩90,000

① ₩220,000　　　　　　　　② ₩230,000
③ ₩240,000　　　　　　　　④ ₩250,000

17 확정급여제도를 적용하고 있는 (주)한국의 당기 퇴직금과 관련된 자료는 아래와 같다. 다음의 자료를 참고하여 (주)한국의 20×1년 말 순확정급여부채는 얼마인가? (단, 20×1년 말 공정가치는 장부금액과 같고, 모든 적립과 지급은 기말에 이루어진다.)

- 20×1년 초 확정급여채무 : ₩200,000
- 20×1년 초 사외적립자산 : ₩150,000
- 당기근무원가 : ₩30,000
- 퇴직금 지급액 : ₩40,000
- 사외적립자산 출연액 : ₩20,000
- 확정급여채무에 적용할 할인율 : 연 10%

① ₩50,000　　　　　　　　② ₩65,000
③ ₩85,000　　　　　　　　④ ₩105,000

18 (주)한국상사는 재고자산의 평가방법으로 선입선출소매재고법을 사용한다. (주)한국상사의 재고자산 관련 자료가 다음과 같을 때, (주)한국상사의 당기매출원가는 얼마인가?

구분	원가	판매가
기초재고	₩110,000	₩300,000
당기매입	₩360,000	₩800,000
매입운임	₩40,000	－
당기매출액		₩800,000

① ₩150,000　　　　　　　　② ₩210,000
③ ₩300,000　　　　　　　　④ ₩360,000

19 다음은 (주)한국의 20×1년 말 현금 및 현금성자산과 관련된 자료이다. 다음 자료를 고려하여 20×1년 말 (주)한국의 재무상태표에 표시해야 할 현금 및 현금성자산은 얼마인가? (단, 사용이 제한된 것은 없다.)

(1) 지급기일이 도래한 공사채이자표 : ₩100,000
(2) 우편환 : ₩50,000
(3) 수입인지 : ₩100,000
(4) 타인발행당좌수표 : ₩30,000
(5) 직원차용증서 : ₩40,000
(6) 양도성예금증서(만기일 20×2년 4월 30일) : ₩50,000
(7) 은행이 발급한 당좌예금잔액증명서 금액 : ₩400,000

(주)한국과 은행의 당좌예금잔액 차이 원인
1) 은행이 (주)한국에 통보하지 않은 매출채권 추심액 : ₩50,000
2) 기발행미인출수표 : ₩100,000
3) 은행미기입예금 : ₩200,000
4) 은행직원의 착오출금오류 : ₩10,000
5) 거래처 미통지입금 : ₩100,000

① ₩690,000
② ₩680,000
③ ₩580,000
④ ₩540,000

20 다음 중 투자활동현금흐름으로만 구성된 것은?

ㄱ. 단기대여금의 대여
ㄴ. 주식의 취득이나 상환에 따른 소유주에 대한 현금유출
ㄷ. 난기차입금의 상환에 따른 현금유출
ㄹ. 종업원의 급여에 따른 현금유출
ㅁ. 유형자산의 취득 및 처분에 따른 현금유출입

① ㄱ, ㄴ
② ㄴ, ㄷ
③ ㄱ, ㅁ
④ ㄷ, ㄹ

신은미 회계학 예상문제집

정답 및 해설

1장 회계의 기초

01 한국채택국제회계기준의 적용이 강제되는 기업은 상장기업, 금융기관 등이며, 한국채택국제회계기준을 적용하지 않는 비상장기업은 일반기업회계기준을 적용한다. ▶ ③

02 회계정보는 경제실체 내에서의 자원의 이동에 관한 의사결정뿐만 아니라 경제실체간 자원의 이동에 관한 의사결정에도 직접적인 영향을 미친다. ▶ ④

03 국제회계기준의 기본 재무제표는 연결재무제표이다. ▶ ④

04 한국채택국제회계기준의 연결범위에는 「주식회사의 외부감사에 관한 법률」에 의한 외부감사대상이 아닌 소규모회사도 포함된다. ▶ ③

05 재무제표에는 기말 재무상태표, 기간 포괄손익계산서, 기간 자본변동표, 기간 현금흐름표, 주석이 포함되며, 기간 제조원가명세서는 재무제표에 포함되지 않는다. ▶ ④

06 ① 재무상태표는 일정시점의 재무상태에 관한 정보를 제공해 준다.
    ② 포괄손익계산서는 일정기간의 기업의 재무성과에 관한 정보를 제공해 준다.
    ④ 현금흐름표는 일정기간의 현금의 변화를 보여주는 보고서이다. ▶ ③

07 주석은 재무제표에 포함된다. ▶ ④

08 ① 자산은 과거사건의 결과로 기업이 통제하는 현재의 경제적 자원이다.
    ② 부채는 과거사건의 결과로 기업이 경제적 자원을 이전해야 하는 현재의무이다.
    ④ 수익은 자산의 증가 또는 부채의 감소로서 자본의 증가를 가져온다. ▶ ③

09 수익과 비용은 자본청구권 보유자에 대한 출자 및 분배와 관련된 것을 제외한다. ▶ ③

10 ① (차) 손실충당금 or 손상차손   ×××   (대) 매출채권   ×××
    ② (차) 미수수익   ×××   (대) 임대수익   ×××
    ③ (차) 재고자산감모손실   ×××   (대) 재고자산   ×××
    ④ 부동산의 담보제공은 재무상태에 영향을 초래하지 않기 때문에 회계상 거래가 아니다.
                                                                    ▶ ④

11 상품에 대한 주문만으로는 재무상태에 영향을 초래하지 않으며, 주식에 대한 액면분할은 회계처리 없이 주식수와 액면금액만 변동한다. ▶ ③

12 원재료를 공급받기로 계약만 체결한 사실은 기록의 대상인 회계상 거래에 해당하지 않는다. ▶ ③

13 직원과 월급 ₩100,000에 고용계약을 체결한 것은 기록의 대상인 회계상 거래에 해당하지 아니한다.
                                                                    ▶ ④

14 ② (차) 차입금(부채의 감소)   ×××   (대) 채무면제이익(수익의 발생)   ×××
    → 해당 거래는 자산에 영향을 초래하지 않는다.
    ① 비품(자산)을 외상으로 구입한 거래는 비품이라는 자산의 증가를 발생시킨다.
    ③ 주주로부터 현금(자산)을 출자받았으므로 현금이라는 자산의 증가를 발생시킨다.
    ④ 은행으로부터 현금(자산)을 차입하였으므로 현금이라는 자산의 증가를 발생시킨다.   ▶ ②

15 ④ (차) 매출채권(자산의 증가)   ×××   (대) 매출(수익의 발생)   ×××
    ① (차) 현금(자산의 증가)   ×××   (대) 선수금(부채의 증가)   ×××
    ② (차) 현금(자산의 증가)   ×××   (대) 차입금(부채의 증가)   ×××
    ③ (차) 선급보험료(자산의 증가)   ×××   (대) 현금(자산의 감소)   ×××
                                                                                    ▶ ④

16 용역제공계약을 체결하고 현금을 수취하였으나 회사는 기말 현재 거래상대방에게 아직까지 용역을 제공하지
    않았으므로 수익이 발생하지 않는다. 해당 거래는 (차) 현금(자산의 증가) (대) 선수금(부채의 증가)가 결합된
    거래이다.
    ② (차) 매출채권(자산의 증가)   ×××   (대) 매출(수익의 발생)   ×××
    ③ (차) 재해손실(비용의 발생)   ×××   (대) 재고자산(자산의 감소)   ×××
    ④ (차) 감가상각비(비용의 발생)   ×××   (대) 감가상각누계액(자산의 감소)   ×××
                                                                                    ▶ ①

정답
및
해설

17 (차) 급여(비용의 발생)   ×××   (대) 현금(자산의 감소)   ×××
                                                                                    ▶ ①

18 ① (차) 현금(자산의 증가)   ×××   (대) 미수금(자산의 감소)   ×××
    ② (차) 재해손실(비용의 발생)   ×××   (대) 비품(자산의 감소)   ×××
    ③ (차) 임차료(비용의 발생)   ×××   (대) 미지급임차료(부채의 증가)   ×××
    ④ (차) 미지급급여(부채의 감소)   ×××   (대) 당좌예금(자산의 감소)   ×××
                                                                                    ▶ ③

19 회계처리는 다음과 같다.
    (차) 기계장치(자산의 증가)   4,000,000   (대) 현금(자산의 감소)   1,000,000
                                                            지급어음(부채의 증가)   3,000,000
    → 자산 : ₩3,000,000 증가, 부채 : ₩3,000,000 증가, 자본 : 불변
                                                                                    ▶ ②

20 1) 기초자본 = ₩22,000(기초자산) − ₩3,000(기초부채) = ₩19,000
    2) 기말자본 = ₩80,000(기말자산) − ₩50,000(기말부채) = ₩30,000
    3) 기말자본 = ₩19,000(기초자본) − ₩1,000(현금배당) + ₩7,000(유상증자) + ₩35,000(수익총액) − 비용총액
        → 비용총액 = ₩30,000
                                                                                    ▶ ③

21 1) 기말자본 = ₩120,000(기초자본) + ₩400,000(총수익) − ₩320,000(총비용) − ₩30,000(배당금지급)
        = ₩170,000
    2) 기말부채총액 = ₩400,000(기말자산총액) − ₩170,000(기말자본총액) = ₩230,000
                                                                                    ▶ ④

22 1) 기초자본 = ₩12,000(기초자산) − ₩7,000(기초부채) = ₩5,000
2) 기말자본 = ₩5,000(기초자본) + ₩30,000(총수익) − ₩26,500(총비용) + ₩1,000(유상증자) − ₩500(현금배당)
= ₩9,000
3) 기말부채 = ₩22,000(기말자산) − ₩9,000(기말자본) = ₩13,000

▶ ②

23 1) 기말자본 = ₩150,000(기말자산) − ₩60,000(기말부채) = ₩90,000
2) 기말자본(₩90,000) = 기초자본 − ₩10,000(현금배당) + ₩25,000(유상증자) + ₩30,000(당기순이익)
→ 기초자본 = ₩45,000
3) 기초부채 = ₩110,000(기초자산) − ₩45,000(기초자본) = ₩65,000

▶ ②

24 1) 기말 자본총액 = ₩650,000(기말 자산총액) − ₩100,000(기말 부채총액) = ₩550,000
2) 기말 자본총액(₩550,000)
= 기초 자본총액 − ₩80,000(현금배당) + ₩55,000(유상증자) + ₩120,000(당기순이익)
→ 기초 자본총액 = ₩455,000
3) 기초 자산총액 = ₩80,000(기초 부채총액) + ₩455,000(기초 자본총액) = ₩535,000

▶ ②

25 20×2년 말 자산총계는 20×2년 기초 자산총계보다 ₩100,000만큼 더 크다.
1) 20×2년 기말 자산총계 = ₩500,000(상품) + ₩800,000(매출채권) + ₩400,000(대여금) + ₩150,000(현금)
+ ₩200,000(미수금) + ₩100,000(선급비용) = ₩2,150,000
2) 20×2년 기초 자산총계 = ₩2,150,000 − ₩100,000 = ₩2,050,000

▶ ①

26 1) 20×1년 말 자산총계 = ₩200,000(재고자산) + ₩150,000(매출채권) + ₩250,000(현금) + ₩100,000
(선급금) + ₩80,000(대여금) = ₩780,000
2) 20×1년 말 부채총계 = ₩120,000(매입채무) + ₩300,000(단기차입금) + ₩50,000(미지급금)
= ₩470,000
3) 20×1년 말 자본총계 = ₩780,000(기말자산) − ₩470,000(기말부채) = ₩310,000   ▶ ②

27 1) 재무상태표에 보고된 총자산 = ₩100,000(현금) + ₩150,000(비품) + ₩200,000(재고자산) + ₩180,000
(차량운반구) = ₩630,000
2) 재무상태표에 보고된 총부채 = ₩250,000(매입채무) + ₩50,000(선수금) = ₩300,000
3) 손익계산서에 보고된 당기순이익 = ₩500,000(매출액) − ₩240,000(매출원가) − ₩120,000(급여) = ₩140,000
4) 재무상태표에 보고된 총자본 = ₩630,000(기말자산) − ₩300,000(기말부채) = ₩330,000   ▶ ④

2장 회계의 결산

01 ① 시산표는 오류를 점검하기 위한 보조장부로 필수장부는 아니다.
　　 ③ 수정전시산표에도 선급비용과 선수수익의 계정과목은 나타날 수 있다.
　　 ④ 발생된 거래 자체를 누락하였다면 차변합계와 대변합계는 일치한다.　　▶②

02 시산표는 차변과 대변의 잔액이 같은 경우 오류를 발견할 수 없다. 그러나 사채계정의 잔액은 대변, 기타포괄손익－공정가치 측정 금융자산은 차변에 잔액을 기록하므로 대변에 기록할 금액을 차변에 기입하였기에 이는 시산표에서 발견할 수 있다.　　▶②

03 시산표는 회계처리를 누락하거나 차변과 대변 계정에 동시에 같은 금액을 기입하는 경우 등 차변, 대변 금액이 일치하면 오류를 발견할 수 없다.　　▶①

04 시산표는 금액이 일치하는 경우 계정과목의 오류는 발견할 수 없다.　　▶③

05 시산표는 회계처리가 누락되거나 중복기록, 계정과목의 오류는 발견할 수 없다.
　　 ② 차입금 상환에 대한 분개
　　　 (차) 차입금　　　　　　　　×××　　　(대) 현금　　　　　　　　×××
　　　 → 차입금계정은 전기가 되었으나 현금계정은 전기를 누락하여 차변금액이 대변금액보다 크게 나타난다.
　　 ④ 미수금 회수에 대한 분개
　　　 (차) 현금　　　　　　　　×××　　　(대) 미수금　　　　　　　　×××
　　　 → 미수금계정에는 전기를 하였으나 현금계정에는 전기를 누락하는 경우 대변금액이 차변금액보다 크게 나타난다.　　▶②

06 선급보험료의 기초잔액과 기말잔액의 차이는 당기에 비용처리된 보험료를 의미한다.
포괄손익계산서 보험료(₩350,000) = 현금지급 보험료 + 선급보험료 차이분(₩70,000)
→ 현금지급 보험료 = ₩280,000　　▶①

07 보험료 관련 회계처리
　(차) 보험료　　　　　　　　400　　(대) 선급보험료　　　　　　400
　(차) 선급보험료　　　　　1,800　　(대) 현금　　　　　　　　1,800
　(차) 보험료　　　　　　　　450　　(대) 선급보험료　　　　　　450
　→ 20×1년도 포괄손익계산서에 계상될 보험료 ₩400 + ₩450 = ₩850　　▶②

08 기초소모품(₩50,000) + 당기순구입액(X) − 기말소모품(₩100,000) = 당기사용액(₩130,000)
→ 당기순구입액(X) = ₩180,000　　▶③

09 1) 미수이자 = ₩300,000 × 5% × 2/12 = ₩2,500
　　 회계처리 (차) 미수이자　　　　　2,500　　(대) 이자수익　　　　　2,500
　　 2) 선급보험료는 기간이 경과한 만큼 보험료로 비용처리한다.
　　 회계처리 (차) 보험료　　　　　80,000　　(대) 선급보험료　　　80,000
　　　 * 당기보험료 = ₩240,000 × (8개월/24개월) = ₩80,000
　　 3) 수정 후 당기순이익 = ₩1,000,000 + ₩2,500 − ₩80,000 = ₩922,500　　▶②

10 1) 기말수정분개

(차) 비용	1,000	(대) 선급비용	1,000
(차) 수익	1,000	(대) 선수수익	1,000
(차) 비용	1,000	(대) 미지급비용	1,000
(차) 미수수익	1,000	(대) 수익	1,000

2) 당기순이익에 미치는 영향 = (₩1,000) + (₩1,000) + (₩1,000) − ₩1,000 = ₩3,000 감소

▶ ③

11 20×1년 말 당기순이익 영향 = (₩80,000) + (₩20,000) + ₩40,000 = (₩60,000) 감소

※ 매출채권의 현금회수, 매입채무의 현금지급 및 자기주식처분이익은 당기순이익에 영향을 주지 않는다.

▶ ①

12 1) 수정분개를 정상적으로 수행한 경우 당기순이익에 미치는 영향 = ₩400(이자수익) − ₩200(급여) + ₩300(선수수익 중 당기수익 해당액) + ₩200(당기 인식한 비용 중 선급비용 해당액) = ₩700 증가

→ 단, 해당 수정분개를 수행하지 않았으므로 당기순이익은 ₩700 과소계상되어 있다.

2) 매출채권의 회수는 손익이 발생하지 않는 거래이며, 토지의 최초 재평가증가액은 기타포괄손익에 해당하여 당기순이익에는 영향을 주지 않는다.

▶ ②

13 1) 기말수정분개

(차) 선수임대료	30,000	(대) 임대료수익	30,000
(차) 보험료	16,000	(대) 선급보험료	16,000
(차) 미수이자	25,000	(대) 이자수익	25,000
(차) 이자비용	15,000	(대) 미지급이자	15,000
(차) 임차료	80,000	(대) 선급임차료	80,000
(차) 소모품비	40,000	(대) 소모품	40,000

2) 당기순이익에 미치는 영향 = ₩30,000(임대료수익) − ₩16,000(보험료) + ₩25,000(이자수익) − ₩15,000(이자비용) − ₩80,000(임차료) − ₩40,000(소모품비) = ₩96,000 감소

▶ ④

14 1) 기말수정분개

(차) 임차료	90,000	(대) 선급임차료	90,000
(차) 선급보험료	28,000	(대) 보험료	28,000
(차) 이자비용	15,000	(대) 미지급이자	15,000
(차) 미수이자	5,000	(대) 이자수익	5,000
(차) 급여	50,000	(대) 미지급급여	50,000
(차) 소모품	30,000	(대) 소모품비	30,000

2) 당기순이익에 미치는 영향 = (₩90,000) + ₩28,000 − ₩15,000 + ₩5,000 − ₩50,000 + ₩30,000 = ₩92,000 감소

▶ ①

15 1) 기계장치 감가상각비 = (₩3,000,000 − ₩0) × 5/15 × 9/12 = ₩750,000

2) 기간경과분 보험료 = ₩240,000 × 5/12 = ₩100,000

3) 기간경과분 임대료 = ₩600,000 × 3/6 = ₩300,000

4) 20×1년 이자비용 = ₩1,000,000 × 12% × 1/12 = ₩10,000

5) 수정 후 당기순이익 = ₩2,000,000 − ₩750,000 − ₩100,000 + ₩300,000 − ₩10,000 = ₩1,440,000

▶ ③

16 수정 후 법인세비용차감전순이익 = ₩100,000 − ₩20,000(선급보험료 기간경과분) − ₩10,000(이자비용) − ₩10,000(급여) + ₩20,000(선수임대료 기간경과분) = ₩80,000　　　　　　　　　　▶ ④

17 1) 누락된 회계처리

(차) 임대료수익	30,000	(대) 선수임대료	30,000
(차) 선급보험료	40,000	(대) 보험료	40,000
(차) 급여	50,000	(대) 미지급급여	50,000
(차) 미수이자	20,000	(대) 이자수익	20,000

2) 수정 후 당기순손익 = ₩300,000(수정 전 당기순이익) − ₩30,000(차기 임대료수익) + ₩40,000(차기 보험료) − ₩50,000(급여) + ₩20,000(이자수익) − ₩50,000(차기 매출총이익) = ₩230,000 당기순이익　　　　　　▶ ①

18 수정 후 당기순이익 = ₩100,000(오류 수정 전 당기순이익) − ₩90,000(차기임대료수익) − ₩50,000(급여발생액) + ₩100,000(이자수익 발생액) = ₩60,000

※ 선적지 인도조건으로 판매한 경우 선적시점에 매출과 매출원가를 인식하니 FOB 선적지 인도조건에 따라 당기 12월 29일에 매출과 매출원가를 인식한 회계처리는 오류가 발생하지 않았다.　　　　▶ ②

19 1) 수정 전 당기순이익 = ₩1,050,000(매출) − ₩150,000(급여) − ₩60,000(광고선전비) = ₩840,000

2) 결산수정분개

(차) 감가상각비	360,000	(대) 감가상각누계액	360,000
(차) 손실충당금	25,000	(대) 손상차손환입	25,000
(차) 급여	100,000	(대) 미지급급여	100,000

3) 수정 후 당기순이익 = ₩840,000 − ₩360,000(감가상각비) + ₩25,000(손상차손환입) − ₩100,000(급여) = ₩405,000　　　　　　　　　　▶ ②

20 기말수정분개

(차) 보험료	20,000	(대) 선급보험료	20,000
(차) 소모품비	20,000	(대) 소모품	20,000

→ 기말수정분개의 영향으로 비용이 ₩40,000 증가하여 당기순이익은 ₩40,000 감소하고, 선급보험료와 소모품 감소로 자산총액은 ₩40,000 감소한다. 부채총액 및 잔액시산표 합계는 변동하지 않는다.　　▶ ①

21 1) 기말수정분개

(차) 보험료	1,600	(대) 선급보험료	1,600
(차) 임대수익	3,500	(대) 선수임대료	3,500
(차) 소모품	2,500	(대) 소모품비	2,500

2) 기말수정분개가 미치는 영향

① 자산 = (₩1,600) + ₩2,500 = ₩900 증가한다.

② 부채 = ₩3,500(선수임대료) 증가한다.

③ 비용 = ₩1,600(보험료) − ₩2,500(소모품비) = ₩900 감소한다.

④ 당기순이익 = (₩1,600) + (₩3,500) + ₩2,500 = ₩2,600 감소한다.　　　　▶ ③

22 (차) 보험료   120,000   (대) 선급보험료   120,000

(차) 임대료수익   100,000   (대) 선수임대료   100,000

(차) 급여   100,000   (대) 미지급급여   100,000

① 당기순이익은 ₩320,000 감소한다.

② 자산총액은 선급보험료가 감소하여 ₩120,000 감소한다.

③ 부채총액은 선수임대료, 미지급급여로 인해 ₩200,000 증가한다.

④ 수정후잔액시산표 차변합계는 급여의 발생으로 ₩100,000 증가한다.   ▶ ④

23 20×1년 말   (차) 임차료   900,000   (대) 선급임차료   900,000

20×1년 말   (차) 세금과공과(비용)   200,000   (대) 미지급비용   200,000

20×1년 말   (차) 선수수익   200,000   (대) 수익   200,000

① 자산 = 선급임차료 ₩900,000 감소

② 부채 = ₩200,000(미지급비용 증가) − ₩200,000(선수수익 감소) = ₩0

③ 비용 = ₩900,000(임차료) + ₩200,000(세금과공과) = ₩1,100,000 증가

④ 수익 = ₩200,000 증가   ▶ ②

24 (차) 급여   200,000   (대) 미지급급여   200,000

(차) 보험료   30,000   (대) 선급보험료   30,000

(차) 소모품   100,000   (대) 소모품비   100,000

② 자산총액 = ₩100,000(소모품) − ₩30,000(선급보험료) = ₩70,000 증가한다.

③ 당기순이익 = (₩200,000) + (₩30,000) + ₩100,000 = ₩130,000 감소한다.   ▶ ②

25 (차) 급여   10,000   (대) 미지급급여   10,000

(차) 보험료   10,000   (대) 선급보험료   10,000

(차) 현금   10,000   (대) 매출채권   10,000

(차) 선수임대료   10,000   (대) 임대료수익   10,000

(차) 이자비용   10,000   (대) 미지급이자   10,000

① 법인세비용차감전순이익은 ₩20,000 과대계상된다.

② 비용은 ₩30,000 과소계상된다.

③ 부채는 ₩10,000 과소계상된다.

④ 자산은 ₩10,000 과대계상된다.   ▶ ③

26 수정후잔액시산표의 차변합계 = ₩1,000,000 + ₩250,000(감가상각비) + ₩50,000(급여) + ₩50,000(당기손익−공정가치 측정 금융자산) = ₩1,350,000

※ 소모품사용액, 선급임차료의 소멸은 잔액시산표의 합계가 변동하지 않는다.   ▶ ④

27 20×1.5.1   (차) 현금   120,000   (대) 임대료수익   120,000

20×1.8.1   (차) 보험료   240,000   (대) 현금   240,000

20×1.12.31   (차) 임대료수익   40,000   (대) 선수임대료   40,000

20×1.12.31   (차) 선급보험료   140,000   (대) 보험료   140,000

1) 20×1년 말 자산총액 = ₩1,000,000 + ₩120,000(현금) − ₩240,000(현금) + ₩140,000(선급보험료)
            = ₩1,020,000

2) 20×1년 말 부채총액 = ₩400,000 + ₩40,000(선수임대료) = ₩440,000   ▶ ③

28 누락된 수정분개   (차) 선수임대료(부채)   ×××   (대) 임대료수익(수익)   ×××
→ 해당 분개가 누락되어 부채가 과대표시되었으며, 수익이 과소표시되었다. 당기순이익은 과소표시되었으며, 자산은 영향이 없다. 기타포괄이익 또한 영향이 없다.   ▶ ④

29 누락된 수정분개   (차) 미수수익(자산)   ×××   (대) 이자수익(수익)   ×××
→ 미수수익에 해당하는 자산이 과소계상되었으며, 이자수익에 해당하는 수익이 과소계상되었다. 부채는 불변이지만, 자본은 과소계상되며, 당기순이익 또한 과소계상된다.   ▶ ③

30 누락된 분개   (차) 수익   300   (대) 선수수익   300
→ 해당 분개의 누락으로 수익은 ₩300 과대계상, 비용은 불변이며, 부채는 ₩300 과소계상됨에 따라 자본은 ₩300 과대계상된다. 자산에 미치는 영향은 없다.   ▶ ①

31 누락된 회계처리   (차) 보험료   5,000   (대) 선급보험료   5,000
→ 해당 회계처리가 누락되어 보험료라는 비용은 ₩5,000 과소계상되었다. 선급보험료(자산)는 감소시키지 않아 ₩5,000이 과대계상되었고, 부채는 영향이 없으나 자본은 자산의 과대계상에 따라 ₩5,000 과대계상되었다.   ▶ ①

32 누락된 회계처리   (차) 임대료수익   4,500   (대) 선수임대료   4,500
→ 20×1년 12월 31일의 회계처리 누락으로 수익은 ₩4,500 과대계상, 당기순이익은 ₩4,500 과대계상된다. 선수임대료(부채)의 과소계상으로 부채는 ₩4,500 과소계상, 자본은 ₩4,500 과대계상된다.   ▶ ④

33 누락된 회계처리   (차) 소모품(자산)   200,000   (대) 소모품비   200,000
→ 이에 따라 자산은 ₩200,000이 과소계상되었으며, 부채는 불변, 자본은 ₩200,000 과소계상되었다. 비용은 ₩200,000 과대계상되었고 이에 따라 당기순이익은 ₩200,000 과소계상되었다.   ▶ ②

34 누락된 회계처리

(차) 보험료	500,000	(대) 선급보험료	500,000
(차) 급여	2,000,000	(대) 미지급급여	2,000,000
(차) 소모품	300,000	(대) 소모품비	300,000
(차) 미수이자	500,000	(대) 이자수익	500,000

→ 비용 : ₩2,200,000 과소계상, 수익 : ₩500,000 과소계상, 당기순이익 ₩1,700,000 과대계상
자산 : ₩300,000 과소계상, 부채 : ₩2,000,000 과소계상, 자본 : ₩1,700,000 과대계상   ▶ ①

35 ① (차) 선급보험료(자산)   ×××   (대) 보험료(비용)   ×××
→ 해당 거래는 자산, 비용에 영향을 미치나 자산, 비용은 모두 잔액시산표의 차변항목으로 합계금액은 변동하지 않는다.
② (차) 감가상각비(비용)   ×××   (대) 감가상각누계액(자산감소)   ×××
→ 해당 거래는 감가상각비만큼 차변잔액이 증가하고, 감가상각누계액만큼 대변잔액이 증가한다.
③ (차) 미수이자(자산)   ×××   (대) 이자수익(수익)   ×××
→ 해당 거래는 미수이자만큼 자산이 증가하므로 차변 잔액이 증가한다. 이자수익에 해당하는 대변 잔액도 증가한다.
④ (차) 이자비용(비용)   ×××   (대) 미지급이자(부채)   ×××
→ 해당 거래는 이자비용만큼 차변잔액, 미지급이자만큼 대변잔액이 증가한다.   ▶ ①

36

차변 잔액	수정후시산표	대변 잔액
₩50,000	상품	
₩200,000	매출원가	
₩40,000	선급보험료	
₩20,000	보험료	
	이자수익	₩16,000
	선수수익	₩24,000
₩130,000	급여	
	미지급급여	₩30,000

1) 수정 후 수익은 이자수익 감소로 ₩24,000 감소한다.
2) 수정 후 차변합계는 급여증가액만큼 ₩30,000 증가한다. ▶ ②

37
1) 기말수정분개   (차) 보험료   300   (대) 선급보험료   300
   → 수정분개 후 총비용은 ₩300 증가하고, 기말자산은 ₩300 감소한다.
2) 기말자본 = ₩3,000(기초자본) + ₩12,000(총수익) − ₩9,300(총비용) + ₩1,000(유상증자) − ₩100(현금배당)
   = ₩6,600
3) 기말부채 = ₩14,700(기말자산) − ₩6,600(기말자본) = ₩8,100 ▶ ①

38
1) 당기순이익 = ₩96,500 − ₩71,800 = ₩24,700
2) 기말자본 = ₩120,000(자본금) + ₩52,000(이익잉여금) + ₩24,700(당기순이익) = ₩196,700
▶ ④

39
1) 자산총계 = ₩2,000(현금) + ₩2,500(매출채권) − ₩300(대손충당금) + ₩3,000(재고자산) + ₩14,000
   (기계장치) − ₩5,000(감가상각누계액) = ₩16,200
2) 부채총계 = ₩800(선수수익) + ₩1,500(매입채무) = ₩2,300
3) 자본총계 = ₩16,200(자산총계) − ₩2,300(부채총계) = ₩13,900
4) 이익잉여금 = ₩13,900(자본총계) − ₩4,000(자본금) = ₩9,900 ▶ ①

40
1) 기말 자산총계 = ₩50,000(선급비용) + ₩250,000(매출채권) + ₩370,000(재고자산) + ₩120,000(현금) +
   ₩20,000(미수수익) = ₩810,000
2) 기말 부채총계 = ₩130,000(매입채무) + ₩60,000(미지급금) + ₩80,000(미지급비용) = ₩270,000
3) 기말 자본총계 = ₩810,000(자산총계) − ₩270,000(부채총계) = ₩540,000
4) 당기순이익 = ₩350,000(매출액) − ₩100,000(매출원가) − ₩50,000(급여) − ₩30,000(임차료) = ₩170,000
5) 기초이익잉여금 = ₩540,000(기말 자본총계) − ₩50,000(자본금) − ₩170,000(당기순이익) = ₩320,000
▶ ②

41
1) 당기 손상차손 = ₩200,000(기말 손실충당금) − ₩20,000(손실충당금 잔액) = ₩180,000
2) 20×1년 당기순이익 = ₩250,000(수정 전 당기순이익) − ₩180,000(손상차손) + ₩50,000(투자부동산
   평가이익) = ₩120,000
3) 20×1년 말 이익잉여금 = ₩150,000 + ₩120,000(20×1년 당기순이익) = ₩270,000 ▶ ①

42 당기순이익 = ₩180,000(매출액) − ₩75,000(매출원가) − ₩20,000(임차료) − ₩10,000(급여) − ₩6,000
(감가상각비) + ₩12,000(임대료수익) + ₩25,000(유형자산처분이익) − ₩2,000(광고선전비) = ₩104,000
▶ ①

43 비용이 수익보다 큰 경우 마감분개로 이익잉여금이 ₩50,000 감소한다. ▶ ③

44 1) 20×1년도 당기순이익 = ₩85,000(집합손익 대변합계) − ₩42,000(집합손익 차변합계) = ₩43,000
  2) 20×1년 말 이익잉여금 = ₩52,000(이익잉여금 기초잔액) + ₩43,000(20×1년 당기순이익) = ₩95,000
  3) 20×1년 말 자본총계 = ₩100,000(자본금) + ₩95,000(20×1년 말 이익잉여금) = ₩195,000
  ▶ ③

45 장부마감 후 다음 회계연도 차변으로 이월되는 계정과목은 재무상태표 계정 중에서 자산계정이다. 이 중 자산계정은 투자부동산이다.
  ① 이자수익(수익)은 임시계정으로 차기로 계정잔액이 이월되지 않는다.
  ② 매입채무는 부채계정으로 계정잔액이 장부마감 후 대변으로 이월되는 계정과목이다.
  ③ 매출원가(비용)는 임시계정으로 차기로 계정잔액이 이월되지 않는다. ▶ ④

3장 개념체계

01 개념체계는 한국채택국제회계기준에 우선하지 아니한다. ▶ ④

02 현재 및 잠재적 투자자, 대여자 및 기타 채권자가 필요로 하는 모든 정보를 제공하지도 않으며 제공할 수도 없다. ▶ ①

03 보고기업의 경영진도 해당 기업에 대한 재무정보에 관심이 있다. 그러나 경영진은 그들이 필요로 하는 재무정보를 내부에서 구할 수 있기 때문에 일반목적재무보고서에 의존할 필요가 없다. ▶ ④

04 보고기업의 경제적 자원 및 청구권의 변동은 그 기업의 재무성과 그리고 채무상품이나 지분상품의 발행과 같은 그 밖의 사건이나 거래에서 발생한다. ▶ ③

05 자산의 취득은 지출의 발생과 밀접하게 관련되어 있으나 지출이 없이도 자산의 정의를 충족할 수 있다. ▶ ④

06 ① 목적적합성과 표현충실성은 근본적 질적 특성이다.
  ③ 이용자도 이용원가가 발생한다.
  ④ 재무정보가 과거 평가를 확인하거나 변경시킨다면 확인가치를 갖는다. ▶ ②

07 검증가능성은 보강적 질적 특성이다. ▶ ③

08 해당 지문은 비교가능성에 관한 설명이다. ▶ ④

09 재무정보에 예측가치, 확인가치 또는 이 둘 모두가 있다면 해당 정보는 목적적합하다. ▶ ②

10 일관성은 비교가능성과 관련은 되어 있지만 동일하지는 않다. ▶ ④

11 보강적 질적 특성은 비교가능성, 검증가능성, 적시성 및 이해가능성이다. ▶ ④

12 비교가능성은 비슷한 것은 비슷하게 다른 것은 다르게 보임으로써 보강된다. ▶ ①

13 중요성은 해당 기업 특유한 측면의 목적적합성으로 회계기준위원회는 중요성에 대한 획일적인 계량 임계치를 정하거나 특정한 상황에서 무엇이 중요한 것인지를 미리 결정할 수 없다. ▶ ③

14 목적적합성과 표현충실성이 없는 재무정보라면 해당 정보가 더 비교가능하거나 검증가능하거나 적시성이 있거나 이해가능하더라도 유용한 정보라고 할 수 없다. ▶ ①

15 계량화된 정보가 검증가능하기 위해서 단일 점추정치이어야 할 필요는 없으며, 가능한 금액의 범위 및 관련된 확률도 검증가능하다. ▶ ④

16 보고기업은 단일의 실체이거나 어떤 실체의 일부일 수 있으며 둘 이상의 실체로 구성될 수도 있으나, 반드시 법적 실체일 필요는 없다. ▶ ④

17 법률적 통제가 없어도 자산의 정의를 충족시킬 수 있다. ▶ ③

18 (가) : 소유권이 자산의 존재를 판단함에 있어 필수적인 것은 아니다.
(다) : 재평가 또는 재작성에 따른 자본의 증감도 수익과 비용의 정의에 부합한다. ▶ ②

19 ㄴ. 소유권이 자산의 존재를 판단함에 있어 필수적인 요소는 아니다.
ㄷ. 자산의 취득은 지출과 밀접한 관련이 있지만, 지출이 수반되지 않아도 자산으로 인식될 수 있다. (예 : 증여받은 재화) ▶ ②

20 수익과 비용은 자본청구권 보유자에 대한 출자 및 분배와 관련된 것은 제외한다. ▶ ②

21 기업의 실무관행, 공개한 경영방침 등과 상충되는 방식으로 행동할 실제 능력이 없는 경우 기업의 실무관행 등에서 의무가 발생할 수 있으며, 이러한 의무를 의제의무라고 한다. ▶ ④

22 수익은 지분참여자에 의한 출연과 관련된 것은 제외한다. ▶ ④

23 부채 : 과거사건의 결과로 기업실체의 경제적 자원을 이전해야 하는 현재의무 ▶ ③

24 기업이 발행한 후 재매입하여 보유하고 있는 채무상품(자기사채)이나 지분상품(자기주식)은 기업의 경제적 자원이 아니다. ▶ ①

25 경제적 효익을 창출할 가능성이 낮더라도 권리가 경제적 자원의 정의를 충족하면 자산이 될 수 있다.
▶ ④

26 역사적원가는 자산의 손상이나 손실부담에 따른 부채와 관련되는 변동을 제외하고는 가치의 변동을 반영하지 않는다. ▶ ①

27 현행가치에 공정가치, 사용가치와 이행가치, 현행원가가 포함되는 것으로 설명한다. ▶ ①

28 부채가 발생하거나 인수할 때의 역사적원가는 발생시키거나 인수하면서 수취한 대가에 거래원가를 차감한다.
▶ ③

29 사용가치와 이행가치는 자산을 취득하거나 부채를 인수할 때 발생하는 거래원가를 포함하지 않는다.
▶ ④

30 ① 현행원가는 측정일 현재 동등한 자산의 원가로서 측정일에 지급할 대가와 그 날에 발생할 거래원가를 포함한다.
② 역사적원가는 자산을 취득 또는 창출할 때 발생한 원가의 가치로서 자산을 취득 또는 창출하기 위하여 지급한 대가와 거래원가를 포함한다.
④ 공정가치는 측정일에 시장참여자 사이의 정상거래에서 자산을 매도하거나 부채를 이전할 때 지급하게 될 가격이다.
▶ ③

31 사용가치와 이행가치는 미래현금흐름에 기초하기 때문에 자산을 취득하거나 부채를 인수할 때 발생하는 거래원가는 포함하지 않는다.
▶ ①

32 현행원가는 역사적원가와 마찬가지로 유입가치이다. 이는 기업이 자산을 취득하거나 부채를 발생시킬 시장에서의 가격을 반영한다. 이에 반해 공정가치, 사용가치 또는 이행가치는 유출가치이다.
▶ ②

33 비교가능성을 높이거나 향상시킬 수 있는 측정기준은 동일한 시점의 가치를 설명할 수 있는 측정기준이다. 공정가치는 측정일에 시장참여자 사이에 해당 자산을 매도하거나 부채를 이전하면서 형성되는 가치로 측정일에 객관적인 시장가치를 반영한다는 점에서 비교가능성이 높다. 현행원가는 측정일에 동등한 자산을 취득하기 위해 지급한 대가와 그날에 발생한 거래원가를 포함하는 측정기준으로 측정일에 동등한 자산, 부채의 가치를 측정하므로 비교가능성을 높이거나 향상시킬 수 있다.
▶ ③

34 실물자본유지개념을 적용하는 경우 현행원가기준에 따라 측정하지만, 재무자본유지개념은 특정한 측정기준을 요구하지 않는다.
▶ ①

35 실물자본유지개념 하에서의 이익 = ₩2,000 − (5개 × ₩300) = ₩500 이익
▶ ③

36 1) 기초실물생산능력 = ₩100,000 ÷ ₩5,000 = 20개
2) 실물자본유지개념 하에서의 이익 = ₩145,000 − (20개 × ₩6,500) = ₩15,000
▶ ①

37 실물자본유지개념 하에서의 당기이익 = ₩1,500,000 − (200개 × ₩6,000) = ₩300,000
▶ ②

38 1) 기초실물생산능력 = ₩1,800 ÷ ₩600 = 3개
2) 실물자본유지개념에 따른 이익 = ₩2,200(20×1년 말 현금) − (3개 × ₩700) = ₩100
3) 자본유지조정 = 3개 × (₩700 − ₩600) = ₩300
▶ ①

정답
및
해설

4장 재무제표 표시

01 재무제표는 1년 단위로 작성하나, 실무적인 이유로 52주의 보고기간을 관행으로 한다면, 해당 보고관행은 금지
되지 않는다. ▶ ④

02 부적절한 회계정책은 이에 대하여 공시나 주석 또는 보충자료를 통해 설명하더라도 정당화될 수 없다.
▶ ①

03 수익과 비용의 어느 항목도 당기손익과 기타포괄손익을 표시하는 보고서에 특별손익 항목으로 표시할 수 없다.
▶ ③

04 외환손익 또는 단기매매금융상품에서 발생하는 손익과 같이 유사한 거래의 집합에서 발생하는 차익과 차손은
순액으로 표시한다. 단, 중요한 경우에는 구분하여 표시한다. ▶ ④

05 외환손익 또는 단기매매금융상품에서 발생하는 손익과 같이 유사한 거래의 집합에서 발생하는 차익과 차손은
그 금액이 중요한 경우에는 구분하여 표시한다. ▶ ④

06 이연법인세자산(부채)은 유동자산(부채)으로 분류하지 아니한다. ▶ ③

07 재고자산에 대한 재고자산평가충당금과 매출채권에 대한 손실충당금과 같은 평가충당금을 차감하여 관련 자산을
순액으로 측정하는 것은 상계표시에 해당하지 않는다. ▶ ①

08 부적절한 회계정책은 이에 대해 공시나 주석 또는 보충자료를 통해 설명하더라도 정당화 될 수 없다. ▶ ③

09 기타포괄손익의 항목은 이와 관련된 법인세효과 반영 전 금액으로 표시하고 각 항목들에 관련된 법인세효과는
단일금액으로 합산하여 표시할 수 있다. ▶ ③

10 유동자산 = ₩250,000(재고자산) + ₩1,000,000(단기매매 주식) + ₩700,000(매출채권) + ₩370,000(대여금)
 + ₩440,000(현금) = ₩2,760,000 ▶ ④

11 한국채택국제회계기준의 요구에 따라 공시되는 정보가 중요하지 않은 경우 공시를 제공할 필요는 없다.
▶ ④

12 포괄손익계산서 본문 및 주석 어디에도 특별손익 항목으로 표시할 수 없다. ▶ ②

13 포괄손익계산서 본문 및 주석 어디에도 특별손익 항목으로 표시할 수 없다. ▶ ②

14 ① 재무제표는 한국채택국제회계기준을 적용해야 하지만 그 외의 보고서까지 모두 한국채택국제회계기준을 적
 용할 필요는 없다.
 ③ 경영활동을 중단할 의도를 가지고 있거나 청산 또는 경영활동의 중단의도가 있을 경우에는 계속기업을 전제
 로 재무제표를 작성하여서는 아니된다.
 ④ 한국채택국제회계기준의 요구사항을 모두 충족한 경우에만 그러한 준수 사실을 주석에 명시적이고 제한 없
 이 기재한다. ▶ ②

15 ㄱ. 재무제표는 현금흐름에 관한 정보를 제외하고는 발생기준 회계를 적용하여 작성한다.
　　ㄷ. 부적절한 회계정책은 이에 대하여 공시나 주석 또는 보충자료를 통해 설명하더라도 정당화될 수 없다.
▶ ②

16 기타포괄손익으로 인식한 재평가잉여금의 변동은 후속 기간에 재분류하지 않으며, 자산이 제거될 때 이익잉여금으로 대체할 수 있다.
▶ ④

17 기타포괄손익 – 공정가치 측정 금융자산으로 분류된 지분상품의 평가손익은 기타포괄손익에 해당한다. ▶ ②

18 당기순손익과 총포괄손익 간의 차이를 발생시키는 항목은 기타포괄손익이다. 확정급여제도의 재측정요소와 해외사업장의 재무제표 환산으로 인한 손익은 기타포괄손익에 해당한다.
▶ ④

19 확정급여제도의 재측정요소와 자산재평가잉여금은 재분류가 금지되는 기타포괄손익이다. ▶ ④

20 영업이익에는 포함되지 않았지만, 기업의 영업성과를 반영하는 그 밖의 수익 또는 비용 항목이 있다면 이러한 항목을 가감한 금액을 조정영업이익 등의 명칭으로 주석에 공시한다.
▶ ④

21 영업이익 = ₩300,000(매출액) – ₩128,000(매출원가) – ₩57,000(판매비와 관리비) = ₩115,000
　* 판매비와 관리비 = ₩4,000(대손상각비) + ₩30,000(급여) + ₩3,000(감가상각비) + ₩20,000(임차료)
　　　　　　　　　 = ₩57,000
▶ ②

22 영업이익 = ₩300,000(매출액) – ₩160,000(매출원가) – ₩20,000(감가상각비) – ₩30,000(종업원급여) – ₩10,000(광고선전비) = ₩80,000
▶ ③

23 ① 한국채택국제회계기준에 따라 중간재무보고서를 작성한 경우, 관련 사실을 주석으로 공시한다.
　② 중간재무보고서상의 재무상태표는 당해 중간보고기간 말과 직전연도 말을 비교하는 형식으로 작성한다.
　④ 중간재무보고서상의 재무제표는 연차재무제표보다 더 적은 정보를 제공하므로 신뢰성은 낮고, 적시성은 높다.
▶ ③

24 포괄손익계산서의 경우에는 당해 회계연도 누적기간뿐 아니라 당해 중간기간에 대해서도 직전 회계연도 동일기간과 비교하는 형식으로 작성해야 한다.
▶ ④

5장　재고자산

01 매입원가 = ₩110,000(당기매입액) – ₩10,000(환급예정인 매입세액) + ₩10,000(매입운임) + ₩5,000(하역료) – ₩5,000(매입할인) – ₩2,000(리베이트) + ₩500(관세납부금) = ₩108,500
▶ ①

02 적격자산에 해당하는 재고자산의 제조에 직접 관련된 차입원가는 재고자산의 취득원가에 포함한다. ▶ ③

03 1) 순매입액 = ₩1,300,000(총매입) – ₩100,000(매입에누리와 환출) + ₩40,000(매입운임) = ₩1,240,000
　2) 순매출액 = ₩1,700,000(총매출액) – ₩180,000(매출에누리와 환입) = ₩1,520,000
　3) 매출원가 = ₩120,000(기초상품재고액) + ₩1,240,000(순매입액) – ₩150,000(기말재고액) = ₩1,210,000
　4) 매출총이익 = ₩1,520,000 – ₩1,210,000 = ₩310,000
▶ ③

04 1) 매입할인액 = ₩1,000,000 × 5% = ₩50,000
    2) 매입채무 ₩1,000,000 중 매입할인 ₩50,000을 제외한 ₩950,000을 현금으로 지급한다.   ▶ ④

05 1) 순매출액 = ₩100,000(총매출액) − ₩2,000(매출환입) − ₩1,000(매출에누리) − ₩1,500(매출할인) = ₩95,500
    2) 매출원가 = ₩10,000(기초재고) + ₩79,500(순매입) − ₩30,000(기말재고) = ₩59,500
      * 순매입 = ₩80,000 + ₩1,500(매입운임) − ₩2,000(매입환출) = ₩79,500
    3) 매출총이익 = ₩95,500 − ₩59,500 = ₩36,000   ▶ ④

06 1) 매출원가 = ₩16,000(기초상품재고) + ₩32,000(당기상품매입액) − ₩22,000(기말상품재고) = ₩26,000
    2) 매출액 = ₩26,000(매출원가) + ₩13,000(매출총이익) = ₩39,000
    3) 외상매출액 = ₩39,000(총매출액) − ₩7,000(현금매출액) = ₩32,000
    4) 기말매출채권 = ₩10,000(기초매출채권) + ₩32,000(외상 매출액) − ₩40,000(현금회수액) = ₩2,000
  ▶ ③

07

매출채권				매입채무			
기초	₩120,000	회수	₩890,000	지급	₩570,000	기초	₩60,000
매출	₩850,000	기말	80,000	기말	130,000	매입	₩640,000
합계	₩970,000	합계	₩970,000	합계	₩700,000	합계	₩700,000

    1) 매출원가 = ₩70,000(기초재고) + ₩640,000(매입) − ₩90,000(기말재고) = ₩620,000
    2) 매출총이익 = ₩850,000 − ₩620,000 = ₩230,000   ▶ ③

08 1) 매출원가 = ₩500(매출액) − ₩100(매출총이익) = ₩400
             = ₩120(기초상품재고액) + 매입액 − ₩110(기말상품재고액)
     → 매입액 = ₩390
    2) 상품매입과 관련된 당기 현금지급액 = ₩80(기초매입채무) + ₩390(매입액) − ₩120(기말매입채무) = ₩350
  ▶ ④

09 1) 매출원가 = ₩66,000(기초재고자산) + ₩120,000(매입액) − ₩72,000(기말재고자산) = ₩114,000
    2) 매출액 = ₩114,000(매출원가) + ₩50,000(매출총이익) = ₩164,000
    3) 외상매출액 = ₩164,000 − ₩36,000(현금매출액) = ₩128,000
    4) 기말매출채권 = 기초매출채권 + 외상매출액 − 회수액
             = ₩48,000 + ₩128,000 − ₩156,000 = ₩18,000   ▶ ①

10

매출채권				매입채무			
기초	₩500,000	현금회수	₩1,300,000	현금지급	₩1,100,000	기초	₩350,000
매출	₩1,700,000	기말	₩900,000	기말	₩480,000	매입	₩1,230,000

    1) 매출원가 = ₩180,000(기초재고) + ₩1,230,000(매입액) − ₩250,000(기말재고) = ₩1,160,000
    2) 매출총이익 = ₩1,700,000(매출액) − ₩1,160,000(매출원가) = ₩540,000   ▶ ④

11 1) 매출원가 = ₩50,000(매출액) − ₩10,000(매출총이익) = ₩40,000
    2) 당기 매입액 = ₩40,000(매출원가) + ₩11,000(기말재고) − ₩12,000(기초재고) = ₩39,000
    3) 기말매입채무 = ₩8,000(기초매입채무) + ₩39,000(매입) − ₩35,000(매입채무상환) = ₩12,000
  ▶ ②

12 1) 기초매출채권 + 매출액 = 현금회수액 + 기말매출채권
  → 매출액 = 현금회수액 + (기말매출채권 − 기초매출채권)
  → 매출액 = ₩139,500 + ₩22,000 = ₩161,500
2) 기초매입채무 + 매입 = 현금지급액 + 기말매입채무
  → 매입액 = 현금지급액 + (기말매입채무 − 기초매입채무)
  → 매입액 = ₩118,000 − ₩15,000 = ₩103,000
3) 매출원가 = 기초재고 + 매입액 − 기말재고
  → 매출원가 = ₩103,000 − ₩20,000 = ₩83,000
4) 매출총이익 = ₩161,500 − ₩83,000 = ₩78,500 ▶ ④

13 1) 매출원가 = ₩250,000(매출액) × (1 − 40%) = ₩150,000
2) 매출원가(₩150,000) = ₩30,000(기초재고액) + 당기매입액 − ₩45,000(기말재고액)
  → 당기 매입액 = ₩165,000
3) 매입대금으로 지급한 현금액 = ₩18,000(매입채무 기초잔액) + ₩165,000(외상매입액) − ₩15,000(매입채무 기말잔액) = ₩168,000 ▶ ④

14 1) 순매입액 = ₩14,000(총매입액) − ₩1,000(매입환출) − ₩2,000(매입할인) = ₩11,000
2) 매출원가 = ₩6,000(기초재고) + ₩11,000(당기매입액) − ₩9,000(기말재고) = ₩8,000
3) 순매출액 = ₩8,000(매출원가) ÷ 80%(매출원가율) = ₩10,000
4) 총매출액 = ₩10,000(순매출액) + ₩1,500(매출에누리) + ₩2,500(매출할인) = ₩14,000 ▶ ②

15 1) 순매출액 = ₩498,000(총매출액) − ₩10,000(매출할인) − ₩8,000(매출에누리) = ₩480,000
2) 매출원가 = ₩480,000 − ₩70,000(매출총이익) = ₩410,000
3) 매출원가(₩410,000) = ₩40,000(기초재고) + 당기순매입액 − ₩30,000(기말재고자산)
  → 당기 순매입액 = ₩400,000
4) 순매입액(₩400,000) = 총매입액 − ₩15,000(매입환출) − ₩5,000(매입할인)
  → 총매입액 = ₩420,000 ▶ ④

16 매출원가 = 200개 × ₩1,000 + 300개 × ₩1,200 + 200개 × ₩1,300 = ₩820,000 ▶ ④

17 1) 기말재고수량 = 150개(판매가능수량) − 70개(판매량) = 80개
2) 기말재고자산 = 80개 × ₩120 = ₩9,600 ▶ ④

18 1) 매출원가 = 1,000개 × ₩35 + 400개 × ₩40 = ₩51,000
2) 매출액 = 800개 × ₩50 + 200개 × ₩55 + 400개 × ₩60 = ₩75,000
3) 매출총이익 = ₩75,000(매출액) − ₩51,000(매출원가) = ₩24,000 ▶ ①

19 1) 선입선출법 = 200개 × ₩200 = ₩40,000
2) 가중평균법(총평균법) = 200개 × ₩170 = ₩34,000
  * 총평균단가 = (150개 × ₩100 + 350개 × ₩200) ÷ 500개 = ₩170 ▶ ③

20 1) 이동평균단가(6월 1일) = (100단위 × ₩30 + 100단위 × ₩36) ÷ 200단위 = ₩33
2) 기말재고액 = 80단위 × ₩33 = ₩2,640 ▶ ③

정답 및 해설

21 1) 매출원가(₩24,000) = 200개(판매량) × ₩120(총평균원가)
  2) 총평균원가(₩120) = (100개 × ₩100 + 200개 × x) ÷ 300개
   → x(매입분 매입원가) = ₩130 ▶ ④

22 1) 3월 5일 이동평균단가 = (10개 × ₩50 + 20개 × ₩80) ÷ 30개 = ₩70
  2) 3월 18일 이동평균단가 = (20개 × ₩70 + 10개 × ₩100) ÷ 30개 = ₩80
  3) 기말재고금액 = 15개 × ₩80 = ₩1,200 ▶ ③

23 실지재고조사법의 가중평균법은 총평균법이다.
  1) 총평균단가 = (60개 × ₩10 + 40개 × ₩15 + 60개 × ₩20) ÷ 160개 = ₩15
  2) 매출원가 = 130개(판매량) × ₩15 = ₩1,950 ▶ ④

24 1) 선입선출법 매출원가 = 50개 × ₩100 + 100개 × ₩110 = ₩16,000
  2) 총평균단가 = (₩5,000 + ₩11,000 + ₩6,000) ÷ 200개 = ₩110
  3) 총평균법 매출원가 = 150개 × ₩110 = ₩16,500
  4) 선입선출법과 총평균법의 매출원가 차이 = ₩16,500 − ₩16,000 = ₩500 ▶ ④

25 1) 평균법 적용 시 기초재고 ₩5,000 감소 + 기말재고 ₩7,000 감소
  2) 평균법 적용 시 매출원가는 (₩5,000) + ₩7,000 = ₩2,000 증가, 매출총이익은 ₩2,000 감소
  3) 평균법 적용 시 매출총이익 = ₩55,000 − ₩2,000 = ₩53,000 ▶ ②

26 재고자산의 구입단가가 계속 상승하는 인플레이션에서는 기말재고자산의 크기는 선입선출법 > 이동평균법 > 총평균법의 순이다.
  1) 재고자산금액 : 선입선출법 > 가중평균법
  2) 매출원가 : 선입선출법 < 가중평균법
  3) 당기순이익(법인세크기) : 선입선출법 > 가중평균법
  4) 순현금흐름 : 선입선출법 < 가중평균법 ▶ ②

27 20×1년 기말재고자산 = ₩700,000(실사재고) + ₩120,000(원재료) + ₩50,000(미판매된 적송품) + ₩30,000(매입의사표시를 받지 못한 시송품) = ₩900,000 ▶ ①

28 기말재고자산 = ₩500,000(실사금액) + ₩20,000(미판매된 적송품) + ₩50,000(매입의사를 표시하지 않은 시송품) + ₩120,000(선적지인도조건의 매입) = ₩690,000
  ※ 선적지인도조건으로 판매한 경우 매출이 인식되며 재고자산에는 포함되지 않는다. ▶ ③

29 기말재고자산 = ₩10,000(재고자산 실사액) + ₩800(미판매된 적송품원가) + ₩400(매입의사를 미표시한 시송품) = ₩11,200
  ※ 도착지 인도조건의 매입은 도착해야 재고자산에 포함되며, 선적지 인도조건의 매출은 이미 판매하였으므로 재고자산에 포함하지 않는다. ▶ ①

30 기말상품재고액 = ₩10,000(실사재고액) + ₩1,000(담보차입액) + ₩600(미판매된 적송품) + ₩3,000(도착지 조건의 판매) = ₩14,600 ▶ ④

31 기말상품재고액 = ₩2,000,000(실사재고) + ₩250,000(선적지조건 매입) − ₩110,000(수탁받은 재고) + ₩80,000(재구매조건부판매) + ₩100,000(적송품) + ₩200,000(시송품) = ₩2,520,000 ▶ ③

32 정확한 기말재고 = ₩1,000,000(실제 기말재고) + ₩60,000(수탁자 미판매분) + ₩70,000(매입의사 미통보)
= ₩1,130,000 ▶ ③

33 기말상품재고액 = ₩200,000(실사금액) + ₩30,000(시송품) + ₩60,000(위탁판매) + ₩30,000(선적지 인도조건매입) = ₩320,000 ▶ ④

34 누락된 회계처리
(차) 매출원가(비용) ×××   (대) 매입채무(부채) ×××
→ 자산에는 영향이 없으며, 부채는 과소, 자본은 과대, 당기순이익은 과대계상되었다. ▶ ④

35 재고자산감모손실 = 장부재고 − 실지재고
= ₩250,000 − (800개 × ₩100 + 250개 × ₩180 + 400개 × ₩250) = ₩25,000
▶ ②

36 1) 기말재고 계산에 사용할 이동평균단가 = (1,000개 × ₩11 + 1,000개 × ₩12) ÷ 2,000개 = ₩11.5
2) 재고자산감모손실 = (2,000개 − 1,800개) × ₩11.5 = ₩2,300
3) 재고자산평가손실 = 1,800개 × (₩11.5 − ₩9) = ₩4,500 ▶ ①

37 1) (주)한국의 매출원가(비용총액)
= ₩1,000,000(기초재고자산) + ₩3,000,000(매입액) − ₩1,800,000(기말재고자산)
= ₩2,200,000
2) 당기순이익 = ₩4,400,000(매출액) − ₩2,200,000(비용) = ₩2,200,000 ▶ ④

38 1) 감모손실 = (300개 − 250개) × ₩200 = ₩10,000
2) 매출원가 = ₩80,000(기초재고) + ₩120,000(순매입액) − ₩50,000(기말재고) − ₩8,000(비정상감모손실)
= ₩142,000
* 기말재고 = 250개 × ₩200 = ₩50,000 ▶ ②

39 1) 기말재고(저가재고) = 2,500개 × MIN[₩200(취득원가), ₩240(순실현가능가치)] = ₩500,000
2) 비용총액 = ₩700,000(기초재고) + ₩6,000,000(매입액) − ₩500,000(기말재고) = ₩6,200,000 ▶ ④

40 1) 감모손실 = 150개 × ₩100 = ₩15,000(비정상감모 : ₩12,000)
2) 매출원가 = ₩60,000(기초재고) + ₩300,000(당기매입) − ₩84,000(기말재고) − ₩12,000(비정상감모손실)
= ₩264,000
* 기말재고(저가재고) = 1,050개 × MIN[₩100(취득원가), ₩80(순실현가능가치)] = ₩84,000 ▶ ③

41 1) 감모손실 = (20개 − 10개) × ₩1,000(단위당 원가) = ₩10,000
2) 비정상감모손실 = ₩10,000 × 40% = ₩4,000
3) 매출원가 = ₩10,000(기초재고자산) + ₩80,000(당기매입액) − ₩10,000(기말실사재고) − ₩4,000(비정상감모손실) = ₩76,000 ▶ ③

42 1) 기말재고(저가재고) = 3개 × MIN[₩180, ₩100] = ₩300
　　　2) 회계처리
　　　　　(차) 기말재고　　　　　　　300　　　　　　(대) 기초재고　　　　　　　2,400
　　　　　　　매출원가　　　　　　 7,500　　　　　　　　매입　　　　　　　　 5,400
　　　3) 매출총이익 = ₩13,800 − ₩7,500 = ₩6,300　　　　　　　　　　　　　▶ ①

43 1) 당기순매입액 = ₩800,000(당기상품매입액) + ₩60,000(매입운임) − ₩10,000(관세환급금) = ₩850,000
　　※ 모든 감모손실과 평가손실을 매출원가에 반영하므로 판매가능재고에서 차감할 기말재고금액은 저가재고금액이다.
　　　2) 저가재고금액 = 480개(실제수량) × ₩800(단위당 순실현가능가치) = ₩384,000
　　　3) 기초재고금액 = ₩950,000(매출원가) + ₩384,000(기말재고금액) − ₩850,000(당기순매입액) = ₩484,000
　　　　　　　　　　　　　　　　　　　　　　　　　　　　　　　　　　　　　　▶ ②

44 저가법은 취득원가와 순실현가능가치 중 작은 금액으로 기말재고자산을 인식한다.
　　　1) 기말재고자산 장부금액 = ₩1,000(A의 취득원가) + ₩1,900(B의 순실현가능가치) = ₩2,900
　　　2) 매출원가 = ₩10,000 − ₩2,900 = ₩7,100　　　　　　　　　　　　　　▶ ②

45 1) 재고자산의 저가법은 항목별로 적용한다.
　　　　　항목 A : 단위당 취득원가(₩4,000) < 단위당 순실현가능가치(₩4,900)이므로 평가손실은 없다.
　　　　　항목 B = 150개 × (₩3,400 − ₩2,900) = ₩75,000
　　　　　항목 C = 130개 × (₩2,300 − ₩2,200) = ₩13,000
　　　　　항목 D : 재고자산평가손실은 없다.
　　　2) 재고자산평가손실 = ₩75,000 + ₩13,000 = ₩88,000　　　　　　　　　▶ ①

46 1) 기말재고금액 = 20개 × ₩100 + 40개 × ₩140 + 30개 × ₩100 = ₩10,600
　　　2) 매출원가(₩250,000) = 기초재고(₩0) + 당기매입(X) − 기말재고(₩10,600)
　　　　　→ 당기매입(X) = ₩260,600　　　　　　　　　　　　　　　　　　　　▶ ②

47 1) 장부상 단가 = ₩2,400 ÷ 80개 = ₩30
　　　2) 실사기말재고금액 = 75개 × ₩30 = ₩2,250
　　　3) 재고자산평가손실 = ₩2,250 − ₩1,850 = ₩400　　　　　　　　　　　　▶ ③

48 1) 확정판매계약을 맺은 수량에 대한 재고자산평가손실 = 40단위 × (₩700 − ₩690) = ₩400
　　　2) 일반판매수량에 대한 재고자산평가손실 = 60단위 × (₩700 − ₩670) = ₩1,800
　　　3) 재고자산평가손실 = ₩400 + ₩1,800 = ₩2,200　　　　　　　　　　　　▶ ②

49 1) 제품의 경우 평가손실이 발생하지 않으므로 그 생산에 투입하기 위해 보유한 원재료도 감액하지 않는다.
　　　2) 상품의 평가손실 = 1,500단위 × (₩2,500 − ₩2,350) = ₩225,000　　　　▶ ②

50 원재료를 투입하여 제품이 되는 경우 제품에서 평가손실이 발생하지 않으면 원재료도 감액하지 않는다. 제품 B는 평가손실이 발생하지 않으므로 원재료 B도 감액하지 않는다.
　　　기말재고금액 = ₩80,000(원재료 A) + ₩120,000(제품 A) + ₩80,000(원재료 B) + ₩110,000(제품 B)
　　　　　　　　　 = ₩390,000　　　　　　　　　　　　　　　　　　　　　　▶ ④

51 1) 감모손실 = (200개 − 180개) × ₩10 = ₩200

2) 평가손실 = 180개 × (₩10 − ₩9) = ₩180

3) 감모손실과 평가손실 회계처리

(차) 매출원가	200	(대) 재고자산	200
(차) 매출원가	80	(대) 재고자산평가충당금	80

→ 매출원가에 미치는 순영향 = ₩280 증가 ▶ ④

52 1) 원가율 = (₩1,800 + ₩6,400) ÷ (₩2,000 + ₩8,000) = 82%

2) 기말재고(원가) = ₩4,000 × 82% = ₩3,280

3) 매출원가 = ₩1,800(기초재고) + ₩6,400(매입) − ₩3,280(기말재고) = ₩4,920 ▶ ②

53 1) 선입선출 원가율 = ₩500 ÷ (₩900 + ₩150 − ₩50) = 50%

2) 기말재고(판매가) = ₩200 + ₩900 + ₩150 − ₩50 − ₩900(매출액) = ₩300

3) 기말재고(원가) = ₩300 × 50% = ₩150

4) 매출원가 = ₩50(기초재고) + ₩500(당기매입) − ₩150(기말재고) = ₩400 ▶ ④

54 1) 기말재고(매가) = ₩500 + ₩31,000 + ₩700 − ₩200 − ₩25,000(매출액) = ₩7,000

2) 원가율(평균원가) = (₩300 + ₩18,900) ÷ (₩500 + ₩31,000 + ₩700 − ₩200)

3) 기말재고(원가) = ₩7,000 × 60% = ₩4,200

4) 매출원가 = ₩300(기초재고) + ₩18,900(매입) − ₩4,200(기말재고) = ₩15,000 ▶ ②

정답
및
해설

55 평균원가율(60%) = (₩150,000 + ₩510,000) ÷ (₩200,000 + ₩860,000 + 순인상액 − ₩20,000)

→ 순인상액 = ₩60,000 ▶ ③

56 1) 기말재고(매가) = ₩2,100,000 + ₩9,800,000 + ₩200,000(순인상) − ₩100,000(순인하) − ₩10,000,000 (매출액) − ₩500,000(종업원할인) = ₩1,500,000

2) 저가기준 선입선출법 원가율 = (₩6,000,000 + ₩200,000 − ₩400,000) ÷ [₩9,800,000 + ₩200,000 (순인상)] = 58%

3) 기말재고(원가) = ₩1,500,000 × 58% = ₩870,000

4) 매출원가 = ₩1,400,000 + ₩5,800,000 − ₩870,000 = ₩6,330,000 ▶ ③

57 1) 기말재고자산(매가) = ₩10,000 + ₩40,000 + ₩200(순인상) − ₩300(순인하) − ₩400(비정상파손) − ₩100 (정상파손) − ₩30,000(매출액) = ₩19,400

2) 저가기준 선입선출원가율 = (₩20,000 − ₩100) ÷ [₩40,000 + ₩200(순인상액) − ₩400(비정상파손)] = 50%

3) 기말재고(원가) = ₩19,400 × 50% = ₩9,700

4) 매출원가 = ₩7,000(기초재고) + ₩20,000(당기매입액) − ₩100(비정상파손) − ₩9,700(기말재고) = ₩17,200 ▶ ④

58

기초재고액	₩550,000	
+ 당기상품매입액	₩2,250,000	
− 매출원가	₩2,100,000	← ₩3,000,000 × (1 − 30%)
= 기말상품재고액(추정)	₩700,000	▶ ③

59

기초재고	₩400,000
+ 당기매입액	₩1,600,000
− 매출원가(추정액)	₩1,500,000 ← ₩2,000,000 × (1 − 25%)
= 기말재고 추정액	₩500,000

→ 화재손실 추정액 = ₩500,000 − ₩20,000(남아있는 재고) = ₩480,000　▶ ④

60

기초재고자산	₩100
+ 매입액	₩200
− 매출원가 추정액	₩176 ← ₩220 × (1 − 20%)
= 재고자산 추정액	₩124

→ 도난 추정액 = ₩124 − ₩90(실사금액) = ₩34　▶ ②

61

기초재고자산	₩100,000
+ 당기상품매입액	₩600,000
− 매출원가 추정액	₩320,000 ← ₩400,000 × (1 − 20%)
= 기말재고 추정액	₩380,000

→ 재해손실 = ₩380,000 − ₩110,000(남은 재고가치) = ₩270,000　▶ ①

62

기초상품	₩1,260
+ 당기순매입액	₩2,100
− 매출원가	₩2,800 ← ₩3,500 × (1 − 20%)
= 재고 추정액	₩560

▶ ②

63　1) 매출총이익률 = (₩900,000 − ₩630,000) ÷ ₩900,000 = 30%

2) 매출원가 추정액 = (₩500,000 − ₩30,000) × (1 − 30%) = ₩329,000

3) 소실된 추정 상품재고액 = ₩30,000(기초재고) + ₩380,000(당기순매입) − ₩329,000(매출원가) = ₩81,000

▶ ④

64　1) 매출원가 = ₩6,000 × 1/1.2 = ₩5,000

2) 기말재고액(추정) = ₩2,200(기초재고) + ₩4,300(매입액) − ₩5,000(매출원가) = ₩1,500　▶ ③

65　1) 매출원가 = (₩900,000 − ₩100,000) × 1/1.25 = ₩640,000

2) 기말재고(원가) = ₩300,000 + ₩450,000 − ₩640,000 = ₩110,000　▶ ①

66　1) 매출액 = ₩2,000,000(기초총자산) × 2회(총자산회전율) = ₩4,000,000

2) 기말재고자산 장부금액(추정)

기초재고자산	₩400,000
+ 당기매입액	₩3,700,000
− 매출원가	₩3,200,000 ← ₩4,000,000 × (1 − 20%)
= 기말재고 추정액	₩900,000

▶ ④

67　재고자산의 매입원가는 매입가격에 수입관세와 매입운임, 하역료는 가산하고, 매입할인, 리베이트 등은 차감한 금액이다.

▶ ③

68 ① 선입선출법은 계속기록법과 실지재고조사법의 기말재고자산 금액이 같다.
② 선입선출법은 계속기록법과 실지재고조사법의 기말재고자산 금액이 같다.
③ 매입운임은 매입액에 가산, 판매운임은 판매비로 비용처리한다. ▶④

69 ② 선입선출법은 기말재고자산의 평가관점에서 현행원가를 적절히 반영한다.
③ 선입선출법은 먼저 매입 또는 생산된 재고자산이 판매되고 가장 최근에 매입 또는 생산된 재고자산이 기말재고로 남는 것을 가정한다.
④ 통상적으로 상호 교환될 수 없는 재고자산항목의 원가와 특정 프로젝트별로 생산되고 분리되는 재화 또는 용역의 원가는 개별법을 사용하여 결정한다. ▶①

70 가격변동이익이나 중개이익을 목적으로 옥수수, 구리, 석유 등의 상품을 취득하여 단기간 내에 매도하는 기업은 순공정가치의 변동을 당기손익으로 인식한다. ▶④

71 표준원가법에 의한 원가측정방법은 그러한 방법으로 평가한 결과가 실제 원가와 유사한 경우에는 사용할 수 있다. ▶④

72 재고자산의 매입원가는 매입가격에 매입할인, 리베이트 및 기타 유사한 항목을 차감한 금액이다. ▶④

73 1) 매출액 = ₩500(평균매출채권) × 5회(매출채권회전율) = ₩2,500
2) 매출원가 = ₩600(평균재고자산) × 3회(재고자산회전율) = ₩1,800
3) 매출총이익 = ₩2,500 − ₩1,800 = ₩700 ▶①

74 1) 매출채권회전율 = ₩1,000,000 ÷ ₩50,000 = 20회
2) 매출채권 회수기간 = 360일 ÷ 20회 = 18일
3) 정상영업주기(42일) = 매출채권 회수기간(18일) + 재고자산 회수기간(24일)
→ 재고자산회전율 = 15회
4) 매출원가 = ₩40,000(평균재고자산) × 15회(재고자산회전율) = ₩600,000 ▶④

75 1) 영업주기(180일) = 재고자산 회수기간 + 매출채권 회수기간
* 재고자산회전율 = 매출원가 ÷ 평균재고자산 = ₩8,000 ÷ ₩2,000 = 4회
* 재고자산 회수기간 = 360일 ÷ 재고자산회전율(4회) = 90일
* 매출채권 회수기간 = 90일
2) 매출채권회전율 = 360일 ÷ 90일 = 4회
3) 매출액 = ₩2,500(평균매출채권) × 4회(매출채권회전율) = ₩10,000 ▶④

76 1) 재고자산회전율 = 360일 ÷ 120일(재고자산 회전기간) = 3회
2) 매출원가 = ₩150,000(평균재고자산) × 3회(재고자산회전율) = ₩450,000 ▶③

77 1) 매출원가 = ₩100,000 × 1/1.25 = ₩80,000
2) 기말재고자산 = ₩30,000(기초) + ₩84,000(매입액) − ₩80,000(매출원가) = ₩34,000
3) 재고자산회전율 = ₩80,000(매출원가) ÷ ₩32,000(평균재고자산) = 2.5회 ▶④

78 1) 매출액 = ₩125,000(평균매출채권) × 6회(매출채권회전율) = ₩750,000
2) 매출원가 = ₩150,000(평균재고자산) × 4회(재고자산회전율) = ₩600,000
3) 매출총이익 = ₩750,000 − ₩600,000 = ₩150,000 ▶④

정답 및 해설

79 1) 20×0년 매출액 = ₩600(평균매출채권) × 5회(매출채권회전율) = ₩3,000

2) 20×0년 매출원가 = ₩3,000 × 80% = ₩2,400

3) 20×0년 평균재고자산 = ₩2,400(매출원가) ÷ 4회(재고자산회전율) = ₩600

→ 20×0년 기말재고자산 = ₩1,000

4) 20×1년 화재로 인해 소실된 것으로 추정되는 상품의 원가 = ₩1,000(20×1년 기초재고) + ₩3,000(상품
매입액) − ₩2,800(매출원가 추정액) = ₩1,200

* 매출원가 추정액 = ₩3,500 × 80% = ₩2,800　　　　　　　　　　　　　　　　　　▶ ③

80 20×1년도 평가이익

1) 새로 태어난 돼지 = ₩50,000 × 6마리 = ₩300,000(평가이익)

2) 12월 31일 0.5년된 돼지 = (₩70,000 − ₩50,000) × 6마리 = ₩120,000(평가이익)

3) 2년된 돼지 중 기초보유분 = (₩130,000 − ₩80,000) × 10마리 = ₩500,000

2년된 돼지 중 당기구입분 = (₩130,000 − ₩100,000) × 5마리 = ₩150,000

→ 평가이익 = ₩300,000 + ₩120,000 + ₩500,000 + ₩150,000 = ₩1,070,000　　　　▶ ③

81 1) 생물자산 평가이익 = ₩2,250,000 − ₩1,500,000 = ₩750,000(평가이익)

2) 원유 판매수익 = ₩300,000

3) 20×1년 당기순이익 = ₩750,000(평가이익) + ₩300,000(판매수익) − ₩450,000(소요비용) − ₩50,000
(판매비용) = ₩550,000　　　　　　　　　　　　　　　　　　　　　　　　　　　▶ ②

82 20×1년 초　　(차) 생물자산　　　　　　　250,000　　(대) 현금　　　　　　　　　260,000

생물자산평가손실　　　10,000

수확시점　　(차) 수확물　　　　　　　100,000　　(대) 수확물평가이익　　　　100,000

20×1년 말　　(차) 생물자산　　　　　　　5,000　　(대) 생물자산평가이익　　　　5,000

→ 20×1년 말 당기순이익에 미치는 영향 = (₩10,000) + ₩100,000(수확물평가이익) + ₩5,000(생물자산
평가이익) = ₩95,000 증가　　　　　　　　　　　　　　　　　　　　　　　　　▶ ①

83 수확물을 최초 인식시점에 순공정가치로 인식하여 발생하는 평가손익은 발생한 기간의 당기손익에 반영한다.

▶ ④

84 수확물을 최초 인식시점에 순공정가치로 인식하여 발생하는 평가손익은 발생한 기간의 당기손익에 반영한다.

▶ ④

85 순공정가치로 측정하는 생물자산과 관련된 정부보조금에 다른 조건이 없는 경우에는 이를 수취할 수 있게 되는
시점에 당기손익으로 인식한다.　　　　　　　　　　　　　　　　　　　　　　　　　　▶ ④

6장 유형자산

01 관리 및 기타 일반간접원가는 유형자산의 취득과 직접 관련되는 원가에 해당하지 않는다. ▶ ③

02 ① 유형자산이 경영진이 의도하는 방식으로 가동되는 상태에 도달한 이후에는 취득원가에 포함하지 않는다.
③ 초기 가동손실은 취득원가에 포함하지 않는다.
④ 재배치, 재편성원가는 취득원가에 포함하지 않는다. ▶ ②

03 초기 가동손실은 유형자산의 취득 이후에 발생하는 것으로 취득원가에 포함하지 않는다. ▶ ①

04 ① 새로운 상품과 서비스를 소개하는 데 소요되는 원가는 비용으로 인식한다.
③ 전문가 지급수수료는 취득원가에 포함한다.
④ 유형자산이 정상적으로 작동되는지 여부를 시험하는 과정에서 발생하는 원가는 취득원가에 포함한다.
▶ ②

05 ㄱ. 시험과정에서 생산된 재화의 순매각금액 : 매각시점에 당기손익으로 반영
ㄷ. 재배치, 재편성하는 과정에서 발생하는 원가 : 발생시점의 비용으로 인식 ▶ ②

06 영업활동의 전부 또는 일부를 재배치하는 과정에서 발생하는 원가와 새로운 상품이나 용역을 소개하는 데 소요되는 원가는 취득원가에 포함하지 않는다. ▶ ④

07 사용 중인 유형자산의 정기적인 종합검사과정에서 발생하는 원가가 인식기준을 충족하는 경우 당기비용으로 처리하지 않고 자산의 장부금액에 가산한다. ▶ ④

08 토지취득원가 = ₩1,000,000(구입가격) + ₩50,000(철거비용) − ₩20,000(폐자재 처분대가)
= ₩1,030,000 ▶ ④

09 토지취득원가 = ₩500(구입대금) + ₩30(취득세) + ₩50(건물철거비) − ₩20(고철매각대금) + ₩100(토지정지비)
= ₩660 ▶ ④

10 건물의 취득원가 = ₩100,000(설계비) + ₩45,000(측량비) + ₩450,000(건설공사비) = ₩595,000 ▶ ①

11 기계장치의 장부금액 = ₩3,000,000(기계장치 구입대금) + ₩200,000(설치비) + ₩100,000(시운전 검사비) −
₩500,000(정부보조금) = ₩2,800,000 ▶ ③

12 토지의 취득원가 = ₩1,000,000(구입대금) + ₩70,000(취득세 및 등기수수료) + ₩10,000(창고철거비) −
₩5,000(폐자재 처분 수입) = ₩1,075,000 ▶ ②

13 1) 토지원가 = ₩500,000 + ₩4,000(중개수수료) + (₩5,000 − ₩1,000) + ₩2,000(측량비) + ₩3,000
(정지비용) = ₩513,000
2) 건물원가 = ₩50,000(설계비) + ₩1,000,000(공사비) = ₩1,050,000
※ 야외 주차장 공사비는 별도 구축물로 회계처리한다. ▶ ③

14 1) 토지의 취득원가 = ₩2,500,000(구입가격) + ₩30,000(등기수수료) + ₩50,000(토지취득세) + ₩4,000(창고 철거비) − ₩1,000(폐자재 수입) = ₩2,583,000

    2) 건물의 취득원가 = ₩23,000(본사 사옥 설계비) + ₩1,700,000(공사대금) = ₩1,723,000 ▶ ②

15 일괄구입 시 취득원가는 공정시장가치비율로 안분한다.

    1) 토지 = ₩1,200,000 × (₩1,200,000/₩1,500,000) = ₩960,000

    2) 건물 = ₩1,200,000 × (₩300,000/₩1,500,000) = ₩240,000 ▶ ③

16 회사가 유지·관리하는 상하수도 공사비나 내용연수가 영구적이지 않은 배수공사비용 및 조경공사비용은 토지의 취득원가가 아닌 별도자산으로 인식한다. ▶ ②

17 교환으로 취득한 유형자산 = ₩800,000(제공한 유형자산의 공정가) + ₩100,000 = ₩900,000 ▶ ④

18 교환으로 취득한 토지의 취득원가 = ₩1,000(제공한 자산의 장부금액) + ₩200(현금지급액) = ₩1,200 ▶ ③

19 기계장치 B의 취득원가 = 기계장치 A의 공정가 = ₩8,000 ▶ ③

20 교환 시 취득원가 = ₩4,500,000(제공한 자산의 공정가치) + ₩3,000,000(현금지급액) = ₩7,500,000 ▶ ②

21

(차) 건물	13,000	(대) 토지	10,000
		유형자산처분이익	3,000

    ※ 상업적 실질이 있는 거래의 경우 교환으로 취득한 자산의 원가는 제공한 자산의 공정가치로 측정한다. ▶ ①

22

(차) 기계장치 A	45,000	(대) 기계장치 B	75,000
감가상각누계액	38,000	현금	8,400
유형자산처분손실	400		▶ ③

23 1) 교환 취득자산의 원가 = ₩1,700,000 + ₩300,000(현금지급액) = ₩2,000,000

    2) 유형자산처분손익 = ₩1,700,000(제공한 자산의 공정가치) − ₩1,600,000(제공한 자산의 장부금액)

        = ₩100,000 처분이익 ▶ ②

24 1) (주)민국의 취득원가(A) = ₩950,000(제공한 자산의 공정가치) + ₩200,000(현금지급액) = ₩1,150,000

    2) (주)한국의 회계처리

(차) (신)유형자산	950,000	(대) (구)유형자산	900,000
현금	200,000	유형자산처분이익(B)	250,000
			▶ ④

25 1) 복구충당부채 = ₩500,000 × 0.6209 = ₩310,450
  2) 20×1년 초 회계처리

(차) 해양구조물	4,310,450	(대) 현금	4,000,000
		복구충당부채	310,450

  3) 20×1년 말 회계처리

(차) 감가상각비	862,090	(대) 감가상각누계액	862,090
(차) 이자비용	31,045	(대) 복구충당부채	31,045

  4) 20×1년도 비용 = ₩862,090(감가상각비) + ₩31,045(이자비용) = ₩893,135 ▶ ④

26 ① 20×1년 초 복구충당부채 = ₩200,000 × 0.6806 = ₩136,120
  ② 20×1년 초 취득원가 = ₩1,000,000 + ₩136,120 = ₩1,136,120
  ③ 20×1년 말 감가상각비 = ₩1,136,120 × 1/5 = ₩227,224
  ④ 20×1년 말 차입원가 = ₩136,120 × 8% = ₩10,890 ▶ ③

27 1) 20×1년 초 복구충당부채 = ₩200,000 × 0.8227 = ₩164,540
  2) 20×2년 감가상각비 = (₩1,564,540 − ₩200,000) × 1/4 = ₩341,135 ▶ ②

28 1) 토지의 취득원가 = ₩1,000 + ₩2,000 × 1.7355 = ₩4,471
  2) 20×1말 미지급금 장부금액 = ₩3,471 × 1.1 − ₩2,000 = ₩1,818 ▶ ④

29 1) 20×1년 초 미지급금 = ₩1,000,000 × 2.4869 = ₩2,486,900
  2) 20×1년 말 미지급금 = ₩2,486,900 × 1.1 − ₩1,000,000 = ₩1,735,590
  3) 20×2년 이자비용 = ₩1,735,590 × 10% = ₩173,559 ▶ ②

30 1) 무이자부 어음의 현재가치 = ₩1,000,000 × 1.7355 = ₩1,735,500
  2) 기타포괄손익−공정가치 측정 금융자산 취득 시 취득가액과 공정가치와의 차액
    = ₩100,000 − ₩80,000 = ₩20,000
  3) 건물의 취득원가 = ₩1,735,500 + ₩20,000 = ₩1,755,500 ▶ ③

31 1) 20×1년 초 상각후원가측정금융자산 공정가치 = ₩1,000,000 × 0.6 + ₩40,000 × 3.8 = ₩752,000
  2) 20×1년 초 본사건물 취득원가 = ₩5,000,000 + ₩248,000 = ₩5,248,000
  3) 20×1년 감가상각비 = (₩5,248,000 − ₩50,000) × 1/20 = ₩259,900 ▶ ③

32 20×3년 말 재무상태표상 이연수익 = ₩600,000 − (₩600,000 × 3/5) = ₩240,000 ▶ ③

33 20×3년 말 기계장치 장부금액
  = ₩900,000(순액) − [(₩900,000 − ₩0) × 3/5] = ₩360,000 ▶ ①

34 20×1년 감가상각비
  = [₩7,500(순액) − ₩0] × 1/5 = ₩1,500 ▶ ①

35 20×1년도 감가상각비 = (₩700,000 − 0) × 1/4 × 3/12 = ₩43,750 ▶ ①

36 20×2년 말 장부금액 = ₩7,000,000(순액) − [(₩7,000,000 − ₩1,000,000) × 5/6] = ₩2,000,000 ▶ ③

정답
및
해설

37 경제적 효익이 소비되는 형태를 신뢰성 있게 결정할 수 없는 경우 정액법을 사용하는 것은 무형자산이다.
▶ ④

38 감가상각방법은 해당 자산의 미래경제적효익이 소비되는 형태를 반영하는 방법을 선택한다.
▶ ④

39 토지 가치의 증가와 건물의 감가상각과는 관계가 없다.
▶ ①

40 유형자산이 운휴 중이거나 적극적인 사용상태가 아니더라도 감가상각을 중단하지 않는다.
▶ ③

41 1) 정액법 = (₩2,000,000 − ₩200,000) × 1/4 = ₩450,000
2) 정률법 = ₩2,000,000 × 0.44 = ₩880,000
3) 연수합계법 = (₩2,000,000 − ₩200,000) × 4/10 = ₩720,000
4) 생산량비례법 = (₩2,000,000 − ₩200,000) × (10톤/100톤) = ₩180,000
▶ ②

42 1) 20×2년 감가상각비 = (₩100,000 − ₩40,000) × 40% = ₩24,000
* 정률 = ₩40,000 ÷ ₩100,000 = 40%
2) 20×2년 말 장부금액 = ₩100,000 − ₩40,000 − ₩24,000 = ₩36,000
▶ ②

43 감가상각누계액 = ₩720,000 × 5/15 + ₩720,000 × 4/15 × 9/12 = ₩384,000
▶ ④

44 1) 20×2년 1월 1일 장부금액 = ₩10,000 − [(₩10,000 − ₩0) × 1/5] = ₩8,000
2) 20×2년 감가상각비 = (₩8,000 − ₩0) × 4/10 = ₩3,200
3) 20×2년 장부금액 = ₩10,000 − ₩2,000 − ₩3,200 = ₩4,800
▶ ④

45 1) 20×4년 1월 1일 장부금액 = ₩1,000,000 − [(₩1,000,000 − ₩200,000) × 3/8] = ₩700,000
2) 20×4년 감가상각비 = (₩700,000 − ₩40,000) × 5/15 = ₩220,000
▶ ④

46 1) 20×1년도 감가상각비 = ₩10,000 × 2/5 × 6/12 = ₩2,000
2) 20×2년도 감가상각비 = (₩10,000 − ₩2,000) × 2/5 × 12/12 = ₩3,200
▶ ③

47 1) 20×3년 12월 31일 장부금액 = ₩10,000,000 − [(₩10,000,000 − ₩1,000,000) × (5 + 4 + 3)/15]
= ₩2,800,000
2) 20×4년 감가상각비 = (₩2,800,000 − ₩500,000) × 4/10 = ₩920,000
* 잔여내용연수 = 5년 − 3년 + 2년 = 4년
▶ ③

48 1) 일괄취득 시 기계장치 취득원가 = ₩20,000,000 × 2/10 = ₩4,000,000
2) 20×1년도 기계장치 감가상각비 = (₩4,000,000 − ₩0) × 4/10 × 9/12 = ₩1,200,000
▶ ①

49 1) 20×1년 말 장부금액 = ₩500,000 − [(₩500,000 − ₩50,000) × 5/15] = ₩350,000
2) 20×2년 감가상각비 = (₩350,000 − ₩20,000) × 1/3 = ₩110,000
▶ ①

50 1) 20×3년 초 장부금액 = ₩200,000 − [(₩200,000 − ₩20,000) × 2/5] = ₩128,000
2) 20×3년도 감가상각비 = (₩128,000 − ₩30,000) × 1/4 = ₩24,500
▶ ②

51 1) 20×2년 말 감가상각누계액 = (₩2,000,000 − ₩200,000) × 9/15 = ₩1,080,000
2) 20×3년 감가상각비 = (₩920,000 − ₩20,000) × 1/3 = ₩300,000
▶ ②

52 1) 20×3년 12월 31일 장부금액 = ₩1,000,000 − [(₩1,000,000 − ₩0) × 3/5] = ₩400,000

2) 20×4년 감가상각비(₩250,000) = (₩400,000 + x) × 5/15

→ x = ₩350,000

*20×4년 잔여내용연수 = 5년 − 3년(경과연수) + 3년(추가연수) = 5년   ▶ ④

53 ① 재평가가 단기간에 수행되며 계속적으로 갱신된다면, 동일한 분류에 속하는 자산은 순차적으로 재평가할 수 있다.

② 감가상각대상 유형자산을 재평가할 때, 그 자산의 장부금액을 재평가금액으로 조정하여야 한다.

④ 자산의 장부금액이 재평가로 인하여 감소된 경우에 그 자산에 대한 재평가잉여금의 잔액이 있다면 재평가잉여금을 우선 감소시키고 해당 잉여금을 초과하는 재평가감소액을 당기손익으로 인식한다.   ▶ ③

54

20×1년 말	(차) 재평가손실	200,000		(대) 토지	200,000
20×2년 말	(차) 토지	400,000		(대) 재평가이익(당기손익)	200,000
				재평가잉여금(기타포괄손익)	200,000

▶ ③

55

20×0년 초	(차) 토지	3,000,000	(대) 현금	3,000,000
20×0년 말	(차) 토지	500,000	(대) 재평가잉여금	500,000
20×1년 말	(차) 재평가잉여금	500,000	(대) 토지	700,000
	재평가손실(당기비용)	200,000		

▶ ①

56

20×1년 초	(차) 토지	150,000	(대) 현금	150,000
20×1.12.31	(차) 토지	30,000	(대) 재평가잉여금	30,000
20×2.12.31	(차) 재평가잉여금	20,000	(대) 토지	20,000
20×3.12.31	(차) 재평가잉여금	10,000	(대) 토지	40,000
	재평가손실(당기비용)	30,000		

▶ ③

57 토지의 취득원가 = ₩95,000(구입가격) + ₩16,000(철거비용) = ₩111,000

20×1년 초	(차) 토지	111,000	(대) 현금	111,000
20×1.12.31	(차) 토지	9,000	(대) 재평가잉여금	9,000
20×2.12.31	(차) 재평가잉여금	9,000	(대) 토지	35,000
	재평가손실	26,000		

▶ ④

58

20×1.1.2	(차) 토지	500,000	(대) 현금	500,000
20×1.12.31	(차) 재평가손실	40,000	(대) 토지	40,000
20×2.12.31	(차) 토지	90,000	(대) 재평가이익(당기순이익)	40,000
			재평가잉여금(기타포괄손익)	50,000

▶ ④

59

20×3년 초	(차) 토지	1,500,000	(대) 현금		1,500,000
20×3년 말	(차) 재평가손실	300,000	(대) 토지		300,000
20×4년 말	(차) 토지	400,000	(대) 재평가이익		300,000
			재평가잉여금		100,000
20×5년 말	(차) 현금	1,100,000	(대) 토지		1,600,000
	토지처분손실	500,000			
	(차) 재평가잉여금	100,000	(대) 이익잉여금		100,000

→ 20×4년 당기순이익이 ₩300,000 증가한다. ▶ ②

60

1) 20×1년 말 감가상각 후 장부금액 = ₩50,000 − [(₩50,000 − ₩0) × 1/5] = ₩40,000
2) 20×1년 말 재평가잉여금 = ₩45,000(20×1년 말 공정가치) − ₩40,000(20×1년 말 장부금액) = ₩5,000

▶ ②

61

20×1년 말	(차) 감가상각비	400,000	(대) 감가상각누계액	400,000
	(차) 감가상각누계액	400,000	(대) 건물	200,000
			재평가잉여금	200,000
20×2년 말	(차) 감가상각비	450,000	(대) 감가상각누계액	450,000
	(차) 감가상각누계액	450,000	(대) 건물	750,000
	재평가잉여금	200,000		
	재평가손실	100,000		

→ 20×2년도 당기순이익에 미치는 영향 = ₩450,000(감가상각비) + ₩100,000(재평가손실) = ₩550,000
   감소 ▶ ④

62 최초의 재평가이익은 기타포괄손익으로 ₩40,000은 재무상태표에 자본항목에 보고한다. 포괄손익계산서에는 재평가이익으로 기타포괄손익이 ₩40,000 증가하며 자본에도 기타포괄손익누계액으로 ₩40,000 증가한다.

▶ ④

63

20×1.12.31	(차) 감가상각비	10,000	(대) 감가상각누계액	10,000
	(차) 감가상각누계액	10,000	(대) 건물	1,000
			재평가잉여금	9,000
20×2.12.31	(차) 감가상각비	11,000	(대) 감가상각누계액	11,000
	(차) 감가상각누계액	11,000	(대) 건물	24,000
	재평가잉여금	9,000		
	재평가손실	4,000		

▶ ②

64

20×1.12.31	(차) 감가상각비	160,000	(대) 감가상각누계액	160,000
	(차) 감가상각누계액	160,000	(대) 건물	300,000
	재평가손실	140,000		
20×2.12.31	(차) 감가상각비	125,000	(대) 감가상각누계액	125,000
	(차) 감가상각누계액	125,000	(대) 재평가이익	140,000
	건물	100,000	재평가잉여금	85,000

→ 20×2년도 당기순이익에 미치는 영향 = (₩125,000) + ₩140,000 = ₩15,000 증가 ▶ ③

65 1) 20×1년 말 감가상각 후 장부금액 = ₩1,000,000 − [(₩1,000,000 − ₩100,000) × 1/5] = ₩820,000

2) 20×1년 말 재평가잉여금 = ₩900,000(20×1년 말 공정가치) − ₩820,000(20×1년 말 감가상각 후 장부금액) = ₩80,000

3) 20×2년 말 감가상각 후 장부금액 = ₩900,000 − [(₩900,000 − ₩100,000) × 1/4] = ₩700,000

4) 20×2년 말 재평가로 자산이 ₩100,000 감소하며, 재평가잉여금 ₩80,000을 우선 감소시킨 뒤 재평가손실 ₩20,000을 인식한다. ▶ ①

66

20×1년 초	(차) (신)기계장치	800,000	(대) (구)기계장치	1,000,000
	현금	100,000		
	처분손실	100,000		
20×1년 말	(차) 감가상각비	200,000	(대) 감가상각누계액	200,000
	(차) 감가상각누계액	200,000	(대) 기계장치	230,000
	재평가손실	30,000		

→ 20×1년도 당기순이익에 미치는 영향 = (₩100,000) + (₩200,000) + (₩30,000) = ₩330,000 감소

▶ ④

67 1) 20×1년 1월 1일 건물의 취득원가 = $5,000 × ₩1,800 = ₩9,000,000

2) 20×1년 12월 31일 감가상각 후 장부금액 = ₩9,000,000 − (₩9,000,000 × 1/5) = ₩7,200,000

3) 20×1년 12월 31일 공정가치 = $6,000 × ₩1,500 = ₩9,000,000

4) 20×1년 말 재평가잉여금 = ₩9,000,000(공정가치) − ₩7,200,000(장부금액) = ₩1,800,000 ▶ ③

68 손상차손 = 장부금액 − 회수가능액 = ₩900,000 − ₩500,000 = ₩400,000

* 회수가능액 = MAX[₩400,000(순공정가치), ₩500,000(사용가치)] = ₩500,000 ▶ ①

69 1) 20×6.1.1 일괄구입 시

• 건물원가 = ₩2,000,000 × (₩960,000/₩2,400,000) = ₩800,000

• 토지원가 = ₩2,000,000 × (₩1,440,000/₩2,400,000) = ₩1,200,000

2) 건물의 20×6년도 손상차손 = ₩700,000(장부금액) − ₩670,000 = ₩30,000

토지의 20×6년도 손상차손 = ₩1,200,000 − ₩1,150,000 = ₩50,000 ▶ ①

70 1) 20×1년 말 장부금액 = ₩200,000 − [(₩200,000 − ₩0) × 1/5] = ₩160,000

2) 손상차손 = ₩160,000(장부금액) − ₩110,000(회수가능액) = ₩50,000

* 회수가능액 = MAX[₩110,000(순공정가치), ₩90,000(사용가치)] = ₩110,000 ▶ ③

71 1) 20×1년 말 장부금액 = ₩500 − [(₩500 − ₩0) × 1/5] = ₩400

2) 20×1년 말 손상차손 = ₩400(장부금액) − ₩200(회수가능액) = ₩200

3) 20×2년 말 장부금액 = ₩200 − [(₩200 − ₩0) × 1/4] = ₩150

* 20×2년 말 환입한도액 = ₩500 − [(₩500 − ₩0) × 2/5] = ₩300

4) 20×2년도 손상차손환입 = ₩300(한도액) − ₩150 = ₩150 ▶ ③

72 1) 20×1년 말 장부금액 = ₩50,000 − [(₩50,000 − ₩0) × 4/10] = ₩30,000

2) 손상차손 = ₩30,000 − ₩23,000(회수가능액) = ₩7,000

* 회수가능액 = MAX[₩22,000(순공정가치), ₩23,000(사용가치)] = ₩23,000 ▶ ④

73 1) 20×2년 감가상각비 = (₩30,000 − ₩0) × 1/5 = ₩6,000
2) 20×2년 말 손상차손 = ₩18,000(20×2년 말 감가상각 후 장부금액) − ₩15,000(회수가능액) = ₩3,000
3) 20×2년 말 당기순이익에 미치는 영향 = ₩6,000(감가상각비) + ₩3,000(손상차손) = ₩9,000 감소
▶ ④

74 1) 20×4년 12월 31일 장부금액 = ₩300,000 − [(₩300,000 − ₩0) × 1/2] = ₩150,000
2) 손상을 인식하지 않았을 경우의 20×4년 12월 31일의 장부금액
= ₩1,000,000 − [(₩1,000,000 − ₩0) × 4/5] = ₩200,000
3) 손상차손환입액 = ₩200,000(환입한도) − ₩150,000(장부금액) = ₩50,000
▶ ②

75 1) 20×1년 말 회수가능액 = MAX[₩81,000(사용가치), ₩75,000(순공정가치)] = ₩81,000
2) 20×1년 손상차손 = ₩90,000(장부금액) − ₩81,000 = ₩9,000
3) 20×2년 감가상각비 = (₩81,000 − ₩0) × 1/9 = ₩9,000
4) 20×2년 말 회수가능액 = MAX[₩64,000(사용가치), ₩72,000(순공정가치)] = ₩72,000
→ 20×2년은 장부금액과 회수가능액이 ₩72,000으로 일치한다.
▶ ④

76 1) 20×2년 말 손상차손 = ₩1,680,000(장부금액) − ₩1,400,000(회수가능액) = ₩280,000
2) 20×4년 말 손상차손환입 인식 전 장부금액
= ₩1,400,000 − [(₩1,400,000 − ₩400,000) × 2/8] = ₩1,150,000
3) 20×4년도 손상차손환입액
= MIN[₩1,360,000(손상이 발생하지 않았을 경우의 건물 장부금액), ₩1,500,000(회수가능액)] − ₩1,150,000
= ₩210,000
* 20×4년 말 손상차손환입의 한도액 = ₩2,000,000 − [(₩2,000,000 − ₩400,000) × 4/10] = ₩1,360,000
▶ ②

77

20×1.12.31	(차) 감가상각비	20,000	(대) 감가상각누계액	20,000	
	(차) 감가상각누계액	20,000	(대) 기계장치	12,000	
			재평가잉여금	8,000	
20×2.12.31	(차) 감가상각비	22,000	(대) 감가상각누계액	22,000	
	(차) 감가상각누계액	22,000	(대) 기계장치	40,000	
	재평가잉여금	8,000			
	손상차손	10,000			

1) 당기순이익 : ₩22,000(감가상각비) + ₩10,000(손상차손) = ₩32,000 감소
2) 기타포괄손익 : ₩8,000 감소
▶ ④

78 1) 20×3년 6월 30일 장부금액 = ₩2,000,000 − [(₩2,000,000 − ₩200,000) × 30개월/60개월] = ₩1,100,000
2) 유형자산처분손익 = ₩800,000(처분금액) − ₩1,100,000(장부금액) = ₩300,000 처분손실
▶ ④

79 1) 20×2년 12월 31일 장부금액 = ₩21,000 − [(₩21,000 − ₩1,000) × 2/5] = ₩13,000
2) 유형자산처분손익 = ₩11,000(처분금액) − ₩13,000(장부금액) = ₩2,000 처분손실
▶ ②

80 1) 20×2년 감가상각비 = (₩10,000 − ₩0) × 3/10 = ₩3,000
2) 유형자산처분손익 = ₩4,000(처분가액) − ₩3,000(장부가액) = ₩1,000 이익
3) 20×2년 당기순이익 = (₩3,000) + ₩1,000 = ₩2,000 감소
▶ ③

81 1) 20×3년 1월 1일 장부금액 = ₩480,000 − [(₩480,000 − ₩0) × 2/4] = ₩240,000
2) 20×3년 감가상각비 = (₩240,000 − ₩0) × 1/3 = ₩80,000
3) 20×4년 9월 말 감가상각비 = (₩240,000 − ₩0) × 1/3 × 9/12 = ₩60,000
4) 20×4년 9월 말 장부금액 = ₩480,000 − ₩240,000 − ₩80,000 − ₩60,000 = ₩100,000
5) 유형자산처분손익 = ₩130,000(처분가액) − ₩100,000(장부금액) = ₩30,000 처분이익 ▶ ③

82 1) 20×2년 말 장부금액 = ₩2,000,000 − [(₩2,000,000 − ₩200,000) × 5/15 + (₩2,000,000 − ₩200,000) × 4/15 × 6/12] = ₩1,160,000
2) 20×3년 감가상각비 = [(₩1,160,000 − ₩0) × 4/10] = ₩290,000
3) 20×4년 1월 1일 유형자산처분손익 = ₩1,000,000(처분금액) − ₩870,000(장부금액) = ₩130,000 처분이익 ▶ ②

83 1) 20×2년 말 감가상각누계액
= (₩2,000,000 − ₩200,000) × 4/10 + (₩2,000,000 − ₩200,000) × 3/10 × 6/12 = ₩990,000
2) 유형자산처분손익 = ₩1,000,000(처분금액) − ₩1,010,000(장부금액) = ₩10,000 손실 ▶ ①

84 1) 20×1년 말 장부금액 = ₩1,000,000 − [(₩1,000,000 − ₩0) × 1/5] = ₩800,000
2) 20×2년 감가상각비 = (₩800,000 + ₩325,000) × 2/6(이중체감법) = ₩375,000
→ 20×2년 말 장부금액 = ₩1,125,000 − ₩375,000 = ₩750,000
3) 20×3년 초 처분 시 수취한 현금 = ₩750,000 + ₩10,000(처분이익) = ₩760,000 ▶ ③

85 1) 20×3.1.1 장부금액 = ₩1,000,000 − (₩1,000,000 × 2/4) = ₩500,000
2) 20×3년 감가상각비 = (₩500,000 + ₩500,000 − ₩100,000) × 4/10 = ₩360,000
3) 20×4.1.1 장부금액 = ₩1,000,000 − ₩360,000 = ₩640,000
4) 수령한 현금 = ₩640,000 − ₩60,000(처분손실) = ₩580,000 ▶ ④

86 특정차입금은 당해 차입금의 일시적 운용에서 생긴 투자수익을 차감한 금액을 자본화가능차입원가로 결정한다.
▶ ④

87 1) 특정차입금 = ₩100 × 20% = ₩20
2) 일반차입금 = (₩400 − ₩100) × 10% = ₩30
3) 차입원가 자본화 = ₩20 + ₩30 = ₩50
→ 항공기의 장부금액 = ₩700(취득금액) + 50(취등록세) + ₩100(교체원가) + ₩50(차입원가) = ₩900
▶ ③

88 1) 연평균지출액 = ₩50,000 × 12/12 + ₩50,000 × 6/12 + ₩60,000 × 3/12 = ₩90,000
2) 특정차입금 자본화액 = ₩50,000 × 12% × 12/12 = ₩6,000
3) 자본화이자율 = [(₩30,000 × 10%) + (₩50,000 × 12%)] ÷ (₩30,000 + ₩50,000) = 11.25%
4) 일반차입금 자본화액 = (₩90,000 − ₩50,000) × 11.25% = ₩4,500(한도 ₩9,000)
5) 자본화할 금액 = ₩6,000 + ₩4,500 = ₩10,500 ▶ ④

정답
및
해설

89 1) 20×1년도 연평균지출액 = ₩100,000 × 12/12 + ₩30,000 × 4/12 = ₩110,000
　　 2) 특정차입금 자본화금액 = ₩30,000 × 9% × 12/12 = ₩2,700
　　 3) 자본화이자율 = (₩5,000 + ₩3,000) ÷ (₩50,000 + ₩100,000 × 6/12) = 8%
　　 4) 일반차입금 자본화금액 = (₩110,000 − ₩30,000) × 8% = ₩6,400(한도 : ₩8,000)
　　 5) 20×1년도 자본화할 차입원가 = ₩2,700 + ₩6,400 = ₩9,100　　　　　　　▶ ④

90 1) 자본화이자율 = ₩12,000 ÷ ₩100,000 = 12%
　　 2) 일반차입금 자본화금액 = (₩320,000 − ₩160,000) × 12% = ₩19,200(한도 : ₩12,000)
　　 3) 자본화할 차입원가 = ₩18,400(특정차입금) + ₩12,000(일반차입금) = ₩30,400　　▶ ③

91 일반차입금 차입원가 자본화(₩400,000) = (₩6,000,000 − 특정차입금) × 10%
　　 → 특정차입금 = ₩2,000,000　　　　　　　　　　　　　　　　　　　　　　　　▶ ①

7장　무형자산

01 ① 내부적으로 창출된 영업권은 자산으로 인식할 수 없다.
　　 ② 무형자산은 사용가능한 때부터 상각한다.
　　 ③ 무형자산도 손상회계의 대상이다.　　　　　　　　　　　　　　　　　　　　▶ ④

02 무형자산을 최초로 인식할 때에는 원가로 측정한다.　　　　　　　　　　　　　▶ ①

03 ② 새로운 지역에서 또는 새로운 계층의 고객을 대상으로 사업을 수행하는 데서 발생하는 원가는 무형자산 원가에 포함하지 않는다.
　　 ③ 내부적으로 창출한 브랜드, 제호, 출판표제 등은 무형자산으로 인식하지 아니한다.
　　 ④ 무형자산에 대한 대금지급기간이 일반적인 신용기간보다 긴 경우 무형자산의 원가는 현금가격상당액이 된다.　　　　　　　　　　　　　　　　　　　　　　　　　　　　　　　　　　　▶ ①

04 최초에 비용으로 인식한 무형항목에 대한 지출은 그 이후에 무형자산의 원가로 인식할 수 없다.　▶ ②

05 ②, ③, ④ 항목은 모두 연구활동과 관련된 지출이다.　　　　　　　　　　　　▶ ①

06 최초에 비용으로 인식한 무형항목에 대한 지출은 무형자산의 원가로 인식할 수 없다.　　▶ ④

07 1) 비용 = ₩300(연구단계) + ₩300(구분이 곤란한 항목 − 연구단계) = ₩600
　　 2) 개발단계에의 지출은 무형자산의 인식요건을 충족하므로 무형자산으로 인식한다.　▶ ④

08 연구활동 = 새로운 지식을 얻고자 하는 활동(₩100,000) + 연구결과나 기타 지식을 최종 선택하는 활동(₩200,000) = ₩300,000　　　　　　　　　　　　　　　　　　　　　　　　　▶ ①

09 무형자산의 내용연수는 경제적 내용연수와 법적 내용연수 중 짧은 기간으로 한다.　　▶ ④

10 내용연수가 비한정인 무형자산을 유한 내용연수로 재평가하는 것은 자산의 손상을 시사하는 징후에 해당한다.
▶ ③

11 ① 무형자산에 대해 손상차손을 인식한다.
② 내용연수가 비한정인 무형자산은 상각하지 않고 매년 손상검사를 수행한다.
④ 무형자산은 원가모형과 재평가모형 중 하나를 선택하여 무형자산 분류 전체에 적용한다.
▶ ③

12 내용연수가 비한정인 무형자산은 자산손상 징후와 관계없이 매년 손상검사를 수행한다.
▶ ②

13 ㄱ. 내용연수가 비한정인 무형자산은 상각하지 않고, 손상의 징후와 관계없이 매년 손상검사를 수행한다.
ㄷ. 브랜드, 제호, 출판표제, 고객목록 및 이와 실질이 유사한 항목은 무형자산의 원가로 인식하지 않는다.
▶ ④

14 ㄷ. 무형자산으로 인식되기 위해서는 식별가능성, 자원에 대한 통제 및 미래경제적효익의 존재 세 요건을 모두 충족해야 한다.
ㄹ. 무형자산을 창출하기 위한 내부 프로젝트를 연구단계와 개발단계로 구분할 수 없는 경우에는 그 프로젝트에서 발생한 지출은 모두 연구단계에서 발생한 것으로 본다.
▶ ①

15 1) 순자산의 공정가치 = ₩190,000(자산 공정가치) − ₩120,000(부채 공정가치) = ₩70,000
2) 영업권 = ₩100,000(이전대가) − ₩70,000(순자산의 공정가치) = ₩30,000
▶ ①

16 1) 순자산의 공정가치 = ₩6,000(자산 공정가치) − ₩4,000(부채 공정가치) = ₩2,000
2) 영업권 = ₩3,000(이전대가) − (₩2,000 × 50%) = ₩2,000
▶ ④

17 영업권 = ₩30,000,000(이전대가) − (₩20,000,000 + ₩8,000,000 − ₩11,000,000) = ₩13,000,000
▶ ③

18 1) 순자산의 공정가치 = (₩3,200,000 + ₩50,000) − ₩2,800,000(부채의 공정가치) = ₩450,000
2) 영업권 = ₩700,000(이전대가) − ₩450,000(순자산의 공정가치) = ₩250,000
▶ ①

19 특허권의 경제적 효익이 소비될 것으로 예상되는 형태를 신뢰성 있게 결정할 수 없는 경우 정액법으로 상각한다.
→ 20×1년 특허권 상각비 = (₩960,000 − ₩0) × 1/4 × 6/12 = ₩120,000
▶ ②

20 1) 20×3년 1월 1일 개발비의 원가 = ₩500,000 + ₩400,000 = ₩900,000
2) 20×3년 개발비 상각액 = (₩900,000 − ₩0) × 1/4 = ₩225,000
▶ ①

21 1) 20×3년 초 개발비 장부금액 = ₩50,000 + ₩100,000 = ₩150,000
※ 개발비의 원가는 자산인식 요건을 충족한 이후 지출분의 합이다.
2) 20×3년 말 상각비 반영 후 장부금액 = ₩150,000 − (₩150,000 × 1/10) = ₩135,000
3) 20×3년 개발비 손상차손 = ₩135,000(장부금액) − ₩80,000(회수가능액) = ₩55,000
▶ ④

22 1) 20×1년 12월 31일 산업재산권 장부금액 = ₩100,000 − ₩20,000(상각비) = ₩80,000

2) 20×1년 말 재평가 = ₩88,000(공정가치) − ₩80,000(장부금액) = ₩8,000(재평가잉여금)

3) 20×2년 12월 31일 장부금액 = ₩88,000 − [(₩88,000 − ₩0) × 1/4] = ₩66,000

4) 20×2년 말 재평가 = ₩66,000 − ₩52,800 = ₩13,200 (1순위로 재평가잉여금 ₩8,000을 사용하고 남은 금액이 재평가손실이다.)

→ 재평가손실 = ₩13,200 − ₩8,000 = ₩5,200   ▶ ③

8장 투자부동산

01 투자부동산의 공정가치 변동에 따른 손익은 당기손익에 반영한다.   ▶ ④

02 ㄷ : 재고자산

ㄹ, ㅁ : 자가사용부동산

ㅂ : 금융리스로 제공한 부동산은 재무상태표상 투자부동산으로 인식하지 않음   ▶ ②

03 처분예정인 자가사용부동산은 자가사용부동산으로 분류한다.   ▶ ④

04 ㄴ. 미래에 자가사용하기 위한 토지 : 자가사용부동산(유형자산)

ㄹ. 금융리스로 제공한 토지 : 리스채권   ▶ ②

05 투자부동산을 개발하지 않고 처분하기로 결정하는 경우 재고자산으로 재분류하지 않고 투자부동산으로 계속 인식한다.   ▶ ④

06 부동산 중 일부는 시세차익을 얻기 위하여 보유하고, 일부분은 재화의 생산에 사용하기 위하여 보유하고 있으나, 이를 부분별로 나누어 매각할 수 없다면, 재화의 생산에 사용하기 위하여 보유하는 부분이 경미한 경우 전체 부동산을 투자부동산으로 분류한다.   ▶ ①

07 ① 통상적인 영업과정에서 가까운 장래에 개발하여 판매하기 위해 취득한 부동산은 재고자산이다.

② 토지를 자가사용할지 통상적인 영업과정에서 단기간에 판매할지를 결정하지 못한 경우 투자부동산으로 분류한다.

③ 호텔을 소유하고 직접 경영하는 경우 투숙객에게 제공하는 용역이 전체 계약에서 유의적인 비중을 차지하므로 자가사용부동산으로 분류한다.   ▶ ④

08 계획된 사용수준에 도달하기 전에 발생하는 부동산의 운영 손실은 투자부동산의 원가에 포함하지 않는다.   ▶ ②

09 투자부동산 공정가치모형은 감가상각하지 않고 매년 공정가평가만 수행한다.

투자부동산 평가손익(당기손익) = ₩1,080,000 − ₩1,050,000 = ₩30,000 이익   ▶ ①

10 20×2년 당기순이익에 미치는 영향 = 투자부동산의 평가손실

투자부동산 평가손실 = ₩1,800,000(20×2년 말 공정가치) − ₩1,900,000(20×1년 말 공정가치)

= ₩100,000 감소   ▶ ①

11 20×2년도 당기순이익에 미치는 영향은 투자부동산 평가손익이다.
20×2년도 투자부동산 평가손익 = ₩80,000 − ₩60,000 = ₩20,000 증가 ▶ ①

12 20×3년 초 처분손익 = ₩195,000(처분금액) − ₩170,000(장부금액) = ₩25,000 이익 ▶ ③

13 20×1년 당기순이익에 미치는 영향(투자부동산 평가이익) = ₩320,000(20×1년 말 공정가치) − ₩300,000
(20×1년 초 취득원가) = ₩20,000 증가 ▶ ④

14 ① 당기손익으로 인식한다.
② 대체 전 자산의 장부금액을 승계한다.
③ 자가사용부동산을 대체하는 시점까지 발생한 감가상각 및 발생한 손상차손을 인식한다. ▶ ④

15 공정가치로 평가하게 될 자가건설 투자부동산의 건설이나 개발이 완료되면 해당일의 공정가치와 기존 장부금액
의 차액은 당기손익으로 인식한다. ▶ ④

16
20×2.7.1	(차) 건물	2,400,000	(대) 투자부동산	2,200,000
			투자부동산 평가이익	200,000
20×2.12.31	(차) 감가상각비	480,000	(대) 감가상각누계액	480,000
	(차) 감가상각누계액	480,000	(대) 재평가잉여금	580,000
	건물	100,000		

→ 당기순이익 영향 = ₩200,000(평가이익) − ₩480,000(감가상각비) = ₩280,000 감소
* 20×2년 감가상각비 = ₩2,400,000 × 1/2.5 × 6/12 = ₩480,000 ▶ ②

17
20×2.4.1	(차) 유형자산	2,600,000	(대) 투자부동산	2,400,000
			투자부동산 평가이익	200,000
20×2.12.31	(차) 감가상각비	360,000	(대) 감가상각누계액	360,000

1) 20×2년 감가상각비 = (₩2,600,000 − ₩200,000) × 1/5 × 9/12 = ₩360,000
2) 20×2년 당기순이익에 미치는 영향 = ₩200,000 − ₩360,000 = ₩160,000 감소 ▶ ②

9장 금융자산

01 금융자산(1)

01 현금 및 현금성자산 = ₩30,000(지폐) + ₩1,000(우편환증서) + ₩2,000(타인발행당좌수표) = ₩33,000 ▶ ①

02 현금 및 현금성자산 = ₩50,000(통화) + ₩20,000(양도성예금증서) = ₩70,000
※ 당좌차월 : 부채, 수입인지 : 비용, 정기예금 : 별도자산, 당좌개설보증금 : 별도자산 ▶ ①

03 당좌예금(₩1,000) + 배당금지급통지표(₩455) + 우편환증서(₩315) + 타인발행수표(₩200) = ₩1,970 ▶ ②

04 현금 및 현금성자산 = ₩1,200 + ₩1,300(외국환통화) + ₩1,200(외국환통화) + ₩1,800(보통예금) + ₩200 (우편환) + ₩400(환매채) = ₩6,100
※ 양도성예금증서는 사용이 제한되어 있어 현금 및 현금성자산에 포함되지 않는다. ▶③

05 현금 및 현금성자산 = ₩10,000(자기앞수표) + ₩2,000(공사채이자표) + ₩40,000(우편환증서) + ₩11,000 (외국환통화) = ₩63,000
※ 양도성예금증서는 취득일로부터 만기가 4개월이므로 현금 및 현금성자산에 해당하지 않는다. ▶②

06 현금 및 현금성자산 = ₩100(타인발행수표) + ₩450(지급기일이 도래한 배당금 지급통지표) + ₩260(우편환증서) + ₩250(자기앞수표) + ₩220(외국환 통화) = ₩1,280 ▶②

07 현금 및 현금성자산 = ₩50,000(통화) + ₩120,000(당좌예금) = ₩170,000
* 정확한 당좌예금 = ₩130,000(은행잔액) + ₩20,000(미기입예금) − ₩30,000(기발행미인출수표) = ₩170,000 ▶①

08

수정 전 회사 당좌예금잔액		?	수정 전 은행 당좌예금잔액	₩250,000
부도수표		(₩50,000)	미기입예금 기발행미인출수표	₩20,000 (₩40,000)
수정 후 (주)한국잔액		₩230,000	수정 후 은행잔액	₩230,000

→ 수정 전 회사잔액 = ₩280,000 ▶④

09

수정 전 회사 당좌예금잔액		₩62,000	수정 전 은행 당좌예금잔액	₩66,000
미통지입금 오류		₩3,200 (₩1,800)	미기입예금 기발행미인출수표	₩2,200 (₩4,800)
수정 후 회사잔액		₩63,400	수정 후 은행잔액	₩63,400

▶④

10

수정 전 회사 당좌예금잔액		?	수정 전 은행 당좌예금잔액	₩13,500
이자비용 오류		(₩570) ₩90	미기입예금 기발행미인출수표	₩2,560 (₩4,050)
수정 후 회사잔액		₩12,010	수정 후 은행잔액	₩12,010

→ 수정 전 회사 당좌예금잔액 = ₩12,490 ▶③

11

수정 전 회사 당좌예금잔액	₩1,000	수정 전 은행 당좌예금잔액	₩1,550
부도수표 오류 추심어음 추심수수료	(₩200) ₩270 ₩400 (₩20)	기발행미인출수표	(₩100)
수정 후 회사잔액	₩1,450	수정 후 은행잔액	₩1,450

▶③

12

수정 전 회사잔액		₩15,000	수정 전 은행잔액	₩10,000
예금이자		₩700	오류	₩3,000
부도수표		(₩8,600)	기발행미인출수표	(?)
수정 후 회사잔액		₩7,100	수정 후 회사잔액	₩7,100

→ 기발행미인출수표 : ₩5,900　　　　　　　　　　　　　　　　　　▶ ③

13

수정 전 회사 당좌예금잔액		₩1,480,000	수정 전 은행 당좌예금잔액	₩1,700,000
미통지입금		₩50,000	미기입예금	₩30,000
횡령추정액		₩100,000	기발행미인출수표	(₩100,000)
수정 후 (주)대한잔액		₩1,630,000	수정 후 은행잔액	₩1,630,000

▶ ①

14

수정 전 회사잔액		₩76,000	수정 전 은행잔액	₩40,000
수수료		(₩10,000)	미기입예금	₩50,000
미통지입금		₩16,000	기발행미인출수표	(₩40,000)
횡령액		?	오류	₩12,000
수정 후 회사잔액		₩62,000	수정 후 은행잔액	₩62,000

→ 횡령액 = ₩82,000 − ₩62,000 = ₩20,000　　　　　　　　　　▶ ③

15

수정 전 회사측 잔액		₩65,000	수정 전 은행측 잔액	₩56,000
미통지 입금		₩2,200	미기입예금	₩4,500
은행수수료		(₩1,500)	기발행 미인출 수표	(₩5,200)
오류		₩500		
횡령의심액		(₩10,900)		
수정 후 잔액		₩55,300	수정 후 잔액	₩55,300

▶ ④

16

수정 전 회사잔액		₩130,000	수정 전 은행잔액	₩10,000
부도수표		(₩60,000)	미기입예금	₩70,000
은행수수료		(₩500)	기발행미인출수표	(₩30,000)
오류		(₩19,500)		
수정 후 회사잔액		₩50,000	수정 후 은행잔액	₩50,000

오류가 (−)19,500이므로 회사장부에 실제 받은 수표보다 높게 기록되었다. 잘못 기록한 금액은 ₩50,000 + ₩19,500 = ₩69,500이다.　　　　　　　　　　　　　　　　　　▶ ②

17　1) 외상매출금 기말잔액 = ₩35,000(기초잔액) + ₩82,000(당기 외상매출액) − ₩89,000(현금 회수액)
　　　　　　　　　　 = ₩28,000
　　2) 당기 손실충당금 = ₩28,000 × 10% = ₩2,800
　　3) 당기의 손실충당금 설정　(차) 손상차손　　　　300　　(대) 손실충당금　　　　300
　　　→ 손실충당금 설정은 기존 잔액과의 차이를 설정한다.　　　　　　　　▶ ③

18

손실충당금			
손상확정액	₩200,000	기초손실충당금	₩100,000
		손상채권회수액	₩80,000
기말손실충당금	₩99,000	손상차손(?)	₩119,000

▶ ③

19

20×2.6.29	(차) 손실충당금	100,000	(대) 매출채권	250,000
	손상차손	150,000		
20×2.8.16	(차) 현금	70,000	(대) 손실충당금	70,000
20×2.12.31	(차) 손상차손	15,000	(대) 손실충당금	15,000

→ 20×2년도 손상차손 = ₩150,000 + ₩15,000 = ₩165,000

▶ ②

20

손실충당금			
손상확정	₩2,500	기초	₩1,000
		회수액	₩200
기말	₩6,200	손상차손(?)	₩7,500

▶ ④

21 기초 손실충당금(₩150) − 기중 대손확정액 + 손상차손(₩70) = 기말 손실충당금(₩100)

→ 대손확정액 = ₩120

▶ ①

22 1) 신용손실충당금 = ₩100,000 × 0.3% + ₩65,000 × 1% + ₩30,000 × 5% + ₩20,000 × 7% + ₩5,000 × 10% = ₩4,350

2) 손상차손환입 = ₩4,350 − ₩5,000(잔액) = ₩650 환입

▶ ③

23 1) 20×1년 말 손상차손(또는 손상차손환입) 전 손실충당금 잔액 = ₩2,500 − ₩1,000(손상확정액) = ₩1,500

2) 20×1년 말 손실충당금 = ₩120,000 × 0.4% + ₩25,000 × 2.0% + ₩5,000 × 8.0% = ₩1,380

3) 20×1년도 포괄손익계산서에 보고할 손상차손환입액 = ₩1,380 − ₩1,500 = ₩120 환입

▶ ①

24

매출채권			
기초매출채권	₩800,000	현금회수액	₩1,000,000
		손상확정액	₩20,000
외상매출액	₩700,000	기말매출채권	₩480,000

손실충당금			
손상확정액	₩20,000	기초손실충당금	₩15,000
기말손실충당금	₩9,600	손상차손	₩14,600

* 기말손실충당금 = ₩480,000 × 2% = ₩9,600

▶ ③

25 1) 어음의 만기금액 = ₩500,000 + ₩500,000 × 8% × 6/12 = ₩520,000

2) 은행할인액 = ₩520,000 × 10% × 3/12 = ₩13,000

3) 현금수령액 = ₩520,000 − ₩13,000 = ₩507,000

4) 할인일의 어음가치 = ₩500,000 + ₩500,000 × 8% × 3/12 = ₩510,000

5) 매출채권처분손실 = ₩507,000(현금수령액) − ₩510,000(할인일의 어음가치) = ₩3,000 손실

▶ ①

26 1) 어음의 만기금액 = ₩300,000 + ₩300,000 × 5% × 3/12 = ₩303,750
    2) 할인액 = ₩303,750 × 8% × 2/12 = ₩4,050
    3) 처분손실 = 현금수령액 − 할인일의 어음가치
             = (₩303,750 − ₩4,050) − (₩300,000 + ₩300,000 × 5% × 1/12) = ₩1,550
                                                                     ▶ ④

27 1) 만기금액 = ₩5,000,000 + ₩5,000,000 × 6% × 6/12 = ₩5,150,000
    2) 할인액(₩154,500) = ₩5,150,000 × 할인율 × 3/12 = ₩154,500
      → 할인율 = 12%
                                                                      ▶ ②

02 금융자산(2)

28 1) 주식의 이동평균단가 = (20주 × ₩1,000 + 30주 × ₩1,200) ÷ 50주 = ₩1,120
    2) 당기손익 − 공정가치 측정 금융자산 평가손익 = 40주 × (₩1,400 − ₩1,120) = ₩11,200 평가이익
                                                                    ▶ ②

29 1) 20×1년 9월 초 처분손익 = 400주 × (₩8,500 − ₩7,500) = ₩400,000 처분이익
    2) 20×1년 말 평가손익 = 600주 × (₩8,000 − ₩7,500) = ₩300,000 평가이익
    3) 20×1년 당기이익 = ₩400,000 + ₩300,000 = ₩700,000
                                                                    ▶ ②

30 1) 20×1년도 당기순이익 영향 = ₩1,000(당기손익 − 공정가치 측정 금융자산 평가이익) − ₩100(수수료비용)
                             = ₩900 증가
    2) 20×2년도 당기순이익 영향 = ₩11,200 − ₩11,000 = ₩200(처분이익) 증가 ▶ ②

31 주식처분손익 = 20주 × (₩350 − ₩200) = ₩3,000 이익
    * 당기손익 − 공정가치 측정 금융자산의 경우는 기말에 공정가치로 평가하기 때문에 처분손익은 처분금액과
      직전연도 말 공정가치의 차액에 해당한다.
                                                                    ▶ ④

32 1) 수수료비용 = (₩100)
    2) 주식처분손익 = ₩3,200 − ₩3,000 = ₩200 이익
    3) 주식평가손익 = ₩3,600 − ₩3,000 = ₩600 이익
      → 당기순이익에 미치는 효과 = (₩100) + ₩200 + ₩600 = ₩700 증가 ▶ ④

33 1) 취득 시 거래원가 = ₩5,000(당기비용)
    2) 20×1년 9월 1일 처분손익 = 100주 × (₩800 − ₩1,000) = (₩20,000) 처분손실
    3) 20×1년 말 평가손익 = 100주 × (₩1,300 − ₩1,000) = ₩30,000 평가이익
    4) 20×1년 당기순이익 증가액 = (₩5,000) + (₩20,000) + ₩30,000 = ₩5,000 ▶ ④

34 20×2년의 당기순이익에 미치는 영향은 처분손익이다.
    처분손익 = 100주 × (₩5,600 − ₩5,000) = ₩60,000 증가
    ※ 당기손익−공정가치 측정 금융자산은 매년 밀 공징가지로 징부에 기록하므로 저분가액과 직진연도 공징가
      치의 차이를 처분손익으로 인식한다.
                                                                    ▶ ②

정답 및 해설

35 1) 배당금수익(현금배당) = ₩500,000
2) 주식배당 시 회계처리는 없으나 주식수는 1,100주로 단가는 ₩6,000으로 조정된다.
3) 처분손익 = 550주 × (₩7,000 − ₩6,000) = ₩550,000 처분이익
4) 총이익 = ₩500,000 + ₩550,000 = ₩1,050,000　　　　　　　　　　　　　▶ ②

36 1) 20×1년 초 기타포괄손익-공정가치 측정 금융자산 취득원가
　　= 20주 × ₩5,500 + ₩5,000(거래원가) = ₩115,000
2) 20×1년 말 기타포괄손익 − 공정가치 측정 금융자산 평가이익
　　= ₩120,000(20×1년 말 공정가치) − ₩115,000(20×1년 초 취득원가) = ₩5,000　　▶ ①

37

20×1.12.31	(차) FVOCI 금융자산	4,000	(대) FVOCI 금융자산평가이익	4,000	
20×2.12.31	(차) FVOCI 금융자산평가이익	4,000	(대) FVOCI 금융자산	6,000	
	FVOCI 금융자산평가손실	2,000			▶ ④

38

20×1년 초	(차) FVOCI 금융자산	1,020	(대) 현금	1,020	
20×1년 말	(차) FVOCI 금융자산평가손실	120	(대) FVOCI 금융자산	120	
20×2년 말	(차) FVOCI 금융자산	300	(대) FVOCI 금융자산평가손실	120	
			FVOCI 금융자산평가이익	180	
20×3.2.1	(차) FVOCI 금융자산평가이익	100	(대) FVOCI 금융자산	100	
	(차) 현금	1,100	(대) FVOCI 금융자산	1,100	

→ 20×3년 해당 주식 처분 시에도 처분손익을 인식하지 않는다.　　　　　　　　▶ ④

39 당기손익에 미치는 영향은 당기손익-공정가치 측정 금융자산의 취득원가와 공정가치의 차이금액이다.
당기손익-공정가치 측정 금융자산 평가이익 = ₩89,000(공정가치) − ₩69,000(취득원가) = ₩20,000 증가
　　　　　　　　　　　　　　　　　　　　　　　　　　　　　　　　　　　　▶ ④

40 기타포괄손익 − 공정가치 선택 금융자산은 처분 시 당기손익을 인식하지 않는다.
당기손익 − 공정가치 측정 금융자산 처분손익(A) = ₩51,000(처분금액) − ₩49,000 = ₩2,000 이익
　　　　　　　　　　　　　　　　　　　　　　　　　　　　　　　　　　　　▶ ④

41 주식 A의 처분손익 = ₩230(매각금액) − ₩250(취득원가) = ₩20 처분손실
※ 주식 B는 기타포괄손익 − 공정가치 측정 금융자산으로 분류하였으므로 주식 B의 평가손익은 기타포괄손익
에 해당한다. 20×1년 당기순이익에 영향을 주는 사건은 주식 A의 처분손익이다.　　▶ ④

42 ① FVPL 금융자산으로 분류하는 경우 취득원가는 ₩3,000,000이지만 FVOCI 선택 금융자산의 취득원가는
₩3,050,000이다.
② FVPL 금융자산의 경우 당기손익 ₩470,000이 증가하지만 FVOCI 선택 금융자산의 경우 당기손익에 미치는
영향은 없다.
③ FVPL 금융자산 처분손실 = ₩3,350,000(순매각금액) − ₩3,500,000(장부금액) = ₩150,000 처분손실
④ FVPL 금융자산, FVOCI 선택 금융자산 모두 포괄이익에 미치는 영향은 동일하다.　　▶ ③

43

20×1년 기중	(차) FVOCI 금융자산	100,500	(대) 현금	100,500
20×1년 말	(차) FVOCI 금융자산	9,500	(대) FVOCI 금융자산평가이익	9,500
20×2년 말	(차) FVOCI 금융자산평가이익	9,500	(대) FVOCI 금융자산	12,000
	FVOCI 금융자산평가손실	2,500		
20×3년 처분 시	(차) FVOCI 금융자산	1,000	(대) FVOCI 금융자산평가손실	1,000
	(차) 현금	98,800	(대) FVOCI 금융자산	99,000
	수수료(당기손실)	200	▶ ④	

44 이자수익 = ₩951,963 × 12% = ₩114,236　　▶ ②

45 20×2년 초 장부금액 = ₩1,049,732 + ₩1,049,732 × 10% − ₩120,000 = ₩1,034,705　　▶ ①

46
1) 유효이자율 = ₩8,757 ÷ ₩87,566 = 10%
2) 20×1년 말 장부금액 = ₩87,566 × 1.1 − ₩5,000 = ₩91,323
3) 20×2년 초 상각액 합계 = ₩100,000(액면금액) − ₩91,323(장부금액) = ₩8,677
4) 20×2년, 20×3년 이자수익의 합 = ₩5,000 × 2 + ₩8,677 = ₩18,677　　▶ ④

47 20×1년 12월 31일 장부금액(₩938,200) = ₩915,000 + ₩915,000 × 유효이자율 − ₩50,000
→ 유효이자율 = 8%　　▶ ③

48
1) 20×1년 1월 1일의 현재가치 = ₩100,000 × 0.8396 + ₩8,000 × 2.6730 = ₩105,344
2) 20×1년 12월 31일의 장부금액 = ₩105,344 + ₩105,344 × 6% − ₩8,000 = ₩103,665
3) 기타포괄금융자산평가손실 = ₩95,000(공정가치) − ₩103,665(장부금액) = ₩8,665　　▶ ①

49
1) 20×1년 12월 31일 장부금액 = ₩110,812 × 1.12 − ₩15,000 = ₩109,109
2) 20×1년 말 기타포괄손실 = ₩95,000 − ₩109,109 = ₩14,109　　▶ ②

50
1) 20×1년 말의 상각후원가 = ₩81,046 + ₩81,046 × 10% − ₩5,000 = ₩84,151
2) 20×1년도 평가손익 = ₩86,000(공정가치) − ₩84,151(상각후원가) = ₩1,849 평가이익　　▶ ③

51 이자수익은 사채 취득시점의 유효이자율을 이용하여 인식한다.　　▶ ④

52
1) 20×1년 말 상각후원가 = ₩920,000 + ₩920,000 × 15% − ₩100,000(표시이자) = ₩958,000
2) 20×2년 초 처분손익 = ₩970,000(순매각금액) − ₩958,000(상각후원가) = ₩12,000 처분이익
※ 기타포괄손익−공정가치 측정 금융자산으로 분류한 채무상품은 처분 시 기타포괄손익을 당기손익으로 재분류하므로 처분손익은 순매각금액과 상각후원가의 차액이 된다.　　▶ ③

53 투자채무상품은 AC로 분류하나 FVOCI로 분류하나 처분손익은 동일하다.
1) 20×1년 말 AC금융자산 장부금액 = ₩896,884 × 1.08 − ₩40,000 = ₩928,635
2) 20×2년 초 AC금융자산 처분이익 = ₩940,000 − ₩928,635 = ₩11,365 증가
3) FVPL로 분류 시 20×1년 당기순이익 = ₩40,000(이자수익) + ₩28,116(평가이익) = ₩68,116 증가
　　▶ ④

54 해당 사채가 AC 금융자산으로 분류되거나 FVOCI 금융자산으로 분류되거나 처분관련손익은 동일하다.
1) AC 금융자산의 20×3년 초 장부금액 = ₩951,960 + ₩14,238 + ₩15,946 = ₩982,164
2) AC 금융자산 처분손실 = ₩980,000(처분금액) − ₩982,164(장부금액) = (₩164) 처분손실 ▶ ④

55 보고기간 말에 금융자산의 신용위험이 유의하게 증가하지 않았다면 12개월의 기대신용손실에 해당하는 금액으로 손실충당금을 측정한다. ▶ ④

56 ㄴ. 계약상 현금흐름의 수취와 금융자산의 매도 둘 다를 통해 목적을 이루는 사업모형 하에서 금융자산을 보유하고, 금융자산의 계약 조건에 따라 특정일에 원금과 원금잔액에 대한 이자 지급만으로 구성되어 있는 현금흐름이 발생하는 금융자산은 기타포괄손익−공정가치로 측정한다.
ㄹ. 금융자산을 기타포괄손익−공정가치 측정 범주에서 당기손익−공정가치 측정 범주로 재분류하는 경우, 재분류 전에 인식한 기타포괄손익누계액은 재분류일에 당기손익으로 인식한다. ▶ ②

57 ① 최초 인식시점에는 기타포괄손익으로 표시하도록 선택할 수 있다.
③ 기대신용손실의 손상 및 환입은 당기손익으로 인식한다.
④ 재분류 전 상각후원가와 공정가치의 차이에 따른 손익은 기타포괄손익으로 인식한다. ▶ ②

58 금융자산을 기타포괄손익−공정가치 측정 범주에서 상각후원가 측정 범주로 재분류하는 경우에 재분류일의 공정가치로 측정하고, 재분류 전에 인식한 기타포괄손익누계액은 자본에서 제거하고 재분류일의 금융자산의 공정가치에서 조정한다. ▶ ③

59 기타포괄손익−공정가치 측정 금융자산을 당기손익−공정가치 측정 금융자산으로 재분류할 경우 계속 공정가치로 측정하고, 재분류 전에 인식한 기타포괄손익누계액은 재분류일에 재분류조정으로 자본에서 당기손익으로 재분류한다. ▶ ③

10장 금융부채

01 선수금은 이후에 재화나 용역을 제공하는 것으로 현금 등 금융자산의 인도의무가 있는 금융부채가 아닌 비금융부채에 해당한다. ▶ ③

02 20×1년 말 금융부채 = ₩10,000(장기차입금) + ₩40,000(사채) + ₩60,000(매입채무) + ₩35,000(미지급금)
= ₩145,000 ▶ ④

03 금융부채는 금융자산 등의 인도를 회피할 수 없는 의무를 말한다. 선수금은 금융자산이 아닌 재화나 용역의 인도의무이며, 소득세 예수금, 미지급법인세는 부채는 맞지만 계약으로 구성된 금융부채는 아니다. ▶ ②

04 선급금과 선수금은 금융자산(부채)에 해당하지 않는다. ▶ ④

05 1) 사채의 발행금액 = ₩100,000 × 0.7118 + ₩10,000 × 2.4018 = ₩95,198
2) 사채의 총이자비용 = ₩10,000 × 3년 + (₩100,000 − ₩95,198) = ₩34,802 ▶ ③

06 총이자비용 = 표시이자 × 기간 + 사채할인발행차금 합계
= ₩2,000,000 × 9% × 5년 + (₩2,000,000 − ₩1,950,000) = ₩950,000 ▶ ④

07 사채할인발행차금은 액면금액에서 차감하는 형식으로 표시된다. ▶②

08 유효이자율법을 적용할 경우 할인발행의 이자비용은 매년 증가하고, 할증발행의 이자비용은 매년 감소한다.
▶③

09 ① 할인발행되면 이자비용은 매년 증가하고, 할증발행되면 이자비용은 매년 감소한다.
② 정액법에 의한 이자율은 매년 변동한다.
④ 유효이자율법으로 상각한다. ▶③

10 할증발행은 표시이자율 > 시장이자율일 때 발생하며, 상각액은 매기 증가한다. 이자비용은 매기 감소하며, 사채
의 장부금액은 매기 감소한다. ▶④

11 사채발행비가 존재하는 경우, 발행시점의 발행자의 유효이자율은 발행시점의 시장이자율보다 높다. ▶②

12 1) 20×2년 12월 31일 장부금액 = ₩916,594 × 1.13 − ₩80,000 = ₩955,751
2) 20×3년 이자비용 = ₩955,751 × 13% = ₩124,248 ▶④

13 1) 20×1년 말 장부금액 = ₩95,026 × 1.1 − ₩8,000 = ₩96,529
2) 20×2년 말 장부금액 = ₩96,529 × 1.1 − ₩8,000 = ₩98,182
3) 20×3년 이자비용 = ₩98,182 × 10% = ₩9,818 ▶④

14 1) 20×2년 1월 1일 사채의 장부금액(₩37,889) = ₩36,962 + ₩36,962 × 9% − 표시이자금액
→ 표시이자금액 = ₩2,400
2) 표시이자율 = ₩2,400 ÷ ₩40,000 = 6% ▶①

15 1) 20×2년 초 장부금액 = ₩43,000(20×2년 말 장부금액) − ₩3,000(사채할인발행차금) = ₩40,000
2) 20×2년 유효이자율 = ₩6,000 ÷ ₩40,000 = 15% ▶④

16 20×1년 말 사채의 장부금액 = ₩98,148(20×2년 말 사채 장부금액) − ₩1,715(사채할인발행차금 상각액)
= ₩96,433 ▶④

17 1) 20×1년도 상각액 = ₩9,473 − ₩9,241 = ₩232
2) 20×1년도 상각액(₩232) = ₩9,241 × 9% − 표시이자액
→ 표시이자액 = ₩600
→ 표시이자율 = ₩600 ÷ ₩10,000 = 6% ▶②

18 1) 20×1년 12월 31일 장부금액 = ₩946,467 − ₩23,812 = ₩922,655
2) 20×2년도 이자비용 = ₩50,000(표시이자) + ₩23,812 = ₩73,812
3) 유효이자율 = ₩73,812 ÷ ₩922,655 = 8% ▶③

19 1) 유효이자율 = ₩962,000 ÷ ₩7,400,000 = 13%
2) 표시이자율 = ₩800,000 ÷ ₩8,000,000 = 10% ▶②

20 사채발행비가 커질수록 유효이자율도 커진다. ▶④

정답
및
해설

21

		(차) 현금	918,000	(대) 사채	1,000,000
20×1.1.1		사채할인발행차금	82,000		
20×1.12.31		(차) 이자비용	64,260	(대) 현금	50,000
				사채할인발행차금	14,260
20×2.1.1		(차) 사채	1,000,000	(대) 현금	935,000
		사채상환손실	2,740	사채할인발행차금	67,740

▶ ④

22
1) 20×1년 말 장부금액 = ₩43,783 × 1.1 − ₩2,500 = ₩45,661
2) 20×2년 말 장부금액 = ₩45,661 × 1.1 − ₩2,500 = ₩47,727
3) 사채상환이익 = ₩47,727(장부금액) − ₩45,000(상환금액) = ₩2,727 상환이익　　　　▶ ②

23
1) 사채상환손실(₩120,000) = ₩1,070,000(현금지급액) − 장부금액
　　→ 상환시점의 사채 장부금액 = ₩950,000
2) 조기상환시점의 미상각 사채할인발행차금 = ₩1,000,000(액면금액) − ₩950,000(장부금액) = ₩50,000
▶ ③

24
1) 사채의 발행가액 = ₩1,000,000 × 0.7938 + ₩100,000 × 2.5771 = ₩1,051,510
2) 20×1년 12월 31일 장부금액 = ₩1,051,510 + ₩1,051,510 × 8% − ₩100,000 = ₩1,035,631
3) 20×2년 1월 1일 조기상환손익 = ₩1,100,000(상환금액) − ₩1,035,631(장부금액) = ₩64,369 손실
　　→ 발행자는 장부금액보다 큰 금액으로 상환하였기 때문에 상환손실이다.　　　　▶ ①

25
1) 20×1년 초 발행금액 = ₩100,000 × 0.7938 + ₩5,000 × 2.5771 = ₩92,266
2) 20×1년 말 장부금액 = ₩92,266 × 1.08 − ₩5,000 = ₩94,647
3) 20×2년 말 장부금액 = ₩94,647 × 1.08 − ₩5,000 = ₩97,219
4) 사채상환손실 = ₩97,219(장부금액) − ₩100,000(상환금액) = ₩2,781 상환손실　　　　▶ ②

26
1) 사채상환 시점까지 총 상각액 = ₩270,680 − ₩200,000(2년간 표시이자) = ₩70,680
2) 20×2년 12월 31일 장부금액 = ₩885,840 + ₩70,680 = ₩956,520
3) (주)한국이 지급한 현금 = ₩956,520(장부금액) − ₩1,520(상환이익) = ₩955,000　　　　▶ ③

27 배당이 지급되지 않은 경우 상환금액에 가산하여 지급하는 누적적 우선주로 의무상환조건이니 금융부채로 회계
처리한다. 누적적 상환우선주는 배당금액을 이자로 보아 현재가치한다.
1) 20×1년 초 금융부채 장부금액 = ₩120,000 × 0.8900 + ₩3,000 × 1.8334 = ₩112,300
2) 20×1년도 이자비용 = ₩112,300 × 6% = ₩6,738　　　　▶ ④

11장 충당부채와 우발부채

01 미래의 예상 영업손실은 충당부채로 인식하지 않는다. ▶ ①

02 재무제표는 미래 시점의 예상 재무상태가 아니라 보고기간 말의 재무상태를 표시하는 것이므로, 미래 영업에서 생길 원가는 충당부채로 인식하지 않는다. ▶ ③

03 과거에 우발부채로 처리하였더라도 미래경제적 효익의 유출 가능성이 높아지고 해당 금액을 신뢰성 있게 추정할 수 있는 경우에는 재무제표에 충당부채로 인식한다. ▶ ③

04 충당부채는 과거사건으로 인한 현재의무이며, 자원의 유출가능성이 높고, 금액을 신뢰성 있게 추정할 수 있어야 인식한다. 우발부채는 잠재적 의무이며, 자원의 유출가능성이 높지 않고 금액을 신뢰성 있게 추정할 수 없을 때를 말하며 주석으로 공시한다. ▶ ②

05 충당부채를 현재가치로 평가하기 위한 할인율은 부채의 특유한 위험과 화폐의 시간가치에 대한 현행 시장의 평가를 반영한 세전이율이다. ▶ ②

06 ① 우발자산은 경제적 효익의 유입가능성이 높아지면 주석에 공시한다.
② 손실부담계약을 체결하고 있는 경우에는 관련된 현재의무를 충당부채로 인식한다.
③ 충당부채를 현재가치로 평가하는 경우 적용될 할인율은 부채의 특유위험과 화폐의 시간가치에 대한 현행 시장의 평가를 반영한 세전이율이다. ▶ ④

07 충당부채의 이행 대상은 일반대중도 될 수 있다. ▶ ②

08 연대의무의 경우 본인이 이행할 것으로 예상하는 정도까지 충당부채로 처리하며, 제3자가 이행할 것으로 예상되는 정도까지는 우발부채로 주석공시한다. ▶ ①

09 경제적 효익을 갖는 자원의 유출 가능성이 높아야 한다. (매우 높다 ×) ▶ ①

10 과거에 우발부채로 처리하였더라도 이후 충당부채의 인식조건을 충족하면 충당부채로 인식한다. ▶ ④

11 충당부채는 세전 금액으로 측정한다. ▶ ④

12 ① 경제적 효익의 유입가능성이 높은 경우 우발자산은 그 특성과 추정금액을 주석으로 공시한다.
② 과거에 우발부채로 처리한 경우에도 그 이후 기간에 미래 경제적 효익의 유출 가능성이 높아진 경우 이를 충당부채로 인식한다.
③ 미래에 영업손실은 충당부채로 인식하지 아니한다. ▶ ④

13 항공기에 대한 정기적인 대수선은 의무발생사건이 아니므로 충당부채를 인식할 수 없다. ▶ ①

14 1) 충당부채 = 제품보증충당부채(₩20,000) + 복구충당부채(₩50,000) = ₩70,000
2) 우발부채 = 소송에 계류되어 있지만 패소가능성이 높지 않으므로 우발부채로 주석공시한다.
   * 손실충당금은 매출채권의 차감적평가계정으로 부채에 해당하지 아니한다. ▶ ④

15 충당부채 = ₩500,000(복구비용)
※ 교육훈련비용, 예상 수리비용은 충당부채로 인식하지 않는다. ▶②

16 충당부채 = ₩120,000(원상복구원가의 현재가치금액) + ₩350,000(보증비용 전액) = ₩470,000
※ 구조조정계획은 이행에 착수하지 않았으므로 충당부채 요건을 충족하지 못하였으며, 소송은 손해발생 가능성이 높지 않으므로 우발부채로 주석공시한다. 미래의 예상 영업손실은 충당부채로 인식하지 않으며, 보증비용은 보험사에서 일부 대리변제를 하더라도 인식할 충당부채는 관련의무금액 전액이다. ▶②

17 1) 20×1년 제품보증비용 설정

(차) 제품보증비	18,000	(대) 제품보증충당부채	18,000

  * 제품보증충당부채 = ₩600,000 × 3% = ₩18,000
2) 20×1년 보증비용 지출 시

(차) 제품보증충당부채	14,000	(대) 현금	14,000

3) 20×2년 보증비용 지출 시

(차) 제품보증충당부채	4,000	(대) 현금	6,000
제품보증비	2,000		▶①

18 1) 20×2년 경품충당부채 설정액 = (₩2,400,000/₩1,000) × ₩200 × 60% = ₩288,000
2) 20×2년 회수액 = 1,000장 × ₩200 = ₩200,000
3) 20×2년 말 경품부채 잔액 = ₩120,000(기초잔액) + ₩288,000(설정액) − ₩200,000 = ₩208,000 ▶③

19 1) 20×2년 말까지 충당부채 설정액 = 5,500대 × ₩20 × 3% = ₩3,300
2) 20×2년 말 보증손실충당부채(잔액) = ₩3,300 − (50대 × ₩20) = ₩2,300 ▶④

12장 자본

01 ① 자본구성항목은 항목별 발생원천에 따라 분류한다.
③ 자본잉여금은 배당의 재원으로 사용할 수 없다.
④ 기타포괄손익누계액은 손익거래로부터 발생한다. ▶②

02 주식의 할증발행 시 회계처리는 다음과 같다.

(차) 현금(자산의 증가)	800,000	(대) 자본금(자본금 증가)	500,000
		주식발행초과금(자본잉여금 증가)	300,000

※ 이익잉여금은 불변이다. ▶④

03 현물출자는 자본총계를 증가시킨다. ▶①

04 주식을 할인발행하여도 기업에 현금이 유입된 만큼 자본은 증가한다. ▶②

05 자본의 증가액 = 500주 × ₩15,000(주식발행금액) − ₩500,000(직접비용) = ₩7,000,000 ▶④

06 주식발행과 직접적으로 관련된 원가는 주식발행금액에서 차감한다. 간접적으로 관련된 원가는 비용으로 회계처리한다.

주식발행초과금 = 1,000주 × (₩6,000 − ₩5,000) + 1,000주 × (₩7,000 − ₩5,000) − ₩500,000(주식발행과 직접 관련된 원가) = ₩2,500,000　　　　　　　　　　　　　　▶ ③

07 주식분할, 주식배당은 자본총계의 영향이 없다.
　　다. 할인발행되어도 주금액만큼 현금이 유입되어 자본이 증가한다.
　　라. 자기주식을 처분하면 처분금액에 해당하는 만큼 자본이 증가한다.
　　마. 기타포괄금융자산의 평가손실만큼 자본총계는 감소한다.　　　　　　　　▶ ④

08 주식분할의 경우 자본금은 변동이 없다.　　　　　　　　　　　　　　　　　▶ ④

09 주식분할의 경우도 총자본은 변하지 않는다.　　　　　　　　　　　　　　　▶ ①

10 ㄱ. 자기주식을 취득하면 자본총액은 감소한다.
　　ㄴ. 유상증자 시에 자본금 및 자본총액은 모두 증가한다.
　　ㅁ. 주식분할로 인해 발행주식수가 증가하는 경우 액면가액은 감소한다.　　　▶ ④

11 자기주식의 취득, 처분, 소각은 자본거래로 당기순이익에 영향을 미치지 않는다.　　▶ ①

12 1) 자기주식의 평균단가 = (100주 × ₩3,000 + 200주 × ₩6,000) ÷ 300주 = ₩5,000
　　2) 자기주식처분이익 = 200주 × (₩5,500 − ₩5,000) = ₩100,000　　　　　　▶ ③

13 1) 기초자본 = ₩22,000(기초자산) − ₩16,000(기초부채) = ₩6,000
　　2) 기말자본 = ₩26,000(기말자산) − ₩17,000(기말부채) = ₩9,000
　　3) 기말자본(₩9,000) = ₩6,000(기초자본) − ₩300(자기주식의 취득) − ₩400(현금배당) + ₩100(기타포괄이익) + 당기순이익
　　→ 당기순이익 = ₩3,600　　　　　　　　　　　　　　　　　　　　　　　　▶ ④

14 자기주식의 소각은 자본총계에는 영향이 없다.
　　자본총계 = 140주 × ₩5,000 + ₩300,000(이익잉여금) − 20주 × ₩4,900 − 40주 × ₩5,300
　　　　　　= ₩690,000　　　　　　　　　　　　　　　　　　　　　　　　　　▶ ②

15 1) 자기주식의 취득 : 200주 × ₩800 = (₩160,000) 감소
　　2) 자기주식의 처분 : 50주 × ₩1,200 = ₩60,000 증가
　　3) 주식의 발행 : 100주 × ₩600 = ₩60,000 증가
　　4) 자본의 변화 = (₩160,000) + ₩60,000 + ₩60,000 + ₩48,000(당기순이익) = ₩8,000 증가　▶ ④

16 확정수량의 보통주로 전환되는 조건으로 발행된 전환우선주는 금융부채로 회계처리 한다.　▶ ②

17 자본총액은 자기주식의 취득과 처분으로 변동한다. 자기주식의 취득 시 자본총액은 감소하고, 매각 시 수령한 현금만큼 자본총액은 증가한다.
　　기말자본총액 = ₩10,000(기초자본총액) − ₩3,000(자기주식 취득) + ₩1,750(자기주식 처분) = ₩8,750
　　　　　　　　　　　　　　　　　　　　　　　　　　　　　　　　　　　　　▶ ④

18 기초자본(₩21,300) + 유상증자(₩10,000) − 당기순손실(₩200) + 재평가잉여금증가액(₩100) = ₩31,200

▶ ④

19 1) 자기주식의 취득 = 100주 × ₩3,000 = (₩300,000) 감소
2) 자기주식의 처분 = 50주 × ₩3,600 = ₩180,000 증가
3) 자기주식의 소각 = 자본총계 불변
4) 유상증자 = 50주 × ₩4,000 − ₩35,000 = ₩165,000 증가
5) 자본총액 = (₩300,000) + ₩180,000 + ₩165,000 + ₩200,000(당기순이익) + ₩130,000(기타포괄이익)
= ₩375,000

▶ ②

20 20×1년 말 자본 = ₩10,000(20×1년 초 자본) − ₩600(자기주식 취득) + ₩1,000(당기순이익 발생) + ₩800
(기타포괄이익 발생) = ₩11,200

▶ ③

21 1) 기초자본 = ₩30,000(기초자산) − ₩23,000(기초부채) = ₩7,000
2) 기말자본 = ₩7,000(기초자본) + ₩10,000(당기순이익) + ₩3,000(유상증자) − ₩4,200(현금배당)
= ₩15,800
3) 20×2년 12월 31일 자산총계 = ₩38,000 + ₩15,800 = ₩53,800

▶ ③

22 1) 기초자본 = ₩11,000,000(기초자산) − ₩5,000,000(기초부채) = ₩6,000,000
2) 기말자본 = ₩15,000,000(기말자산) − ₩6,000,000(기말부채) = ₩9,000,000
3) 기말자본(₩9,000,000) = ₩6,000,000(기초자본) − ₩500,000(현금배당) + ₩100,000(토지재평가이익)
+ 당기순이익
→ 당기순이익 = ₩3,400,000

▶ ④

23 기말자본(₩500,000 증가) = ₩150,000(유상증자) − ₩50,000(FVOCI 금융자산평가손실) + ₩30,000(재평
가잉여금) − ₩100,000(현금배당) + 당기순이익
→ 당기순이익 = ₩470,000

▶ ②

24 기말자본(₩10,000,000) = ₩3,200,000(기초자본) + ₩1,000,000(유상증자) − ₩600,000(현금배당) + 총포괄이익
→ 총포괄이익 = ₩6,400,000

▶ ④

25 임의적립금, 이익준비금은 이익잉여금의 종류이므로 이입과 적립은 이익잉여금 총액에는 영향이 없다.
→ 20×2년 결산승인 반영 후 이익잉여금 = ₩300,000(기초 이익잉여금) − ₩10,000(자기주식처분손실
상각액) − ₩100,000(현금배당액) = ₩190,000

▶ ②

26 20×1년 말 재무상태표에 표시될 이익잉여금 = ₩500,000(기초 이익잉여금) − ₩100,000(현금배당) −
₩50,000(주식배당) + ₩250,000(20×1년 당기순이익) = ₩600,000
※ 이익준비금과 결손보전적립금의 적립은 이익잉여금 총계를 변동시키지 않는다. 무상증자 및 자기주식의 처
분도 이익잉여금의 변동을 초래하지 않는 자본거래에 해당한다.

▶ ③

27 20×1년 말 이익잉여금 = ₩10,000(기초 이익잉여금) − ₩1,000(현금배당) − ₩500(주식배당) − ₩300(주
식할인발행차금과의 상각) + ₩2,000(20×1년 당기순이익) = ₩10,200
※ 이익준비금 및 결손보전적립금의 적립은 이익잉여금 총계의 변화를 발생시키지 않으며, 자기주식의 처분이
익은 자본잉여금으로 이익잉여금에 영향을 주지 않는다.

▶ ②

28

	우선주	보통주
미지급분(20×1년)	₩2,500	
당기분(20×2년)	₩2,500	₩10,000
추가참가분	₩200	₩800
합계	₩5,200	₩10,800

* 추가참가분(우선주) = (₩16,000 − ₩15,000) × (₩25,000/₩125,000) = ₩200　　　　▶ ①

29

	우선주	보통주
당기분 부분참가(8%)	₩1,250 ₩750	₩2,500 ₩5,500
합계	₩2,000	₩8,000

* 당기분 우선주배당액 = ₩25,000 × 5% = ₩1,250　　　　▶ ④

30

	우선주	보통주
미지급분	₩150,000	
당기분	₩150,000	나머지(₩1,000,000 − ₩300,000 = ₩700,000)

▶ ④

31

	우선주(누적, 완전참가)	보통주
미지급분	₩50,000 × 5% = ₩2,500	
당기분 완전참가	₩2,500 ₩1,000	₩100,000 × 5% = ₩5,000 ₩2,000
합계액	₩6,000	₩7,000

* 완전참가 우선주 추가배분 = (₩13,000 − ₩10,000) × (₩50,000/₩150,000) = ₩1,000　　　　▶ ③

32

	우선주(비누적, 완전참가)	보통주
당기분	100주 × ₩2,000 × 7% = ₩14,000	200주 × ₩3,000 × 4% = ₩24,000
추가배분	₩45,500	₩136,500
합계	₩59,500	₩160,500

* 우선주 추가배분 = (₩220,000 − ₩14,000 − ₩24,000) × (₩2,000,000/₩8,000,000)
　　　　= ₩45,500　　　　▶ ④

33

구분	우선주	보통주
미지급분	₩3,000,000	−
당기분	₩1,500,000	₩1,800,000
추가분	₩400,000	₩800,000
합계	₩4,900,000	₩2,600,000

* 우선주 추가배당금 = (₩7,500,000 − ₩4,500,000 − ₩1,800,000) × 3/9 = ₩400,000　　　　▶ ①

정답 및 해설

34

구분	우선주 A	우선주 B	보통주
미지급(1년)	–	₩10,000	–
당기분	₩5,000	₩10,000	₩40,000
완전참가분	–	₩7,000	₩28,000
합계	₩5,000	₩27,000	₩68,000

* 보통주에 배분되는 완전참가분 = ₩35,000(잔여배당금) × (₩800,000/₩1,000,000) = ₩28,000

▶ ④

13장 고객과의 계약에서 생기는 수익

01 수익인식의 5단계 : 고객과의 계약식별 → 수행의무의 식별 → 거래가격 산정 → 거래가격을 계약 내 수행의무에 배분 → 수행의무 충족 시 수익인식 ▶ ①

02 수익은 지분참여자에 의한 출연은 제외한다. ▶ ①

03 재화나 용역을 이전하는 대로 고객은 효익을 동시에 얻고 소비하는 경우 수행의무가 기간에 걸쳐 이행되는 것으로 본다. 이는 계약식별 요건과는 무관한 내용이다. ▶ ③

04 고객과의 계약으로 식별하기 위해서는 계약에 상업적 실질이 있어야 한다. ▶ ④

05 변동대가의 추정이 가능한 경우, 계약에서 가능한 결과치가 두 가지뿐일 경우에는 가능성이 가장 높은 금액이 변동대가의 적절한 추정치가 될 수 있다. ▶ ③

06 반품을 받기로 하는 약속은 수행의무에 해당하지 않으므로 거래가격을 환불부채에 배분하지 아니한다.
▶ ①

07 고객이 재화나 용역의 대가를 선급하였고 그 재화나 용역의 이전 시점이 고객의 재량에 따라 결정된다면, 고객과의 계약에 유의적인 금융요소가 없으므로 화폐의 시간가치가 미치는 영향을 고려하지 않는다. ▶ ②

08 ① 거래가격의 후속변동은 계약 개시시점과 같은 기준으로 계약상 수행의무에 배분한다. 따라서 계약을 개시한 후의 개별 판매가격 변동을 반영하기 위해 거래가격을 다시 배분하지 않는다. 이행된 수행의무에 배분되는 금액은 거래가격이 변동되는 기간에 수익으로 인식하거나 수익에서 차감한다.
③ 고객이 현금 외의 형태의 대가를 약속한 계약의 경우, 거래가격은 비현금대가의 공정가치로 측정하는 것을 원칙으로 한다.
④ 기업이 고객에게 대가를 지급하는 경우, 고객에게 지급할 대가가 고객에게서 받은 구별되는 재화나 용역에 대한 지급이 아니라면 그 대가는 거래가격에서 차감한다. ▶ ②

09 적절한 진행률 측정방법에는 산출법과 투입법이 포함된다. 진행률 측정방법을 적용할 때, 고객에게 통제를 이전하지 않은 재화나 용역은 진행률 측정에 제외하는 반면, 수행의무를 이행할 때 고객에게 통제를 이전하는 재화나 용역은 모두 진행률 측정에 포함한다. ▶ ④

10 ① 고객과의 계약에서 식별되는 수행의무는 계약에 분명히 기재한 재화나 용역에만 한정되지 않는다.
② 고객에게 재화나 용역을 이전하는 활동만 수행의무에 포함된다.
③ 거래가격에 변동대가 추정치 중 제약받는 금액은 포함되지 않는다. ▶ ④

11 (주)한국은 판매량이 1,000개를 넘지 않을 것으로 예상하였으므로 ₩90과 ₩100중 가능성이 높은 금액인 ₩100
만큼 수익을 인식한다.
→ 수익금액 = 100개 × ₩100 = ₩10,000 ▶ ①

12 연 판매량이 1,000개를 초과할 것으로 예상되므로 단가는 ₩90이 되며, 기존 판매분에 대해서도 소급조정해야
한다.
→ 6월 수익금액 = 500개 × ₩90 − (75개 × ₩10) = ₩44,250 ▶ ②

13 고객과의 계약에 따라 합의한 지급시기 때문에 유의적인 금융효익이 고객에게 제공되어야 하므로 고객과의 상
호 합의에 따라 2년 이내에 대가를 수령하기로 한 ①의 경우는 계약에 유의적인 금융요소가 존재한다.
▶ ①

14 계약을 개시한 다음에는 계약 당사자들이 수행의무를 실질적으로 변경하는 계약변경을 승인하지 않는 한, 자산
이 기업에 대체 용도가 있는지를 다시 판단하지 않는다. ▶ ④

15 기업이 만든 자산이 기업에 대체 용도가 없고, 지금까지 이행을 완료한 부분에 대한 지급청구권이 있어야 기간
에 걸쳐 수익을 인식한다. ▶ ④

16 고객은 기업이 수행하는 대로 기업의 수행에서 제공하는 효익을 동시에 얻고 소비하는 예는 한 시점에 이행하는
수행의무가 아닌 기간에 걸쳐 이행하는 수행의무의 예에 해당한다. ▶ ④

17 ②, ③, ④는 한 시점에 통제를 이전하는 사례에 해당한다. ▶ ①

18 매출액 = 200단위 × 97% × ₩10,000 = ₩1,940,000 ▶ ③

19 1) 매출액 = ₩10,000,000 − ₩2,500,000(환불부채) = ₩7,500,000
2) 매출원가 = ₩7,500,000(매출액) × 60%(원가율) = ₩4,500,000
3) 매출총이익 = ₩7,500,000 − ₩4,500,000 = ₩3,000,000 ▶ ②

20 환불부채 = 200개 × 5% × ₩300 = ₩3,000 ▶ ④

21 1) 20×1년 말 인식할 환불부채 = 5개 × ₩200 = ₩1,000
2) 20×1년 인식할 매출액 = 95개 × ₩200 = ₩19,000
3) 20×1년 인식할 매출원가 = 95개 × ₩150 = ₩14,250
4) 20×1년 말 반환제품회수권 = 5개 × ₩150 = ₩750 ▶ ④

22 1) 20×1년 말 계약부채 장부금액(A) = ₩100,000 × 1.1 = ₩110,000
2) 20×2년도 매출수익(B) = ₩110,000 × 1.1 = ₩121,000 ▶ ②

23 수익은 받았거나 받을대가의 공정가치로 측정한다.

(주)한국의 수익 = ₩98,000 + ₩195,000 + ₩500,000 = ₩793,000

※ 판매 후 재매입약정은 수익을 인식하지 않으며, 위탁판매는 수탁자가 판매한 금액 전액을 수익으로 인식한다.
▶ ③

24 위탁자는 수탁자가 판매한 판매가액을 매출액으로 인식한다. (위탁수수료 제외하지 않는다.)
▶ ④

25 매출액 : 위탁판매 중 판매액(₩30,000) + 장기할부판매 현재가치상당액(₩80,000) = ₩110,000

※ 시송품은 매입의사를 표시받아야 매출로 인식한다.
▶ ④

26 1) 12월 1일 할부판매 = 200개 × ₩100 = ₩20,000

2) 12월 17일 상품판매 = 100개 × ₩100 = ₩10,000

* 미판매된 적송품 및 도착지 인도조건으로 판매 후 도착하지 않은 적송품은 당기에 매출을 인식할 수 없다.
▶ ④

27 이자수익 = ₩257,710 × 8% = ₩20,617
▶ ③

28 1) 상품판매대금의 현재가치 = ₩50,000 + ₩20,000 × 5.0757 = ₩151,514

2) 매출총이익 = ₩151,514 − ₩100,000(상품원가) = ₩51,514
▶ ①

29 1) 20×1년 초 매출액 = ₩100,000 + ₩100,000 × 1.7355 = ₩273,550

2) 20×1년 이자수익 = ₩173,550 × 10% = ₩17,355

3) 20×1년 수익총액 = ₩273,550(매출액) + ₩17,355(이자수익) = ₩290,905
▶ ②

30 순매출액 = ₩95,000 × 200매 − ₩2,500,000 = ₩16,500,000
▶ ①

31 20×1년 상품권과 관련하여 인식할 수익금액 = 8매 × ₩900 − ₩700(현금지급액) = ₩6,500
▶ ①

32 1) (주)대한의 수익(수수료) = ₩2,000 × 60단위 × 5% = ₩6,000

2) (주)한국의 매출원가 = [(₩1,400 × 100단위) + ₩8,000(적송운임)] × 60% = ₩88,800
▶ ②

33 1) 적송품원가 = 500개 × ₩1,000 + ₩20,000(적송운임) = ₩520,000

2) 매출원가 = ₩520,000 × (300개/500개) = ₩312,000
▶ ③

34 1) (주)한국(위탁자)의 20×1년 수익 = 8개 × ₩100 = ₩800

2) (주)민국(수탁자)의 20×1년 수익 = 8개 × ₩100 × 10% = ₩80
▶ ②

35 20×1년 인식할 수익 = ₩250,000(재화의 인도에 따른 수익) + ₩50,000 × 20% = ₩260,000
▶ ②

36 1) 할인권에 대한 개별판매가격 = ₩1,500 × (30% − 10%) × 80% = ₩240

2) 할인권에 배분될 거래가격 = ₩2,000 × (₩240/₩2,240) = ₩214
▶ ①

37 풋옵션이 행사될 유인이 판매시점에 유의적으로 판단하였고 재매입가격이 원래 판매가격 및, 예상시장가치보다 크므로 해당 거래는 금융약정으로 회계처리한다.

20×1.1.1	(차) 현금		200,000	(대) 계약부채	200,000
20×1.6.30	(차) 이자비용		10,000	(대) 계약부채	10,000
20×1.6.30	(차) 계약부채		210,000	(대) 매출	210,000
	(차) 매출원가		100,000	(대) 재고자산	100,000

▶ ④

38 20×1년 고객 A와의 계약은 (주)대한이 ₩120의 행사가격으로 재매입할 수 있는 콜옵션을 보유하고 있고 판매가격 ₩100 보다 행사가격이 더 크기 때문에 금융약정으로 본다. 즉, 차입거래로 보아 매출을 인식하지 않는다.

▶ ①

39 20×1년 10월 1일 판매가격은 ₩1,200이나 재매입가격이 ₩1,300이므로 (주)한국은 해당 계약을 금융약정으로 회계처리한다. ₩1,200과 ₩1,300의 차이 ₩100은 6개월간 이자비용에 해당한다.

20×2.3.31	(차) 이자비용		50	(대) 계약부채	50
	(차) 계약부채		1,300	(대) 매출	1,300
	(차) 매출원가		900	(대) 재고자산	900

→ 20×2년도 당기순이익 영향 = (₩50) + ₩1,300 − ₩900 = ₩350 증가 ▶ ②

정답 및 해설

14장 건설계약

01
1) 20×1년 진행률 = ₩2,000 ÷ ₩8,000 = 25%
2) 20×1년 계약이익 = (₩10,000 − ₩8,000) × 25% = ₩500이익
3) 20×2년 진행률 = ₩6,000 ÷ ₩10,000 = 60%
4) 20×2년 계약이익 = (₩12,000 − ₩10,000) × 60% − ₩500 = ₩700 이익 ▶ ②

02
1) 20×1년도 진행률 = ₩400,000 ÷ (₩400,000 + ₩1,200,000) = 25%
2) 20×1년도 계약손익 = (₩2,000,000 − ₩1,600,000) × 25% = ₩100,000 이익 ▶ ④

03
1) 20×1년도 진행률 = ₩800,000 ÷ ₩4,000,000 = 20%
2) 20×1년도 공사이익 = (₩5,000,000 − ₩4,000,000) × 20% = ₩200,000
3) 20×2년노 진행률 = ₩2,700,000 : ₩4,500,000 = 60%
4) 20×2년도 공사이익 = (₩5,000,000 − ₩4,500,000) × 60% − ₩200,000 = ₩100,000 ▶ ①

04
1) 20×1년 진행률 = ₩1,500 ÷ ₩4,000 = 37.5%
2) 20×1년 공사이익 = (₩6,000 − ₩4,000) × 37.5% = ₩750
3) 20×2년 진행률 = ₩2,640 ÷ ₩4,400 = 60%
4) 20×2년 공사이익 = (₩6,000 − ₩4,400) × 60% − ₩750(20×1년 이익) = ₩210 ▶ ①

05
1) 진행률 = ₩80,000 ÷ ₩640,000(총계약원가) = 12.5%
2) 공사수익 = ₩800,000 × 12.5% = ₩100,000 ▶ ④

06 1) 진행률 = ₩16,000 ÷ (₩16,000 + ₩24,000) = 40%
2) 공사이익 = (₩48,000 − ₩40,000) × 40% = ₩3,200 ▶ ④

07 1) 20×1년 진행률 = ₩200,000 ÷ ₩800,000 = ₩25%
2) 20×1년 공사이익 = (₩1,200,000 − ₩800,000) × 25% = ₩100,000
3) 20×2년 진행률 = (₩200,000 + ₩400,000) ÷ (₩600,000 + ₩300,000) = 6/9
4) 20×2년 공사이익 = (₩1,200,000 − ₩900,000) × 6/9 − ₩100,000 = ₩100,000 ▶ ②

08 1) 20×1년도 공사원가 = ₩15,000 × 20% = ₩3,000
2) 20×2년도 공사원가 = ₩16,000 × 60% − ₩3,000 = ₩6,600 ▶ ②

09 1) 20×1년도 발생원가 = ₩45,000 × 20%(20×1년도 진행률) = ₩9,000
2) 20×2년도 누적발생원가 = ₩48,000 × 60% = ₩28,800
3) 20×2년도 발생원가 = ₩28,800 − ₩9,000 = ₩19,800 ▶ ②

10 1) 20×1년 진행률 = ₩320,000 ÷ (₩320,000 + ₩480,000) = 40%
2) 20×1년 공사이익 = (₩1,000,000 − ₩800,000) × 40% = ₩80,000
3) 미성공사 = ₩1,000,000(계약금액) × 40% = ₩400,000
  진행청구액 = ₩350,000
  → 미청구공사 = ₩400,000(미성공사) − ₩350,000(진행청구액) = ₩50,000 ▶ ①

11 1) 20×2년 말 누적진행률 = ₩350,000 ÷ ₩500,000 = 70%
2) 20×2년 말 미성공사 = ₩600,000(계약금액) × 70% = ₩420,000
3) 미청구공사 = ₩420,000(미성공사) − ₩400,000(진행청구액) = ₩20,000 ▶ ①

12 1) 20×1년 진행률 = ₩1,200 ÷ (₩1,200 + ₩3,600) = 25%
2) 20×1년 이익 = (₩6,000 − ₩4,800) × 25% = ₩300
3) 20×2년도 총 공사원가예상액 = ₩5,100 + ₩2,400 = ₩7,500
  → 해당 공사의 총손실 = ₩7,500 − ₩6,000 = ₩1,500
  → 20×2년도에 20×1년도의 이익을 고려하여 총손실 ₩1,500이 되도록 공사계약손실을 인식한다.
4) 20×2년도 공사계약손실 = ₩1,500 + ₩300 = ₩1,800 ▶ ④

13 20×2년도는 손실이 예상되는 해이다. 연도별 발생원가 ₩575,000에 추가소요예정원가를 가산한 결과 ₩1,300,000의 원가가 예상되며 이는 총계약금액을 초과한다. 손실이 예상되는 해는 총손실이 귀속되도록 20×2년의 손실을 인식한다.
1) 20×1년도 진행률 = ₩400,000 ÷ ₩1,000,000 = 40%
  20×1년 공사이익 = (₩1,200,000 − ₩1,000,000) × 40% = ₩80,000
2) 20×2년도 계약손실은 총손실(₩100,000)이 되도록 전기의 공사이익을 감안하여 계약손실을 인식하고 ₩180,000을 손실로 인식한다. ▶ ①

14 1) 20×2년 말 누적진행률 = (₩20,000 + ₩40,000) ÷ (₩60,000 + ₩15,000) = 80%
2) 20×2년 말 미성공사 = ₩100,000(계약금액) × 80%(진행률) = ₩80,000
3) 20×2년 말 미청구공사 = ₩80,000(미성공사) − ₩50,000(누적진행청구액) = ₩30,000 ▶ ②

15   1) 20×3년 공사수익 = MIN[₩500,000(누적발생원가), ₩500,000(회수가능액)] = ₩500,000
        2) 20×3년 공사원가 = ₩500,000
        3) 20×3년 공사손익 = ₩500,000(공사수익) − ₩500,000(공사원가) = ₩0   ▶ ②

15장   현금흐름표

01   직접법이 미래 현금흐름을 추정하는 데 보다 유용한 정보를 제공한다.   ▶ ④

02   리스이용자의 리스부채 상환에 따른 현금유출은 재무활동이다.   ▶ ①

03   단기매매목적으로 보유하는 유가증권의 취득과 판매에 따른 현금흐름은 영업활동으로 분류한다.   ▶ ④

04   이자수익으로 인한 현금유입은 영업활동, 건물의 취득, 처분, 현금의 대여, 회수는 투자활동현금흐름이다.
                                                             ▶ ④

05   자기주식 취득, 담보부사채 발생 : 재무활동
      단기매매목적 유가증권의 매각 : 영업활동   ▶ ①

06   ② 직접법에 대한 설명이다.
      ③ 법인세로 납부한 현금은 영업활동으로 본다. 다만, 재무활동, 투자활동과 명백히 관련된 경우는 재무활동, 투
        자활동으로 본다.
      ④ 당기순이익의 조정을 통해 영업활동현금흐름을 계산하는 방법은 간접법이다.   ▶ ①

07   영업활동현금흐름 = ₩20,000(당기순이익) + ₩4,600(감가상각비) − ₩15,000(매출채권의 증가) + ₩2,500
      (재고자산의 감소) + ₩10,400(매입채무의 증가) = ₩22,500   ▶ ③

08   영업활동현금흐름 = ₩10,000(당기순이익) + ₩1,000(감가상각비) + ₩500(건물처분손실) − ₩200(재고자
      산 증가) − ₩100(미지급보험료 감소) = ₩11,200   ▶ ③

09   영업활동현금흐름 = ₩200,000(당기순이익) + ₩12,000(감가상각비) + ₩1,000(재고자산의 감소) − ₩6,000
      (매입채무의 감소) = ₩207,000   ▶ ②

10   현금의 변화(₩70,000 증가) = 영업활동현금흐름 − ₩800,000(투자활동현금흐름) + ₩350,000(재무활동현
      금흐름)
      → 영업활동현금흐름 = ₩520,000   ▶ ③

11   영업활동 순현금유입액 = ₩100,000(당기순이익) + ₩5,000(장기차입금에서 발생한 이자비용) + ₩11,000
      (감가상각비) − ₩8,000(재고자산의 증가) + ₩3,000(매출채권의 감소) − ₩4,200(매입채무의 감소) + ₩2,000
      (선수금의 증가) − ₩108,800   ▶ ④

12 영업활동순현금흐름 = ₩300,000(당기순이익) + ₩30,000(감가상각비) − ₩20,000(기계장치처분이익) − ₩40,000(재고자산 증가) + ₩60,000(매입채무 증가) = ₩330,000 ▶ ④

13 영업활동순현금흐름 = ₩147,000(당기순이익) + ₩40,000(감가상각비) + ₩20,000(유형자산처분손실) − ₩5,000(미지급법인세 감소) + ₩5,000(미지급이자 증가) − ₩15,000(매출채권 증가) + ₩4,000(재고자산 감소) − ₩6,000(매입채무 감소) = ₩190,000 ▶ ③

14 영업활동현금흐름 = ₩200,000(당기순이익) + ₩150,000(건물처분손실) + ₩450,000(감가상각비) − ₩60,000(기계장치처분이익) − ₩110,000(매출채권 증가) + ₩35,000(선급보험료 감소) + ₩120,000(매입채무 증가) = ₩785,000 ▶ ②

15 영업활동현금흐름 = ₩600(당기순이익) − ₩300(유형자산처분이익) + ₩200(감가상각비) − ₩400(매출채권 증가) + ₩200(선급비용 감소) + ₩100(매입채무 증가) = ₩400 현금유입 ▶ ②

16 영업활동현금흐름 = ₩800,000 − ₩100,000(토지처분이익) − ₩165,000(매출채권 증가) + ₩5,000(손실충당금 증가) + ₩80,000(매입채무 증가) + ₩120,000(감가상각비) = ₩740,000 ▶ ①

17 영업활동현금흐름 = ₩500,000(법인세비용차감전순이익) + ₩80,000(감가상각비) − ₩120,000(유형자산처분이익) + ₩50,000(사채상환손실) − ₩150,000(매출채권의 증가) − ₩100,000(매입채무의 감소) + ₩200,000(재고자산의 감소) = ₩460,000 ▶ ②

18 영업활동순현금흐름 = ₩100,000(당기순이익) + ₩20,000(감가상각비) − ₩7,000(유형자산처분이익) + ₩8,000(사채상환손실) + ₩80,000(재고자산 감소) − ₩4,000(매입채무 감소) − ₩50,000(매출채권 증가) + ₩6,000(미지급급여 증가) = ₩153,000 ▶ ②

19 영업활동순현금흐름 = ₩500,000(당기순이익) + ₩3,500(상각후원가측정금융자산처분손실) + ₩50,000(유형자산처분손실) + ₩40,000(감가상각비) − ₩5,000(사채상환이익) + ₩30,000(매출채권 감소) − ₩17,000(재고자산 증가) + ₩13,000(매입채무 증가) − ₩2,000(당기법인세부채 감소) + ₩15,000(이연법인세부채 증가) = ₩627,500 ▶ ①

20 20×2년 순현금흐름 = ₩900(발생주의 당기순이익) + ₩200(재고자산 감소) − ₩300(미수수익 증가) + ₩100(매출채권 감소) − ₩300(미지급비용 감소) = (+)₩600 ▶ ④

21

매출원가	(₩800,000)
재고자산의 증가	(₩200,000)
매입채무의 증가	₩200,000
= 매입으로 인한 현금유출액	(₩800,000)

▶ ③

22 발생주의에 의한 당기매출액 − ₩5,000(매출채권 증가) = ₩100,000(현금주의 매출액)
→ 발생주의에 의한 당기매출액 = ₩105,000 ▶ ③

23

임대료	₩700
미수임대료 감소	₩500
선수임대료 감소	(₩400)
= 현금 임대료수취액	₩800

▶ ④

24 1) 기초매출채권(순액) = ₩50,000(기초매출채권) − ₩5,000(기초손실충당금) = ₩45,000

2) 기말매출채권(순액) = ₩80,000(기말매출채권) − ₩10,000(기말손실충당금) = ₩70,000

3) 매출로 인한 현금유입액 = ₩200,000(매출액) − ₩20,000(손상차손) − ₩25,000(매출채권(순액)증가) − ₩20,000(선수금 증가) = ₩135,000　　▶ ①

25 1) 20×1년도 직접법으로 추정한 현금유입, 유출액

매출	₩1,800,000
매출채권 손상차손	(₩7,000)
매출채권(순액) 증가	(₩9,000)
= 매출로 인한 현금유입액	₩1,784,000

매출원가	(₩1,500,000)
재고자산 증가	(₩20,000)
매입채무 증가	₩20,000
= 공급자에 대한 현금유출액	(₩1,500,000)

2) 20×1년 12월 31일 현금잔액 = ₩300,000(기초잔액) + ₩1,784,000(현금유입액) − ₩1,500,000(현금유출액) = ₩584,000　　▶ ①

26

이자비용	(₩100,000)
미지급이자 증가	₩15,000
선급이자 감소	₩5,000
= 현금지급이자	(₩80,000)

▶ ③

27

이자비용	(₩5,600)
미지급사채 증가	₩30
= 현금지급이자	(₩5,570)

▶ ③

28

이자비용	(₩27,000)
미지급이자 증가	₩1,400
선급이자 증가	(₩700)
= 현금이자지급액	(₩26,300)

▶ ②

29

토지처분	(차) 미수수익	30,000	(대) 토지	20,000
			토지처분이익	10,000
건물처분	(차) 현금	70,000	(대) 건물	100,000
	감가상각누계액	40,000	건물처분이익	10,000

→ 투자활동으로 인한 현금유입액은 건물처분 시 수령한 ₩70,000이다.　　▶ ②

30 1) 유형자산 처분 (차) 감가상각누계액　　　20,000　　　(대) 유형자산　　　　　40,000
　　　　　　　　　　　　 현금　　　　　　　　15,000
　　　　　　　　　　　　 유형자산처분손실　　 5,000
　　　　* 유형자산의 변동 = ₩100,000(기초) − ₩40,000(처분) + 취득(₩80,000) = ₩140,000
　　　　* 감가상각누계액의 변동 = ₩30,000(기초) − ₩20,000(처분) + 발생(₩15,000) = ₩25,000
　　 2) 유형자산 취득　 (차) 유형자산　　　　　 80,000　　 (대) 현금　　　　　　　80,000
　　 3) 감가상각비 인식 (차) 감가상각비　　　　 15,000　　 (대) 감가상각누계액　　 15,000
　　 4) 투자활동현금흐름
　　　　　투자활동으로 인한 현금유입　　　₩15,000
　　　　　투자활동으로 인한 현금유출　　 (₩80,000)
　　　　　= 투자활동현금흐름　　　　　　 (₩65,000)　　　　　　　　　　　　　　▶ ④

31 1) 기말 건물(₩460,000) = ₩400,000(기초 건물) + ₩140,000(취득) − ₩80,000(처분)
　　 2) 기말 감가상각누계액(₩160,000) = ₩140,000(기초) + ₩50,000(감가상각비) − ₩30,000(처분)
　　 3) 건물 처분으로 유입된 현금흐름 = ₩50,000(처분 시 장부금액) + ₩10,000(처분이익) = ₩60,000 ▶ ④

32 이자비용　　　　　　　　　　　(₩3,000)
　　 자본금 증가　　　　　　　　　 ₩10,000
　　 주식발행초과금 증가　　　　　 ₩10,000
　　 단기차입금 감소　　　　　　　 (₩5,000)
　　 미지급이자 증가　　　　　　　 ₩2,000
　　 = 재무활동순현금흐름　　　　　₩14,000　　　　　　　　　　　　　　　　　▶ ③

33 1) 법인세비용차감전순이익　　　　　 ?
　　　　감가상각비　　　　　　　　　 ₩900
　　　　유형자산처분손실　　　　　　 ₩2,100
　　　　매출채권 감소　　　　　　　　₩1,500
　　　　선급비용 증가　　　　　　　 (₩800)
　　　　미지급이자 감소　　　　　　　(₩40)
　　　　= 영업활동 순현금유입액　　　₩12,000
　　　　→ 법인세비용차감전순이익 = ₩8,340
　　 2) 재무활동순현금흐름
　　　　유상증자로 인한 현금유입액　　　₩700
　　　　단기차입금 상환으로 인한 현금유출액　(₩250)
　　　　= 재무활동순현금흐름　　　　　　₩450　　　　　　　　　　　　　　　　▶ ③

16장 법인세회계

01 이연법인세자산(부채)는 현재가치로 할인하지 않는다. ▶ ②

02 이연법인세자산의 장부금액은 매 보고기간 말에 검토한다. 이연법인세자산의 일부 또는 전부에 대한 혜택이 사용되기에 충분한 과세소득이 발생할 가능성이 더 이상 높지 않다면, 이연법인세자산의 장부금액을 감액시킨다. 감액된 금액은 사용되기에 충분한 과세소득이 발생할 가능성이 높아지는 경우 다시 환입한다. ▶ ④

03 자산의 세무기준액은 자산의 장부금액이 회수될 때 기업에 유입될 과세대상 경제적 효익에 세무상 차감될 금액을 말한다. ▶ ①

04 가산할 일시적 차이(이연법인세부채) = ₩5,000 × 30% = ₩1,500 ▶ ③

05 1) 미지급법인세 = (₩240,000 + ₩20,000 + ₩40,000) × 20% = ₩60,000
2) 이연법인세자산 = ₩40,000 × 30% = ₩12,000
3) 20×1년도 법인세비용 = ₩60,000 − ₩12,000 = ₩48,000 ▶ ①

06 1) 당기법인세 = [₩2,000,000 + ₩100,000(접대비 한도초과액) + ₩60,000(감가상각비 한도초과액) − ₩20,000(당기손익금융자산평가이익)] × 20% = ₩428,000
2) 이연법인세자산 = ₩60,000 × 20% = ₩12,000
3) 이연법인세부채 = ₩20,000 × 20% = ₩4,000
4) 회계처리

(차) 이연법인세자산	12,000	(대) 이연법인세부채	4,000
법인세비용	420,000	미지급법인세	428,000

▶ ①

07 이연법인세자산 = ₩200,000 × 40% + ₩200,000 × 35% = ₩150,000 ▶ ③

08

20×1년		×2년(25%)	×3년(25%)
법인세비용차감전순이익	₩1,000,000		
감가상각비 한도초과액	₩50,000	(₩30,000)	(₩20,000)
접대비 한도초과액	₩80,000		
미수이자	(₩100,000)	₩100,000	
과세소득	₩1,030,000		
× 세율	20%		
납부할세액	₩206,000		

1) 이연법인세자산 = ₩50,000 × 25% = ₩12,500
이연법인세부채 = ₩100,000 × 25% = ₩25,000
이연법인세자산, 부채는 상계하여 ₩12,500(부채)로 표시한다.
2) 회계처리

(차) 법인세비용	218,500	(대) 미지급법인세	206,000
		이연법인세부채	12,500

▶ ①

09
1) 이연법인세자산 = ₩200,000 × 35% = ₩70,000
2) 미지급법인세 = (₩1,000,000 + ₩200,000) × 25% = ₩300,000
3) 회계처리

(차) 이연법인세자산	70,000	(대) 미지급법인세	300,000
법인세비용	230,000		▶ ②

10
1) 이연법인세자산(B) = ₩100,000(감가상각비 한도초과액) × 20% = ₩20,000
2) 법인세비용 회계처리
  • 미지급법인세 = (₩500,000 + ₩100,000) × 30% = ₩180,000
  • 법인세비용(A) = ₩180,000 − ₩20,000(이연법인세자산) = ₩160,000 ▶ ①

17장 회계변경과 오류수정

01 거래의 실질이 다른 거래에 다른 회계정책을 적용하는 것은 회계정책의 변경에 해당하지 않는다. ▶ ②

02 재고자산의 단위원가 결정방법의 변경은 회계정책의 변경이다. ▶ ④

03 감가상각자산의 내용연수 또는 기대소비형태의 변경은 회계추정의 변경이다. ▶ ②

04 회계정책의 변경과 회계추정의 변경을 구분하는 것이 어려운 경우에는 이를 회계추정의 변경으로 본다. ▶ ③

05 측정기준의 변경은 회계정책의 변경에 해당한다. ▶ ④

06 재고자산의 단가결정방법 변경은 회계정책의 변경이며, 나머지는 회계추정의 변경이다. ▶ ③

07
① 측정기준의 변경은 회계정책의 변경이다.
③ 과거와 실질이 다른 거래에 대해 다른 회계정책을 적용하는 것은 회계정책의 변경에 해당하지 않는다.
④ 사후에 인지된 사실을 과거기간의 금액수정에 이용할 수 없다. ▶ ②

08

20×3년 기초재고자산	₩200 증가
+ 당기매입	−
− 20×3년 기말재고자산	₩300 감소
= 매출원가	₩500 증가
당기순이익	₩500 감소

→ 수정 후 당기순이익 = ₩24,000 − ₩500 = ₩23,500 ▶ ①

09
1) 선적지 인도조건의 매입 누락분은 기말재고에도 포함되지 않았으므로 당기순이익에 미치는 영향은 없다.
2) 비품은 ₩1,000,0000이 전액 비용처리되었으나 실제는 감가상각비(₩200,000)만 비용처리되어야 하므로 ₩800,000의 비용이 과다하게 처리되었다. 결국 ₩800,000의 당기순이익이 과소계상되었다. ▶ ②

10 ② 새로운 회계정책을 과거기간에 적용하는 경우, 과거기간에 인식된 금액의 추정에 사후에 인지된 사실을 이용할 수 없다.
③ 거래 및 기타 사건에 대하여 적용할 수 있는 한국채택국제회계기준이 없는 경우, 경영진은 판단에 따라 회계정책을 적용하여 회계정보를 작성할 수 있다.
④ 과거에 발생한 거래와 실질이 다른 거래, 기타 사건 또는 상황에 대하여 다른 회계정책을 적용하는 경우에는 회계정책의 변경에 해당하지 아니한다. ▶ ①

11 1) 재고자산

기초재고	₩12,000 과소
− 기말재고	₩5,000 과대
= 매출원가	₩17,000 과소
당기순이익	₩17,000 과대

2) 선급비용

20×0년	20×1년
비용　　　　　　　　₩4,000 과대	비용　　　　　　　　₩4,000 과소 비용　　　　　　　　₩3,000 과대

→ 20×1년 비용 ₩1,000 과소, 이익은 ₩1,000 과대계상
3) 수정 후 법인세비용차감전순이익 = ₩500,000 − ₩17,000 − ₩1,000 = ₩482,000 ▶ ②

12 1) 20×1년도의 재고자산 오류는 자동상쇄가 되어 20×3년 말 이익잉여금에 영향을 미치지 않는다.

20×2년 기초재고 + 20×2년 매입	₩5,000 과대	20×3년 기초재고 + 20×3년 매입	₩2,000 과대
20×2년 기말재고	₩2,000 과대	20×3년 기말재고	₩3,000 과대
매출원가	₩3,000 과대	매출원가	₩1,000 과소
당기순이익	₩3,000 과소	당기순이익	₩1,000 과대

2) 20×3년 말 이익잉여금(A) = ₩100,000 − ₩3,000(20×3년 말 재고오류) = ₩97,000
3) 20×3년도 당기순이익(B) = ₩30,000 − ₩1,000 = ₩29,000 ▶ ④

13 1) 20×1년 당기순이익 영향 = ₩500 과소
2) 20×2년 당기순이익 영향

20×2년 기초재고	₩500 과소
+ 매입	
− 20×2년 기말재고	₩1,000 과소
= 20×2년 매출원가	₩500 과대
20×2년 당기순이익	₩500 과소

▶ ④

14 20×1년도 재고자산의 오류는 20×2년에는 자동조정되므로 20×2년 말 이익잉여금에는 영향이 없다.
20×2년 말 이익잉여금 = ₩11,500 + ₩3,800 + ₩2,700 = ₩18,000 ▶ ④

15

20×2년 기초재고자산	₩50,000	과소계상
+ 당기매입		
− 20×2년 기말재고자산	₩30,000	과대계상
= 20×2년 매출원가	₩80,000	과소계상
20×2년 당기순이익	₩80,000	과대계상

→ 수정 후 당기순이익 = ₩200,000 − ₩80,000 = ₩120,000 ▶①

16 비교재무제표는 20×1년도부터 투자부동산에 대해 공정가치모형을 적용한 것으로 재작성한 재무제표이다.
① 20×1년도 투자부동산(순액)은 ₩190,000이다.
② 20×1년도 투자부동산 감가상각비는 ₩0이다.
③ 20×1년도 투자부동산 평가손실은 ₩10,000이다.
④ 20×2년도 투자부동산 평가손실은 ₩5,000이다. ▶②

18장 주당이익

01 1) 가중평균유통보통주식수 = 10,000주 × 12/12 − 4,000주 × 6/12 = 8,000주
2) 기본주당순이익 = (₩9,000,000 − ₩1,000,000) ÷ 8,000주 = ₩1,000 ▶③

02 주당이익 = 보통주귀속이익 / 가중평균유통보통주식수
= [₩26,000,000 − (5,000주 × ₩5,000 × 8%)] ÷ 10,000주 = ₩2,400 ▶③

03 가중평균유통보통주식수 = 24,000주 × 1.2 × 12/12 + 8,000주 × 1.2 × 10/12 − 6,000주 × 1.2 × 8/12
+ 4,000주 × 3/12 = 33,000주 ▶③

04 기본주당순이익 = [₩40,000(당기순이익) − ₩20,000(우선주배당금)] ÷ 250주(가중평균유통보통주식수)
= ₩80 ▶②

05 1) 가중평균유통보통주식수
= 5,000주 × 1.1 × 12/12 + 1,000주 × 1.1 × 9/12 − 600주 × 1/12 = 6,275주
2) 기본주당순이익 = ₩5,522,000 ÷ 6,275주 = ₩880 ▶③

06 1) 가중평균유통보통주식수 = 10,000주 × 12/12 + 5,000주 × 10/12 − 1,000주 × 5/12 = 13,750주
2) 기본주당순이익 = (₩3,000,000 − ₩250,000) ÷ 13,750주 = ₩200 ▶③

07 1) 가중평균유통보통주식수 = [300주 − 100주(자기주식)] × 12/12 + 50주 × 6/12 = 225주
2) 기본주당순이익 = ₩720,000 ÷ 225주 = ₩3,200 ▶②

08 가중평균유통보통주식수 = 15,000주 × 1.1 × 12/12 + 3,000주 × 1.1 × 11/12 − 1,800주 × 4/12 +
900주 × 2/12 = 19,075주 ▶④

09 1) 20×2년 4월 1일 공정가치 미만의 유상증자에 포함된 무상증자분
= 1,000주 × (1 − ₩1,200/₩2,000) = 400주
* 기초 유통부분에 배부될 무상증자주식수 = 400주 × (1,400주/2,000주) = 280주
2) 가중평균유통보통주식수 = 1,680주 × 12/12 + 720주 × 9/12 = 2,220주
3) 기본주당이익 = (₩350,000 − ₩17,000) ÷ 2,220주 = ₩150 ▶ ④

10 1) 공정가치 미만의 유상증자
• 공정가치 발행분 = 1,000주 × (1,200/2,000) = 600주
• 무상발행분 = 1,000주 − 600주 = 400주
2) 가중평균유통보통주식수
= (1,000주 + 250주) × 12/12 + (600주 + 150주) × 4/12 = 1,500주
* 무상발행분 중 기초유통분 = 400주 × (1,000주/1,600주) = 250주
* 무상발행분 중 당기유상증자분 = 400주 × (600주/1,600주) = 150주
3) 기본주당이익 = [₩280,000 − (200주 × ₩1,000 × 5%)] ÷ 1,500주 = ₩180 ▶ ④

11 기본주당순이익(₩30) = (₩510,000 − ₩30,000) ÷ 가중평균유통보통주식수
→ 가중평균유통보통주식수 = 16,000주 ▶ ④

12 1) 가중평균유통보통주식수 = 800주 × 12/12 + 400주 × 6/12 = 1,000주
2) 기본주당이익 = (₩50,000 − 100주 × ₩1,000 × 10%) ÷ 1,000주 = ₩40 ▶ ③

13 1) 공정가치 미만 무상증자 주식수 = 300주 − 200주 = 100주
2) 가중평균유통보통주식수 = (1,800주 + 90주) × 12/12 + (200주 + 10주) × 4/12 = 1,960주
3) 기본주당이익 = ₩2,450,000 ÷ 1,960주 = ₩1,250 ▶ ③

14 1) 기본주당이익 = (₩12,000,000 − 4,000주 × ₩500 × 8%) ÷ 10,000주 = ₩1,184
2) 희석주당이익 = ₩12,000,000 ÷ (10,000주 + 2,000주) = ₩1,000 ▶ ①

19장 관계기업투자주식

01 20×3년 말 관계기업투자주식 = ₩50,000 + (₩10,000 − ₩3,000 + ₩5,000) × 20% = ₩52,400 ▶ ②

02 1) 지분법이익 = [₩200,000 − ₩100,000(재고자산)] × 30% = ₩30,000
2) 지분법자본변동 = ₩40,000 × 30% = ₩12,000
3) 관계기업투자주식 = 300주 × ₩1,500 + ₩30,000(지분법이익) + ₩12,000(지분법자본변동) − ₩9,000
(현금배당) = ₩483,000 ▶ ③

03 20×2년 말 장부금액
= ₩1,000,000 + (₩300,000 − ₩210,000 × 2/5 − ₩60,000) × 30%
= ₩1,046,800 ▶ ④

04 1) 지분법이익 = [₩4,500 − ₩500(건물의 장부금액과 공정가치 차이 실현분)] × 30% = ₩1,200
   2) 20×1년 말 관계기업투자주식 장부금액 = ₩6,600 + ₩1,200 = ₩7,800
   *무상증자는 관계기업투자주식의 장부금액을 변동시키지 않는다. ▶ ④

05 20×1년에 인식할 당기손익(지분법이익) = ₩10,000 × 30% = ₩3,000 이익 ▶ ②

06 1) 20×1년 지분법이익 = (₩100,000 − ₩20,000) × 20% = ₩16,000
   2) 20×1년 지분법자본변동 = ₩30,000 × 20% = ₩6,000
   3) 20×1년 현금배당 = ₩15,000 × 20% = ₩3,000(관계기업투자주식의 장부금액에서 차감)
   4) 20×1년 말 관계기업투자주식의 장부금액 = ₩300,000 + ₩16,000 + ₩6,000 − ₩3,000 = ₩319,000
   ▶ ③

20장 재무제표 분석

01 1) 기존의 당좌비율 = ₩120,000(당좌자산) ÷ ₩240,000(유동부채) = 50%
   → 새로운 당좌비율(A) = 당좌자산과 유동부채가 같은 금액으로 증가하나 작은 금액이 더 크게 증가하므로 새로운 당좌비율은 증가한다.
   2) 기존의 유동비율 = ₩360,000(유동자산) ÷ ₩240,000(유동부채) = 150%
   → 새로운 유동비율(B) = 유동자산과 유동부채가 같은 금액으로 증가하나 작은 금액이 더 크게 증가하므로 새로운 유동비율은 감소한다. ▶ ③

02 회계처리   (차) 단기차입금(부채의감소)   100,000   (대) 현금(유동자산)   100,000
   1) 유동비율 : 기존 유동비율이 1보다 크며, 유동부채의 감소폭이 더 크므로 유동비율은 증가한다.
   2) 당좌비율 : 기존 당좌비율이 1보다 작으며, 당좌자산의 감소폭이 더 크므로 당좌비율은 감소한다. ▶ ②

03 1) 유동비율 = 유동자산(총자산 − 비유동자산) ÷ 유동부채
      = (₩200,000 − ₩120,000) ÷ ₩40,000 = 200%
   2) 부채비율 = 총부채 ÷ 자본 = ₩100,000 ÷ ₩100,000 = 100% ▶ ④

04 20×1년 말 회계처리
   (차) 토지(비유동자산)   1,000   (대) 현금(유동자산)   500
                                                          미지급금(유동부채)   500
   1) 유동비율 = 유동자산 ÷ 유동부채
      (기존 유동자산 − ₩500) ÷ (기존 유동부채 + ₩500) = 유동비율 감소
   2) 총자산순이익률 = 당기순이익 ÷ 총자산
      = 당기순이익 불변 ÷ 총자산 ₩500 증가 = 총자산순이익률 감소 ▶ ④

05 1) 회계처리   (차) 상품(유동자산)   500   (대) 현금(유동자산)   100
                                                          매입채무(유동부채)   400
   2) 유동비율 = 유동자산 ÷ 유동부채 = (₩1,000 + ₩400) ÷ (₩1,000 + ₩400) = 100% ▶ ③

06 1) 비유동자산 = ₩200,000(유형자산) + ₩100,000(투자부동산) = ₩300,000
2) 유동자산 = ₩600,000(자산총액) − ₩300,000(비유동자산) = ₩300,000
3) 유동부채 = ₩300,000(유동자산) ÷ 200% = ₩150,000
4) 이익잉여금 = ₩600,000(부채 및 자본합계) − ₩150,000(유동부채) − ₩140,000(장기차입금) − ₩100,000 (자본금) = ₩210,000　　　　▶ ③

07 유동비율에는 재고자산이 포함되지만 당좌비율에는 재고자산이 포함되지 않는다. 당좌비율을 증가시키기 위해서는 재고자산을 처분하여 현금화하여야 한다.　　　　▶ ①

08 1) 상품매입 회계처리

| (차) 상품(유동자산) | 500 | (대) 현금(유동자산) | 250 |
| | | 매입채무(유동부채) | 250 |

2) 유동비율 : 기존 유동비율이 1보다 크며, 유동부채의 증가폭이 더 크므로 유동비율은 감소한다.
3) 당좌비율 : 기존 당좌비율이 100%이나 당좌자산은 감소하고 유동부채는 증가하여 당좌비율은 감소한다.　　　　▶ ①

09 현금상환 회계처리는 (차) 사채(부채)　　　×××　　　(대) 현금(유동자산)　　　×××
이며, 회계처리의 결과 부채 및 유동자산이 감소하게 된다.
1) 총자산회전율 = 매출액 ÷ 총자산이며, 현금만큼 총자산이 감소하므로 총자산회전율은 증가한다.
2) 당좌비율 = 당좌자산 ÷ 유동부채이며, 유동부채는 불변이지만 당좌자산은 감소하므로 당좌비율은 감소한다.　　　　▶ ③

10 유동비율 = 유동자산/유동부채
부채비율 = 부채/자본
→ 동시에 감소시키는 경우는 유동자산, 비유동부채가 감소하면 된다. 유동부채가 감소하면 유동비율과 부채비율이 동시에 감소될 수 없다.
(차) 장기차입금(비유동부채 감소)　　　×××　　　(대) 현금(유동자산 감소)　　　×××　　　▶ ④

11 ① 이자보상비율은 안전성을 분석하는 비율이다.
③ 총자산이익률은 유동성비율에 해당하지 않는다.
④ 이자보상비율은 그 비율이 높을 경우 지급능력이 양호하다고 판단할 수 있다.　　　　▶ ②

12 매출원가 = ₩1,000(기초재고) + ₩8,500(매입) − ₩2,000(기말재고) = ₩7,500

구분	20×1년 초	20×1년 말
유동비율	₩3,500 ÷ ₩1,000 = 350%	₩3,000 ÷ ₩1,500 = 200%
당좌비율	(₩3,500 − ₩1,000) ÷ ₩1,000 = 250%	(₩3,000 − ₩2,000) ÷ ₩1,500 = 약67%

① 20×1년 재고자산회전율 = ₩7,500 ÷ ₩1,500(평균재고) = 5회
④ 20×1년 매출총이익률 = ₩2,500(매출총이익) ÷ ₩10,000 = 25%　　　　▶ ③

13 1) 20×1년 말 유동비율(250%) = 유동자산 ÷ 유동부채(₩120,000)
→ 20×1년 말 유동자산 = ₩300,000
2) 20×1년 말 당좌비율(200%) = 당좌자산 ÷ 유동부채(₩120,000)
→ 20×1년 말 당좌자산 = ₩240,000
3) 20×1년 말 재고자산 = 유동자산(₩300,000) − 당좌자산(₩240,000) = ₩60,000
4) 재고자산회전율 = 매출원가 ÷ 평균재고자산
= ₩350,000 ÷ [(₩80,000 + ₩60,000)/2] = 5회   ▶ ④

14 1) 매출액 = ₩20,000(평균매출채권) × 5회(매출채권회전율) = ₩100,000
2) 당기순이익 = ₩100,000(매출액) × 5%(매출액순이익률) = ₩5,000   ▶ ④

15 1) 재고자산 회전기간(120일) = 360일 ÷ 재고자산회전율
→ 재고자산회전율 = 3회
2) 매출원가 = ₩150,000(평균재고) × 3회(재고자산회전율) = ₩450,000   ▶ ③

16 자기자본이익률(ROE) = 매출액순이익률 × 총자산회전율 × (1 + 부채비율)
20% = 매출액순이익률 × 0.5 × (1 + 300%)
→ 매출액순이익률 = 10%   ▶ ③

17 총자산순이익률 = 당기순이익/총자산
= (매출액/총자산) × (당기순이익/매출액)
= 총자산회전율 × 매출액순이익률 = 1.5회 × 3% = 4.5%   ▶ ①

18 1) 자기자본 = ₩500,000(매출액) ÷ 1.6회(자기자본회전율) = ₩312,500
2) 20×1년 당기순이익 = ₩312,500(자기자본) × 2%(자기자본이익률) = ₩6,250   ▶ ②

19 자기자본순이익률 = 매출액순이익률 × 총자산회전율 × (1 + 부채비율)
15% = 매출액순이익률 × 0.5회 × (1 + 200%)
→ 매출액순이익률 = 10%   ▶ ④

20 1) 20×0년 당기순이익 = ₩800(20×0년 매출액) × 15% = ₩120
2) 20×1년 당기순이익 = ₩120 × 1.25 = ₩150
3) 20×1년 매출액 = ₩150(20×1년 당기순이익) ÷ 20%(매출액순이익률) = ₩750   ▶ ②

21장 기타 회계

01 전환사채

01 1) 부채요소의 공정가치 = ₩100,000 × 0.75 + ₩5,000 × 2.48 = ₩87,400
    2) 자본요소의 공정가치 = ₩100,000 − ₩87,400 = ₩12,600   ▶ ④

02 1) 부채요소의 공정가치(8%) = ₩1,000,000 × 0.79 + ₩50,000 × 2.57 = ₩918,500
    2) 전환권대가 = ₩1,000,000(발행금액) − ₩918,500 = ₩81,500   ▶ ③

03 1) 부채요소의 공정가치 = ₩109,000 × 0.75 + ₩5,000 × 2.48 = ₩94,150
    2) 전환권가치 = ₩100,000(발행금액) − ₩94,150 = ₩5,850   ▶ ①

04 1) 사채발행시점의 부채요소 공정가치(10%) = ₩1,050,000 × 0.62 + ₩80,000 × 3.79 = ₩954,200
    2) 전환권대가 = ₩1,000,000(발행금액) − ₩954,200(부채요소의 공정가치) = ₩45,800   ▶ ②

02 종업원급여

05 당기근무원가란 당기에 종업원이 근무용역을 제공함에 따라 발생하는 확정급여채무의 현재가치 증가액을 말한다.   ▶ ④

06 ① 확정기여제도에서 기업의 법적의무나 의제의무는 기업이 종업원에게 지급하기로 약정한 기금으로 한정된다.
    ② 확정급여제도에 대한 설명이다.
    ③ 확정급여제도에서는 보험수리적 가정이 필요하다.   ▶ ④

07 확정기여제도에서는 종업원이 투자위험을 부담하며, 확정급여제도는 기업이 투자위험을 부담한다.   ▶ ③

08 당기에 인식할 퇴직급여 = ₩760,000(당기근무원가) + ₩4,300,000 × 10%(이자비용) − ₩3,500,000 × 10%(이자수익) = ₩840,000   ▶ ④

09 1) 확정급여채무의 20×1년 말 장부금액 = ₩700,000 + ₩70,000(이자비용) + ₩150,000(당기근무원가) − ₩90,000(퇴직금 지급) = ₩830,000
    2) 보험수리적손실 = ₩850,000(20×1년 말 확정급여채무의 현재가치) − ₩830,000 = ₩20,000
       채무가 증가하므로 보험수리적손실이 발생한다.   ▶ ③

10 순확정급여부채 = ₩80,000(기말 확정급여채무) − ₩65,000(기말 사외적립자산) = ₩15,000   ▶ ①

11 1) 확정급여채무
= ₩24,000(기초) + ₩1,200(이자비용) + ₩3,600(당기근무원가) − ₩2,300(퇴직금지급) − ₩1,500
(재측정이익)
= ₩25,000
2) 사외적립자산
= ₩20,000(기초) + ₩1,000(이자수익) + ₩4,200(기여금출연) − ₩2,300(퇴직금지급) − ₩900(재측정손실)
= ₩22,000
3) 기타포괄손익에 미치는 영향 = ₩1,500(증가) − ₩900(감소) = ₩600 증가 ▶③

12 1) 20×1년 주식보상비용 = 100명 × 90% × 6개 × ₩10 × 1/3 = ₩1,800
2) 20×2년 주식보상비용 = 100명 × 85% × 6개 × ₩10 × 2/3 − ₩1,800 = ₩1,600 ▶②

13 1) 20×1년 보상비용 = (100명 − 20명) × 10개 × ₩10 × 1/4 = ₩2,000
2) 20×2년 보상비용 = (100명 − 30명) × 10개 × ₩10 × 2/4 − ₩2,000 = ₩1,500 ▶②

14 20×2년 말 재무상태표에 인식할 부채는 94명이 행사하는 경우 지급하게 될 주가차액보상권의 공정가치이다.
20×2년 말 재무상태표에 인식할 부채 = 94명 × 50개 × ₩500 = ₩2,350,000 ▶③

03 리스회계

15 리스이용자만이 사용할 수 있는 리스자산은 금융리스로 분류된다. ▶③

16 리스의 분류는 리스약정일을 기준으로 결정한다. ▶④

17 ① 단기리스이거나 소액 기초자산 리스의 경우 사용권자산과 리스부채를 인식하지 않는 회계처리를 선택할 수
있다. 단, 리스기간이 12개월을 초과하고 기초자산이 소액이 아닌 리스에 대하여 이용자는 자산과 부채를
인식하여야 한다.
③ 리스가 소액이라는 면제규정은 연식에 관계없이 새것의 가치에 기초하여 기초자산의 가치를 절대적 기준에
따라 평가한다.
④ 소액자산 리스에 대한 인식면제 규정은 리스별로 적용한다. ▶②

18 리스기간 종료 후 소유권이 이전되는 조건이므로 내용연수에 걸쳐 상각한다.
→ 상각비 = ₩120,000 × 1/10 = ₩12,000 ▶①

19 1) 20×1년 초 리스부채 = ₩100,000 × 2.72325 = ₩272,325
2) 20×1년 초 사용권자산 = ₩272,325(리스부채) + ₩10,000(리스개설직접원가) = ₩282,325
3) 사용권자산 상각비 = ₩282,325 × 1/3 = ₩94,108
* 리스기간 종료 시 리스자산을 반환하므로 리스기간과 내용연수 중 이른 기간 동안 상각한다.
4) 20×1년 리스부채 이자비용 = ₩272,325 × 5% = ₩13,616 ▶④
5) 이자비용과 상각비 합계액 = ₩94,108 + ₩13,616 = ₩107,724

04 보고기간 후 사건 및 환율변동효과

20 보고기간 후 사건은 회계기간 말과 재무제표의 이사회 발행승인일 사이의 사건을 의미한다. ▶④

21 보고기간 말 이후에 자산의 시장가치 하락은 보고기간 말의 상황과 관련된 것이 아니기 때문에 재무제표의 수정을 요하지 않는다. (주가하락) ▶①

22 보고기간 말과 재무제표 발행승인일 사이의 투자자산의 공정가치 하락은 수정을 요하지 않는 보고기간 후 사건이다. 보고기간 후 사건 중 수정을 요하는 것은 보고기간 말 이전에 이미 존재하였던 상황을 보고기간 말과 재무제표 발행승인일 사이에 확인하는 경우에 해당한다. ▶④

23 보고기간 후부터 재무제표 발행승인일 전 배당선언은 배당선언일의 부채로 인식한다. ▶①

24 지급보증 약정 체결과 생산공장의 화재 발생은 수정을 요하는 보고기간 후 사건에 해당하지 않는다. 다만, 해당 내용은 주석에 공시한다. ▶④

25 화폐성 외화항목은 마감환율로 환산하고 당기손익으로 인식한다. ▶①

26 화폐성 외화항목은 마감환율로 환산하고 환산에 따른 손익은 당기손익으로 인식한다. ▶④

27 공정가치로 측정하는 비화폐성 외화항목은 공정가치측정일의 환율로 환산한다. ▶③

28 1) 20×1년 12월 31일 = $5,000 × ₩1,060 = ₩5,300,000
2) 20×2년 1월 31일 = $5,000 × ₩1,050 = ₩5,250,000
→ 외환차손 = ₩50,000
※ 화폐성자산은 매 회계연도 말 마감환율로 평가한다. ▶①

29 원가모형의 토지는 공정가치로 평가하지 않는다. 외화구입자산은 구입 당시의 환율로 인식한다.

20×1.10.1	(차) 토지	10,000,000	(대) 현금		10,000,000
20×2.3.1	(차) 현금	6,300,000	(대) 토지		5,000,000
				유형자산처분이익	1,300,000

* 취득현금 = $6,000 × ₩1,050 = ₩6,300,000 ▶④

정답 및 해설

1장 제조기업의 원가흐름

01 1) 당기총제조원가 = ₩1,400,000(당기제품제조원가) + ₩200,000(기말재공품) − ₩100,000(기초재공품)
   = ₩1,500,000
2) 제조간접원가 = ₩1,500,000 − ₩1,200,000(기본원가) = ₩300,000
3) 직접노무원가 = ₩1,100,000(가공원가) − ₩300,000(제조간접원가) = ₩800,000　▶ ④

02

재공품			
기초재공품	₩50,000	당기제품제조원가	₩1,400,000
직접재료사용액	₩300,000		
가공원가	₩1,150,000	기말재공품	₩100,000
합계	₩1,500,000	합계	₩1,500,000

* 가공원가 = 공장건물 감가상각비(₩100,000) + 공장기계 수선유지비(₩150,000) + 공장감독자 급여(₩400,000)
   + 공장근로자 급여(₩500,000) = ₩1,150,000　▶ ②

03 1) 전환원가 = 직접노무원가(X) + 제조간접원가(3X)
   전환원가(₩600,000) = 4X
   → 직접노무원가 = ₩150,000, 제조간접원가 = ₩450,000
2) 기초재공품원가 = ₩1,000,000(당기제품제조원가) + ₩250,000(기말재공품) − ₩250,000(기본원가) −
   ₩450,000(제조간접원가) = ₩550,000　▶ ④

04 1) 직접재료원가 = ₩200(기초재료) + ₩500(매입액) − ₩100(기말재료) = ₩600
2) 직접노무원가 = ₩600
3) 제조간접원가 = ₩100(보험료 − 공장설비) + ₩50(감가상각비 − 공장설비) + ₩300(기타제조간접원가)
   = ₩450
4) 당기제품제조원가 = ₩1,500(기초재공품) + ₩1,650(당기총제조원가) − ₩1,000(기말재공품) = ₩2,150
　▶ ④

05 1) 당기제품제조원가 = ₩5,000(기초재공품) + ₩50,800(당기총제조원가) − ₩5,800(기말재공품) = ₩50,000
2) 기말제품재고액 = ₩15,000(기초제품재고액) + ₩50,000(당기제품제조원가) − ₩45,000(매출원가)
   = ₩20,000　▶ ①

06

재고자산			
기초직접재료	₩4,000	기말직접재료	₩5,000
직접재료매입액	₩25,000	기말재공품	₩6,000
기초재공품	₩7,000	기말제품	₩22,000
가공원가	?	매출원가	₩68,000
기초제품	₩20,000		
합계	₩101,000	합계	₩101,000

→ 가공원가 = ₩45,000　▶ ①

07 1) 당기제품제조원가 = ₩900(직접재료원가) + ₩800(직접노무원가) + ₩1,000(제조간접원가) − ₩400(기말재공품원가) = ₩2,300

2) 매출원가 = ₩2,300(당기제품제조원가) − ₩500(기말제품원가) = ₩1,800　　▶ ①

08

재고자산			
기초원재료	₩50,000	기말원재료	₩20,000
당기매입액	₩500,000	기말재공품	₩50,000
기초재공품	₩80,000	기말제품	₩130,000
직접노무원가	₩200,000	매출원가	?
제조간접원가	₩380,000		
기초제품	₩40,000		
합계	₩1,250,000	합계	₩1,250,000

→ 매출원가 = ₩1,050,000　　▶ ①

09 1) 직접재료원가(₩70,000) = ₩25,000 + 직접재료구입액 − ₩15,000(기말직접재료)

　　→ 직접재료구입액 = ₩60,000

2) 매출원가

재고자산			
기초원재료	₩25,000	기말원재료	₩15,000
직접재료구입액	₩60,000	기말재공품	₩20,000
기초재공품	₩30,000	기말제품	₩25,000
가공원가	₩230,000	매출원가	?
기초제품	₩40,000		
합계	₩385,000	합계	₩385,000

→ 매출원가 = ₩325,000　　▶ ④

10

재고자산			
기초원재료	₩300,000	기말원재료	₩400,000
원재료매입액	₩1,500,000	기말재공품	₩400,000
기초재공품	₩200,000	기말제품	?
가공원가	₩5,000,000	매출원가(₩7,200,000/1.2)	₩6,000,000
기초제품	₩500,000		
합계	₩7,500,000	합계	₩7,500,000

→ 기말제품재고액 = ₩700,000　　▶ ④

11

재고자산			
기초원재료	₩10,000	기말원재료	₩12,000
당기원재료매입	₩40,000	기말재공품	₩60,000
기초재공품	₩50,000	기말제품	₩96,000
가공원가	₩138,000	매출원가	₩150,000
기초제품	₩80,000		
합계	₩318,000	합계	₩318,000

1) 직접노무원가 = ₩138,000 × 60% = ₩82,800

2) 직접재료원가 = ₩10,000(기초) + ₩40,000(매입) − ₩12,000(기말) = ₩38,000

3) 기초원가 = ₩38,000(직접재료원가) + ₩82,800(직접노무원가) = ₩120,800　　▶ ③

12

재고자산			
기초재료	₩17,000	기말재료	₩13,000
당기매입액	?	기말재공품	₩15,000
기초재공품	₩20,000	기말제품	₩23,000
가공원가	₩98,000	매출원가	₩150,000
기초제품	₩18,000		

1) 당기 직접재료매입액 = ₩48,000

2) 영업이익 = ₩180,000 − ₩150,000 − ₩10,000(판매관리비) = ₩20,000 ▶ ③

13

재고자산			
기초직접재료	₩50,000	기말직접재료	₩60,000
직접재료매입액	₩500,000	기말재공품	₩50,000
기초재공품	₩80,000	기말제품	₩35,000
가공원가(?)	₩660,000	매출원가	₩1,200,000
기초제품	₩55,000		

1) 직접노무원가 = ₩660,000 × 1/1.5 = ₩440,000

2) 기초원가 = ₩490,000(직접재료원가) + ₩440,000(직접노무원가) = ₩930,000

▶ ③

14 1) 직접노무원가 발생액 = ₩6,000(지급한 임금) + ₩4,000(월말 미지급임금) − ₩2,000(월초 미지급임금)
= ₩8,000

2)

재고자산			
월초 직접재료	₩1,000	월말 직접재료	₩2,000
직접재료매입액	₩4,500	월말 재공품	₩3,000
월초 재공품	?	월말 제품	₩4,000
직접노무원가	₩4,000	매출원가(₩20,000 × 70%)	₩14,000
제조간접원가	₩5,500		
월초 제품	₩3,000		

→ 월초 재공품 금액 = ₩5,000 ▶ ④

2장 개별원가계산

01 기말재공품으로 계상할 금액은 미완성된 작업#2의 원가이다.
1) 작업#2에 배부될 제조간접원가 = ₩6,000 × (₩8,000/₩20,000) = ₩2,400
2) 기말재공품원가(작업#2) = ₩4,000 + ₩3,000 + ₩5,000 + ₩2,400 = ₩14,400 ▶ ④

02 1) 제조간접원가 예정배부율 = ₩30,000 ÷ ₩20,000 = ₩1.5
2) 당기제품제조원가(NO. 23, 24) = ₩22,500(기초재공품) + ₩11,000(직접재료원가) + ₩16,000(직접노무
원가) + ₩16,000 × ₩1.5 = ₩73,500 ▶ ④

03 1) 제조간접원가 예정배부율 = ₩4,200(기초재공품 제조간접원가) ÷ ₩2,800(기초재공품 직접노무원가)
          = ₩1.5
    2) 기말재공품원가 = ₩3,000 + ₩3,800 + ₩3,800 × ₩1.5 = ₩12,500
    3) 재공품

재공품			
기초재공품	₩9,500	당기제품제조원가(?)	₩57,000
직접재료원가	₩15,000		
직접노무원가	₩18,000		
제조간접원가(예정배부액)	₩27,000	기말재공품	₩12,500

▶ ④

04 1) 제조간접원가 예정배부율
      ₩9,000(기말재공품 직접노무원가) × 예정배부율 = ₩11,700
      → 예정배부율 = ₩1.3(직접노무원가)
    2) 제조간접원가 예정배부액 = ₩84,000 × ₩1.3 = ₩109,200
    3) 배부차이 = ₩118,000(실제발생액) − ₩109,200(예정배부액) = ₩8,800 과소배부   ▶ ②

05 1) 제조간접원가 예정배부율 = ₩10,000(예산) ÷ 100시간 = ₩100
    2) 제조간접원가 예정배부액 = 90시간 × ₩100 = ₩9,000
    3) 제조간접원가 실제발생액 = ₩9,000 + ₩1,000(과소배부액) = ₩10,000   ▶ ④

06 1) 제조간접원가 예정배부율 = $\dfrac{₩300,000}{100,000시간}$ = ₩3/시간
    2) 제조간접원가 예정배부액 = 120,000시간 × ₩3 = ₩360,000
    3) 실제발생액 = ₩360,000 − ₩35,000(과대배부) = ₩325,000   ▶ ①

07 1) 예정배부율 = ₩640,000 ÷ 20,000시간 = ₩32
    2) 예정배부액 = ₩700,000(실제발생액) + ₩180,000(과대배부) = ₩880,000
          = 실제 직접노무시간 × ₩32 = ₩880,000
      → 실제 직접노무시간 = 27,500시간   ▶ ④

08 1) 제조간접원가 예정배부액 = ₩1,500,000 − ₩200,000(과소배부) = ₩1,300,000
    2) 실제조업도 = ₩1,300,000 ÷ ₩65(예정배부율) = 20,000시간
    3) 예산금액 = 25,000시간(예정조업도) × ₩65(예정배부율) = ₩1,625,000   ▶ ④

09 1) 제조간접원가 예정배부액 = ₩22,000(실제발생액) + ₩2,000(과대배부액) = ₩24,000
    2) ₩24,000 = 200시간(직접노동시간) × 제조간접원가 예정배부율
      → 제조간접원가 예정배부율 = ₩120
    3) 정상조업도 = ₩30,000(제조간접원가 예산액) ÷ ₩120(예정배부율) = 250시간   ▶ ④

10 1) 제조간접원가 예정배부율 = ₩200,000 ÷ 100,000시간 = ₩2(기계작업시간)
    2) 제조간섭원가 예징배부액 = 80,000시간(실제작업시간) × ₩2 = ₩160,000
    3) 실제발생액 = ₩160,000 + ₩20,000(과소배부액) = ₩180,000   ▶ ③

11

1) 예정배부액 = ₩36,000 × 150% = ₩54,000

2) 당기총제조원가 = ₩20,000(직접재료원가) + ₩36,000(직접노무원가) + ₩54,000(제조간접원가 예정배부액)
   = ₩110,000

3) 당기제품제조원가 = ₩30,000(기초재공품) + ₩110,000(당기총제조원가) − ₩45,000(기말재공품) = ₩95,000

4) 매출원가 = ₩20,000(기초제품) + ₩95,000(당기제품제조원가) − ₩40,000(기말제품) = ₩75,000

5) 배부차이 조정 후 매출원가 ₩70,000은 ₩5,000이 과대배부되었다는 의미이다.
   → 실제발생액 = ₩54,000 − ₩5,000(과대배부) = ₩49,000 ▶ ②

12 배부차이는 기말재공품, 기말제품, 매출원가에서 조정한다. ▶ ①

13

1) 예정배부율 = ₩75,000 ÷ 7,500시간 = ₩10(직접노무시간)

2) 예정배부액 = 8,000시간 × ₩10 = ₩80,000

3) 배부차이 = ₩80,000(예정배부액) − ₩79,000(실제 발생액) = ₩1,000 과대배부

4) 배부차이 조정 전 매출원가
   • 당기총제조원가 = ₩135,000(직접재료원가 사용액) + ₩90,000 + ₩80,000 = ₩305,000
   • 당기제품제조원가 = ₩18,000(기초재공품) + ₩305,000 − ₩27,000 = ₩296,000
   • 매출원가 = ₩80,000(기초제품) + ₩296,000 − ₩105,000 = ₩271,000

5) 배부차이 조정 후 매출원가 = ₩271,000 − ₩1,000(과대배부) = ₩270,000 ▶ ①

14

1) 예정배부액 = ₩70,000 × 200% = ₩140,000

2) 배부차이 = ₩120,000(실제 총제조간접원가) vs ₩140,000(예정배부액) → ₩20,000 과대배부

3) 배부차이 조정 전 매출원가(제조지시서 #1) = ₩30,000 + ₩22,000 + ₩30,000 + ₩60,000 = ₩142,000

4) 배부차이 조정 후 매출원가 = ₩142,000 − ₩20,000(과대배부) = ₩122,000 ▶ ②

15

1) 예정배부율 = ₩600,000 ÷ 20,000시간 = ₩30(직접노무시간)

2) 예정배부액 = 18,000시간 × ₩30 = ₩540,000

3) 배부차이 = ₩650,000 − ₩540,000 = ₩110,000 과소배부

4) 포괄손익계산서에 인식할 매출총이익 = ₩400,000 − ₩110,000 = ₩290,000 ▶ ①

16

1) 제조간접원가 예정배부율 = ₩480,000 ÷ 6,000시간 = ₩80(직접작업시간)

2) 제조간접원가 예정배부액 = 5,000시간 × ₩80 = ₩400,000

3) 배부차이 = ₩500,000 − ₩400,000 = ₩100,000 과소배부

4) 배부차이 조정
   • 유람선 : ₩100,000 × (₩720,000/₩2,000,000) = ₩36,000
   • 배부차이 조정 후 제품원가 = ₩720,000 + ₩36,000 = ₩756,000 ▶ ③

17

1) 배부차이 = ₩92,000(실제발생액) − ₩80,000(예정배부액) = ₩12,000 과소배부

2) 총원가비례배분법 적용 시 매출원가에 배부될 금액 = ₩12,000 × (₩60,000/₩100,000) = ₩7,200

3) 기존의 회계처리는 매출원가에서 ₩12,000을 전액 늘리지만, 총원가비례배분법은 ₩7,200을 늘리므로
   ₩4,800만큼 당기순이익은 증가한다. ▶ ③

3장 보조부문 원가의 배부

01 조립부문에 배부될 원가
= ₩40,000(변동원가) × (500시간/1,000시간) + ₩12,000(고정원가) × (500시간/1,200시간) = ₩25,000
▶ ③

02 1) 이중배분율법을 적용한 절단부문에 배부되는 원가 = ₩240,000(변동제조간접원가) × (500KW/800KW) + ₩300,000(고정제조간접원가) × (600KW/1,200KW) = ₩300,000
2) 단일배분율법에 적용한 절단부문에 배부되는 원가
= ₩540,000(총보조부문원가) × (500KW/800KW) = ₩337,500
3) 단일배분율법과 이중배분율법의 차이 = ₩337,500 − ₩300,000 = ₩37,500
▶ ④

03 직접배부법은 보조부문간의 용역수수관계를 고려하지 않는다.
▶ ④

04 상호배부법은 보조부문 상호간의 용역수수관계를 모두 고려하는 가장 정확한 방법으로 용역수수관계가 중요할 때 적용하는 것이 타당하다. 용역수수관계가 중요하지 않다면 직접배부법으로 간단하게 배부할 수 있다.
▶ ④

05 직접배분법은 보조부문원가를 제조부문에만 배부하는 방법이다.
1) 수선부 → 조립부 배부 : ₩30,000 × (200시간/800시간) = ₩7,500
2) 전력부 → 조립부 배부 : ₩17,000 × (300kw/600kw) = ₩8,500
3) 조립부에 배부해야 할 원가 = ₩7,500 + ₩8,500 = ₩16,000
▶ ④

06 P1에 배부된 보조부문 원가 합계액(₩120,000) = S1 × (20/60) + ₩140,000(S2) × (40/70)
→ S1에 집계된 부문원가 = ₩120,000
▶ ③

07 1) A부문 원가배부 : 보조부문 B(₩80,000), C(₩120,000), D(₩200,000)
2) B부문 원가배부(₩480,000 + ₩80,000) : C(₩280,000), D(₩280,000)
3) 제조부문 D의 배부받은 보조부문원가 = ₩200,000 + ₩280,000 = ₩480,000
▶ ④

08 1) A부문 원가배부 : B(₩60,000), X(₩60,000), Y(₩80,000)
2) B부문 원가배부(₩300,000 + ₩60,000) : X(₩180,000), Y(₩180,000)
→ X부문에 배부되는 원가 = ₩60,000 + ₩180,000 = ₩240,000
▶ ③

09 1) Y부문 원가배부(₩200,000) : X부문(₩40,000), A부문(₩60,000), B부문(₩100,000)
2) X부문 원가배부(₩140,000 + ₩40,000) : A부문(₩108,000), B부문(₩72,000)
→ A부문원가 합계 = ₩100,000 + ₩60,000 + ₩108,000 = ₩268,000
→ B부문원가 합계 = ₩200,000 + ₩100,000 + ₩72,000 = ₩372,000
▶ ④

정답 및 해설

10
1) X부문의 원가 먼저 배분 시 → Y(₩64,000), A(₩32,000), B(₩64,000)
 Y부문 원가배분(₩200,000 + 64,000) → A(₩132,000), B(₩132,000)
2) Y부문의 원가 먼저 배분 시 → X(₩80,000), A(₩60,000), B(₩60,000)
 X부문 원가배분(₩160,000 + 80,000) → A(₩80,000), B(₩160,000)
3) A부문에 배부되는 보조부문원가의 차이
 • X부문 먼저 배부 시 A = ₩32,000 + ₩132,000 = ₩164,000
 • Y부문 먼저 배부 시 A = ₩60,000 + ₩80,000 = ₩140,000
 • 보조부문원가 차이 = ₩164,000 − ₩140,000 = ₩24,000 ▶ ①

11 보조부문 용역 배부 전에 보조부문이 자가소비한 부분은 제외한다.
1) 수선부문이 관리부문에 제공한 용역 = ₩1,000 × (₩400/₩1,000) = 40%
2) 관리부문이 수선부문에 제공한 용역 = (₩20,000 − ₩4,000) × (₩8,000/₩16,000) = 50%
3) M = ₩160,000 + 0.5F, F = ₩80,000 + 0.4M ▶ ③

12
1) 동력부의 원가를 X, 관리부의 원가를 Y라고 하자.
 • X = ₩200,000 + 0.25Y
 • Y = ₩370,000 + 0.4X
 → 해당 식을 연립하면 X = ₩325,000, Y = ₩500,000
2) 제과부에 배부되는 원가 = ₩325,000 × 0.2 + ₩500,000 × 0.4 = ₩265,000 ▶ ①

13
1) 보조부문원가의 상호배부법을 위한 연립방정식
 • S1 = ₩250,000 + 0.4S2
 • S2 = ₩152,000 + 0.4S1
 → S1 = ₩370,000
 → S2 = ₩300,000
2) P2에 배부되는 보조부문원가 합계액 = ₩370,000×40% + ₩300,000 × 20% = ₩208,000 ▶ ④

4장 결합원가계산

01
1) 제품 C의 분리점에서의 판매가치 = ₩200,000 × (분리점 판매가치/₩500,000) = ₩38,000
 → 분리점 판매가치 = ₩95,000
2) 제품 B의 분리점 판매가치 = ₩500,000 − ₩120,000 − ₩95,000 = ₩285,000
3) 제품 B에 배분되는 결합원가 = ₩200,000 × (₩285,000/₩500,000) = ₩114,000 ▶ ①

02
1) 분리점에서의 판매가치
 • A = 500단위 × ₩200 = ₩100,000
 • B = 400단위 × ₩150 = ₩60,000
2) A의 결합원가 배분액(₩20,000) = 결합원가 총액 × (₩100,000/₩160,000)
 → 결합원가 총액 = ₩32,000 ▶ ①

03 1) 제품 A : 분리점(₩15,000) VS 추가가공시(₩12 × 1,500단위 − ₩5,000 = ₩13,000)
    → 제품 A는 분리점에서의 가치가 더 크다.
    2) 제품 B : 분리점(₩15,000) VS 추가가공시(₩20 × 1,000단위 − ₩4,000 = ₩16,000)
    → 제품 B는 추가가공 후의 가치가 더 크다.
    3) 제품 C : 분리점(₩20,000) VS 추가가공시(₩35 × 1,000단위 − ₩10,000 = ₩25,000)
    → 제품 C는 추가가공 후의 가치가 더 크다.   ▶ ④

04

구분	내용
제품 A	증분수익 = 3,000단위 × (₩23 − ₩20) = ₩9,000 증분비용 = (₩10,000) 증분손실 = (₩1,000) → 추가가공 X
제품 B	증분수익 = 2,000단위 × (₩40 − ₩30) = ₩20,000 증분비용 = (₩15,000) 증분이익 = ₩5,000 → 추가가공 O
제품 C	증분수익 = 2,000단위 × (₩50 − ₩40) = ₩20,000 증분비용 = (₩15,000) 증분이익 = ₩5,000 → 추가가공 O

▶ ③

05 1) 순실현가치
    • A = 2,000개 × ₩150 = ₩300,000
    • B = 3,000개 × ₩180 − ₩40,000 = ₩500,000
    2) 결합원가의 배분
    B = ₩500,000 × (₩500,000/₩800,000) = ₩312,500   ▶ ②

06 1) 순실현가치
    • 제품 C = 600kg × ₩450 − ₩170,000 = ₩100,000
    • 제품 B = 400kg × ₩500 = ₩200,000
    2) 결합원가 배분
    • 제품 A = ₩1,200,000 × 1/3 = ₩400,000
    • 제품 B = ₩1,200,000 × 2/3 = ₩800,000
    3) 총제조원가
    • 제품 B = ₩800,000
    • 제품 C = ₩400,000 + ₩170,000 = ₩570,000   ▶ ④

07 1) 순실현가치
    • A = 700단위 × ₩2,000 − ₩400,000 = ₩1,000,000
    • B = 400단위 × ₩1,500 = ₩600,000
    • C = 500단위 × ₩1,200 − ₩200,000 = ₩400,000
    2) 제품 C에 배부될 결합원가 = ₩1,500,000 × (₩400,000/₩2,000,000) = ₩300,000
    3) 제품 C의 단위당 제조원가 = ₩300,000 + ₩200,000 ÷ 500단위 = ₩1,000   ▶ ④

정답
및
해설

08 1) (주)한국의 전체 매출총이익 = 400단위 × ₩450 + 200단위 × ₩250 − (400단위 × ₩150 + 200단위
　　 × ₩100) − ₩81,000 = ₩69,000

　 2) 전체 매출총이익률 = ₩69,000 ÷ ₩230,000 = 30%

　 3) 연산품 X에 배분될 금액 = (400단위 × ₩450 × 70%) − (400단위 × ₩150) = ₩66,000　　▶ ④

09 1) 회사전체 균등이익률 = 210개 × ₩300 + 250개 × ₩500 − ₩38,000 − ₩103,000 = ₩47,000
　　 → 균등이익률 = ₩47,000 ÷ ₩188,000 = 25%

　 2) A의 원가 = 210개 × ₩300 × 75% = ₩47,250
　　 → 결합원가 배부액 = ₩47,250 − ₩18,000 = ₩29,250　　▶ ②

10 1) 결합제품 A의 매출원가 = 300단위 × ₩30 × 70% = ₩6,300

　 2) 결합제품 A에 배부되는 결합원가 = ₩6,300 − ₩2,100(추가가공원가) = ₩4,200　　▶ ④

5장　활동기준원가계산

01 직접재료원가 이외의 원가를 고정원가로 처리하는 것은 초변동원가계산이다.　　▶ ④

02 제품의 다양성이 증가되면서 개별제품이나 작업에 직접 추적이 어려운 제조간접원가의 비중이 증가되었다.
　　▶ ①

03 총제조원가 = 직접재료원가 + 전환원가
　 = 50단위 × ₩100 + 50단위 × 2기계시간 × ₩50 + 50단위 × 5개 부품 × ₩10 + 50단위 × ₩30
　 = ₩14,000　　▶ ③

04 1) 단위당 가공원가 = 10개 × ₩20 + 5회 × ₩50 + 20회 × ₩30 = ₩1,050

　 2) 단위당 직접재료원가 = ₩300,000 ÷ 300단위 = ₩1,000

　 3) 매출총이익 = 300단위 × (₩3,000 − ₩2,050) = ₩285,000　　▶ ④

05 1) 활동별 배부율
　　 • 조립작업활동 = ₩500,000 ÷ 25,000시간 = ₩20
　　 • 주문처리활동 = ₩75,000 ÷ 1,500회 = ₩50
　　 • 검사작업활동 = ₩30,000 ÷ 1,000시간 = ₩30

　 2) A제품의 총제조원가 = 250개 × (₩150 + ₩450) + 400시간 × ₩20 + 80회 × ₩50 + 100시간 × ₩30
　　　　 = ₩165,000

　 3) A제품의 매출총이익 = 250개 × ₩1,000 − ₩165,000 = ₩85,000　　▶ ④

06 1) 제품 B의 제조간접원가 = ₩100,000(작업준비활동) × (50/100) + ₩600,000(절삭작업활동) × (1,200/3,000)
　　 + ₩90,000(품질검사활동) × (60/150) = ₩326,000

　 2) 제품 B의 단위당 제조간접원가 = ₩326,000 ÷ 2,000단위 = ₩163　　▶ ③

07 제품 A에 배부될 원가 = ₩55(자재주문활동) × (20회/55회) + ₩84(품질검사활동) × (10회/28회) + ₩180 (기계수리활동) × (80시간/180시간) = ₩130 ▶ ②

08 1) 매출원가 = 100개 × ₩700 − ₩20,000(매출총이익) = ₩50,000
   2) 제조간접원가 = ₩50,000(매출원가) − ₩30,000(직접재료원가) − ₩10,000(직접노무원가) = ₩10,000
   3) 제조간접원가(₩10,000) = 생산준비횟수 × ₩50 + 500시간(기계시간) × ₩15 + 200시간(조립시간) × ₩10
   → 생산준비횟수 = 10회 ▶ ①

6장 종합원가계산

01 1) 직접재료원가 완성품환산량 = 60단위 + 40단위(기말재공품) × 100% = 100단위
   2) 전환원가 완성품환산량 = 60단위 + 40단위 × 25% = 70단위
   3) 완성품환산량 단위당 원가
     • 직접재료원가 = ₩40,000 ÷ 100단위 = ₩400
     • 전환원가 = ₩70,000 ÷ 70단위 = ₩1,000
   4) 기말재공품원가 = 40단위 × ₩400 + 10단위 × ₩1,000 = ₩26,000 ▶ ③

02 직접재료원가 완성품환산량 = 20단위 × 0% + 150단위 × 100% + 100단위 × 100% = 250단위 ▶ ④

03 1) 평균법 재료원가 완성품환산량 = 800개 × 100% + 500개 × 100% = 1,300개
   2) 평균법 가공원가 완성품환산량 = 800개 × 100% + 500개 × 60% = 1,100개
   3) 선입선출법 재료원가 완성품환산량 = 200개 × 0% + 600개 × 100% + 500개 × 100% = 1,100개
   4) 선입선출법 가공원가 완성품환산량 = 200개 × 50% + 600개 × 100% + 500개 × 60% = 1,000개
▶ ④

04 1) 재료원가는 공정 초기에 모두 투입되므로 기초재공품은 모두 전기에 재료원가를 배부받았고, 당기완성품 중 기초재공품을 제외한 수량이 당기에 모두 재료원가를 배부받았다.
     → 재료원가 완성품환산량 = 6,000개(당기착수 완성품) + 1,000개 = 7,000개
   2) 가공원가는 선입선출법은 기초재공품부터 완성되어 완성품을 구성하였다고 본다.
     600개 × 70% + 6,000개 × 100% + 1,000개 × 40% = 6,820개 ▶ ②

05 ① 평균법 직접재료원가 완성품환산량 = 2,400개 × 100% + 600개(기말재공품) × 100% = 3,000개
   ② 선입선출법 직접재료원가 완성품환산량 = 1,000개(기초재공품) × 0% + 1,400개(당기착수완성품) × 100% + 600개(기말재공품) × 100% = 2,000개
   ③ 평균법 전환(가공)원가 완성품환산량 = 2,400개 × 100% + 600개(기말재공품) × 50% = 2,700개
   ④ 선입선출법 전환(가공)원가 완성품환산량 = 1,000개(기초재공품) × 40% + 1,400개(당기착수완성품) × 100% + 600개(기말재공품) × 50% = 2,100개 ▶ ④

06

재공품(선입선출법)		
	완성품수량	
기초재공품 3,000(1)(0.2)	기초	3,000(0)(0.8)
당기착수량 17,000	당기착수완성품	15,000
	기말재공품	2,000(1)(0.4)

재료원가	가공원가
–	2,400
15,000	15,000
2,000	800
합계 : 17,000단위	18,200단위

▶ ②

07
1) 직접재료원가 완성품환산량 = 3,500단위(당기완성품) + 1,500단위(기말재공품) × 100%
2) 가공원가 완성품환산량(4,400단위) = 3,500단위(당기완성품) + 1,500단위(기말재공품) × 완성도
→ 완성도 = 60% ▶ ②

08
가공원가(전환원가)의 완성품환산량 차이 = 200단위(기초재공품) × 30% = 60단위 ▶ ①

09
1) 재료원가 완성품환산량 차이(40,000단위) = 기초재공품 × 100%
→ 기초재공품수량 = 40,000단위
2) 전환원가 완성품환산량 차이(10,000단위) = 40,000단위(기초재공품) × 기완성도
→ 기초재공품 전환원가 완성도 = 25% ▶ ③

10
가공원가 완성품환산량 차이(21,000단위) = 70,000단위(기초재공품) × 기초재공품 완성도
→ 기초재공품 완성도 = 30% ▶ ④

11
1) 완성품환산량 = 800단위 × 100% + 200단위(기말재공품) × 50% = 900단위
2) 완성품환산량 단위당 원가 = (₩3,000 + ₩42,000) ÷ 900단위 = ₩50
3) 기말재공품원가 = 100단위(기말재공품 완성품환산량) × ₩50 = ₩5,000 ▶ ①

12
1) 전환원가 완성품환산량 = 100단위(기초재공품) × 60% + 800단위(당기착수완성품) × 100% + 200단위(기말재공품) × 50% = 960단위
2) 완성품환산량 단위당 전환원가 = ₩4,800,000(당기발생 전환원가) ÷ 960단위 = ₩5,000 ▶ ②

13
1) 완성품환산량 = 500단위 × 50% + 3,400단위 × 100% + 600단위 × 50% = 3,950단위
2) 실제발생한 전환원가 = 3,950단위 × ₩20 = ₩79,000 ▶ ②

14
1) 재료원가 완성품환산량 = 200개 × 0% + 800개 × 100% + 400개 × 100% = 1,200개
2) 가공원가 완성품환산량 = 200개 × 40% + 800개 + 400개 × 40% = 1,040개
3) 재료원가 완성품환산량 단위당 원가 = ₩144,000 ÷ 1,200개 = ₩120
4) 가공원가 완성품환산량 단위당 원가 = ₩83,200 ÷ 1,040개 = ₩80
5) 완성품 원가 = ₩56,800(기초재공품원가) + 800개 × ₩120 + 880개 × ₩80 = ₩223,200 ▶ ④

15 1) 선입선출법 완성품환산량 = 300단위 × 60% + 600단위 + 200단위 × 60% = 900단위
2) 선입선출법 완성품환산량단위당원가 = (₩240,000 + ₩120,000) ÷ 900단위 = ₩400
3) 기말재공품원가 = 120개 × ₩400 = ₩48,000 ▶ ③

16 1) 가공원가 완성품환산량 = 1,000단위 × 60% + 3,000단위 × 100% + 1,000단위 × 40% = 4,000단위
2) 가공원가 완성품환산량 단위당 원가 = ₩1,053,000 ÷ 4,000단위 = ₩263.25
3) 기말재공품에 포함된 가공원가 = 400단위 × ₩263.25 = ₩105,300 ▶ ④

17 1) 당기 검사를 통과한 정상품 = 완성량(4,300개) + 기말재공품(700개) = 5,000개
→ 정상공손 = 5,000개 × 5% = 250개
2) 비정상공손수량 = 300개 − 250개 = 50개 ▶ ①

18 1) 공손수량 = 2,000단위 + 18,000단위 − 14,000단위 − 3,000단위 = 3,000단위
2) 정상공손수량 = 14,000단위 × 10% = 1,400단위
3) 비정상공손수량 = 3,000단위 − 1,400단위 = 1,600단위 ▶ ③

19 평균법 완성품환산량 = 198,000단위 × 100% + 12,000단위 × 100% + 90,000단위 × 40% = 246,000단위
▶ ④

20 1) 공손수량 = 500단위(기초재공품) + 2,000단위(당기착수량) − 1,800단위(당기완성량) − 400단위(기말재공품) = 300단위
2) 정상공손수량 = (500단위 + 1,300단위 + 400단위) × 10% = 220단위
3) 정상공손원가 = 220단위 × ₩2,000 + 220단위 × 50% × ₩500 = ₩495,000 ▶ ②

21 1) 공손수량 = 3,000개(기초재공품) + 14,000개(당기착수량) − 13,000개(당기완성품) − 2,500개(기말재공품) = 1,500개
2) 정상공손수량 = 10,000개(당기착수완성품) × 10% = 1,000개
3) 비정상공손수량 = 1,500개 − 1,000개 = 500개
4) 비정상공손원가 = 500개 × ₩30 + 500개 × 70% × ₩20 = ₩22,000 ▶ ①

7장   전부원가, 변동원가

01 변동원가계산의 제품원가 = 직접재료원가, 직접노무원가, 변동제조간접원가 ▶ ①

02 1) 단위당 직접재료원가 = ₩18,000 ÷ 9,000단위 = ₩2
2) 6월 제조원가 총액(₩70,000) = 10,000단위 × ₩2(직접재료원가) + ₩8,000(고정임차료) + 기타제조원가
→ 기타제조원가 = ₩42,000 ▶ ④

03 ① 변동원가계산은 고정제조간접원가를 제품원가에 포함하지 않고 기간비용으로 처리한다.
③ 변동원가계산에 대한 설명이다.
④ 전부원가계산에 대한 설명이다. ▶ ②

04 한계원가 및 공헌이익과 같은 정보를 파악하기 위해서는 변동원가계산이 유용하다. ▶ ④

05 전부원가계산은 변동원가계산에 비해 경영자의 생산과잉을 유도할 수 있다. 즉, 방지하지 않는다. ▶ ④

06 1) 전부원가계산은 고정제조간접원가까지 제품의 원가에 포함한다.
2,000단위 × (₩22 + ₩18 + ₩11) = ₩102,000
* 단위당 고정제조간접원가 = ₩110,000 ÷ 10,000단위 = ₩11
2) 변동원가계산은 변동제조원가만 제품의 원가에 포함한다.
2,000단위 × (₩22 + ₩18) = ₩80,000 ▶ ④

07 변동원가계산은 직접재료원가, 직접노무원가, 변동제조간접원가만 제품의 제조원가로 포함한다.
제품단위당 제조원가는 ₩600 + ₩200 + ₩300 = ₩1,100이다. ▶ ④

08 1) 공헌이익 = 4,000단위 × (₩1,000 − ₩500) = ₩2,000,000
2) 영업이익 = ₩2,000,000(공헌이익) − ₩1,800,000(고정원가) = ₩200,000 ▶ ②

09 전부원가계산은 고정제조원가도 제조원가에 포함하지만 변동원가계산은 당기의 비용으로 인식한다. 영업이익의 차이는 기말제품에 포함된 고정제조간접원가의 차이이다.
→ 고정제조간접원가 차이 = 20단위 × ₩16 = ₩320
* 단위당 고정제조간접원가 = ₩1,600 ÷ 100단위(생산량) = ₩16 ▶ ①

10 영업이익차이 = 기말재고수량 × 단위당 고정제조간접원가
= 1,500단위 × (₩800,000/8,000단위) = ₩150,000 ▶ ③

11 변동원가계산과 전부원가계산의 영업이익차이는 재고자산에 남아있는 고정제조간접원가의 차이이다.
영업이익차이 = 200단위 × (₩1,000,000/500단위) = ₩400,000
→ 전부원가계산의 영업이익이 변동원가계산의 영업이익보다 ₩400,0000이 더 크다. ▶ ②

12 1) 영업이익 차이(₩8,000) = 400개 × 단위당 고정제조간접원가
→ 단위당 고정제조간접원가 = ₩20
2) 총고정제조간접원가 = ₩20 × 1,200개(생산량) = ₩24,000 ▶ ①

13
변동원가계산 하의 영업이익 　　₩100,000
+ 기말제품 고정제조간접원가 　　₩150,000 ← 30,000단위 × ₩5
− 기초제품 고정제조간접원가 　　₩120,000 ← 20,000단위 × ₩6
= 전부원가계산 하의 영업이익 　　₩130,000
• 20×3년 단위당 고정제조간접원가 = ₩300,000 ÷ 60,000단위 = ₩5
• 20×2년 단위당 고정제조간접원가 = ₩300,000 ÷ 50,000단위 = ₩6 ▶ ③

14 1) 20×1년 고정제조간접원가 배부율 = ₩200,000 ÷ 5,000개 = ₩40
2) 20×2년 고정제조간접원가 배부율 = ₩250,000 ÷ 10,000개 = ₩25
3) 변동원가계산 영업이익 + 1,000개 × ₩25 − 1,000개 × ₩40 = ₩100,000(전부원가 영업이익)
→ 변동원가 영업이익 = ₩115,000 ▶ ②

15 | 변동원가계산에서의 영업이익 | ₩9,500
+ 기말제품 고정제조간접원가(2,000단위 × ₩5) | 10,000
− 기초제품 고정제조간접원가(기초제품수량 × ₩5) | (7,500)
= 전부원가계산에서의 영업이익 | ₩12,000
* 기초제품 수량 = ₩7,500 ÷ ₩5 = 1,500단위 ▶ ④

8장 원가의 추정

01 변동원가는 조업도가 증가함에 따라 원가총액은 증가하지만 단위당 변동원가는 조업도 증감에 무관하게 일정하다. ▶ ③

02 제조기업의 제조원가는 재료원가, 노무원가, 제조경비로 구성되며, 제품을 판매하기 위해 발생하는 판매비와 관리비는 판매비와 관리비를 구성한다. ▶ ④

03 ① 기회원가는 의사결정 시 필수적으로 고려해야 하는 관련원가이다.
③ 관련범위 내에서 생산량에 관계없이 고정원가 총액은 일정하다.
④ 관련범위 내에서 생산량이 증가하더라도 단위당 변동원가는 일정하다. ▶ ②

04 1) 단위당 변동원가 = $\frac{₩10,000 − ₩7,000}{250시간 − 150시간}$ = ₩30/시간

2) 고정원가 = ₩10,000 − (250시간 × ₩30) = ₩2,500
3) 원가함수 Y = ₩30X + ₩2,500
직접노무시간 200시간 예상시 ₩30 × 200시간 + ₩2,500 = ₩8,500 ▶ ①

05 1) 단위당 변동원가 = $\frac{₩800,000 − ₩600,000}{300단위 − 200단위}$ = ₩2,000/단위

2) 고정원가 = ₩600,000 − (200단위 × ₩2,000) = ₩200,000
3) 총고정제조원가 10% 증가 시 총제조원가
= 400단위 × ₩2,000 + ₩200,000 × 1.1 = ₩1,020,000 ▶ ②

06 고저점법은 조업도의 가장 큰 단위와 가장 작은 단위를 이용해 원가함수를 추정하는 방법이다.
1) 단위당 변동원가 = (₩11,000,000 − ₩7,000,000) ÷ (150,000단위 − 50,000단위) = ₩40
2) 고정원가 = ₩11,000,000 − (₩40 × 150,000단위) = ₩5,000,000
3) 원가함수 = ₩5,000,000 + ₩40X
4) 7월 추정 영업이익 = 75,000단위 × (₩100 − ₩40 − ₩50) = ₩750,000
* 고정제조간접원가 단위당 원가 = ₩5,000,000 ÷ 100,000단위 = ₩50 ▶ ④

07 1) 단위당 변동원가 = (₩285,000 − ₩232,000) ÷ (6,500시간 − 4,500시간) = ₩26.5
2) 고정원가 = ₩285,000 − (6,500시간 × ₩26.5) = ₩112,750
3) 4분기 윤활유원가 = 5,500시간 × ₩26.5 + ₩112,750 = ₩258,500 ▶ ④

08 단위당 변동비(₩4) = (₩9,400 − ₩8,800) ÷ (1,100기계시간 − 최저 조업도)
→ 최저 조업도 = 950기계시간 ▶ ④

09

단위	단위당 직접노무시간	총시간
1단위	90시간	90시간
2단위	90시간 × 80% = 72시간	144시간
4단위	144시간 × 80% = 115.2시간	230.4시간

→ 4단위의 총제조원가 = ₩500(직접재료원가) × 4단위 + ₩12.5 × 230.4시간 + ₩2,500(고정제조간접원가
배부액) = ₩7,380 ▶ ④

10

단위	단위당 시간	총시간
1단위	20시간	20시간
2단위	20시간 × 90% = 18시간	36시간
4단위	18시간 × 90% = 16.2시간	64.8시간
8단위	16.2시간 × 90% = 14.58시간	116.64시간

→ 7단위 생산에 투입될 것으로 추정되는 직접노무시간
= 116.64시간(8단위 총시간) − 20시간(1단위 총시간) = 96.64시간 ▶ ②

9장 CVP 분석

01 1) 공헌이익률 = (₩200,000 − ₩150,000) ÷ ₩200,000 = 25%
2) 고정원가 = ₩120,000(손익분기점 매출액) × 25% = ₩30,000 ▶ ②

02 손익분기점 인원수 = (₩8,000,000 − ₩2,000,000) ÷ (₩100,000 − ₩50,000) = 120명 ▶ ④

03 (P − ₩300) × 500단위 = ₩200,000
→ P = ₩700 ▶ ④

04 손익분기점 판매량(Q) = ₩45,000 ÷ (₩500 − ₩350) = 300개 ▶ ②

05 1) 1,000개(안전한계판매량) × 단위당 공헌이익 = ₩700,000(영업이익)
→ 단위당 공헌이익 = ₩700
2) 고정원가 = 4,000개(손익분기점 판매량) × ₩700(단위당 공헌이익) = ₩2,800,000
3) 판매가격 인상 시 손익분기점 판매량 = ₩2,800,000 ÷ ₩800 = 3,500개 ▶ ③

06 1) 고정원가(₩45,000) = 900단위(손익분기점 판매량) × 단위당 공헌이익
→ 단위당 공헌이익 = ₩50
2) 930단위 판매 시 영업이익 = 930단위 × ₩50 − ₩45,000 = ₩1,500 ▶ ④

07 1) 고정원가총액(₩450,000) = 5,000단위(손익분기점 판매량) × 단위당 공헌이익
    → 단위당 공헌이익 = ₩90
  2) 목표이익 달성을 위한 판매량 = (₩450,000 + ₩135,000) ÷ ₩90
    → 판매량 = 6,500단위 ▶ ③

08 1) 공헌이익률 = (₩2,000 − ₩700 − ₩300) ÷ ₩2,000 = 50%
  2) 손익분기점 매출액 = ₩2,600,000(고정원가) ÷ 50%(공헌이익률) = ₩5,200,000 ▶ ①

09 1) 공헌이익률(S) = ₩90,000(고정원가) ÷ ₩120,000(손익분기점 매출액)
    → 공헌이익률(S) = 75%
  2) 당기 매출액 = ₩120,000(총변동원가) ÷ (1 − 75%) = ₩480,000
  3) 영업이익 = ₩480,000(매출액) − ₩120,000(변동원가) − ₩90,000(고정원가) = ₩270,000 ▶ ④

10 1) 고정원가 = ₩1,200,000(손익분기점 매출액) × 30%(공헌이익률) = ₩360,000
  2) 단위당 판매가 = ₩4.2(단위당 변동비) ÷ 70%(변동비율) = ₩6
  3) 20×1년도 판매량 = ₩360,000(고정원가) ÷ ₩1.8(단위당 공헌이익) = 200,000단위
  4) 20×2년도 목표이익(₩30,000) = 300,000단위 × ₩1.8 − (₩360,000 + 추가고정비)
    → 추가고정비 = ₩150,000 ▶ ③

11 1) 손익분기점 수량 = ₩200,000(고정비) ÷ ₩320(단위당 공헌이익) = 625개
  2) 최대 감소수량 = 1,000개 − 625개 = 375개 ▶ ③

12 목표이익을 위한 판매량 = (₩6,000 + ₩20,000) ÷ (₩400 − ₩300) = 260단위 ▶ ②

13 (₩150 − ₩10 − ₩30 − ₩40 − ₩20) × Q − ₩60,000 = ₩70,000/(1 − 20%)
  → 판매량(Q) = 2,950단위 ▶ ④

14 (주)한국의 20×2년 영업이익 = ₩300,000(매출액증가율) × (1 − 60%) − ₩90,000 = ₩30,000 ▶ ②

15 1) 고정원가 = ₩15,000,000(손익분기점 매출액) × 40% = ₩6,000,000
  2) 목표이익 획득을 위한 매출액 = (₩6,000,000 + ₩2,000,000) ÷ 0.4(공헌이익률) = ₩20,000,000 ▶ ④

16 1) 세전목표이익 = ₩30,000 ÷ (1 − 20%) = ₩37,500
  2) 목표이익 달성을 위한 판매수량(Q) = (₩200,000 + ₩37,500) ÷ (₩200 − ₩100) = 2,375단위 ▶ ①

17 1,000개 × (P − ₩40) − ₩30,000 = ₩12,000/(1 − 40%)
  → P = ₩90 ▶ ①

18 1) 20×2년 목표이익 달성을 위한 판매량 = (₩20,000 + ₩22,000) ÷ (₩250 − ₩130) = 350단위
  2) 20×1년도 보다 증가하여야 하는 판매량 = 350단위 − 320단위 = 30단위 ▶ ④

19 20×2년도 판매량 = (₩450,000 + ₩200,000) ÷ (₩5,000 − ₩3,700) = 500개 ▶ ①

20 1) 공헌이익률 = ₩100,000(고정비) ÷ ₩250,000(손익분기점 매출액) = 40%
2) 당기매출액(S) = 0.4 × S − ₩100,000 = 0.15S
→ 당기매출액(S) = ₩400,000
3) 안전한계 = ₩400,000(매출액) − ₩250,000(손익분기점 매출액) = ₩150,000
4) 안전한계율 = ₩150,000(안전한계) ÷ ₩400,000(매출액) = 37.5% ▶ ④

21 1) 단위당 판매가격 = ₩2,000,000(매출액) ÷ 20,000단위(판매량) = ₩100
→ 단위당 공헌이익 = ₩100 × 30%(공헌이익률) = ₩30
2) 고정원가 = 16,000단위(손익분기점 판매량) × ₩30 = ₩480,000
3) 20×1년 영업이익 = ₩2,000,000 × 30% − ₩480,000 = ₩120,000
4) 20×2년 영업이익 = ₩2,000,000 × 1.2 × 30% − ₩480,000 = ₩240,000
5) 영업이익 증가액 = ₩240,000 − ₩120,000 = ₩120,000 ▶ ②

22 1) 공헌이익률 = ₩20,000 ÷ ₩50,000 = 40%
2) 안전한계율 = (₩50,000 − ₩37,500) ÷ ₩50,000 = 25%
* 손익분기점 매출액 = ₩15,000(고정원가) ÷ 0.4 = ₩37,500
3) 영업레버리지도 = 공헌이익 ÷ 영업이익 = ₩20,000 ÷ ₩5,000 = 4
4) 판매량 10% 증가하는 경우 레버리지 효과로 영업이익은 10% × 4 = 40% 증가한다.
→ 영업이익 증가 = ₩5,000 × 40% = ₩2,000 ▶ ④

23 1) 매출액 = ₩240,000(총변동원가) ÷ 60%(변동원가율) = ₩400,000
2) 손익분기점 매출액 = ₩60,000(고정원가) ÷ 0.4 = ₩150,000
3) 안전한계율 = ₩250,000(안전한계) ÷ ₩400,000(매출액) = 62.5%
4) 영업레버리지도 = ₩160,000(공헌이익) ÷ ₩100,000(영업이익) = 1.6
5) 세후영업이익 = ₩100,000 × (1 − 20%) = ₩80,000 ▶ ③

24 1) SET당 공헌이익 = ₩1,050 × 6 + ₩2,900 × 4 = ₩17,900
3) SET당 손익분기점 판매량 = ₩1,074,000 ÷ ₩17,900 = 60SET
4) A제품의 예산판매수량 = 60SET × 6 = 360개 ▶ ③

25 1) SET의 공헌이익 = ₩80(제품 A) × 1 + ₩75(제품 B) × 2 = ₩230
2) 목표이익을 얻기 위한 SET의 판매량 = (₩34,500 + ₩23,000) ÷ ₩230 = 250SET
3) 제품 A의 생산량 = 250SET × 1 = 250개 ▶ ③

10장 표준원가계산

01 1) 가격차이(구입시점)

실제구입가격	vs	구입량 × 표준가격
(₩65,000)	>	(20,000kg × ₩3 = ₩60,000) : ₩5,000(불리)

　 2) 능률차이(사용량)

실제사용량 × 표준가격	vs	생산량 × 표준수량 × 표준가격
(18,000kg × ₩3 = ₩54,000)	>	(3,000단위 × 5kg × ₩3 = ₩45,000) : ₩9,000(불리)

▶ ②

02 1) 가격차이(구입시점) : 구입가격(₩225,000) < 40,000kg × ₩6(₩240,000) → ₩15,000 유리
　 2) 능률차이(수량차이) : 36,000kg × ₩6 > 3,000단위 × 10kg × ₩6 → ₩36,000 불리　　▶ ③

03 1) 가격차이(구입시점) = ₩130,000(실제구입가격) − (2,000kg × ₩50) = ₩30,000 불리
　　 * 재료원가 단위당 원가 = ₩10,000(제품계정에 포함된 직접재료원가) ÷ 100단위(기말 제품재고) × 2kg
　　　　　　　　　　 = ₩50
　 2) 수량차이 = (1,900kg × ₩50) > (900단위 × 2kg × ₩50) = ₩5,000 불리　　▶ ④

04 1) 구입가격차이(₩3,000 불리) = 실제구입량 × (₩5 − ₩3)
　　 → 실제구입량 = 1,500kg
　 2) 능률차이(₩900 유리) = (800단위 × 2kg − 실제사용량) × ₩3
　　 → 실제사용량 = 1,300kg
　 3) 기말 직접재료 재고수량 = ₩0(기초 원재료수량) + 1,500kg(실제구입량) − 1,300kg(실제사용량) = 200kg

▶ ③

05

직접재료 실제사용량 × ₩300	실제생산량 × 수량표준 × 가격표준 2,800단위 × 2kg × ₩300
수량차이 ₩120,000 불리	

　 → 직접재료 실제사용량 = ₩1,800,000 ÷ ₩300 = 6,000kg　　▶ ③

06 1) 능률차이 : 실제직접노무시간 × 표준임률　 vs　 생산량 × 표준시간 × 표준임률
　　 (4,000시간 × ₩900 = ₩3,600,000)　 < 　(2,100개 × 2시간 × ₩900 = ₩3,780,000)
　 2) 실제직접노무시간 = ₩4,000,000 ÷ ₩1,000(실제임률) = 4,000시간　　▶ ④

07 능률차이 = (130시간 − 15단위 × 8시간) × ₩900 = ₩9,000 불리　　▶ ①

08 1) 임률차이 = ₩15,000,000(실제발생액) − (실제작업시간 × 표준임률) = ₩5,000,000
　 2) 능률차이 = ₩10,000,000 − (3,000개 × 10시간 × 표준임률) = (₩2,000,000)
　　 → 표준임률 = ₩400
　　 → 실제작업시간 = ₩10,000,000 ÷ ₩400 = 25,000시간　　▶ ③

정답
및
해설

09 1) 임률차이 = 18,000시간 × ₩2.5 < 18,000시간 × 표준임률 = ₩9,000 유리
  → 표준임률 = ₩54,000 ÷ 18,000시간 = ₩3
  2) 능률차이 = ₩54,000 > 표준직접노무시간 × ₩3 = ₩1,500 불리
  → 표준직접노무시간 = ₩52,500 ÷ ₩3 = 17,500시간 ▶ ②

10 능률차이 = 660시간 × ₩3,000 vs (80개 + 50개 × 40%) × 6시간 × ₩3000 = ₩180,000 불리 ▶ ②

11 1) 직접노무원가 총차이 = ₩700(유리한 임률차이) − ₩500(불리한 능률차이) = ₩200(유리)
  2) 표준직접노무원가 = 100단위 × 3시간 × ₩10 = ₩3,000
  3) 실제 총직접노무원가 = ₩3,000(표준직접노무원가) − ₩200(유리한 총차이) = ₩2,800 ▶ ③

12 능률차이 = 100시간 × ₩5 − (실제생산량 × 2시간 × ₩5) = (₩120)
  → 실제제품생산량 = 62개 ▶ ②

13 1) 변동제조간접원가 소비차이(₩3,000유리) = 10,400시간(실제직접노무시간) × 표준배부율 − ₩23,000 (실제발생액)
  → 표준배부율 = ₩2.5
  2) 변동제조간접원가 능률차이(₩2,000불리) = 10,400시간 × ₩2.5 − (실제생산량 × 2시간 × ₩2.5)
  → 실제생산량 = 4,800개 ▶ ②

14 조업도차이는 고정제조간접원가 자체의 통제가 아닌 고정제조간접원가 예산과 산출량에 의한 변동원가의 차이다. 산출량은 고정제조간접원가와 원가통제 목적상 연관되지 않으므로 조업도차이는 통제할 수 없는 차이다. 그러므로 성과평가 시 조업도차이는 고려하지 않는다. ▶ ④

15 1) 고정제조간접원가 표준배부액 = 1,000단위 × 2시간 × ₩10 = ₩20,000
  2) 고정제조간접원가 예산 = ₩20,000 − ₩10,000(유리한 차이) = ₩10,000
  3) 기준조업도 = ₩10,000(고정제조간접원가 예산) ÷ ₩10(표준배부율) = 1,000시간 ▶ ④

16 1) 고정제조간접원가 예산 = ₩285,000(실제발생액) − ₩9,000(불리한 차이) = ₩276,000
  2) 조업도차이 = ₩276,000(고정제조간접원가 예산) − (1,000개 × 5시간 × 배부율) = ₩46,000
  → 배부율 = ₩46
  3) 기준조업도 = ₩276,000(예산) ÷ ₩46(표준배부율) = 6,000시간 ▶ ④

17 1) 조업도차이(₩60,000)
  = 고정제조간접원가 예산(9,000시간 × 표준배부율) < (3,200단위 × 3시간 × 표준배부율)
  → 600시간 × 표준배부율 = ₩60,000
  → 표준배부율 = ₩100
  2) 소비차이 = ₩1,100,000(실제발생액) > (9,000시간 × ₩100) = ₩200,000 불리 ▶ ①

11장 관련원가와 의사결정

01 연간 최대생산능력은 1,000단위이며 현재 500단위를 생산하고 있고, 유휴생산능력이 500단위 있기 때문에 해당 특별주문은 유휴생산능력 내의 생산이다.
1) 단위당 변동원가 = ₩12,000 ÷ 500단위 = ₩24
2) 증분이익 = 500단위 × (₩30 − ₩24) = ₩3,000 ▶ ②

02 증분이익 = 100개 × (₩12 − ₩4 − ₩2 − ₩2 − ₩2) = ₩200 증가 ▶ ①

03
증분수익 : 특별주문 매출액 (100병 × ₩180)　　₩18,000
증분비용 : 특별주문 변동비(100병 × ₩130)　　₩13,000
　　　　　기존시장 공헌이익 감소분(50병 × ₩80)　₩4,000
증분이익 : ₩1,000 ▶ ①

04 증분이익 = 1,000개 × (₩800 − ₩250 − ₩150 − ₩200 − ₩80) = ₩120,000 ▶ ②

05
증분수익 : 특별주문 매출액(500단위 × ₩150)　　₩75,000
증분비용 : 특별주문 변동원가(500단위 × ₩50)　　₩25,000
증분이익 : ₩50,000
* 단위당 변동원가 = (₩2,500,000/15,000개) × 30% = ₩50 ▶ ③

06 특별주문 수락 시
증분수익 : 특별주문 매출액(4,000대 × ₩70,000)　　　　　₩280,000,000
증분비용 : 특별주문 변동비(4,000대 × ₩62,500)　　　　　₩250,000,000
　　　　　기존시장 공헌이익 감소(2,000대 × ₩30,000)　　₩60,000,000
증분손실 : (₩30,000,000) ▶ ②

07 특별주문 수락 시
증분수익 : 특별주문 매출액 (800단위 × ₩300)　　　　　₩240,000
증분비용 : 특별주문 변동비(800단위 × ₩230)　　　　　₩184,000
　　　　　기존거래처 공헌이익 감소(300단위 × ₩150)　　₩45,000
증분이익 : ₩11,000 ▶ ④

08 특별주문 수락 시
증분수익 : 특별주문 매출액(100단위 × P)　　　　　100P
증분비용 : 변동원가발생액(100단위 × ₩3,000)　　₩300,000
배송비용 :　　　　　₩10,000
증분이익 : ₩30,000
* 100P − ₩310,000 = ₩30,000
→ P = ₩3,400 ▶ ③

09 특별주문으로부터 받아야 할 최소 판매가격은 증분수익≥증분비용이다.

특별주문 수락 시

증분수익 : (2,000단위 × P)	2,000P
증분비용 : 변동원가 발생액(2,000단위 × ₩1,000)	₩2,000,000
기존고객공헌이익 감소(1,000단위 × ₩800)	₩800,000

* 2,000P ≥ ₩2,800,000

→ P ≥ ₩1,400　　　　　　　　　　　　　　　　　　　　　　　　▶ ③

10

증분수익 : 변동원가 감소액(1,000단위 × ₩120)	₩120,000
고정제조간접원가 감소액(₩40,000 × 25%)	₩10,000
임대료수익	₩30,000
증분비용 : 부품 A의 구입가격(1,000단위 × ₩140)	₩140,000
증분이익 : ₩20,000	

　　　　　　　　　　　　　　　　　　　　　　　　　　　　　　▶ ④

11 B제품 생산 중단 시

증분수익 : B제품의 변동원가 감소	₩1,200
A제품의 공헌이익 증가(1,000단위 × ₩1.25)	₩1,250
증분비용 : B제품의 매출액 감소	₩2,000
증분이익 : ₩450 증가	

　　　　　　　　　　　　　　　　　　　　　　　　　　　　　　▶ ②

12

증분이익 : 고정원가절감액	₩190,000
증분비용 : 공헌이익 감소액	₩280,000
증분손실 : (−) ₩90,000 감소	

　　　　　　　　　　　　　　　　　　　　　　　　　　　　　　▶ ②

13 제약요인 단위당 공헌이익이 가장 큰 제품부터 생산한다.

	제품 X	제품 Y
단위당 공헌이익	₩600	₩400
기계시간	6시간	2시간
제약요인 단위당 공헌이익	₩100	₩200

제품 Y를 총 400시간 동안 생산하면 200개 생산이 가능하다.

→ 최대 영업이익 = (200개 × ₩400) − ₩50,000(고정원가) = ₩30,000　　　▶ ③

14 1) 제약요인이 여러 개인 경우 선형계획법으로 계산한다.

　　2X + 2Y = 2,400

　　2X + 3Y = 3,000

　　해당 식을 연립하면 Y = 600, X = 600단위이다.

2) 연간 최대 공헌이익 = 600단위 × ₩300 + 600단위 × ₩400 = ₩420,000　　▶ ③

12장 기타 관리회계

01

<원재료>

기초원재료	50kg	당기사용량	600kg
구입량	?	기말원재료	80kg
합계	680kg	합계	680kg

→ 구입량 = 630kg　　　　　　　　　　　　　　　　　　　　　▶②

02

<1월>

기초제품재고	1,800개	당월판매량	13,000개
당월생산량	?	기말재고량	3,000개

* 기말재고량 = 15,000개 × 20% = 3,000개
→ 당월생산량 = 16,000개 − 1,800개 = 14,200개　　　　　　　　▶③

03

재공품			
기초재공품	−	당기완성량	45,000단위
당기생산량	47,000단위	기말재공품	2,000단위

원재료			
기초원재료	−	당기투입액(47,000단위 × 3kg × ₩2)	₩282,000
당기구입액	₩328,000	기말재공품(23,000kg × ₩2)	₩46,000

▶④

04

판매예산(4분기)			
기초재고량	3,300단위	판매량	33,000단위
목표생산량	32,550단위	기말재고량	2,850단위

▶③

05

제품			
기초	50단위	판매량	900단위
목표생산량	930단위	기말제품	80단위

직접재료			
기초	100kg	사용량	465kg
구입량	485kg	기말	120kg

→ 직접재료 사용량 = 930단위 × 0.5kg = 465kg
→ 직접재료 구입예산 = 485kg × ₩10 = ₩4,850　　　　　　　　▶③

06

상품(원가)			
기초상품(₩6,000 × 70% × 10%)	₩420	매출원가(₩6,000 × 70%)	₩4,200
매입액	₩4,340	기말상품(₩8,000 × 70% × 10%)	₩560

▶①

07 3분기 현금유입액 = ₩120,000 × 40% × 70% + ₩80,000 × 40% × 30% + ₩80,000 × 60%
　　　　　　　 = ₩91,200

▶②

정답
및
해설

08 1) 투자수익률 = 영업이익 ÷ 투자금액
 • A의 투자수익률 = ₩20,000,000 ÷ ₩250,000,000 = 8%
 • B의 투자수익률 = ₩22,500,000 ÷ ₩300,000,000 = 7.5%
  2) 잔여이익 = 영업이익 − (투자금액 × 최저필수수익률)
 • A의 잔여이익 = ₩20,000,000 − (₩250,000,000 × 6%) = ₩5,000,000
 • B의 잔여이익 = ₩22,500,000 − (₩300,000,000 × 6%) = ₩4,500,000 ▶ ②

09 1) 영업이익 = ₩2,500,000(평균영업용자산) × 10%(ROI) = ₩250,000
  2) 잔여이익 = ₩250,000(영업이익) − ₩2,500,000(평균영업용자산) × 최저필수수익률
 → 최저필수수익률 = 9% ▶ ②

10 종업원 만족도, 이직률, 종업원 생산성 등의 지표를 사용하는 관점은 학습과 성장 관점이다. ▶ ④

1장 정부회계

01 「국가회계법」상 결산보고서는 결산개요, 세입세출결산, 재무제표, 성과보고서로 구성된다. ▶ ③

02 정부회계는 예산회계의 단점을 보완하기 위해 발생주의를 도입하였으며, 예산회계와 병행하여 사용한다.
▶ ①

03 각 중앙관서의 장은 「국가회계법」에서 정하는 바에 따라 회계연도마다 작성한 결산보고서(이하 "중앙관서결산
보고서"라 한다)를 다음 연도 2월 말일까지 기획재정부장관에게 제출하여야 한다. ▶ ④

04 공정가액이란 합리적인 판단력과 거래의사가 있는 독립된 당사자 간에 거래될 수 있는 교환가격을 말한다.
▶ ③

05 정부는 재정운용의 효율화와 건전화를 위하여 매년 해당 회계연도부터 5회계연도 이상의 기간에 대한 재정운용
계획을 수립하여 회계연도 개시 120일 전까지 국회에 제출하여야 한다. ▶ ②

06 퇴직급여충당부채는 재정상태표일 현재 「공무원연금법」 및 「군인연금법」을 적용받지 아니하는 퇴직금 지급대
상자가 일시에 퇴직할 경우 지급하여야 할 퇴직금으로 평가한다. ▶ ①

07 비화폐성자산은 압류 또는 몰수 당시의 감정가액 또는 공정가액 등으로 평가하고 평가된 가액을 주석으로 표시
한다. ▶ ③

08 부채는 차입부채, 충당부채, 기타부채로 구분한다. ▶ ②

09 일반유형자산 및 사회기반시설의 내용연수를 연장시키거나 가치를 실질적으로 증가시키는 지출은 자산의 증가
로 회계처리한다. ▶ ③

10 생산과정에서 투입될 원재료의 시가는 현재 시점에서 매입하거나 재생산하는 데 드는 현행대체원가를 말한다.
▶ ④

11 자산은 공용 또는 공공용으로 사용되는 등 공공서비스를 제공할 수 있거나 직접적 또는 간접적으로 경제적 효익
을 창출하거나 창출에 기여할 가능성이 매우 높고 그 가액을 신뢰성 있게 측정할 수 있을 때에 인식한다.
▶ ②

12 자산의 물리적인 손상 또는 시장가치에 급격한 하락 등으로 해당 자산의 회수가능액이 장부가액에 미달하고
그 미달액이 중요한 경우에는 장부가액에서 직접 빼서 회수가능가액으로 조정하고, 장부가액과 회수가능가액의
차액을 그 자산에 대한 감액손실의 과목으로 재정운영결과에 반영하며 감액명세를 주석으로 표시한다.
▶ ④

13 ② 무주부동산을 취득할 경우 공정가액을 취득원가로 한다.
③ 국가회계실체 사이에 발생하는 관리환은 무상거래일 경우에는 자산의 장부가액을 취득원가로 하고, 유상거래일 경우에는 자산의 공정가액을 취득원가로 한다.
④ 순자산은 기본순자산, 적립금 및 잉여금, 순자산조정으로 분류한다. ▶ ①

14 파생상품에서 발생한 평가손익은 발생한 시점에 재정운영결과에 반영한다. 다만, 미래예상거래의 현금흐름변동위험을 회피하는 계약에서 발생하는 평가손익은 순자산조정에 반영한다. ▶ ④

15 국가가 취득하는 채무증권은 상각후취득원가로 평가한다. ▶ ③

16 국가가 운영하는 연금사업에서 연금충당부채를 인식하는 경우 발생하는 연금비용 중 보험수리적 가정과 실제로 발생한 결과의 차이 및 보험수리적 가정의 변경에 따른 연금충당부채의 감소 또는 증가액은 순자산변동표에 조정항목으로 인식한다. ▶ ②

17 재무제표를 통합하여 작성하는 경우 내부거래는 상계한다. ▶ ④

18 ① 보험충당부채는 재정상태일 이전에 보험사고가 발생하였으나 미지급된 보험금 지급예상액과 재정상태표일 현재 보험사고가 발생하지는 않았으나 장래 발생할 보험사고를 대비하여 적립하는 지급예상액을 합산한 금액으로 평가한다.
② 프로그램순원가는 프로그램을 수행하기 위하여 투입한 원가 합계에서 다른 프로그램으로부터 배부받은 원가를 더하고, 다른 프로그램에 배부한 원가는 빼며, 프로그램 수행과정에서 발생한 수익 등을 빼서 표시한다.
③ 재정운영표의 모든 수익과 비용은 발생주의 원칙에 따라 거래나 사실이 발생한 기간에 표시한다. ▶ ④

19 국가회계실체가 투입한 비용 중에서 프로그램이 제공하는 재화나 용역과 직접적인 관련이 없거나 프로그램에 배부하는 것이 적정하지 않은 비용은 비배분비용으로 구분한다.
관리운영비는 프로그램운영에 직접적으로 수요되지는 않지만, 기관의 기본적인 기능수행 및 특정 사업의 행정 운영과 관련한 인건비와 경비 등을 포함한다. ▶ ②

20 국가운영수익은 국가의 재정활동과 관련하여 발생하는 수익 중 국세수익과 이전수익을 제외한 수익을 말한다. ▶ ①

21 입장료수익 등 1회성 사용대가를 수취하는 경우에는 대금납부시점에 인식하며, 기간 단위의 계약에 의해 사용하는 경우에는 기간배분에 의하여 수익을 인식한다. ▶ ③

22 기부금 및 무상이전수익은 청구권이 확정된 때에 그 확정된 금액을 인식한다. ▶ ④

23 정부가 부과하는 방식의 국세는 국가가 고지하는 때에 수익으로 인식한다. ▶ ①

24 재정운영순원가에서 비교환수익을 차감하여 재정운영결과로 표시한다. ▶ ①

25 중앙관서가 국고금을 국고금회계로 이전하는 경우 순자산변동표상의 재원의 이전에 국고이전지출로 표시한다. ▶ ③

26 기말순자산 = 기초순자산 − 재정운영결과 + 재원의 조달 및 이전 + 조정항목 ▶ ③

27 중앙관서 또는 기금의 성질별 재정운영표에서 수익은 이전수익 및 국가운영수익으로 구분하여 표시하고, 비용은 이전비용 및 국가운영비용으로 구분하여 표시한다. ▶ ③

28 재정운영순원가 = 프로그램순원가 + 관리운영비 + 비배분비용 − 비배분수익
= ₩150,000 + ₩50,000 + ₩30,000 − ₩20,000 = ₩210,000 ▶ ②

29 1) 프로그램 총원가 = ₩150,000(프로그램을 수행하기 위해 투입한 직접원가) + ₩4,000(다른 프로그램으로부터 배부받은 간접원가) − ₩7,000(다른 프로그램에 배부한 간접원가) = ₩147,000
2) 프로그램 순원가 = ₩147,000 − ₩10,000(프로그램수익) = ₩137,000
3) 재정운영순원가 = ₩137,000 + ₩30,000(관리운영비) + ₩2,000(비배분비용) − ₩3,500(비배분수익)
= ₩165,500 ▶ ②

30 자산은 미래에 공공서비스를 제공할 수 있거나 직접적 또는 간접적으로 경제적 효익을 창출하거나 창출에 기여할 가능성이 매우 높고 그 가액을 신뢰성 있게 측정할 수 있을 때에 인식한다. ▶ ①

31 유형별 회계실체는 지방자치단체의 회계구분에 따라 일반회계, 기타특별회계, 기금회계 및 지방공기업특별회계로 구분한다. ▶ ③

32 재무제표를 통합하여 작성하는 경우는 내부거래를 상계하지만 개별 회계실체의 재무제표를 작성할 때에는 내부거래를 상계하지 않는다. ▶ ③

33 ① 유형별 회계실체는 지방자치단체의 회계구분에 따라 일반회계, 기타특별회계, 기금회계 및 지방공기업특별회계로 구분한다.
③ 재무제표의 부속서류는 필수보충정보와 부속명세서로 한다.
④ 개별 회계실체의 재무제표를 작성할 때에는 지방자치단체 안의 다른 개별 회계실체와의 내부거래를 상계하지 아니한다. 이 경우 내부거래는 해당 지방자치단체에 속하지 아니한 다른 회계실체 등과의 거래와 동일한 방식으로 회계처리한다. ▶ ②

34 지방채증권의 액면가액과 발행가액의 차이는 지방채할인 또는 할증 발행차금으로 하고, 할인 또는 할증 발행차금은 증권 발행 시부터 최종 상환 시까지의 기간에 유효이자율 등으로 상각 또는 환입하고 그 상각액 또는 환입액은 지방채증권에 대한 이자비용에 더하거나 뺀다. ▶ ②

35 주민편의시설은 주민의 편의를 위하여 1년 이상 반복적 또는 계속적으로 사용되는 자산으로서 도서관, 주차장, 공원, 박물관 및 미술관 등을 말한다. ▶ ③

36 비화폐성 외화자산 및 비화폐성 외화부채는 해당 자산을 취득하거나 해당 부채를 부담한 당시의 적절한 환율로 평가한 가액으로 함을 원칙으로 한다. ▶ ②

37 국가회계기준에서는 일반유형자산의 자산재평가를 허용하고 있으나 지방자치단체회계는 자산재평가를 허용하지 않고 원가법만 인정하고 있다. ▶ ④

38 「지방자치단체 회계기준에 관한 규칙」상 비화폐성 외화자산과 비화폐성 외화부채는 해당 자산을 취득하거나 해당 부채를 부담한 당시의 적절한 환율로 평가한 가액을 재정상태표 가액으로 함을 원칙으로 한다. ▶ ④

1장 제1회 모의고사

01 자산은 과거 사건의 결과로 인해 발생한다. ▶ ③

02 1) 자본의 증가 = ₩400,000(자산의 증가) + ₩200,000(부채의 감소) = ₩600,000
　　2) 자본의 증가(₩600,000) = ₩50,000(유상증자) − ₩80,000(현금배당) − ₩60,000(자기주식 취득) + ₩40,000(기타포괄손익) + 당기순이익
　　　→ 당기순이익 = ₩650,000 ▶ ④

03 1) 매출채권회전율 = ₩960,000 ÷ ₩40,000 = 24회
　　2) 재고자산회전율 = ₩768,000 ÷ ₩38,400 = 20회
　　3) 매출채권 회수기간 = 360일 ÷ 24회 = 15일
　　4) 재고자산 회수기간 = 360일 ÷ 20회 = 18일
　　5) 영업주기 = 재고자산 회수기간 + 매출채권 회수기간 = 33일 ▶ ④

04 1) 일괄구입 후 즉시 철거하게 되면 모두 토지의 원가가 된다. 건물의 장부가액은 ₩0이다.
　　2) 사용을 하는 경우 일괄구입으로 구입가격을 공정가치 비율로 안분한다.
　　　• 건물의 취득원가 = ₩1,000,000 × 1/10 = ₩100,000
　　　• 20×1.12.31 장부금액 = ₩100,000 − [(₩100,000 − ₩0) × 1/5] = ₩80,000 ▶ ②

05 내용연수가 유한한 무형자산의 잔존가치는 해당 자산의 장부금액과 크거나 같을 수 있다. ▶ ④

06

수정 전 회사잔액	₩105,000	수정 전 은행잔액		₩80,000
은행수수료	(₩5,000)	미기입예금		₩50,000
미통지입금	₩45,000	기발행미인출수표		(₩40,000)
오류	(₩10,000)	오류		₩20,000
수정 후 회사잔액	₩135,000	수정 후 은행잔액		₩110,000

　→ 횡령추정액 = ₩135,000 − ₩110,000 = ₩25,000 ▶ ②

07 1) 만기금액 = ₩1,000,000 + ₩1,000,000 × 9% × 3/12 = ₩1,022,500
　　2) 은행할인액(₩20,450) = ₩1,022,500 × 할인율 × 2/12
　　　→ 할인율 = 12% ▶ ②

08 1) 자기주식의 취득 = 200주 × ₩200 = ₩40,000 자본총계 감소
　　2) 자기주식의 매각 = 50주 × ₩300 = ₩15,000 자본총계 증가
　　3) 자기주식의 소각은 자본총계에 미치는 영향이 없음
　　4) 주식의 발행 = 100주 × ₩80 = ₩8,000 자본총계 증가
　　　→ 자본총계의 영향 = (₩40,000) + ₩15,000 + ₩8,000 + ₩10,000(총포괄이익) = (₩7,000) ▶ ①

09

당기순이익	₩250,000
감가상각비	₩40,000
사채상환이익	(₩35,000)
매출채권(순액) 증가	(₩20,000)
매입채무 감소	(₩10,000)
미지급비용 증가	₩15,000
= 영업활동순현금흐름	₩240,000

※ 유상증자, 사채상환은 재무활동이며, 단기대여금 및 유형자산은 투자활동에 해당한다.　　　▶ ①

10 1) 결산수정분개

12월 31일	(차) 보험료(비용)	140,000	(대) 선급보험료	140,000
	(차) 임대료수익	270,000	(대) 선수임대료	270,000
	(차) 이자비용	40,000	(대) 미지급비용	40,000
	(차) 당기손익금융자산	20,000	(대) 금융자산평가이익	20,000

2) 기말수정분개의 영향
   - 당기순이익 영향 = (₩140,000) + (₩270,000) + (₩40,000) + ₩20,000 = (₩430,000) 감소
   - 자산총액 = (₩140,000)(선급보험료) + ₩20,000(당기손익금융자산) = (₩120,000) 감소
   - 부채총액 = ₩270,000 + ₩40,000 = ₩310,000 증가
   - 수정후시산표 대변합계 = ₩40,000(미지급비용) + ₩20,000(평가이익) = ₩60,000 증가
   ※ 보험료, 임대료는 차변, 대변에서 각각 동일한 금액이 증감하였으므로 합계에는 영향이 없다.　　　▶ ④

11 1) 매출원가 = ₩120,000(기초상품재고액) + ₩200,000(당기매입액) − ₩110,000(기말상품재고액) = ₩210,000
   2) 매출액 = ₩210,000(매출원가) + ₩90,000(매출총이익) = ₩300,000
      → 외상매출액 = ₩300,000 − ₩50,000(현금매출액) = ₩250,000
   3) 기말매출채권 = ₩80,000(기초매출채권) + ₩250,000(외상매출액) − ₩260,000(매출채권회수액) = ₩70,000
   　　　▶ ①

12 1) 20×3년 초 장부금액 = ₩300,000 − [₩250,000 × 9/15] = ₩150,000
   2) 20×3년 감가상각비 = (₩150,000 − ₩50,000) × 1/2 = ₩50,000　　　▶ ①

13 1) 직접재료원가 = ₩2,000(매입액) − ₩400(원재료재고액의 증가액) = ₩1,600
   2) 당기총제조원가 = ₩1,600 + ₩1,500 + ₩1,200 = ₩4,300
   3) 재공품은 존재하지 않으므로 당기총제조원가와 당기제품제조원가는 일치한다.
      → 매출원가 = ₩4,300 + ₩700 = ₩5,000　　　▶ ①

14 1) 공손수량 = 1,000개 + 3,500개 − 3,800개 − 200개 = 500개
   2) 당기 검사통과물량 = 1,000개(기초재공품) + 2,800개(당기착수완성량) = 3,800개
      * 기말재공품은 검사시점까지 도달하지 못하였으므로 검사를 받지 않았다.
   3) 정상공손수량 = 3,800개 × 10% = 380개
   4) 비정상공손수량 = 500개 − 380개 = 120개　　　▶ ④

15 1) 손익분기점 매출액 = ₩120,000(총고정원가) ÷ 0.3(공헌이익률) = ₩400,000
   2) 매출액 = 0.3S − ₩120,000 = ₩240,000/(1 − 20%) = ₩1,400,000
   3) 안전한계금액 = ₩1,400,000 − ₩400,000 = ₩1,000,000　　　▶ ③

정답 및 해설

16 ① 순자산은 기본순자산, 적립금 및 잉여금, 순자산조정으로 분류한다.
② 부채는 차입부채, 충당부채 및 기타 부채로 구분하여 재정상태표에 표시한다.
④ 교환 또는 기부채납 등으로 취득한 자산의 가액은 공정가액을 취득원가로 한다.　　▶ ③

17 자산은 유동자산, 투자자산, 일반유형자산, 주민편의시설, 사회기반시설, 기타비유동자산으로 분류한다.
　　▶ ④

18 1) 재료원가의 가격 차이 = (450kg × ₩220) − (450kg × ₩200) = ₩9,000 불리
2) 재료원가의 수량 차이 = (450kg × ₩200) − (250개 × 2kg × ₩200) = ₩10,000 유리　　▶ ①

19 ① 비교가능성은 목표이고 일관성은 이를 달성하는 데 도움을 준다.
② 이해가능성이란 사업활동과 경제활동에 대해 합리적인 지식이 있고, 부지런히 정보를 검토하고 분석하는 정보이용자가 이해할 수 있도록 재무보고서가 작성되어야 함을 전제로 한다.
③ 충실한 표현은 서술의 모든 면이 완벽하게 정확하다는 것을 의미하지 않는다.　　▶ ④

20 1) 사채상환 당시 장부금액 = ₩2,000,000(액면금액) − ₩280,000(사채할인발행차금) = ₩1,720,000
2) 사채상환손익 = ₩1,800,000(상환금액) − ₩1,720,000(장부금액) = ₩80,000 상환손실　　▶ ④

2장 제2회 모의고사

01 저가법은 항목별로 적용하는 것이 원칙이다.
1) 원재료 A는 취득원가와 현행대체원가 중 취득원가가 더 작기 때문에 평가손실이 발생하지 않는다.
2) 원재료 B의 평가손실 = ₩80,000(취득원가) − ₩60,000(현행대체원가) = ₩20,000
3) 상품의 평가손실 = ₩250,000(취득원가) − ₩220,000(순실현가능가치) = ₩30,000
4) 당기 재고자산평가손실 = ₩20,000 + ₩30,000 = ₩50,000　▶ ①

02 20×1년도 감가상각비 = (취득원가 − ₩12,000) × 3/6 × 3/12 = ₩60,000
→ 취득원가 = ₩492,000　▶ ③

03 금융리스제공자는 리스채권만 보유하며, 투자부동산을 계상하지 않는다.　▶ ①

04 1) 당기손익 − 공정가치 측정 금융자산 분류 시
• 취득수수료 : ₩1,000(당기비용)
• 당기손익 − 공정가치 측정 금융자산 평가손익 = ₩118,000 − ₩109,000 = ₩9,000 증가
• 당기순이익에 미치는 영향 = ₩9,000 − ₩1,000 = ₩8,000 증가
2) 기타포괄손익 − 공정가치 측정 금융자산 분류 시
기타포괄손익 − 공정가치 측정 금융자산 평가손익 = ₩118,000 − ₩110,000 = ₩8,000은 당기순이익
이 아닌 기타포괄손익으로 분류하므로 당기순이익에 미치는 영향은 없다.　▶ ④

05 1) 복구충당부채 = ₩100,000 × 0.57 = ₩57,000
2) 감가상각비 = (₩500,000 + ₩57,000 − 0) × 1/5 = ₩111,400　▶ ③

06 일반목적재무보고서는 기업의 가치를 보여주기 위해 고안된 것이 아니며, 보고기업의 가치를 추정하는 데 도움
이 되는 정보를 제공한다.　▶ ①

07 1) 연평균지출액 = ₩200,000 + ₩300,000 × 6/12 = ₩350,000
2) 특정차입금 = ₩300,000 × 6/12 × 9% = ₩13,500
3) 일반차입금 자본화금액 = [₩350,000 − (₩300,000 × 6/12)] × 10% = ₩20,000
* 실제 발생한 이자비용 = ₩500,000 × 10% = ₩50,000
4) 20×1년 자본화할 차입원가 = ₩13,500 + ₩20,000 = ₩33,500　▶ ①

08 1) 20×1년 제품보증충당부채 잔액 = ₩150,000 × 5% − ₩3,000 = ₩4,500
2) 20×2년 제품보증충당부채 잔액 = ₩400,000 × 5% − ₩15,000 = ₩5,000
3) 20×2년 12월 31일 제품보증충당부채 = ₩4,500 + ₩5,000 = ₩9,500　▶ ④

09

발생주의 용역수익	X
미수용역수익 증가	(₩40,000)
선수용역수익 증가	₩10,000
= 현금주의 용역수익	₩200,000

→ 발생주의 용역수익(X) = ₩230,000　▶ ①

10 1) 토지의 취득금액 = ₩550,000 − ₩100,000(재평가잉여금) = ₩450,000 유출

2) 기계장치의 처분금액 = ₩450,000 유입

3) 기계장치의 취득금액

   (차) 현금   ₩450,000   (대) 기계장치(장부금액)   ₩680,000
       유형자산처분손실   ₩230,000

   → 20×1년 7월 1일 장부금액 = 취득원가 − [(취득원가 − ₩50,000) × 1/5 × 6/12] = ₩680,000

   → 취득원가 = ₩750,000 감소

4) 투자활동순현금흐름 = (₩450,000) + ₩450,000 + (₩750,000) = (₩750,000) 유출   ▶ ②

11 투자증권은 매입가액에 부대비용을 더하고 종목별로 총평균법 등을 적용하여 산정한 가액을 취득원가로 한다.
          ▶ ②

12 총제조원가 = 50단위 × ₩100 + [5회 × ₩200 + 3시간 × ₩100 + 20회 × ₩50 + 10개 × ₩30]
          = ₩7,600   ▶ ④

13 1) 당기 완성품환산량 = 40단위 × 60% + 100단위 + 60단위 × 50% = 154단위

2) 재료원가 완성품환산량 단위당 원가 = ₩30,800 ÷ 154단위 = ₩200

3) 가공원가 완성품환산량 단위당 원가 = ₩38,500 ÷ 154단위 = ₩250

4) 완성품원가 = 124단위 × (₩200 + ₩250) + ₩20,000(기초재공품원가) = ₩75,800   ▶ ③

14 1) 제품 A의 단위당 공헌이익 = ₩100 − ₩70 = ₩30

2) 제품 B의 단위당 공헌이익 = ₩150 − ₩100 = ₩50

3) SET당 공헌이익 = ₩30 × 6 + ₩50 × 4 = ₩380

4) SET의 손익분기점 판매량 = ₩76,000 ÷ ₩380 = 200set

5) 각 제품의 손익분기점 판매량
   • A = 200set × 6 = 1,200개
   • B = 200set × 4 = 800개   ▶ ①

15

사용처 / 제공처	보조부문		제조부문	
	A	B	X	Y
A	–	20%	50%	30%
₩400,000		–	₩250,000	₩150,000
B	40%	–	35%	25%
원가배부	₩100,000		₩87,500	₩62,500

→ 제조부문 X에 배부될 보조부문원가의 합계 = ₩250,000 + ₩87,500 = ₩337,500   ▶ ④

16 ① 정부가 부과하는 방식의 국세는 고지하는 때 수익을 인식한다.

③ 신고·납부하는 방식의 국세는 납세의무자가 세액을 신고하는 때 수익을 인식한다.

④ 부담금 수익은 청구권이 확정된 때에 그 확정된 금액을 수익으로 인식한다.   ▶ ②

17 1) 20×1년 감가상각비 = (₩200,000 − ₩0) × 1/10 = ₩20,000

2) 20×1년 기말 회계처리

(차) 감가상각비	20,000	(대) 감가상각누계액	20,000
(차) 감가상각누계액	20,000	(대) 기계장치	40,000
재평가손실(비용)	20,000		

3) 20×1년 비용총액 = ₩20,000(감가상각비) + ₩20,000(재평가손실) = ₩40,000　　　▶ ②

18 1) 당기 순매입액 = ₩350,000 + ₩20,000(매입운임) − ₩10,000(매입할인) = ₩360,000

2) 기말재고 추정액

기초상품재고액	₩80,000
당기순매입액	₩360,000
매출원가	(₩400,000) ← ₩500,000 × 80%
= 기말재고(추정액)	₩40,000

3) 소실된 재고자산 가치 = ₩40,000 − ₩5,000 = ₩35,000　　　▶ ④

19 1) 기말수정분개

(차) 감가상각비	15,000	(대) 감가상각누계액	15,000
(차) 미수이자	10,000	(대) 이자수익	10,000
(차) 소모품비	20,000	(대) 소모품	20,000
(차) 선급보험료	25,000	(대) 보험료	25,000
(차) 임대료수익	10,000	(대) 선수수익	10,000
(차) 대손상각비	15,000	(대) 대손충당금	15,000

2) 수정후시산표의 합계액

= ₩200,000 + ₩15,000(감가상각비) + ₩10,000(미수이자) + ₩15,000(대손상각비) = ₩240,000

→ 소모품, 보험료의 수정분개는 차변에 같은 금액이 증가, 감소하며, 임대료는 대변에 같은 금액이 증가, 감소하므로 시산표 합계에 영향을 미치지 않는다.　　　▶ ②

20 기말 손실충당금 잔액 = ₩200,000(기초잔액) − ₩80,000(손상) + ₩50,000(손상의 회복) + ₩120,000(손실충당금 설정) = ₩290,000　　　▶ ③

3장 제3회 모의고사

01 1) 20×2년 진행률 = (₩20,000 + ₩40,000) ÷ ₩80,000 = 75%
   2) 20×2년 미성공사 = ₩100,000(도급금액) × 75%(진행률) = ₩75,000
   3) 20×2년 미청구공사 = ₩75,000(미성공사) − ₩70,000(누적진행청구액) = ₩5,000　　　▶ ①

02 ① 고객과의 계약에서 식별되는 수행의무는 계약에 분명히 기재한 재화나 용역에만 한정되지 않을 수 있다.
   ② 계약을 이행하기 위해 해야 하지만 고객에게 재화나 용역을 이전하는 활동이 아니라면 그 활동은 수행의무
   　에 포함되지 않는다.
   ③ 변동대가 추정치 중 제약받는 금액은 거래가격에서 제외한다.　　　▶ ④

03 　20×2년 기초재고자산　　　₩100,000 과대계상
   + 당기 매입　　　　　　　　　　　　−
   − 20×2년 기말재고자산　　　₩120,000 과대계상
   = 20×2년 매출원가　　　　　₩20,000 과소계상
   　20×2년 당기순이익　　　　₩20,000 과대계상

   * 수정 후 당기순이익 = ₩400,000 − ₩20,000(과대계상) = ₩380,000　　　▶ ④

04 자기자본이익률 = 매출액순이익률 × 총자산회전율 × (1 + 부채비율)
   　　　　　　　= 20% × 1.5회 × (1 + 0.6) = 48%　　　▶ ④

05 주식배당의 경우 발행주식수는 증가하지만 액면가액은 불변이다.　　　▶ ①

06 가중평균유통보통주식수 = 20,000주 + 8,000주 × 9/12 − 3,000주 × 8/12 + 2,000주 × 3/12
   　　　　　　　　　　　= 24,500주　　　▶ ①

07 기말재고액 = ₩100,000(실사재고) + ₩30,000(매입의사 미통보 시송품) + ₩20,000(미판매된 적송품) +
   ₩50,000(선적지인도조건의 구입) = ₩200,000　　　▶ ①

08 토지(일괄구입가격)　　　　　₩500,000
   취득세 및 등기비용　　　　　₩50,000
   토지중개수수료　　　　　　　₩10,000
   창고철거비용　　　　　　　　₩30,000
   폐자재 처분수입　　　　　　(₩10,000)
   상하수도 공사비(영구적)　　₩20,000
   = 토지의 취득원가　　　　　₩600,000　　　▶ ②

09 교환거래 취득원가 = ₩1,200,000(제공한 자산의 공정가) + ₩100,000 = ₩1,300,000　　　▶ ③

10 연구결과를 최종 선택, 응용하는 활동과 관련된 지출은 연구활동 관련 지출로 당기비용으로 인식한다.
   　　　▶ ③

11 현재세대와 미래세대를 위하여 정부가 영구히 보전하여야 할 자산으로서 역사적·문화적·교육적 및 예술적으로 중요한 가치를 갖는 자산(유산자산)은 자산으로 인식하지 아니하고 그 종류와 현황 등을 주석으로 공시한다.
▶ ④

12 우발자산은 과거의 거래나 사건으로 발생하였으나 국가회계실체가 전적으로 통제할 수 없는 하나 이상의 불확실한 미래 사건의 발생 여부로만 그 존재 유무를 확인할 수 있는 잠재적 자산을 말하며, 경제적 효익의 유입 가능성이 매우 높은 경우 주석에 공시한다.
▶ ④

13 1) 판매가격 인상 전 이익 = ₩1,000,000 − ₩600,000 − ₩200,000 = ₩200,000
2) 판매가격 인상 후 이익 = (₩120 − ₩60) × (1,000개 × 0.9) − ₩200,000 = ₩340,000
3) 이익의 증가액 = ₩340,000 − ₩200,000 = ₩140,000
▶ ④

14 1) 고정제조간접원가 표준배부율 = ₩1,000,000(예산) ÷ 10,000시간 = ₩100
2) 차이분석

실제발생액	고정예산	배부액
₩1,125,000	₩1,000,000	1,200개 × 10시간 × ₩100
예산차이 : ₩125,000 불리		조업도차이 : ₩200,000 유리

▶ ③

15 1) 평균법의 가공원가 완성품환산량 = 400단위 + 200단위 × 60% = 520단위
2) 선입선출법의 가공원가 완성품환산량 = 100단위 × (1 − 40%) + 300단위 + 200단위 × 60% = 480단위
3) 평균법과 선입선출법의 완성품환산량 차이 = 520단위 − 480단위 = 40단위
▶ ③

16 1) 직접재료원가 = ₩30,000(기초원재료) + ₩100,000 − ₩50,000(기말원재료) = ₩80,000
2)

재공품				제품			
기초재공품	₩40,000	당기제품제조원가		기초제품	₩20,000	매출원가(조정전)	
직접재료원가	₩80,000		₩235,000	당기제품제조원가			₩240,000
직접노무원가	₩50,000	기말재공품	₩35,000		₩235,000	기말제품	₩15,000
제조간접원가	₩100,000						

3) 배부차이 : 예정배부액(₩100,000) − 실제발생액(₩90,000) = ₩10,000 과대배부
4) 배부차이 조정 후 매출원가 = ₩240,000 − ₩10,000 = ₩230,000
▶ ②

17 1) 20×1년 말 확정급여채무 = ₩200,000(기초) + ₩20,000(이자비용) + ₩30,000(당기근무원가) − ₩40,000(퇴직금지급액) = ₩210,000
2) 20×1년 말 사외적립자산 = ₩150,000(기초) + ₩15,000(이자수익) + ₩20,000(사외적립자산 출연액) − ₩40,000(퇴직금지급액) = ₩145,000
3) 순확정급여부채 = ₩210,000(확정급여채무) − ₩145,000(사외적립자산) = ₩65,000
▶ ②

18 1) 기말재고(매가) = ₩300,000 + ₩800,000 − ₩800,000 = ₩300,000
2) 선입선출 원가율 = (₩360,000 + ₩40,000) ÷ ₩800,000 = 50%
3) 기말재고(원가) = ₩300,000 × 50% = ₩150,000
4) 매출원가 = ₩110,000(기초재고) + ₩400,000(당기매입) − ₩150,000 = ₩360,000
▶ ④

정답 및 해설

19 1) 수정 후 당좌예금잔액은 은행과 기업이 일치하므로 은행의 수정 후 당좌예금잔액을 파악한다. ₩400,000(수정 전 당좌예금잔액) − ₩100,000(기발행미인출수표) + ₩200,000(미기입예금) + ₩10,000(출금오류) = ₩510,000

  2) 현금 및 현금성자산 = ₩100,000(지급일이 도래한 공사채이자표) + ₩50,000(우편환) + ₩30,000(타인발행당좌수표) + ₩510,000(당좌예금) = ₩690,000

▶ ①

20 ㄴ, ㄷ : 재무활동현금흐름, ㄹ : 영업활동현금흐름

▶ ③

MEMO

신은미

주요 약력

숙명여자대학교 정보방송/경영학 전체수석
세무사, CFP (세무법인 다솔)
2007년 대한민국 우수인재상 (교육인적자원부)
세무사 성적우수 표창
(현) 박문각 공무원 세무직 대표강사
(현) 서울법학원 감정평가사 회계학 대표강사
(전) ㈜대우증권 근무
(전) ㈜미래에셋증권 근무
(전) 한성학원 재무회계 전임강사
(전) 세무사시험 출제검토위원

주요 저서

공무원 신은미 회계학 기본서(박문각출판)
공무원 신은미 회계학 단원별 기출문제집(박문각출판)
공무원 신은미 회계학 예상문제집(박문각출판)
공무원 신은미 세법개론 기본서(박문각출판)
감정평가사 회계학 기본서(박문각출판)
감정평가사 회계학 문제집(박문각출판)
감정평가사 회계학 기출문제집(박문각출판)
감정평가사 회계원리(박문각출판)
중급회계 요약집
재무회계연습 요약집
IFRS 회계원리 1차 대비 실전모의고사
IFRS 회계원리 2차 대비 실전모의고사

동영상강의 www.pmg.co.kr

신은미 회계학
예상문제집 ✧

초판 발행 | 2018. 2. 15.   2판 발행 | 2020. 1. 15.   3판 발행 | 2022. 1. 25.   4판 발행 | 2024. 1. 5.
5판 인쇄 | 2026. 1. 12.   5판 발행 | 2026. 1. 15.   편저자 | 신은미
발행인 | 박 용   발행처 | (주)박문각출판   등록 | 2015년 4월 29일 제2019-000137호
주소 | 06654 서울시 서초구 효령로 283 서경 B/D 4층   팩스 | (02)584-2927
전화 | 교재 문의 (02)6466-7202

저자와의
협의하에
인지생략

정가 34,000원
ISBN 979-11-7519-641-4